KB160961

일본 역사서의 왜곡과 진실

일본 역사서의 왜곡과 진실

한 국 사 연 구 회
한일관계사학회 편

景仁文化社

발 간 사

한일간에는 양국 역사의 특수성으로 인해 역사문제를 둘러싼 상호 갈등과 불신이 지금도 계속되고 있다. 특히 독도 영유권 문제를 비롯하여 일본군위안부, 야스쿠니신사 참배 등 역사의 침탈행위 과정에서 발생한 사건들을 미화하고 이를 정당화하려는 역사인식이 의연 일본 내부에 존재하고 있다. 최근의 일본내 보수·우경화 경향에 대해 한국인이 느끼는 체감온도는 높다.

현재 양국간에는 450만명에 달하는 인적교류와 800억불이 넘는 교역량이 말해주듯이 모든 분야에서 분리하기 어려운 무한 협력시대에 들어서 있다. 그럼에도 불구하고 과거사 문제가 미래지향적 양국관계로 나아가는데 걸림돌이 되고 있는 것은 안타까운 일이다.

이번에 출간한 『일본 역사서의 왜곡과 진실』은 한국사연구회와 한일관계사학회가 각각 '05년도, '06년도에 개최한 학술회의 연구논문을 합친 것이다. 전자는 일본 우익교과서인 '새 역사교과서를 만드는 모임' (후쇼사)에서 집필한 중학교 일본사교과서를 분석하였고, 후자는 일본내 대학 등에서 사용하고 있는 일본사 개설서 및 사전류에 나타난 한일관계 서술의 문제점을 지적한 것이다. 양자를 하나로 묶어 단행본으로 편찬한 것은 일본 역사서에 대한 학술연구가 일부의 관련 연구자에 국한되지 않고 관심 있는 일반 독자에게도 알릴 필요가 있기 때문이다.

역사교과서와 역사교육은 차세대의 주역인 청소년들이 자국사와 주변국에 대한 올바른 역사인식을 함양하여 글로벌시대의 바람직한 국제인으로 살아가는데 방향성을 제시해주는 중요한 기능을 한다.

역사교과서와 그에 기초한 역사교육의 편향성으로 인해 국가와 민족 간의 수많은 대립과 분쟁을 일으켰던가는 새삼 거론할 필요도 없다. 이는 역사교과서 등 역사서의 방향성이 얼마나 중요한지를 말해주는 것이다.

본서가 추구하는 연구는 상대에 대한 일방적인 비판이 아니라 학문적으로 사실관계를 객관화시켜 나타난 문제점을 시정하고 상호 역사인식을 공유할 수 있는 학술적 기반을 조성하기 위함이다. 이를 통하여 일본 역사서의 잘못된 부분이 시정되고, 동시에 우리 역사서의 문제점과 자기성찰은 필요하지 않은지 점검할 기회가 되었으면 한다.

끝으로 귀중한 원고를 집필해 주신 양 학회의 회원 여러분과 출판을 위해 수고하신 경인문화사측에 감사의 말씀을 드린다.

2008. 3. 1

한국사연구회 회장 조 광
한일관계사학회 회장 연민수

<목 차>

제1부
일본중학교 역사교과서의 왜곡과 진실

역사교과서(후소샤 版) 문제의 배경과 특징
- 역사기억의 왜곡과 성찰 -

Ⅰ. 서 론

"새로운 역사교과서를 만드는 모임(이하 새역모로 약칭)"이 만든 후소샤 판 일본중학교 역사교과서는 2001년 "어린이와 교과서 전국네트21" 등 일본 시민단체의 반대 운동으로 채택률이 극히 저조했다.[1] 그러

* 경희대학교 수원캠퍼스 교양학부 교수

[1] 2001년 검정을 통과한 후소샤 교과서의 채택률은 당초 '새역모'의 목표였던 10%에 크게 못 미치는 0.039%에 그쳤으며, 교과서 판매량도 총 시장규모 140여만 부 가운데 불과 5천여 부를 차지했을 뿐이다.

일본 역사교과서 왜곡문제에 관해서는 다음을 참조. 하종문, 2001, 「일본의 역사교과서 왜곡 실태와 그 의도 - 후소샤의 교과서를 중심으로」『역사와 현실』 41, 315~343쪽 ; 2001, 「일본 역사교과서 왜곡의 바로 보기」『한국근현대사연구』 18, 224~244쪽 ; 2005, 「일본의 우경화 정세와 우익 교과서 문제」 고구려연구재단, 『(창립1주년 기념 제3차 국내학술회의) 동아시아 역사인식, 무엇이 문제인가?』, 221~245쪽 ; 이찬희, 2001, 「일본사 교과서의 한국관련 내용 분석」『歷史敎育論集 - 毅岩宋春永敎授停年紀念史學論叢』 26, 313~358쪽 ; 정재정, 2001, 「일본 중학교 역사교과서에 나타난 韓國史觀의 특징 - 扶桑社 간행 교과서를 중심으로」『독립운동사연구』 16, 1~34쪽 ; 2002, 「일본 역사교과서 문제와 그 전망」『한국사연구』 116, 163~189쪽 ; 2003, 「일본 중학교 역사교과서의 개편과 한국사관련 서술의 변화 - 동경서적 간행 신구교과서의 대비를 중심으로」『사학연구』 69, 171~222쪽 ; 浪本勝年, 2001, 「日本 現行 敎科書制度의 諸問題 - 검정과 채택에서 지금

나 사그라졌던 역사의 기억을 둘러싼 국제전과 내전(civil war)의 불씨는
후소샤 교과서가 2005년 4월 문부성 검정을 통과함에 따라 다시 활활
타오르기 시작했다. 왜냐하면 이번 후소샤 교과서에도 여전히 침략의 역
사에 대한 반성과는 거리가 먼 일그러지고 비틀린 서술이 흘러 넘치기

무엇이 문제가 되고 있는가」『독립운동사연구』16, 111～130쪽 ; 中村政
則, 2001,「日本 歷史敎科書(扶桑社 刊)에 보이는 歷史敍述과 歷史觀」『독
립운동사연구』16, 79～110쪽 ; 朴杰淳,「일본 역사교과서에 기술된 한국
사 관련 내용의 사학사적 검토－국정 역사교과서를 중심으로」『독립운동
사연구』16, 35～78쪽 ;「교과서에 진실과 자유를」연락회 편, 김석근 역,
2001『철저비판 일본 우익의 역사관과 이데올로기』(바다출판사) 1～319쪽 ;
유영렬, 2002,「일본 우익교과서의 한국사인식」『한국민족운동사연구』33,
297～327쪽 ; 김성보,「한국·일본 역사교과서의 현대사 서술 비교」일본
교과서바로잡기 운동본부·역사문제연구소 편, 2002,『화해와 반성을 위한
동아시아 역사인식』(역사비평사) 11～50쪽 ; 이신철,「일본교과서 역사왜
곡과 21세기 아시아 평화」일본교과서바로잡기 운동본부·역사문제연구소
편,『같은 책』175～205쪽 ; 이원순·정재정 편, 2002,『일본역사교과서 무
엇이 문제인가－올바른 역사인식을 위한 비판과 제언』(동방미디어) 3～
423쪽 ; 이성시, 2002,「한·일 역사교과서의 고대사 서술을 둘러싸고－『새
역사교과서』와 국정『국사』교과서를 중심으로」『기억과 역사의 투쟁(2002
년 당대비평 특별호)』(삼인) 126～146쪽 ; 일본교과서바로잡기 운동본부
편, 2002,『한·중·일 역사인식과 일본교과서』(역사비평사) 13～238쪽 ;
2003,『글로벌화와 인권·교과서』(역사비평사) 25～255쪽 ; 권희영·허동
현 등, 2003,『일본역사교과서 왜곡대책 연수교재: 교사용』(한국정신문화
연구원) 1～173쪽 ; 신주백, 2004,「일본 우익 역사교과서의 교사지도서에
나타난 역사인식－아시아·태평양 전쟁관, 인간관, 미래관을 중심으로」『동
방학지』127, 125～157쪽 ; 장세윤, 2004,「近刊 한·중 역사교과서의 양국
관련내용 검토－고급중학교(고등학교) 교과서를 중심으로」『백산학보』
68, 417～452쪽 ; 이충호, 2004,「일본 역사교과서 서술체제의 변화－자유
발행제에서 검인정제도까지(明治初～現在)」『역사교육논집』32, 73～158
쪽 ; 한철호, 2004,「일본 중학교 역사교과서의 한국 근대 관련 내용 분석－
『새역사교과서』(扶桑社)를 중심으로」『동국사학』40, 465～490쪽 ; 歷史學
硏究會 編, 2004,『歷史敎科書をめぐる日韓對話: 日韓合同歷史硏究シンポ
ジウム』(大月書店) 3～253쪽.

때문이다.

교과서란 국민국가의 국민통합에 결정적 역할을 하는 매체로서 그 수록 내용 여하에 따라 국민 의식의 흐름에 큰 영향을 미치기에 인간의 존엄과 인권의 존중을 강조하고 타자·타민족과의 더불어 살기를 전파하는 교과서와 국가와 민족을 앞세워 개인의 권리를 경시하고 전체주의나 자민족 우월주의에 입각한 배타적인 민족주의를 고취하는 교과서가 결과할 미래상은 판연히 다를 것이라는 점이다. 성찰이 결여된 과거사 학습은 한 민족이나 국가의 미래를 잘못된 길로 이끌 뿐만이 아니라, 그 악영향이 인접국과 세계에도 미치기 때문에 역사왜곡문제는 그 나라의 지성이나 시민단체는 말할 것도 없거니와 다른 나라의 사람들도 함께 풀어야할 공동의 숙제라는 것이다. 후소샤 교과서 채택을 막는 것은 일본 내 왜곡세력과 시민단체 사이의 싸움인 '내전'을 넘어선 우리 모두의 미래가 달려있는 '국제전'이라는 사실이다.[2]

제2차 세계대전의 전범국 독일과 일본은 과거사 청산 문제에 있어 너무도 대조적이다.[3] 독일과 달리 일본은 메이지유신 이래 근대 국민국가 일본을 만들고 세계를 향해 제국주의 침략전쟁을 자행한 전범세력의 청산이 이루어지지 않았다. 일본 우익들에게 戰前 제국 일본에 대한 기억은 자랑스러운 '영광'의 역사이지 반성해야 역사가 아닌 것이다. 침략의 역사를 기회 있을 때마다 참회하는 독일과 달리 일본은 역사 왜곡 세력의 움직임이 지속되어 왔으며, 그 위세는 두 차례에 걸친 후소샤 교과서 파동에서 보이듯이 더욱 거세지고 있다. 왜 일본에서는 독일과 달리

---

2) 졸고, 2001, 「일본 역사교과서 문제에 관한 一 瞥見 – '역사의 기억'을 둘러싼 '내전'에서 '국제전'으로」『경기사학』 5, 43~57쪽.

3) 역사교육에 있어 독일이 이웃나라와 과거사 청산에 기울인 노력에 관해서는 다음을 참조. 김유경, 2002, 「기억을 둘러싼 갈등과 화해 – 독일·프랑스 및 독일·폴란드의 역사교과서 협의」『역사비평』 59, 363~385쪽 ; 한운석, 2003, 「역사교과서 수정을 통한 독일·폴란드간의 화해노력」『서양사론』 75, 203~236쪽.

역사 왜곡세력의 움직임이 관성을 잃지 않고 계속되는가? 그 원인을 냉
전 붕괴에 따른 국내외 정세 변동이나 경제침체에 따른 사회적 위기의
식의 확산 등 1990년대 이래의 우경화 추세에서 찾는 것은 현상만 보고
본질을 못 보는 격이다. '새역모'에 의해 再燃된 일본의 역사교과서 왜
곡사태는 우연히 일어난 一過性의 사건이 아니다. 이는 1955년 평화헌
법의 개헌을 당헌으로 내건 자민당이 집권한 이후 침략의 과거사 기술
에 불만을 품은 우익진영의 기획에 의해 꾸준히 推動되는 繼起的 사건
으로 자국사를 신성화함으로써 타국사에 대한 일반적·보편적 시각을 왜
곡해 온 메이지 이래 일본의 군국주의적 역사교육의 전통과 밀접히 연
관되어 있는 것이다. 아울러 왜곡사태의 이면에는 냉전의 해체와 같은
전후 세계질서의 변동과 미국의 동아시아 정책의 변화와 같은 외생적
요소도 작용하는 것이다.

따라서 본고에서는 전후 일본의 역사교과서 왜곡 움직임이 끊이지 않
는 내재적 이유와 외재적 배경을 살펴 본 후 2005년도 후소샤 교과서에
보이는 역사 왜곡의 문제점을 분석하고 그 대응 방안도 모색해 보겠다.

II. 왜 일본 역사교과서 왜곡 움직임은 계속되는가?

1. 군국주의적 역사교육의 전통

메이지 유신 이래 오늘에 이르기까지 일본은 전통적으로 교과서를
신성시·절대시하고 그 진리성과 표준성을 믿는 전통이 강했다. 역사교
과서도 국가권력의 공교육을 통한 국민 동원과 교화 수단으로 쓰였기
때문에 자민족 중심주의와 집단주의를 재생산하는 도구로 기능했다.[4]

---

4) 윤세철, 1983, 「일본의 역사교육과정과 교과서」 『역사교육』 34, 103~105쪽 ;
   윤건차 저, 정도영 역, 1990, 『현대일본의 역사인식』 (한길사) 134~137쪽.

특히 문부성은 천황·민족·국가를 하나로 묶은 '일본'이란 절대적 가치
를 신화화하고 이를 손상시키려는 모든 움직임을 억누르는 역할을 해
왔으며, 지금도 검정제도를 통해 침략의 과거사를 감추는 역사관을 부추
기고 있다.5) 일본에는 여전히 역사교육을 국민교화의 수단으로 보는 전
통이 살아 숨쉰다. 후소샤 역사 교과서도 메이지 이래의 천황 중심 사관
과 1930년대 황국사관 같은 초국가적 전체주의를 강제한 패전 이전의
역사교육에 그 역사적 뿌리를 두고 있는 것이다.

메이지 유신 이후 패전에 이르기까지 역사교육은 국가주의 경향이
매우 강했기 때문에 맹목적 애국심과 천황에 대한 충성심을 이끌어내는
데 주안점이 두어졌다.6) 1872년 프랑스 교육제도에 미국의 교육사상을
가미해 만든 근대적 '학제'는 의무교육을 지향하고 교과서의 자유 발행
과 채택을 허용하고 있었다. 그러나 1880년초 입헌정체 수립과 국회 개
설을 요구하는 自由民權運動이 격화되자 일본정부는 1880~1883년 간
에 운동을 부추길 소지가 있다고 판단한 92종의 교과서의 사용을 막음
으로써 국가 통제 하에 교과서를 두기 시작하였다. 이후 교과서 검정제
도(1886)와「敎育勅語」(1890)를 통해 교과서를 통한 국민의 사상통제가
본격화되었다. 교육칙어는「대일본제국헌법」(1889)에 규정된 "대일본
제국은 萬世一系의 천황이 통치한다"는 天皇大權의 천황제 이데올로기
와 결합해 천황에의 충성을 강요하는 '국민도덕의 최고 경전'으로 추앙
됨으로써 國粹主義를 지속적으로 추동하는 중심축으로 기능하였다.7) 특

5) 윤건차, 1990.8,「일본의 역사교과서 왜곡 그 이후」『월간초등 우리교육』
6, 55쪽 ; 조명철, 2000,「일본의 황국사관」『한국사시민강좌』27, 227·
235쪽.
6) 일본에서 행해진 교과서 통제의 역사에 대한 개요는 다음을 참조. 松島榮
一, 1963,「歷史敎育の歷史」『(岩波講座)日本歷史』22 (岩波書店) 229~
310쪽 ; 家永三郎, 1998,「敎科書檢定」『家永三郎集』8 (岩波書店) 150~159
쪽 ; 浪本勝年, 1995,「敎科書 檢定訴訟」『(岩波講座)日本通史』20: 現代1
(岩波書店) 365~367쪽.

히 1930년대 이후 역사교육은 황국사관에 입각한 초국가주의를 전파하
는 나팔수 역할을 수행함으로써 임나일본부설이나 한반도 흉기론 등과
같은 왜곡된 韓國史像을 일본 국민의 의식과 기억 속에 깊숙이 뿌리내
리게 했다.

2. 미국의 동아시아 정책과 세계질서의 변동에 따른
내전과 국제전의 이중주

패전 이후의 연합군최고사령관 맥아더는 재벌 해체와 육·해군성 폐
지(1945)를 단행하고, 천황에 대한 새로운 규정과 일체의 전쟁을 부인하
는 평화헌법을 제정(1946)함으로써 일본의 군국주의 체제를 해체하였다.
그러나 미군정은 전쟁에 책임이 있는 천황을 포함한 전범세력을 철저히
숙청하지 않았기 때문에 전전의 지배세력이 다시 집권할 여지를 남겼
다.8) 왜냐하면 당시 승전국인 미국과 중화민국의 대외정책의 주안점이

---

7) 박걸순, 앞의 글, 35~78쪽 ; 조명철, 앞의 글, 238~239쪽.
　박걸순에 의하면, 초등 역사 교과서는 1903년 국정이 된 이래 패전까지 총
　6종의 교과서가 발행되었는데 그 개정·편찬의 역사는 군국주의 침략사와
　맞물려 전개되어 나간 것이었다. 1900년대의 『小學日本歷史』는 러일전쟁
　개전을 앞두고 국민통합의 선창에, 1910년대의 『尋常小學日本歷史』는 러
　일전쟁의 승리와 한국병합의 예찬에, 1920년대의 『심상소학국사』는 다이쇼
　데모크라시에 역행하는 국가주의적 교육정책의 강화에, 1930년대의 『심상
　소학국사』와 『小學國史尋常科用』은 각각 만주침략 이후 황국사관에 의한
　國體明徵의 강조와 중일전쟁에 국민을 동원하기 위한 집단 최면에, 그리
　고 패전직전의 『初等科國史』는 전시 비상체제하 학생들에게 광신적 황국
　사관을 불어넣기에 초점이 두어졌다.
8) 전후개혁을 되돌리려는 1940년대말에 시작된 군국주의의 부활현상 즉 "역
　코스"에 대해서는 다음을 참조. 宮地正人, 1987, 『國際政治下の近代日本:
　日本通史Ⅲ』(山川出版社) 342~345쪽 ; 吉田 裕 편, 2004, 『戰後改革と逆
　コース: 日本の時代史』26 (吉川弘文館) 21~85쪽 ; 앤드루 고든(Andrew
　Gordon) 저, 김우영 역, 2005, 『현대일본의 역사(A Modern History of

반공주의에 초점을 맞추고 있었기 때문에 전범세력의 청산에 소극적이었기 때문이다. 특히 장개석의 중화민국은 '以德報怨'이란 유교적 명분을 내걸었지만 실제로는 국공내전 때문에 미국의 파병요구를 수용할 수 없는 형편이었고 이로 인해 일본을 단독 점령한 미국은 반공주의의 입장에서 일본의 전후 청산에 소극적 입장을 보였던 것이다. 따라서 일본의 역사 왜곡의 이면에는 반공이라는 명분아래 승전국으로서 권한을 스스로 포기함으로써 일본의 전후처리를 미국에게 단독으로 맡긴 중화민국의 책임도 존재한다.[9]

군국주의 청산은 미흡했지만 역사교육에서도 변화는 시작되었다. 1945년 12월 31일에 발표한「修身, 日本歷史 및 地理 停止에 관한 건」에 의해 군국주의와 초국가주의에 함몰되어 있던 역사교육이 중단되고 인간의 존엄, 기회의 균등 및 정치·경제·사회 제 방면의 민주화를 이야

Japan)』(이산) 422~432쪽. 미국의 애초 일본 점령정책은 군정을 통한 직접 지배였지만, 진주직후 천황을 포함한 일본의 기존 통치기구를 통한 간접지배로 정책을 바꾸었다. 점령초기 미국은 천황을 축으로 삼아 일본을 보수적이고 통합적인 사회로 유지해 나가기를 원했지만, 일본 국민들이 이러한 지배질서 온존정책에 저항할 경우 "일본국민 자신에 의한 아래로부터의 개혁의 가능성"도 열어두었다 한다. 그러나 일본 사회 내부에서 이러한 움직임은 나타나지 않았다. 오히려 국제정세의 변화, 1947년 중국 국민당이 공산주의자에게 그 기반을 잠식당하면서 소위 "역코스(reverse course)"로 알려진 점령정책의 전환이 있었다. 특히 냉전의 심화와 한국전쟁이 발발은 역코스를 강화하였다. 이러한 점령정책의 전환은 일본 중화학 공업시설을 철거해서 배상한다는 배상정책의 수정으로부터 시작되었다. 이 밖에 1947년 경찰청 창설 촉구 및 재무장 추진, 1948년 재벌기업의 자회사 축소계획 철회, 1948년 노동자 파업 불법화와 배상계획 전면 철회, 그리고 1950년 공산당 탄압 개시 및 전범자 사면과 정계복귀 등이 "역코스"의 사례이다.

9) 일본의 전후청산 미비에 대한 중화민국의 책임에 대해서는 역사연구단체협의회가 개최한 학술회의 "일본중학교 교과서의 역사서술과 역사인식"(2005.4.22)에서 토론을 맡은 유용태(서울대)교수의 지적을 참조하였다.

기하는 초등『くにのあゆみ(국가의 발자취)』, 중등『日本の歷史』, 그리고 사범학교용 『日本歷史』를 발간했다.[10] 『くにのあゆみ』는 1947년 검정제가 채택되면서 사라졌지만, 1948년 '교과용 도서위원회'의 발족 이후 1955년까지 일본교직원조합이 지지하는 연구자와 지식인들에 의해 잇달아 민주적인 교과서가 출간되었다.[11] 이처럼 새로운 역사교과서 들이 침략의 과거사를 반성할 것을 가르치기 시작하였지만,[12] 아직 교사들과 부모들은 전전 황국사관이 불어넣은 역사의 기억에 속박되어 있었다.[13] 1950년대에는 아직도 "'3종의 神器는 무엇 무엇이다'고 칠판에

---

10) 家永三郎, 1963,「戰後の歷史敎育」『(岩波講座)日本歷史』22, 313〜318쪽. 이 점은 다음 인용문에 잘 나타난다.『くにのあゆみ』下, 47 ; 박걸순, 앞의 글, 49에서 재인용. "우리나라는 패하였습니다. 국민은 오랜 전쟁에 커다란 고통을 당하였습니다. 군부가 국민들을 억압하여 무리한 전쟁을 한 것이 이 같은 불행을 야기한 것입니다. 맥아더 원수의 지휘 아래 연합군은 즉시 일본을 점령하였습니다. 이 점령은 일본의 질서를 세우고 군부를 타도하여 군국주의사상을 완전히 없애서 국민에게 자유를 부여하고 민주주의에 의하여 일본을 재정비하는 것을 목적으로 한 것입니다. 이를 위해 憲法改正을 비롯해 각종 제도의 개혁과 또 오랫동안 일본을 지배해 온 財閥을 저지하고 경제의 민주화를 도모하였고, 또 신앙의 자유를 주고 민주주의 국가를 지향한 것입니다. 정부도 국민도 이 연합군사령부의 점령목적에 잘 힘을 발휘하여 평화로운 일본을 회복하는데 힘을 돋워 줍시다."
11) 윤건차 저, 정도영 역, 앞의 책, 135쪽 ; 이충호, 앞의 글, 114〜129쪽.
12) "일본 역사교육자협의회의 이시야마 히사오(石山久男) 사무국장에 따르면 패전 직후 일본 교과서에는 비록 그 내용은 충분하지 않았지만 일본군이 난징(南京)에서 자행했던 잔학행위에 대한 기술 등이 있었다. 당시의 한『고교 일본사』는 '난징폭행사건을 비롯한 당시 일본군대의 약탈, 폭행은 세계적인 악명을 남겼다'고 기록했을 정도다."「日 교과서 파문, 日 역사왜곡 전말」『세계일보』2001년 4월 4일자.
13) 민족주의에서 자유롭기가 얼마나 어려운가는 자민당정부에 대항한 "일본교직원조합"과 진보계 교육학자들이 전개한 1950년대의 교육운동도 "내쇼날리즘"을 부정한 것이 아니라 "이상한 내쇼날리즘"을 모색한 것에 지나지 않았다는 일본학계의 비판에서도 찾아 볼 수 있다. 小熊英二, 2002,「前後敎育と"民族"」『"民主"と"愛國"』(新曜社) 354〜393쪽.

쓰면서 神代의 일을 설명하는" 사회과 수업이 종종 있었기 때문에 신구 세대간에 歷史像의 갭이 존재했었다고 한다.14)

새로운 교육을 통해 이러한 갭을 극복할 새로운 시민계층이 성장하기 전 중국이 공산화되고 6·25전쟁이 일어나자 이를 빌미로 1955년 평화헌법 개정을 당헌으로 내건 자민당이 집권한 후 힘을 얻은 우익진영의 교과서 공격의 포화가 불을 뿜기 시작하면서 '역사의 기억을 둘러싼 내전'이 시작되었다. 자민당은 미국의 묵인 하에 자위대라는 미명하에 재무장의 길을 모색하는 한편 침략의 과거사에 대한 반성과 성찰을 가르치는 역사교육에 제동을 걸기 시작했다. 전범세력과 그 뿌리를 같이하는 전후의 집권세력은 마치 형상기억합금처럼 미군정에 의해 구부러지기 전 일본의 원형 – 전전의 군국주의체제 –으로 돌아가려는 기지개를 키기 시작한 것이었다.

보수정당인 자민당이 집권하자 재군비를 정당화하기 위한 사전 정지작업으로 우익 진영은 교과서의 '침략' 기술을 문제삼는 '1차 교과서 공격'에 착수했다. 당시 문부성은 일본교직원조합 및 진보적 연구자와 지식인을 공격하고 모든 역사교과서를 불합격 처리하면서 '교과서 조사관 제도'를 만들어 검정을 강화함으로써 이후 교과서에서 일본의 가해 사실 등에 대한 기술은 자취를 감추게 만들었다. 이러한 역사왜곡에 대한 반격의 포화는 2001년도 노벨 평화상 후보로 추천된 이에나가 사부로(家永三郎, 1913~2002) 도쿄교육대 교수에 의해 시작되었다. 그는 자신이 집필한 교과서에 대한 문부성 검정이 부당하다며 검정 불합격처분 취소 등을 요구하는 두 차례의 소송을 65년과 67년 제기하였으며, 이 '이에나가 소송'을 계기로 성장하기 시작한 일본의 시민사회가 역사의 기억을 왜곡하려는 왜곡세력들에 대한 저항에 나섰다. 이 때 교사와 학부모·시민·연구자·문화인·출판노조 등을 중심으로 교과서의 역사 왜곡

14) 家永三郎, 「戰後の歷史教育」, 322쪽.

시정 등을 위한 반격이 전국적으로 전개됐고, 그 결과가 '검정 불합격 처분 취소'라는 승소 판결(1970년)로 나타났다.[15]

　이처럼 집권 자민당 등 침략의 역사를 부정하며 군국주의로의 회귀를 모색하는 우익세력에 대한 이에나가라는 한 지식인의 용기 있는 저항은 성장하는 시민세력의 힘을 결집하는 중심축 역할을 하면서 역사의 기억을 둘러싼 내전은 본격화되기 시작하였다. 이에 나가 소송과 1972년 중·일 국교 회복의 결과 난징(南京)학살 사건 등 일본의 가해사실을 부각시킨 기술이 중·고교 교과서에 등장하기 시작하자 이에 위기를 느낀 왜곡세력들은 반격에 나섰다. 그러나 1970년대 후반에 시작된 우익의 '2차 교과서 공격'은 이에 동조한 문부성이 '침략'을 '진출'로 고치도록 지시한 사실이 드러나면서 1982년의 교과서 파동이라는 외교문제로 비화하였다. 이에 역사의 기억을 둘러싼 내전은 한국과 중국 등 침략의 기억을 공유한 이웃나라들과의 국제전으로 비화하였으며, 이 전쟁은 국제적 압력에 굴복한 일본정부가 '근린제국 조항'이라는 정치·외교적 타협안을 내놓음으로써 일단 '종식'되었다. 그러나 이것이 역사의 기억을 왜곡하려는 세력의 몰락을 의미하는 것은 아니었다.

　1982년 이후 역사교과서 왜곡문제는 내전과 국제전이 병행하는 양상을 보이며 전개되기 시작했다. 특히 냉전이 종식된 1990년대에 들어 정치권에서 견제세력이 사라지자 왜곡세력들의 움직임이 강화되기 시작하였다. 이들은 자민당 '역사검토위원회'(1993)와 '자유주의사관 연구회'(1995), 그리고 '종군위안부' 기술 삭제를 구실로 세워진 '새역모'(1997) 발족을 계기로 국내외에 역사의 기억을 둘러싼 전쟁을 도발하였다. 2001년 우익진영은 '새역모'가 만든 후소샤 교과서의 검정통과로 상징되는 '3차 교과서 공격'을 펼쳤다. 2005년 두 번째로 검정을 통과한

---

15) 교과서 재판에 대해서는 다음을 참조. 家永三郎, 「裁判批判」 『家永三郎集』 8, 5~139쪽 ; 浪本勝年, 「教科書 檢定訴訟」, 367~376쪽.

후소샤 교과서는 '4차 교과서 공격'의 산물이라 할 수 있다.

1982년과 1986년의 역사교과서 왜곡기도가 한국과 중국 등 국제사회의 압력에 의해 좌절되고 2001년 후소샤 교과서가 일본 시민단체의 저지 운동의 결과 극히 저조한 채택률을 보였으며, 2005년에도 한·일 두 나라 시민사회의 연대와 한·중 두 나라 정부와 시민사회의 항의가 지속되는데서 알 수 있듯이, 역사교과서 왜곡 문제는 내전을 넘어선 국제전의 양상을 띤다.

요컨대 근대 이후 일본은 천황제 국가로 상징되는 시민사회의 미성숙으로 인해 군국주의 세력을 내부의 동력으로 극복한 것이 아니었다. 전쟁금지를 규정한 평화헌법을 채택하고 군부와 재벌을 해체해 군국주의의 毒牙를 뽑은 것은 미군정이란 외세의 힘이었다. 그러나 중국의 공산화와 6·25전쟁 이후 미국의 동아시아 전략이 수정되면서 전전의 지배세력의 후예 자민당이 집권하고 자위대도 등장하게 되었으며, 이에 따라 침략의 과거사를 분식하려는 왜곡세력의 교과서 공격도 시작되었다. 특히 냉전 해체이후 일본의 재무장을 막는 미국이라는 바깥의 힘이 사라지게 되면서 평화헌법을 개정해 군대를 보유하고, 전쟁도 벌일 수 있는 '보통국가'로의 길을 가려는 일본의 주류집단은 전쟁을 혐오하는 일본 시민의 역사 기억을 조작해 전쟁에 대한 혐오를 없애기 위한 목적으로 후소샤 교과서를 만들었다. 그러나 외압이 사라지면서 전전으로 돌아가려는 형상기억합금의 복원력을 제지하는 또 하나의 힘이 전전에 일본 군국주의의 침략을 받았던 우리와 중국을 비롯한 아시아 여러 나라의 시민사회와 군국주의에 동원되어 무모한 침략전쟁에 희생되었던 일본의 시민사회에서 나오기 시작했다. 이 둘은 모두 일본 군국주의의 피해자로서 공통의 역사기억을 갖고 있다. 이러한 일본과 동아시아 시민사회가 갖는 군국주의 일본에 대한 공통의 역사기억이 제국의 영화를 다시 꿈꾸며 일본의 재무장과 역사왜곡을 획책하는 왜곡세력에 맞서 이를 저지하는 국제적 연대를 만드는 보이지 않는 힘인 것이다.

III. 후소샤 중학교 역사 교과서의 문제점

1. 균형감각이 결여된 자민족 우월주의

2001년에 이어 올해 다시 검정을 통과한 후소샤 일본 중학교 역사 교과서에는 여전히 침략의 역사에 대한 반성과는 거리가 먼 일그러지고 비틀린 서술이 넘친다.

첫째, 이 책은 유사이래 일본의 모든 역사와 문화를 자랑스럽다고 한다. 그러나 책갈피 이곳저곳에서 일본의 독자성을 돋보이게 하기 위해 한국의 종속성을 의도적으로 강조하는 치졸함이 묻어난다. 예컨대 한국은 고대에 임나일본부의 존재에서 알 수 있듯이 일본의 직접 지배를 받거나,16) 역대왕조가 중국에 조공을 바치는 복속국이었지만, 일본은 중국의 천자와 어깨를 겨루는 천황이 다스리는 독립국이었으니 일본이 한수 위라는 식이다.17) 그러나 현재 4세기의 "임나 지배"는 허구이며, 진무

---

16) 2005,『후소샤 중학교 역사교과서 검정 통과본(이하 "교과서"로 약칭)』32～33쪽. "일본열도의 사람들은 원래 귀중한 철 자원을 구하여 반도 남부와 깊은 교류를 가지고 있었기 때문에, 야마토 조정은 바다를 건너 조선으로 출병하였다. 이 때 야마토 조정은 반도 남부의 任那(加羅)라는 곳에 거점을 두었다고 생각된다. 야마토 조정의 軍勢는 백제를 도와 고구려와 격렬하게 싸웠다. 고구려 광개토왕(好太王) 비문에는 그 사실이 기록되어 있다. 고구려는 백제의 수도 漢城을 공격하여 함락했지만, 백제와, 임나를 거점으로 한 야마토 조정의 군세의 저항에 부딪쳐, 반도 남부의 정복은 이루지 못하였다 … 신라는 야마토 조정의 거점이 두어진 임나도 위협하게 되었다. 562년 드디어 任那는 신라에게 멸망되고, 야마토 조정은 조선반도에 있던 발판을 잃었다."
17)『교과서』, 34～36쪽. "강대한 군사력을 가진 수나라의 출현은 동아시아의 나라들에게 큰 위협이었다. 조선반도의 백제, 고구려, 신라는 수나라에 조공하였다. 일본도 이것에 어떻게 대처할까, 태도를 강요받게 되었다 … 쇼토쿠 태자는 수나라와 대등한 외교를 진행하기 전에, 우선 국내의 개혁에

이래의 역대 천황이 실재 존재했다는 주장도 고대의 천황을 근대 이후
천황에 연결시켜 정통성을 확인하려는 목적 하에 만들어진 신화로 보는
것이 현재 일본 학계의 통설이다.[18]

둘째, 한국과 중국에 대한 서술과 달리 서양 특히 미국과 영국에 대
해 강한 국력과 앞선 문화를 가진 따라 배워야 할 문명국으로 긍정적으
로 묘사하는 데에서 서양에 대한 열등의식도 베어 나온다. 이 책은 일관
되게 '일본과 서양은 있다'와 '한국과 동양은 없다'로 극명하게 대비되
는 역사서술을 함으로써 한국이 독자 문화 생산 능력과 자치능력이 결
여된 이질적이며 마땅히 멸시해야할 존재라는 부정적 관념을 갖게 한
다.[19] 유럽을 떨게 한 몽고조차도 일본을 점령하지 못했으며,[20] 유색인

착수하였다 … 수나라의 황제에게 보낸 편지에는 '日出處의 天子가 日沒
處의 천자에게 書를 보낸다. 無恙하신가?'라고 쓰여 있었다. 태자는 편지의
글귀에서 대등한 입장을 강조함으로써, 수나라에게 결코 복속하지 않겠다
는 결의를 표명한 것이었다"
18) 이성시, 「한·일 역사 교과서의 고대사 서술을 둘러싸고」, 129~130·137쪽 ;
요시노 마코토 저, 한철호 역, 2005, 『동아시아 속의 한일 2천년사』(책과
함께) 69~82·110~121쪽. 자랑스러운 고대사 만들기는 이성시에 의하면,
"환상이라고도 할 만한 공허한 고대사 상은 사실에 근거하지 않은 환상이
며, 그런 것에 정신이 쏠리면 진정으로 왕성한 상상력은 길러지지 않고 단
지 허세를 걸칠 뿐"인 것이다(이성시, 같은 글, 138~139쪽. 이성시의 글은
歷史學研究會 編, 『歷史教科書をめぐる日韓對話』, 89~112쪽에도 실려
있다).
후소샤 교과서에서 그리고 있는 "찬란한 역사적 전통과 유구한 문화를 대
표하는 존재"로서의 천황에 대한 기술의 문제점은 하종문, 2002, 「교과서
문제와 천황·천황제」『화해와 반성을 위한 동아시아 역사인식』(역사비평
사) 135~172쪽 참조.
19) 『교과서』, 148~149쪽. "[중국·조선과 일본의 나누어진 눈] 이러한 국제정
세 속에서 중국(청조)은 구미열강의 무력에 의한 협위를 충분히 인식하지
못했다. 중국의 복속국이었던 조선도 마찬가지였다. 아편전쟁에 충격을 받
은 것은 중국보다 오히려 일본이었다. 중국에는 과거부터 자국의 문명을
세계의 중심이라고 생각하는 중화사상이 있었고, 이탈리아 등은 세계 끝의

종 국가로는 유일무이하게 백인종 국가인 러시아와 겨뤄 열강의 대열에

야만민족이라고 간주하고 있었다. 그 때문에 서양문명에서 배울 자세가 결여되어 있었다. 그 결과, 청조는 차츰 열강에 침식되었고, 영토 보전도 위태롭게 되었다. 그에 비해 일본은 에도시대를 통해 국민의 교육수준이 높아졌고, 무사의 책임의식이 강했기 때문에 열강의 군사적 협위에 민감히 반응했다. 특히 사쓰마와 조슈 2개의 유력한 번이 막부말에 구미諸國과 전쟁을 한 결과, 구미와 일본의 힘 차이를 통절하게 인식했고, 서양문명을 적극적으로 배우는 방향으로 정책을 바꾸었다. [무사의 자기희생에 의한 개혁] 메이지유신에 의한 신분제도는 폐지되었고, 사민평등의 사회가 실현되었다. 직업선택의 자유가 공적으로 인정되었고, 자유로운 경제활동이 가능해졌다. 무사의 특권은 사라졌고, 무사신분도 소멸되었다. 이러한 변화는 유럽의 어느 나라와 비교하더라도 가장 철저한 것이었다. 메이지유신은 유럽의 혁명, 특히 프랑스혁명에 의해 시민이 폭력으로 귀족의 권력을 타도한 혁명은 없었다. 에도시대를 통해 무사는 존경받고, 죠닌(町人)이 무사를 쓰러뜨리는 일은 일어나지 않았다. 무사신분을 폐지한 것은 바로 무사신분의 사람들에 의해 구성된 메이지 신정부였다. 이것에 대해 어떤 프랑스인 학자는 다음과 같이 기술했다. '일본의 특권계급이었던 무사는 다른 계급에 의해 쓰러진 적이 없었다. 외국의 압력 앞에서 스스로 혁명을 추진하였고, 그 때문에 스스로 소멸되는 희생을 감수한 것이다. 혁명이라고 해도 그것은 어떤 계급이 다른 계급을 쓰러뜨린다고 하는 보통 의미의 혁명은 아니었다. 무사들의 바램은 일본이라는 나라의 힘을 상기시키는 것이었다고 한다.' (모리스·팡케, 『자사(自死)의 일본사』에서 일부요약) 메이지유신은 공공의 이익을 위해 일할 것을 자기의 사명으로 생각한 무사들의 자기희생에 의한 실현이었고, 세계에서 유례없는 혁명이었다."

20) 『교과서』, 70쪽. "13세기 초, 칭기스칸이 몽골고원에 몽골제국을 세웠다. 몽골제국은 무적의 기마군단을 각지에 침공시켜 순식간에 서아시아부터 중국·조선까지 유라시아대륙의 동서에 걸친 광대한 영토를 가지기에 이르렀다. 이러한 움직임에 유럽인도 겁내며 몽골인을 두려워하였다 … 원군은 드디어 1274(문영 11)년과 7년 후인 1281(홍안 4), 2회에 걸쳐, 대선단으로 일본을 습격해왔다. 일본측의 약탈과 폭행의 피해를 입었고, 신기한 병기에도 괴롭힘을 당했다. 가마쿠라 무사들은 이것을 국난으로 받아들였기 때문에 잘 싸웠다. 또 2회 모두 원군은 후에 '가미카제(신풍)'로 불리는 폭풍우에 시달리며 패퇴했다. 이렇게 하여 일본은 독립을 보전할 수 있었다."

들어간 강대국이니 자긍심을 가지라고 속삭인다.[21] 또 일본은 현존 목
조건축으로 가장 오래된 호류지(法隆寺), 가장 큰 목조건축과 부처인 토
다이지(東大寺)의 다이부츠덴(大佛殿)와 다이부츠(大佛), 인구 100만의
18세기초 세계 최대의 도시 에도(東京), 그리고 고호도 모방한 '우키요
에(浮世繪)'라는 화풍을 뽐낼 수 있지만,[22] 한국은 중국의 앞선 문물을

---

21) 『교과서』, 168쪽. "일러전쟁은 일본의 생존이 걸린 전쟁이었다. 일본은 여
　기서 승리하여 자국의 안전보장을 확립하였다. 근대국가로서 태어난 지 얼
　마 되지 않은 유색인종의 나라 일본이, 당시 세계최대의 육군대국이었던
　백인제국 러시아에 이겼다는 것은, 식민지가 되어 있던 민족에게 독립에
　대한 희망을 주었다. 그러나 다른 한편으로 황색인종이 장래에 백색인종을
　위협할 것이라고 경계하는 황화론이 구미에 널리 퍼지는 계기도 되었다."
22) "호류지(法隆寺) : 7세기 초에 쇼토쿠 태자(聖德太子)가 세운 사원. 금당과
　오층탑은 세계 最古의 목조건축으로서 유명."(『교과서』, 61쪽) ; "토다이지의
　大佛은 청동으로 만들어진 세계 최대의 불상이다 … 토다이지 다이부츠덴 :
　에도시대의 재건. 높이는 46.8m나 된다. 세계에서 최대 규모의 목조건축."
　(같은 책, 49·51쪽) ; "장군의 소재지가 된 에도는 '장군의 슬하'라고 불려
　져, 상인이나 직인들도 많이 모여들어 18세기 초에는 에도의 인구는 100만
　을 넘었다. 당시 세계 최대의 도시가 되었다."(같은 책, 111쪽) ; "왼쪽은
　에도시대의 우키요에(浮世繪), 오른쪽은 19세기 프랑스의 화가 고호의 작
　품이다. 고호가 왼쪽의 작품을 그대로 모사하고 있음을 알 수 있다. 일본
　의 우키요에(浮世繪)는 서양 만국박람회 등으로 바다 건너서 서양 예술가
　에게 큰 영향을 주었다. 그들은 우키요에의 어떠한 점에 끌렸으며, 자신들
　의 작품에 되살렸던 것일까 … 파리나 런던의 만국박람회 등을 계기로 우
　키요에가 서양에 소개되었다. 당시의 서양 화가들은, 우키요에의 밝은 색
　채나 대담한 구도에 충격을 받았다. 위에서 본 모사 외에도 그들은 자신의
　작품 중에 우키요에를 그려 넣거나, 기모노 모습의 모델을 그리거나 하여,
　영향은 보다 깊은 곳까지 미치고 있었다. 인상파 화가들이 목표로 하였던
　자연을 있는 그대로 그리는 자세나 빛에 가득한 화면, 순간의 표정을 그려
　내는 방법 등은 우키요에에서 배운 부분이 크다. 이처럼 일본의 예술이 서
　양에 준 영향을 프랑스에서는 '쟈포니즘'이라고 불렀다. 무엇보다 우키요
　에는 서양 예술가들에게 새로운 시대에 어울리는 인간이나 자연의 자유로
　운 관점을 가르쳐 일상생활 중에 아름다움이 있음을 보여준 것이었다."(같
　은 책, 124~125쪽).

일본에 전해주는 다리 역할만 했지 이렇다 할 문화가 없다는 투다.[23] 허나 이처럼 중국과 한국과의 차이나 서양과의 동일성을 과장함으로써 얻어진 일본의 정체성은 확실한 역사적 사실에 기초한 것이 아니기에 쉽게 환멸로 바뀔 소지가 큰 매우 취약한 것이다.[24]

셋째, 이 책은 일본 인근의 한국과 중국, 러시아는 더불어 살 대상이 아니라 자국의 안전을 위협하는 세력이거나 존중할 만한 것이 없는 열등한 존재로 묘사한다. 서양을 제외하고 더불어 살기의 중요성을 설파하는 대목은 메이지초 일본에 왔다 조난당한 터키 군함의 생존자를 구조한 일과 1985년 이란·이라크 전쟁 때 터키가 테헤란 공항에 비행기를 보내 일본인의 귀환을 도운 일을 대응시켜 '은혜 갚기'라는 표현으로 소개한 것 외에는 찾아 볼 수 없다.[25]

---

23) "당나라의 복속국으로 위치 지어진 신라가, 독자의 율령을 갖지 않은 것에 대하여, 일본은 중국에게 배우면서도 독자의 율령을 만든 자세를 꿰뚫었다."『교과서』, 42쪽 ; "[귀화인과 불교의 전래] 5세기부터 6세기에 걸쳐 야마토 조정이 조선반도의 정치에 적극적으로 관여한 결과, 조선반도를 통하여, 중국의 앞선 문화가 일본에 받아들여졌다. 중국과 조선반도에서 일족이나 집단으로 일본에 이주한 귀화인(도래인)은, 토기와 금속기의 가공, 토목건축 등의 기술을 전하고, 한자에 의한 조정의 문서 작성에도 힘을 발휘하였다. 한자 사용의 정착과 함께, 유교의 서적도 전해졌다. 또한 6세기에는 백제의 왕이 일본의 지원을 구할 때, 불상과 경전을 야마토 조정에 헌상하여, 불교가 일본에 전래되었다." 같은 책, 33쪽.

24) 이성시, 앞의 글, 138~140쪽.

25) 『교과서』, 12~14쪽 참조. 다음 인용문을 참조. "테헤란 일본인 구출극을 롤플레이하자(에루토 – 루루호 사건의 은혜 갚기) 앞쪽의 역사신문에서 소개한 '에루토 – 루루호의 조난사고'에는 95년 후에 감동적인 후일담이 있다. 이하의 내용을 읽고, 자신들로서도 조사해본 위에, 롤 플레이를 해보자. 1985(소화 60)년 3월, 이란과 이라크가 전쟁을 하고 있던 때의 이야기이다. 이라크의 후세인 대통령은 48시간의 유예 후에 이란 상공을 비행하는 모든 항공기를 무차별로 공격하라는 지령을 냈다. 즉시 세계 각국에서 자국의 국민을 돕기 위해 구원 비행기를 보냈지만, 일본정부의 대응은 늦어, 일본기업에서 일하는 일본인과 그 가족이 이란에 남게 되고 말았다. 그

한 마디로 이 책은 일본의 역사와 문화의 독자성을 자랑하고 그 우월성을 입증하기 위해 독자와 종속, 우월과 열등, 문명과 야만, 진보와 정체, 우군과 적군이라는 균형 감각이 결여된 도식적 이항대립의 수사법을 남용하고 있다.

2. 침략의 과거사 부정과 전체주의 찬양

첫째, 이 책은 전쟁을 모든 문제 해결의 수단이자, 국력 향상의 지름길로 예찬한다. 왜냐하면 군대 보유와 전쟁을 합법화 해주는 개헌을 꿈꾸며, 일본시민들이 제국의 영광을 재현하기 위한 전쟁을 혐오하지 않도록 침략의 과거사를 자랑스러운 영광의 역사로 바꾸려 하기 때문이다.26)

들은 이란의 테헤란 공항에서 귀국의 수단도 없이 패닉 상태로 되어 있었다. 타임 리미트의 1시간 15분 전. 2대의 비행기가 공항에 내려섰다. 터키에서 일본인 구출을 위해 보낸 구원 비행기였다. 터키 비행기는 일본인 215명을 태우고 나리타(成田) 공항으로 향하였다. 왜 터키는 일본인을 구해 주었는가? 전 駐日 터키 대사는 이렇게 설명하였다. '우리들은 일본인이 에루토 – 루루호의 조난 사고 때 보여주었던 헌신적인 구조 활동을 잊지 않고 있습니다. 교과서에도 그 이야기는 실려 있고, 터키인이라면 누구라도 알고 있습니다. 그러므로 곤란에 빠진 일본인을 돕는 것은 우리들에게 당연한 것입니다.' * 앗, 터키 항공기다! * 일본의 여러분! 우리들이 당신들을 일본까지 모시겠습니다!" 같은 책, 14쪽.

26) 『교과서』, 223쪽. "1990년 8월 이라크군이 돌연 쿠웨이트를 침공하여 다음 해 1월 미국을 중심으로 한 다국적군이 이라크군과 싸워 쿠웨이트에서 철퇴했다(걸프전쟁). 이 전쟁에서 일본은 헌법을 이유로 군사행동에는 참가하지 않고, 거액의 재정원조에 의한 큰 공헌을 했지만, 국제사회는 이것을 평가하지 않았다. 국내에서는 일본의 국제공헌 방법에 대해 심각한 논의가 제기되었다. 공산주의 진영의 붕괴에 의해 세계 규모의 전쟁 위험은 사라졌지만, 민족과 종교의 대립을 토대로 한 지역분쟁은 없어지지 않았다. 동아시아에는 아직 공산주의 국가, 혹은 공산당 1당독재 국가가 남아있고, 이 지역도 큰 위험을 안고 있다. 이 가운데 독자적인 문화와 전통을 가진 일본이 자국의 안전을 확실히 확보하면서, 금후 세계 평화와 번영에 어떻게 공

다시 말해 일본 제국의 복원을 위해 목숨을 바칠 군인으로 일본인들을
동원하기 위해 교과서에 거짓을 적는 것이다. 예컨대 왜구가 일본인과
조선인의 연합세력인 것처럼 서술하여 일본사의 영광에 배치되는 해적
행위의 책임을 떠넘기거나,[27] 한반도가 적대 세력에게 넘어갈 경우 자
국을 위태롭게 한다는 '한반도 흉기론'을 되풀이하며 청일전쟁과 러일
전쟁과 같은 명백한 침략전쟁을 방어전쟁으로 호도한다.[28]

　둘째, 일본은 한국 근대화의 옹호자를 자처했지만 실제로는 침략자
였다.[29] 그러나 정한론과 운양호사건의 침략성과 식민지 지배의 약탈성

헌해 가는가가 질문으로 남는다."

27) 『교과서』, 79쪽. "14세기 후반에 중국에서는 한민족의 반란에 의해서 원이
　북방으로 쫓겨 가고, 명이 건국되었다. 명은 일본의 왜구의 단속을 요구하
　였다. 왜구란 이즈음 조선반도와 중국 연안에 출몰하던 해적집단을 말한
　다. 그들은 일본인 외에 조선인도 다수 포함되어 있었다."
　1990년대 이후 일본 학계의 왜구연구 동향은 "국가나 민족 안에서 왜구의
　실태를 이해하는 것은 의미가 없다"는 식의 연구가 나오고 있지만, "왜구
　를 한국인과 일본인의 연합으로 보는 견해와 고려 민중이 대부분이었다는
　견해도 한국사의 전개에 입각해서 말한다면 당혹한다는 느낌을 감출 수
　없다"는 요시노 마코토의 지적을 보면 후소샤 교과서의 왜구 인식은 일본
　학계 내에서도 비판에 직면해 있다. 요시노 마코토 저, 한철호 역, 앞의 책,
　169～172쪽 참조.

28) 『교과서』, 163쪽. "「일본의 독립과 조선반도」 동아시아 지도를 보자. 일본
　은 유라시아대륙으로는 작고, 바다에 떠있는 섬나라이다. 이 일본을 향해
　대륙에서 하나의 팔처럼 조선반도가 돌출해있다. 양국의 이러한 지리적 관
　계는 오랜 역사 속에서 중요한 의미를 지녀왔다. 과거, 조선반도는 중국의
　문명을 일본에 전해주는 도로였다. 그러나 조선반도 전체가 일본에 적대적
　인 대국의 지배하에 들어간다면, 일본의 독립은 위험해진다. 일본은 중국
　과 조선반도의 동향에 주의를 기울여야만 한다. 일본이 고대 율령국가를
　형성한 것도 동아시아 가운데 자립할 것을 목표로 했기 때문이다. 가마쿠
　라 시대에, 원구의 거점이 된 것도 조선반도였다. 이 때 공포의 기억은 일
　본인 사이에 오랫동안 전해져왔다."
　러일전쟁이 제국주의 침략전쟁이었음은, 요시노 마코토 저, 앞의 책, 281～
　285쪽 참조.

을 은폐하고 한국의 근대화를 도운 것처럼 묘사함으로써 식민지 지배를
합리화한다.[30] 군대 위안부의 존재를 기술하지 않거나 징병·징용의 강
제성과 관동대지진 때의 학살에 대한 정부 책임을 언급하지 않음으로써
국가 범죄에 눈감는 것도 여전하다.[31] 일본은 동아시아에서 침략자 노
릇을 한 것이 역사적 진실이다. 허나 눈을 씻고 찾아보아도 과거사에 대
한 반성은 이 책에서 찾아 볼 수 없다. 이 책은 정당방위 차원에서 자국
의 안전을 지키기 위한 방어전쟁을 한 적은 있어도 침략전쟁은 하지 않
았다고 강변한다. 심지어 러일전쟁이나 태평양전쟁은 러시아나 미국 같

---

29) 1876년 개항 이래 일본은 조선에 대해 "개화와 독립의 옹호자"를 자처했
지만 실제로는 "제국주의 침략자"였다. 유영익, 1983, 「한·미관계 전개에
있어서의 일본의 역할」 『한·미 수교 1세기의 회고와 전망』 (한국정신문화
연구원) 136~142쪽 ; 졸고, 2004, 「개화기(1876~1910) 한국인의 일본관」 『사
학연구』 76, 207~227쪽.

30) 『교과서』, 163쪽. "「조선의 근대화를 도와준 일본」 메이지 신정부는 정권
수립 후, 곧 조선과 국교를 맺고자 하였다. 그러나 중국의 청조에 복속해
있던 조선은 외교관계를 맺기를 거절하였다. 조선을 개국시킨 1876년 일
조수호조규는 그 제1조로 '조선국은 자주국'이다 라고 하였다. 그것은 청
조의 지배에서 조선을 떼어내려는 목적이 있었다. 청조이상으로 두려운 대
국은 부동항을 찾아 동아시아에 눈을 돌리기 시작한 러시아였다. 러시아는
1891년에 시베리아철도 건설에 착수하여 그 위협이 점차 다가왔다. 조선
반도가 동쪽의 영토를 확대하고 있던 러시아의 지배하에 들어간다면, 일본
을 공격하기에 알맞은 기지가 되어 섬나라 일본은 자국의 방위가 곤란하
게 될 것으로 생각했다. 그래서 일본은 조선의 개국후, 조선의 근대화를 원
조했다. 조선에서도 시찰단이 오고 메이지유신의 성과를 배웠다. 조선이
타국에 침범당하지 않는 나라가 되는 것은 일본의 안전보장에 매우 중요
했다."

31) 『교과서』, 189쪽. "1923년 9월 1일, 관동지방에 대규모의 지진이 일어나
도쿄·요코하마 등에서 큰 화재가 발생하여 사망자·행방불명자는 10만을
넘었다(관동대진재). 이런 혼란 중에 조선인 사이에 불온한 책동이 있다는
소문이 퍼져 주민의 자경단 등이 사회주의자 및 조선인을 살해한 사건이
일어났다. 관동대진재 때, 미국은 일본에 구원물자로써 군용 모포를 보내
고 일본인에게 감사받았다"

은 백인종 제국주의에 맞서 황인종의 공동번영을 지키기 위한 방어 전
쟁이자,32) 동아시아 사람들에게 독립의 희망을 주는 복음이었다는 식이
다.33) 즉 "근대 일본 국가의 대외 정책은 중국이나 조선에 대해서는 구

---

32) "러일전쟁 후, 일본은 동아시아에서 두려울 것이 없는 대국이 되었다. 필리
   핀을 영유한 미국의 극동정책의 경쟁상대는 일본이 되었다. 한편 일미 간
   에는 일러전쟁 직후부터 인종차별 문제가 일어났다. 미국의 서부 諸州, 특
   히 캘리포니아에서는 근면으로 우수한 일본인 이민이 백인노동자의 일자
   리를 빼앗아서 일본인을 배척하는 운동이 일어났다. 미국정부의 지도자는
   일본인 이민의 입장에서 이해를 하였으나, 서부 제주의 행동을 억압할 수
   없었다. 제1차 세계대전 후 파리강화회의에서 일본은 국제연맹규약에 인
   종차별 철폐를 포함시키는 결의를 제안했다. 이 목적은 이민의 차별을 철
   폐하는 것이었기 때문에 오스트레일리아 등 유색인종의 이민을 제한한 나
   라는 강하게 반대했다. 미국은 당초 일본에 동정적이었으나, 서부 제주의
   반발을 두려워해 반대에 더해져 결의는 채택되지 않았다. 그러나 일본의
   제안은 세계에서 다대한 공감을 얻었다." 『교과서』, 188쪽 ; "대동아전쟁
   (태평양전쟁): 진주만공격. 1941년 12월 8일, 일본해군은 미국의 하와이에
   있는 진주만기지를 공습하여 미국 태평양함대에 전멸에 가까운 타격을 주
   었다. 이는 태평양 제해권을 획득하여 장래, 동남아시아에서 일본으로 석
   유 등의 물자를 수송하는 배의 안전을 확보하는 것이 목적이었다. 같은 날
   일본육군은 말레이시아 반도에 상륙하여 영국군을 격파하면서 싱가포르를
   목표로 진격했다. 일본은 미영에 선전 포고하였고, 이 전쟁은 '自存自衛'를
   위한 전쟁이라고 선언했다. 일본정부는 이 전쟁을 대동아전쟁이라고 명명
   했다. 독일·이탈리아도 미국에 선전포고하여 제2차 세계대전은 일·독·이
   의 구축과 미·영·네덜란드·소·중의 연합국이 세계 속에서 싸운 전쟁으로
   확대하였다." 같은 책, 204쪽.
33) 『교과서』, 206~207쪽. "아시아에 퍼진 독립으로의 희망: 일본의 모든 전
   투의 승리는 동남아시아와 인도 사람들에게 독립으로의 꿈과 용기를 심어
   주었다. 동남아시아에서 일본군의 파죽지세는 현지 사람들의 협력이 있었
   기 때문에 가능하였다. 일본군의 포로가 된 영국군 인도인 병사 가운데 인
   도 국민군이 결성되고, 일본군과 협력하여 인도로 진격하였다. 인도네시아
   와 미얀마에서도 일본군의 지도로 군대가 만들어졌다 … 일본은 점령한
   각지에서 군정을 강요했다. 현재 독립운동의 지도자들은 구미제국으로부
   터의 독립을 달성하기 위해 일본의 군정에 협력했다 … 후에 일본이 패전

미적 근대 기준의 국제질서를, 구미에 대해서는 억압받는 '유색인종'의
입장에서 각기 그 정당화를 기도하는 이중 기준이 적절하게 구사되었
다"고 본 야스다 히로시의 지적은 정곡을 찌른다.[34]

셋째, 독일·이탈리아·소련의 파시즘을 전체주의라고 비판하지만 일
본의 군국주의에 대한 성찰은 어디에도 눈에 띠지 않는다. 나치와 스탈
린의 학살은 지적하지만, 일본이 저지른 남경학살이나 군대 위안부와 같
은 만행에 대해서는 말하려 하지 않는다.[35] 오히려 동경재판에서 전범

하여 철퇴한 후, 이들 식민지는 거의 10여년 사이에 차차 자력으로 독립을
달성했다. 일본군의 병사 중에는 현지에 남아 독립전쟁에 참가한 사람도
있었다. 일본의 남방진출은 원래 일본의 '자존자위'를 위해서였지만, 아시
아제국이 독립을 앞당기는 효과를 가져왔다."

34) 야스다 히로시, 「일본근대사 서술의 기본구상」 『기억과 역사의 투쟁』, 85쪽.
이 밖에 일본 우익의 서구관과 인종전쟁관에 대해서는, 키바타 요이치, 「『국
민의 역사』의 서구상과 일본 제국주의」 김석근 역, 『철저비판 일본 우익의
역사관과 이데올로기』, 255~264쪽 ; 카사하라 토쿠시, 「일본과 미국의 인
종전쟁관과 망상」, 같은 책, 265~278쪽 참조.

35) 『교과서』, 192~193쪽. "유럽에서 형성된 2개의 정치사상이 1920년대에서
1930년대에 걸쳐 대두하여 세계에 확대되었다. 하나는 마르크스 사상이
시작되어 러시아혁명을 일으킨 공산주의였다. 다른 하나는 독일과 이탈리
아를 중심으로 한 다른 유럽 제국의 일부에도 파급된 파시즘이다. 어느 것
이든 전체주의의 일종으로 각지에 혁명운동을 발생시켰고, 독특한 정치체
제를 만들어 20세기의 역사를 크게 움직였다 … 러시아 혁명 후, 공산주의
국가가 된 소련에서는 레닌의 사후, 스탈린의 지도하에서, 1928년부터 5개
년 계획이 실행되었고, 중공업 건설과 농업 집단화가 진행되었다. 그 과정
에서 스탈린은 비밀경찰과 강제수용소를 이용해서 수백만의 사람들을 처
형했다. 소련은 무계급사회의 실현이라는 이상을 내걸었으나, 현실에서는
가혹한 강제노동과 방대한 수의 희생자를 냈다 … 이탈리아에서는 1922년
에 무솔리니의 파시스트당에 의한 독재정치가 시작되어 1935년 에디오피
아를 침공했다. 파시스트당에서 보여지 듯 독재적 군국주의의 경향을 파시
즘이라 하고, 세계공황 후 경제적으로 고통받는 나라들로 확대되었다. 독
일은 제1차 세계대전 후 거액의 배상금을 부담해야 했고, 격심한 인플레이
션(물가고) 때문에 국민의 불안이 높아졌다. 결국, 히틀러가 나치스당을 거

자로 처벌된 이들과36) 전쟁에 책임이 있는 쇼와 천황을 국민과 함께 한
애국자로 미화하거나,37) 미국의 원폭 투하와 소련의 난민 박해를 과장

느리고 등장하여 민족의 광영의 회복을 슬로건으로 내걸자, 사람들은 점차
그를 따르게 되었다. 나치스당은 1929년에 시작한 세계공황에 의한 국내
혼란을 틈타 1932년에는 국회 제1당으로 약진했다. 다음해 히틀러는 정권
을 잡고 독재체제를 구축하였다. 나치스에게 있어 가장 중요한 것은 인종이
었다. 게르만 민족의 순수혈통을 지킨다는 이념을 위해서는 수단을 가리지
않았다. 특히 유태인에 대해서는 철저히 박해를 하였다. 히틀러는 스탈린과
마찬가지로 비밀경찰과 강제수용소를 이용해 대량의 살육을 자행했다. 두
전체주의 국가는 서로 대립하면서도 상대로부터 지배방식을 배웠다."

36)『교과서』, 215쪽. "동경재판(극동국제군사재판)에서는 전범으로써 재판에
회부된 전쟁 중 지도자들 전원에게 유죄가 선고되고, 도조히데키(東條英
機) 수상 이하 7명이 교수형 되었다. 이 재판에서 피고는 '평화에 대한 죄'
를 언도받았다. 이는 자위전쟁이 아닌 전쟁을 개시한 것을 죄로 한 것이었
지만, 이러한 죄로 국가의 지도자를 벌한 것은 그때까지의 국제법 역사에
는 없었다. 동경재판에서 단 1명의 국제법 전문가였던 인도의 팔 판사는
이 재판은 국제법상 근거를 결여한 것으로, 피고 전원의 무죄를 주장했다.
그러나 GHQ는 이 파루판사의 의견서 공표를 금지하고, 그 외 일체의 재
판에 대한 비판을 허락하지 않았다. 동경재판에 대해서는 국제법상 정당성
을 의심하는 견해도 있지만, 역으로 세계평화를 위한 국제법의 새로운 발
전을 보임으로써 긍정하는 의견이 있고, 금일에도 그 평가는 정해지지 않
았다."

37)『교과서』, 215쪽. "쇼와 천황이 즉위한 시기는 일본이 커다란 위기를 맞을
때이었다. 천황은 각국과의 우호와 친선을 바랬지만 시대는 그것과 다른
방향으로 움직였다. 그러나 천황은 자신의 의사와 반대인 경우에도 정부와
군의 지도자가 결정한 것을 인정하여 입헌군주로서의 입장을 관철시켰
다. 다만 천황이 그 자신의 생각을 강하게 표명하여 사태를 진정시킨 경우
는 두 번 있었다. 한 번은 1936(쇼와11)년의 2·26사건 때의 일이었고, 또
다른 하나는 1945(쇼와 20)년 8월 종전 때의 일이었다. 어느 것도 군주로
서의 강한 자각에 의한 행동이었다. … 종전 직후, 천황과 처음으로 회견
한 맥아더는 천황이 살려달라고 하기 위해 왔다고 생각했다. 그런데 천황
의 입에서 나온 말은 '나는 국민이 전쟁수행에 있어서 행한 모든 결정과
행동에 대해서 전책임을 지는 사람으로서, 나 자신을 당신이 대표하는 제
국의 결정에 맡기기 위해 방문했습니다.' 맥아더는 '나는 커다란 감동에

함으로써 가해자가 아니라 피해자로 둔갑시키려 한다.[38]

한 마디로 후소샤 교과서는 일본 국민들의 과거 침략 전쟁에 대한 죄의식 회석과 평화헌법 개정을 통한 재무장과 전쟁 합법화를 노리는 정치적 목표를 노골적으로 드러냄으로써 2001년보다 더 개악된 역사교과서로서 자격이 없는 책이다.

흔들렸다. 죽음까지 동반하는 정도의 책임, 명백하게 천황에게 돌아가지 않을 책임을 지겠다고 한다. 이 용기에 찬 태도는 나의 골수까지 움직였다.'(『맥아더 회상기』에서 발췌) 패전 후 천황은 일본 각지를 순행하고 부흥에 힘쓰는 사람들과 친하게 이야기하며 격려했다. 격동하는 쇼와라는 시대를 일관하여 국민과 함께 걸어온 생애였다."

그러나 후소샤 교과서가 인용하고 있는 『맥아더 회상기』에 보이는 히로히토의 발언에 관한 기술은 천황에게 전쟁책임을 면책하기 위한 정적인 목적으로 이용하기 위한 것이다. 따라서 이 기술을 "역사적 사실이나 히로히토의 인간성을 나타내는 자료로 사용하는 것은 사실에 입각한 역사서술로는 불가능한 것"이라는 비판이 합당하다고 본다(야스다 히로시, 앞의 글, 89~91쪽). 천황면책론은 미국과 일본 정치지배층의 '전략적 합작산물'로 히로히토를 전쟁책임이 없는 입헌군주로 그려낸 것은 동경재판의 대응책으로 만들어낸 신화인 것이다(야스다 히로시, 「쇼와천황의 전쟁책임에 대하여」 일본교과서 바로잡기 운동본부 편, 『글로벌화와 인권교과서』, 170~172쪽).

38) 『교과서』 214. "제2차 세계대전 말기에는 미국이 동경대공습을 비롯해 다수의 도시로 무차별 폭력을 행하고, 히로시마와 나가사키에 원폭을 투하했다. 또 소련은 일소중립조약을 파기하여 만주에 침입하였고, 일본의 민간인에 대한 약탈, 폭행, 살해를 거듭하였다. 그래서 일본병 포로를 포함한 약 60만의 일본인을 시베리아로 연행해서 가혹한 노동에 종사시키고 약 1할을 죽게 만들었다."

전쟁 책임 문제와 동경 재판 등에 관해서는, 요시다 유타카, 「역사 속의 전쟁책임 문제」 김석근 역, 앞의 책, 279~292쪽 참조.

IV. 결론 : 어떻게 대응할 것인가?

후소샤 중학교 역사교과서는 자긍과잉과 성찰결여로 요약된다. 진정한 자긍은 과오에 대한 성찰이 동반할 때 가능한 것이다. "벼는 익을수록 고개를 숙인다"는 말이 있듯이, 자화자찬은 이웃의 존중과 인정을 얻어낼 수 없는 법이다. 성찰이 결여된 과거사 학습은 한 민족이나 국가의 미래를 잘못된 길로 이끌 뿐만이 아니라, 그 악영향이 인접국과 세계에도 미친다. 따라서 역사왜곡문제는 그 나라의 지성이나 시민단체는 말할 것도 없거니와 이들과 연대를 꾀하는 다른 나라의 사람들도 함께 풀어야할 공동의 숙제이다. 유럽통합이 현실로 나타난 지역 간 화해와 통합의 시대에도 이번 역사교과서 왜곡파동에 잘 나타나듯이, 독일과 달리 일본의 불충분한 전후 청산노력 때문에 여전히 극복되지 못하고 있다.

우리는 한·일 양국의 갈등과 반목을 주체적이고 상호 평등한 화해와 협력의 선린관계로 발전시키기 위해 무엇을 해야 할 것인가? 그 첫 걸음은 불행한 과거 역사의 기억에 대한 화해에서 시작해야 할 것이다. 그러나 현재 일본에는 침략의 역사에 대한 반성과 성찰을 자기학대로 매도하면서 제국의 영광을 다시 재현하려는 '새역모'과 같은 극우세력이 목소리를 높이고 있다.

왜 왜곡세력들은 침략의 과거사에 대한 반성을 '自虐'이라고 매도하면서 역사의 기억에 분칠을 하려할까? 그 이유는 그들이 일본의 침략전쟁을 주도한 세력의 嫡子로서 제국 일본의 옛 판도와 영화를 되찾고 싶어하는데서 찾을 수 있다. 60년전 제국 일본의 꿈을 무산시킨 미국은 이제 그들의 재무장에 반대하지 않는다. 그들의 발목을 잡는 힘은 군국주의 일본에 대한 공통의 역사기억을 갖는 일본 시민사회와 우리를 비롯한 동아시아 시민사회의 국제적 연대이다. 특히 한·일 두 나라 시민사회는 2001년 역사기억을 둘러싼 국제전과 내전이 벌어졌을 때 이미 왜곡세력에 맞서기 위해 손을 맞잡은 경험이 있다. 2001년 후소샤 교과서 채택을 저지한 일본 풀뿌리 시민사회의 성숙된 모습을 기억할 때 우리는 타자·타민족과의 공존을 모색할 수 있는 다원성을 일궈낸 그들 시민사회의 저력에서 화해의 가능성에 희망을 품는다.

그 때와 지금의 차이는 크게 두 가지이다. 하나는 '새역모'의 배후를 봐주던 산케이·요미우리신문 같은 대형 메스미디어와 미쓰비시상사 같은 재벌, 심지어 일본정부까지도 이제는 드러내 놓고 역사왜곡을 지원·획책하는 것이다. 다른 하나는 당시 한국과 일본 시민사회의 연대로 인해 교육현장에서 후소샤 교과서 채택이 좌절되자 왜곡세력들이 개헌과 재무장, 그리고 역사 기억의 왜곡에 반대하는 일본과 우리 시민사회 사이의 국제적 연대에 틈을 내기 위한 묘책으로 독도와 역사교과서문제를 동시에 들고 나오는 전략을 구사하는 데 있다. 영토문제로 두 나라 시민사회 사이에 민족주의라는 고압전류가 흐르게 해 연대에 금이 가게 함으로써 채택률을 높이려는 것이 그들의 속셈인 듯하다.

그러나 우리는 왜곡 교과서가 교육 현장에서 단 한 권도 발을 붙이지 못하도록, 왜곡세력이 파 놓은 민족주의의 덫을 피해 다시 한 번 더 불어 살기를 꿈꾸는 일본의 시민사회와 힘을 합쳐야만 한다. 왜냐하면 두 나라 시민사회의 국제적 연대가 왜곡세력이 꿈꾸는 세상을 가로막는 가장 파괴력이 큰 무기이자 두려워하는 힘이기 때문이다.

끝으로 남의 잘못을 나무라기 위해서는 먼저 자신의 결함을 살펴야 하는 법. 반면교사로서 일본 역사교과서 왜곡을 둘러싼 일본 내의 내전을 보면서 우리도 국사교과서를 반성적·비판적 입장에서 성찰해야만 함을 절감한다.[39] 왜냐하면 우리도 타자와의 공존을 지향한다면, 지난 고

---

39) 이에 관해서는 다음을 참조. 유용태, 2001, 「역사교과서 속의 아시아 국민국가 형성사 – 2002년에 사용될 중학교 『사회 2』 분석」 『역사비평』 겨울호, 129～151쪽 ; 지수걸, 「'민족'과 '근대'의 이중주 – '역사 교과서' 비판: 내셔널 히스토리의 해체를 향하여」 『기억과 역사의 투쟁』, 56～80쪽.

난의 역사에서 배태된 저항민족주의에서 기인하는 배타성과 우월의식 같은 우리 안의 특수를 어떻게 남의 눈을 감당할 수 있는 일반적인 문제로 환원시킬 수 있는가를 진지하게 고민해야만 하는 시기가 도래했기 때문이다.

고대사 서술과 역사인식

延 敏 洙*

Ⅰ. 서 언

현재 일본의 역사교과서는 문부과학성의 검정을 받는 검인정 교과서이다. 황국사관이 지배하던 1945년 이전의 國定에서 검인정으로 전환된지 60년이 지났다. 그 동안의 교과서 서술에도 많은 변화와 우여곡절의역사가 있었다. 검정제도에 의해 일본의 과거사와 과거사 인식에 대한왜곡된 부분을 바로잡으려는 양식있는 학자가 집필한 교과서에 대해 문부성이 수정 등의 제동을 걸자 이른바 '家永교과서재판'이라는 사상 유례없는 사건이 새삼 기억에 떠오른다. 1982년 일본교과서 왜곡문제에대해 국내외적으로 각계각층의 비판과 시정요구가 있어 그 후에 나온교과서 서술에도 적지않은 영향을 주었다. 특히 90년대 이후에 나온 교과서는 고대사 문제에서 최대의 쟁점이 되고 있는 임나일본부 문제 등에 대해 전통적 학설에 문제를 제기하는 등 주목할 만한 인식의 변화가있었던 것이 사실이다.

전체적으로 진전되어 가는 이러한 흐름 속에서 21세기 초두에 일본의 현행 역사교과서를 '자학사관'으로 규정하고 소위 '자유주위사관'을

* 동북아역사재단 연구위원

표방하며 일본 문부과학성의 검정에 통과한 후쇼사판『새로운 역사교과 서』가 출판되었다. 의욕적으로 출발한 '새로운 역사교과서를 만드는 모 임'(약칭 '새역모')이 주도한 이 교과서는 채택률 10%를 목표로 각계각 층의 광범위한 조직력을 바탕으로 동분서주했으나 결과는 0.039%라는 최악의 상태를 초래하였다. 반면 호된 비판에도 불구하고 여론의 확산에 힘입어 궁금증을 증폭시켜 일반판매에서는 수십만부에 달하는 실적을 올려 엄청난 수익을 올리는 웃지 못할 일이 벌어지기도 했다.

이번에 검정신청 2번째를 맞이하는 후쇼사판『새로운 역사교과서』 는 4년 전의 결과가 되풀이 되지 않도록 또한 학교현장에서의 채택율을 높힐 수 있도록 편찬의 체재나 구성에 있어 세심한 주의를 기울이기도 하고 한편으로는 일본정부내의 우익인사들과 이들과 뜻을 같이하는 조 직과 연계해 나갔다. 그러나 이들이 검정을 신청한 검정신청본인 백표지 본은 4년전의 현행본을 능가하는 사실관계의 오류, 역사인식의 편협성 등을 드러내었다. 문부성 검정과정에서 여러 부분에 걸쳐 수정을 지시받 아 문제가 된 내용의 일부를 삭제 혹은 고치기도 했지만, 새롭게 추가된 부분에서 오류와 왜곡이 산견되고 역사인식의 부재가 확연해 우려와 실 망을 금치않을 수 없다. 역사교과서가 미래의 주역인 청소년들에게 끼칠 영향을 생각할 때 그대로 방치하기 어려운 일이다. 시대에 역행하는 이 교과서는 사실관계의 오류와 역사인식의 부재로 인해 초래될 영향은 결 코 적지 않고 모두에게 불행한 사태가 예견되고 있다.

현재 일본의 역사교과서는 중학교 8종, 고등학교는 20여종이 넘는 많은 종류의 교과서가 출간, 채택되고 있다. 교과서의 내용은 출판사마 다 차이가 있고 집필자의 역사관이나 역사의식이 내용의 성격에 커다란 영향을 미치고 있다. 본고에서는 후소사판 교과서를 중심으로 하여 8종 의 중학교 역사교과서의 고대사서술에 대해 현행본과 검정신청본 그리 고 검정합격본을 비교해 가면서 어떤 변화가 있고 내용상의 문제점 그 리고 이 교과서에 나타난 집필자의 역사인식 등을 살펴보고자 한다. 이

는 올바른 역사교과서, 바람직한 역사교육을 위한 향후의 대책과 준비의
일환이기도 하다.

II. 주제별 서술과 문제점

1. 地名 비정의 문제

우선 후소사판 「2세기중엽의 동아시아」라는 항목의 지도(검정신청
본 26쪽)에서 중국의 漢의 영역을 한반도를 동서로 가르면서 그 반에 해
당하는 서부로 하고, 남으로는 충청남도일원과 전라북도의 일부까지 포
함시키고 있다. 또한 대방군의 중심지를 현재의 서울부근으로 비정하기
도 한다(27쪽). 이것은 한사군의 지명비정의 문제와 관련해서 일본학계
의 전통적 학설에 기초하고 있지만, 적지않은 문제점을 내포하고 있다.

한사군이 설치된 시기는 한이 위씨조선을 멸망시 기원전 108년이다.
한은 옛 고조선의 영역에 낙랑군, 진번군, 임둔군을 두고, 이듬해에는 동
북방의 濊의 땅에 현도군을 두어 한사군의 성립되었다. 낙랑군의 치소에
대해서는 대체로 지금의 평양부근으로 보는데에는 이견이 없다. 문제는
진번군과 대방군이다. 진번군에 대해서는 낙랑군 이남 한강의 북방에 비
정하는 것이 국내학계의 지배적인 견해이다.[1] 일본학계에서는 이를 금
강 유역설,[2] 충청도와 전북에 비정하는 설,[3] 영산강유역설[4]까지 다양하
다. 이는 실제의 대세를 무시하고 사료상에 보이는 지리적 이해를 제대

1) 李丙燾, 「眞番郡考」 『韓國古代史硏究』 (박영사) 102~103쪽.
2) 稻葉岩吉, 1914, 「眞番郡の位置」 『歷史地理』 26-4.
3) 今西龍, 1970, 「眞番郡考」 『朝鮮古史の硏究』 (國書刊行會) ; 池內宏, 1951,
   「眞番郡の位置について」 『滿鮮史硏究』 上世編 (吉川弘文館).
4) 末松保和, 1965, 「眞番郡治所」 『靑丘史草』 1.

로 하지않은 견해로 수용하기 어렵다.[5] 당시의 한반도 남부지역은 삼한 사회로 『三國志』 韓傳에 따르면 마한 54개국의 존재해 있었고 이들 지역은 경기도와 충청, 전라지방에 비정되고 있다. 2세기 중후반경인 桓·靈帝 말기에는 韓, 濊가 강성하여 漢의 군현통제가 제대로 안되어 군현의 백성들이 韓國으로 유입되었다는 韓傳의 기록으로부터도 이 시기에 한강 이남지역을 중국영역에 포함시킬 수는 없다.

대방군의 설치에 대해서 韓傳에는 建康연간(196~220)에 공손강이 屯有縣 이남의 황무지를 분할하여 대방군으로 만들었다고 한다. 이후 韓諸國은 낙랑, 대방과의 교류가 활발해지고 한의 선진문화도 수용하면서 점차 정치적, 지역적 통합과 국가형성에의 길을 모색해 나간다. 대방군의 정확한 위치에 대해서는 황해도 봉산군 문정면에서 대방태수 張撫夷의 무덤과 그 부근에서 대방군치의 토성지가 발견되었다고 해서 이 일대에 비정하는 것이 대세이다.[6] 뿐만아니라 광개토왕비문에 보이는 404년의 갑진년 전투에서 백제는 왜와 연합하여 서해를 북상하여 帶方界를 공격하고 있다.[7] 당시 백제의 왕도가 한성이었음을 생각할 때, 대방계가 서울부근이었다면 왜병이 백제를 공격하는 것이 되어 모순이 생긴다. 대방계는 당연 서울의 북방 즉 황해도방면에서 찾는 것이 옳을 것이다.[8]

다음은 후쇼사판 「4세기말의 조선반도」라는 지도에서 任那의 영역을 낙동강 以西방면에서 북으로는 경상북도 문경까지 올라가고 그 밑으

5) 李基東, 1982, 『韓國史講座·古代編』 (일조각) 66~67쪽.
6) 李丙燾, 1976, 「眞番郡考」 『韓國古代史硏究』 (박영사) 125~126쪽.
7) 王健群 석문에 의하면, 「十四年甲辰以倭不軌侵入帶方界和通殘兵」이라 하여 왜는 殘兵(백제)과 연합전선을 구축하여 고구려의 대방계를 공격하고 있다.
8) 후쇼사판 교과서 이외의 문부성 검정을 통과한 7종의 교과서에서 지도상에서 대방군의 위치를 표시한 2개의 교과서에는 황해도 방면으로 비정하고 있어(日本書籍新社, 35쪽 ; 淸水書院, 32쪽), 후쇼사 교과서의 문제성이 더욱 드러나 보인다.

로 무주, 정읍으로 이어지는 이남지역인 충청북도의 일부와 전라남도 전
역과 전라북도 대부분으로 표시하고 있다. 「5세기대의 동아시아」라는
지도에서도 북방의 일부가 축소되었을 뿐 4세기말의 영역과 일치하고
있다. 이러한 지명비정은 후쇼사판 뿐아니라 임나의 영역을 표시한 그
외의 교과서에도 천편일률적으로 나타나고 있다.

임나의 영역은 이 분야에 대한 일본학계의 통설적 견해로 수용되고
있는 末松保和의 학설에 근거한다. 『日本書紀』繼體紀 6년(512)조에 백
제가 사신을 보내 임나국의 상다리, 하다리, 사타, 모루 등 4현의 할양을
청하자, 백제의 요구대로 들어주었다고 한다. 말송설에 따르면 임나4현
의 위치비정을 전라남북도의 일원에 포함시키고 있다.9) 백제에의 임나4
현의 할양은 곧 야마토정권의 임나지배라는 등식이 성립되고 4현은 임
나의 일부가 되는 셈이다. 후쇼사판 현행본에서는 실제로 "백제로부터
(임나지역의)영토의 일부를 할양해 줄 것을 요구받았다"(40쪽)고 기술하
고 있다.10) 그러나 전라도 일원은 남원, 하동으로 이어지는 섬진강중하
류역으로 그 以西의 영산강 방면까지 확대하기는 어렵다. 이 지역은 가
야문화권과는 다른 舊馬韓 지역의 독자적 문화권으로 5세기후반대에 와
서야 백제의 중앙정권의 세력이 미칠 정도로 정치적, 문화적 독립성을
유지한 지역이다.11) 한편 임나는 영토적으로 통합된 국이 아니라 지역
적 기반을 갖는 독립된 수많은 정치체로 분립되었다. 일정시기 지역적

---

9) 末松保和, 1956, 『任那興亡史』(吉川弘文館, 초판은 1949) 115~123쪽.
10) 후쇼사판 이외의 7종의 교과서에는 『日本書紀』의 임나4현의 할양기사를
    서술하지 않고 있다. 그렇지만 일본에서 나온 고등학교나 대학의 일본사
    개설설을 비롯한 專論 혹은 시리즈물 개설서 등에는 아직도 임나4현의 할
    양기사를 비판 없이 인용, 서술하고 있다.
11) 『梁書』百濟傳에 보이는 5세기 후반 백제의 지방통치체제의 정비의 일환
    으로 시행된 22담로제의 실시, 『삼국사기』백제본기 동성왕 20년(498)조에
    보이는 무진주(光州)를 정벌하고 탐라국의 조공을 받았다는 기사 등은 5세
    기후반 단계에서 백제의 영역이 전라남도 방면에까지 진출했다는 증거이다.

연맹체를 구성한 적은 있지만 통일된 정권을 수립한 적은 없기 때문에
일괄해서 任那라는 이름으로 가야제국이 마치 통합된 一國과 같이 표시
한 것은 잘못이다.[12] 임나 영역의 광역화와 마치 一國과 같이 표기하고
서술한 것은 고대일본의 임나에 대한 정치적, 군사적 영향력, 세력권이
그 만큼 컸다는 것을 암시하고 있는 것으로 추측된다.

2. 任那問題와 任那日本府說

고대한일관계에서 끊임없이 제기되는 문제가 이른바 임나일본부설이
다. 일본학계의 전통적 견해에 다르면 야마토정권의 임나지배설이다.『일
본서기』의 신공황후 전설과 광개토왕비문의 신묘년기사 그리고『송서』 왜
국전의 왜왕무의 상표문,『일본서기』 계체기, 흠명기의 임나일본부 관련
기사가 사료적 근거의 핵을 이루고 있다. 신공황후의 가야7국평정이라
는 신공기 369년조의 기사를 시작으로 가야제국의 최후의 왕국 대가야
가 멸망하는 562년까지 200여년의 야마토정권에 의한 지배의 역사가 바
로 가야의 역사로 이해, 평가하는 것이다.『일본서기』에 대한 새로운 분
석방법과 해석, 가야문화권에 대한 고고학적인 조사에 의해 이미 한일양
국의 연구자들 간에는 근거없는 학설로 공통의 이해에 접근하고 있지만,

---

12) 任那라는 용어는 대부분 일본측 문헌에 등장하고 있다. 한국측 문헌에는
加耶를 비롯한 그 유사음으로 표기되고 있다. 일본측 문헌에 보이는 임나
라는 용어는 고대일본의 지배를 받는 지역으로서 이미지가 연상되고 일본
학계에서도 임나라는 용어 대신에 가야로 바꿔 쓰는 경향이 점차 증가하고
있다. 후쇼사를 제외한 7종의 교과서를 보면,「加羅(任那)」(東京書籍),「伽
耶(加羅)」(日本書籍新社),「加羅」(日本文敎出版),「伽耶(加羅, 任那)」(大阪
書籍),「加羅(伽耶)」(帝國書院) 등으로 표기하고 있고, 나머지 2개 출판사는
가야 혹은 임나라는 용어를 전혀 사용하지 않고 조선반도남부라고 하여
가야지방을 추측해 하고 있다. 任那라는 용어에 대한 일본학계의 인식의
변화를 보여주는 것이라 할 수 있다.

일각에서는 이를 사실화하려는 노력이 끊이질 않는 것도 현실이다. 바로 후쇼사교과서의 집필진의 생각이 그것이다. 이들의 연구란 이 분야의 전문적 연구를 바탕으로 기술한 것이 아니라 일부의 편협된 시각의 연구와 사료의 자의적 해석에 의존하고 있다.

후소사판 2001년도의 검정신청본에서 임나일본부란 용어를 그대로 써가며 가야지배설을 주장한 용어나 기술상의 문제점을 보완하며 검정의 통과에 성공했다. 2005년도의 신청본은 왜곡과 오류의 면에서 이전보다 심화되었고, 검정과정에서 일부 수정했지만 집필자의 任那觀에 대한 기존입장은 달라진 게 없다.

검정신청본의 任那와 任那日本府에 관한 서술을 보면 다음과 같다.

① 고구려는 4세기초에 조선반도내에 있었던 중국영토의 낙랑군을 멸망시키고 4세기말에는 반도남부의 백제도 공격하려고 했다. 백제는 야마토조정에 도움을 구했다. 일본열도의 사람들은 원래 귀중한 철자원을 구하기 위해 조선남부와 깊은 교류를 갖고 있었기 때문에 야마토조정은 바다를 건너 조선에 출병했다. 이때 야마토정권은 반도남부의 任那(加羅)라고 하는 지역에 거점을 구축했다고 생각된다(32쪽).

② 고구려는 백제의 수도 한성을 함락시켰지만, 백제와 임나를 거점13)으로 한 야마토조정의 군세의 저항에 부딪혀 반도남부의 정복은 이룰 수 없었다(32쪽).

③ 야마토조정이 군이 남조의 조공국이 되었던 것은 고구려와 대항해서 조선남부의 지배를 인정시키기 위해서였다(33쪽)

④ 신라는 야마토조정의 거점이 놓여진 임나14)를 위협하게 되었다. 562년 드디어 임나는 신라에 멸망당하여 야마토조정은 조선반도에서 발판을 잃었다(33쪽)

이상의 서술을 정리해 보면, 야마토조정이 임나에 거점을 구축하였

---

13) 후쇼사판 현행본에서는 '據點' 대신에 '地盤'이라는 용어를 사용하였다.
14) 수정본에서는 '야마토조정의 거점이 놓여진'의 문장을 삭제하였다.

고, 5세기대에 중국 남조의 조공국이 되었던 것은 조선남부의 지배를 인정시키기 위해서였고, 신라에게 멸망당하여 조선반도에서 발판을 잃었다고 한다. 이러한 서술과 표현은 마치 야마토조정이 가야지역에 정치, 군사적 거점과 지배체제를 구축했다는 발상에서 나온 것이다. 특히 야마토조정이 철자원을 구하기 위해 임나지역과 깊은 교류관계를 가졌다는 전제를 두면서 이 지역의 지배를 인정시키기 위해 중국에 조공하였다는 기술은 논리적으로도 모순이다. 교류와 지배는 상반된 개념이기 때문이다. 또한 남조에의 조공을 임나지배의 승인을 위한 것으로 설명한 것은 근년의 일본학계의 통설적 연구와도 크게 배치되는 내용이다.

고구려가 한반도남부의 정복을 이룰 수 없었던 이유를 백제와 임나를 거점으로 한 야마토조정의 군세의 저항이 있었기 때문으로 본 것은 당시의 정세를 잘못 판단한 오류이다. 고구려가 남정하는 5세기전후한 시기의 고구려에 대적했던 최대의 세력은 백제였고 왜는 백제의 요청에 의해 출병한 보조적인 역할에 불과하였다.

광개토왕비문에 보이듯이 경자년전투에서는 낙동강하류역까지 추격당하여 패퇴하였고, 백제와 공동전선을 구축한 갑진년의 대방계전투에서도 괴멸당하는 사태를 맞이한다. 왜병을 마치 고구려에 대적하는 주도세력으로 전제하면서 서술하는 태도는 야마토조정이 '백제와 가야에 거점'을 두고 한반도남부를 지배 혹은 영향권하에 두었다는 발상이다.[15] 임나일본부란 표현은 없어도 기술의 수법으로 보아 명백히 임나일본부설을 인정하고 있다.

이러한 서술에 대해 검정합격본에서는 ②, ④의 '거점'이라는 용어를 삭제하고 ③에서 야마토조정이 남조의 조공국이 된 것은 고구려에 대항하여 "조선남부의 지배를 인정시키기 위한 것이었다"에서 "조선반

---

15) 검정합격본에서는 '백제와 임나를 거점으로'에서 '임나를 거점으로'를 삭제하였다.

부와의 관계를 유지시키기 위한 것이었다"로 고쳤다. 이 부분에 대한 현행본의 서술은 "송의 힘을 빌려 고구려를 견제하기 위해서였다"였음을 보면, 검정신청본이 어느 정도 개악을 했던가 짐작할 수 있다.

한편 후쇼사판의 신청본과 같은 서술이 그 외의 교과서에서도 발견되고 있다.

① 대왕은 왜의 5왕으로서의 지위와 조선반도남부를 군사적으로 지휘하는 권리를 중국으로부터 인정받기 위해 중국의 남조에 때때로 사신을 보냈다(東京書籍, 270~271).

② 5세기 왜국의 대왕은 5대에 걸쳐 중국의 송황제에 사자를 보냈다. 대왕은 왜국왕으로서의 지위와 조선반도남부를 지배하는 장군으로서 인정받으려고 힘썼다. 武라는 대왕은 중국의 황제에게 편지를 보내어 거의 바란 대로의 지위를 인정받았다(日本書籍新社, 36).

③ 5세기에는 대왕은 조선반도의 남부를 지배하는 지위를 중국에 인정받으려고 했다(日本文教出版, 17)

④ 야마토왕권은 조선반도에의 진출을 꾀하고 그 정당성을 인정받기 위해 중국황제에의 사신을 몇차례나 보냈다(淸水書院, 34).

⑤ 5세기가 되면 야마토왕권은 중국의 황제에게 때때로 사신을 보내어 그 힘을 빌려 조선반도제국에 대해서 우위를 유지하려고 했다(帝國書院, 29).

⑥ 5세기에 들어가면 야마토정권의 대왕은 중국에 몇번이나 사신을 보내어 중국의 황제의 권위를 빌려 조선북부의 고구려에 대항해서 조선과의 관계를 유지하려고 했다(教育出版, 20).

⑦조선과 중국의 기록에는, … 5세기에는 왜왕이 5대에 걸쳐 중국에 사신을 보낸 일 등이 보인다(大阪書籍, 25).

인용문 ①~③은 야마토정권이 한반도남부를 지배하는 권리를 얻기 위해 송황제에 견사했다는 것이고, ④~⑥은 한반도남부에의 우위성, 교류관계를 유지하게 위해 그리고 ⑦은 견사의 사실만 서술하고 있다.

이 중에서 ①~③은 후쇼사판의 검정신청본과 마찬가지로 가야지역에 대한 야마토정권의 정치, 군사적 세력권의 확립을 전제로 하고 있어 문제점으로 남아 있다. 후쇼사판에서는 이러한 서술이 검정과정에서 수정을 요구받았지만 ①~③은 수정 없이 통과시켰다. 이것은 문부성의 이중잣대로 보이며 비판이 집중되어 있는 후쇼사판 교과서만 지적하고 그 외의 교과서에 면제부를 주고 있다. 이른바 야마토정권의 임나지배라는 전통적 학설이 아직도 일본학계의 일각에서는 생명력을 유지하고 있음을 보여주는 것이라 할 수 있다.

후쇼사판 검정신청본과 합격본에 동시에 실려있는 『宋書』 왜국전의 倭王武의 상표문을 인용한 것을 보면, "옛날부터 우리 선조들은 스스로 갑옷과 투구를 입고 산야를 넘고 강을 건너 안정을 취할 여유도 없었습니다. 동으로는 毛人을 55개국, 서로는 衆夷 66개국, 바다를 건너 조선반도에서 95개국을 평정했습니다"(『宋書』 倭國傳으로부터) 라는 출전까지 거론하며 서술하고 있다. 이 기사는 478년 왜왕무가 송황제에 올린 상표문의 일부인데, 자신의 선조들의 국토확장을 자랑하며 송조의 힘을 빌려 고구려에 대한 응징을 바라는 외교문서이다. 그러나 이 상표문에 '조선반도'라는 문구는 없다. 사료에 없는 내용을 집필자의 추측에 의해 마치 사료에 근거해서 한반도가 야마토정권에 의해 지배를 받은 듯이 서술하는 것은 사료인용의 기본을 망각한 태도이다.

고대동아시아에서 중국을 상대로 하는 외교에서는 자국의 정치적 이익을 목적으로 보낸 국서에는 반드시 과장된 필법이 동원된다. 자국과 적대하는 혹은 경쟁관계에 있는 상대국을 제압하기 위해 온갖 수사를 동원하며 중국황제의 환심을 사게한 후, 최후에는 상대국에 대한 응징을 요청하는 것이다. 왜왕무도 송황제의 덕화에 번국으로서 그 의무를 충실히 한 결과 이 정도의 영역을 확대했다는 과장적 수법이다. 東과 西의 평정기사도 그렇거니와 바다 건너 95국을 평정했다는 것도 왜왕들의 행적과는 거리가 먼 과장과 윤색으로 가득차 있다. 4세기말 고구려 광개토

왕대의 남정시 백제의 요청에 의해 고구려와 전투를 벌인 적이 있는 왜
병의 행적이 희미한 전승으로 남아 있었을 가능성은 있다. 그러나 '海北
95國'을 한반도에 비정하는 것은 어디까지나 가능성으로서의 추정이지
사료적 근거로 확정지울 수는 없다. 사료에 없는 '조선반도'를 인용사료
속에 삽입시키는 것은 독자로 하여금 史實로서의 역사적 이해를 유도하
려는 의도된 수법이라 아니할 수 없다.16) 본문의 상단부에 광개토왕비
문의 원문과 신묘년조의 해석, 5세기대의 임나의 영역을 표시한 동아시
아 지도 그리고 왜왕무의 상표문을 하나로 묶어 배치하는 수법도 바로
임나일본부설의 사료적 근거를 사실화하여 신뢰감을 주기 위한 연출로
밖에 보이지 않는다. 본문의 서술에서 '거점'이라는 용어가 2군데 삭제
하고 일부 표현의 완화에도 불구하고 여전히 집필자의 생각은 "지배기
관으로서의 임나일본부는 있었다"이다.

　현재의 일본학계에서는 야마토조정에 의한 지배기관설을 의미하는
임나일본부설은 인정하지 않고 있다. 일본학계에서 널리 이해되고 있는
가야지역에 대한 야마토조정의 무언가의 영향력을 인정한다고 해도 그
것은 군사적 거점 혹은 정치적 지배가 아닌 문화적 교류와 국제정세의
변동에 따른 외교적 차원에서 이해해야 할 것이다.17)

---

16) 『宋書』 왜국전의 倭王武의 상표문을 인용한 교과서 중에는 원문대로 "바
　　다를 건너 95국을 평정했다" (東京書籍), 혹은 "동으로 55, 서로는 66국을
　　정복하고"(日本文敎出版)라고 하여 海北의 사건은 기록하지 않은 교과서도
　　있다.
17) 근년의 임나일본부설의 국내외적인 연구동향과 이해를 위한 논고로서는
　　金泰植, 1993, 「任那日本府의 연구사적 검토」 『加耶聯盟史』 (일조각) ; 동
　　2002, 「古代 韓日關係 연구사 - 任那문제를 중심으로 - 」 『韓國古代史研究』
　　27 ; 拙稿, 1998, 「任那日本府論」 『古代韓日關係史』 (혜안) ; 2003, 「任那
　　日本府再論」 『古代韓日交流史』 (혜안) 참조.

3. 야마토정권과 한반도제국과의 관계

고대의 한일관계는 한반도제국의 정세변화에 따라 일본열도의 왜국이 연동해 움직이면서, 중국대륙의 분열과 통합의 정치적 변동에도 커다란 영향을 받는다. 한반도제국의 대왜관계는 고대국가로 지향해 가는 삼국의 영토적 충돌이라는 전쟁의 와중에서 나타났으며 군사적 동맹세력으로서의 왜국을 끌어들이는 외교적인 노력의 일환으로 전개되어 간다고 할 수 있다. 이것은 고대동아시아제국의 국가형성과정에서 일어나는 필연적이고 자연스런 현상으로 생각된다. 시공을 초월하여 국가간의 외교란 자국의 이해관계에 깊은 관계가 있으며 간단히 특정국에 대한 조공이나, 복속의 개념으로 설명하기 어렵다. 현실적인 역학관계를 인정한다고 해도 자국의 정치적 이익으로부터 나온 외교의 한 형태이지 영속적이거나 맹목적인 관계로 설명하기 어렵다는 것이다.

후쇼샤판 현행본에 보이는 '大和朝廷의 自信'이란 항목에서 "백제의 성명왕이 불상과 경전을 일본에 헌상했다", "신라와 백제가 고구려에 조공했다"라는 '헌상'과 '조공'의 개념은 상하관계를 전제로 한 기술이다. 2005년도의 검정신청본에서는 '조공'이란 용어는 삭제했지만, 백제가 불상과 경전을 야먀토조정에 '헌상'했다는 기술은 여전히 고수하고 있다. 게다가 검정신청본에서는 "야마토조정이 조선반도의 정치에 적극적으로 관여한 결과 조선반도를 통해서 중국의 선진문화가 일본에 들어왔다"는 논리를 펴 한반도제국에 대해 정치적 상하의 개념을 적용시키고 있다. 특히 문화의 전파와 수용을 "정치적인 관여의 결과"로서 보려는 것은 제국주의적 발상으로 밖에 이해되지 않는다. 예를 들면 백제성왕대에 왜국에 전해진 불교는 당시 왜왕권내의 유력한 호족인 蘇我氏의 주도로 이루어졌다. 이 씨족은 개명적이고 해외사정에 밝아 일찍부터 선진기술과 지식을 지닌 도래계 집단과 연계하여 왜왕권내에서 정치적 기반

을 다져나갔다. 왜국 최초의 본격적인 사찰인 飛鳥寺가 蘇我氏의 氏寺
라는 사실도 불교수용에 이 씨족의 역할이 어느 정도였던가는 말해준다.
소아씨의 외교적인 노력에 의해 전해진 불교는 배불론자인 物部氏 등의
보수세력에 의해 저항을 받아 왜왕이었던 欽明 역시 판단이 서지 않아
양자의 대결을 지켜볼 수 밖에 없는 상황이었다. 결국 소아씨가 무력으
로 物部氏를 타도한 후에 불교의 公傳이 이루어지고 백제불교의 문화적
확산이 본격화된다. 왜국에 불교의 전래과정에서 나타나듯이 단순히 국
가권력의 개입에 의해 전해진 것이 아니다. 문화의 전래를 상대국에의
정치적 개입에 의해 강제성을 띤 성격으로 규정하는 것은 백제가 왜왕
권의 정치적 간섭을 받는 조공국으로 자리매김하려는 집필자의 인식에
서 나왔다고 보인다. 굳이 표현을 바꾼다면 '정치적 관여의 결과'가 아
니라 '외교적 성과'라고 하는 것이 사실에 가까울 것이다.

　검정신청본에 '당의 服屬國으로 위치되어져 있던 신라'(42쪽)라는 표
현도 마치 지배와 복속, 정복자의 통치하에 들어가 있는 마치 신라의 주
권을 당이 행사하고 있는 듯한 상황을 묘사하고 있다. 이것은 중국과 동
아시아제국 간에 맺어진 책봉과 조공의 개념을 잘못 이해한 과잉논리이
다. 중국을 중심으로 한 고대동아시아에 있어서 책봉과 조공의 개념을
명학히 한 西嶋定生의 논리에 의하면, 중국왕조와 주변제국과의 책봉체
제는 원래 중국왕조의 국내적 질서로서 황제를 정점으로 한 귀족, 관료
와의 사이에 형성된 군신관계의 질서체제의 외연부로서 나타난 것이고
논리의 투영이라고 한다.[18] 중국왕조에서 볼 때 책봉의 유효성, 실효성
이 인정된다고 하더라도 이것은 중국황제의 직접지배를 받는 주현제나
정복지에 대한 羈縻州와는 성격이 확연히 다른 성격의 것이다. 책봉체제
가 책봉을 받은 해당국의 지배계급의 모순과 그것을 표현하는 권력집중

---

18) 西嶋定生, 1983, 「東アジア世界と冊封體制」『中國古代國家と東アジア世
　　界』(東京大學出版會) 462쪽.

의 상황, 제국 상호간의 이해관계에 의해 규정된다고 하는 비판도 있듯이19) 책봉관계 그 자체가 동아시아 국제관계를 규정하는 것은 아니다.

책봉이나 조공은 어디까지나 자국의 정치적, 군사적, 경제적 이해관계에 관련된 외교책의 하나이다. 신라국의 주권은 신라에 있고 영토적 지배는 신라왕에게 있는 독립왕국이다. 명목적, 형식적인 면이 강한 중국적 중화사상의 논리를 현실적 지배, 복속의 관계에 대비시켜 서술하는 것은 부적절하다. 중국측에서 볼 때 책봉과 조공은 황제권의 권위를 향상시키려는 중국왕조 자체의 정치적 논리가 있는 것이고 상대국 역시 이런 관계를 통해 자국내의 왕권의 안정과 주변제국과의 경쟁에서 우위를 점한다는 고도의 계산된 외교적 논리가 존재한다. 따라서 책봉관계를 근거로 지배와 피지배의 관계를 연상시키는 '복속국'이란 표현은 적절하지 않다.

4. 일본고대문화와 渡來人

일본고대국가형성기에 해당하는 4~7세기에 한반도로부터 건너간 이주민, 이른바 도래인이 담당한 역할과 일본고대사회에 끼친 영향은 새삼 논의할 필요성이 없을 정도로 지대하였다. 일본고대국가형성사는 곧 대외관계사와 맥을 같이하고 있으며 특히 4~6세기의 대외관계사는 5세기대의 60여년간 왜왕들이 宋朝에사절을 파견한 것을 제외하고는 오로지 백제를 비롯한 한반도제국과의 교류였다. 그만큼 일본고대국가형성사를 논할 때 한반도의 문화적 영향은 절대적 비중을 차지하고 있다는 것을 말해 준다. 이 시기에 야마토정권의 국가운영에 필요한 국가기구의 창설, 제도적인 정비 등 기본적인 國制의 틀은 한반도제국에 있었다고 해도 과언이 아니다. 따라서 역사교과서를 비롯한 일본사의 개설를

---

19) 鬼頭淸明, 1976, 『日本古代國家の形成と東アジア』(校倉書房) 44쪽.

서술할 때 반드시 들어가는 항목이 한반도로부터의 문화적 영향이다. 본
발표의 분석 대상인 후쇼사판 교과서도 예외는 아니다.

후쇼사판 현행본에 의하면, 「기술의 전래와 氏姓제도」라는 항목에서
다음과 같이 서술하고 있다. 주로 5세기 이래 대륙과 반도로부터 기술을
가진 사람들이 일족이나 집단으로 이주하였다. 그들은 토목, 금속가공,
고급견직물, 고온에서 구운 견고한 토기(須惠器)제작법 등을 일본열도의
사람들에게 전했다. 철제 농구와 무기도 대량으로 만들게 되었다. 같은
시기 한자의 사용도 겨우 정착했고 유교도 전래되었다. 한자, 한문을 쓰
는데에 미숙한 열도인에게 외부에서 온 사람이 지도하고 외교문서와 조
정의 기록의 작성을 도왔다. 기술과 문화를 전한 이들은 귀화인(도래인)
이라고 불렀다. 야마토조정은 그들을 주로 近畿지방에 거주시켜 정권에
봉사하게 하였다.

한편 검정신청본과 합격본에서는 「귀화인과 불교의 전래」란 항목을
설정하여 "중국과 조선반도로부터 일족과 집단으로 일본에 이주한 귀화
인(도래인)은 토기와 금속의 가공, 토목건축 등의 기술을 전하고 한자에
의한 조정의 문서의 작성에도 힘을 발휘하였다. 한자사용의 정착과 함께
유교의 서적도 전해졌다"라고 서술하고 있다.

우선 '귀화인'이란 용어의 사용이다.[20] 귀화의 개념은 『古事記』『日本
書紀』등에 쓰여 있는 도래전승에 의거하고 있다. 즉 『記·紀』를 기록된
그대로 이해한데서 발생한 귀화의 개념인 것이다. 귀화 혹은 귀화인이라

---

20) 재일사학사 金達壽·李進熙 그리고 上田正昭 등은 1969년에 간행이 시작된
　　계간잡지 『日本のなかの朝鮮文化』(朝鮮文化社)를 통해서 일본열도내 한
　　국문화의 흔적과 한반도로부터의 이주민과 그 자손들이 일본사회에서 담
　　당한 역할에 대해 정력적으로 보고하였다, 김달수는 동 잡지 창간호의 좌
　　담회에서 "대화정권이 확립되기 이전은 渡來人이라 하고, 시대가 飛鳥에
　　서 奈良로 이행한 이후는 歸化人이라고 하는 것이 좋지 않을까"라는 제언
　　을 한 후 한반도로부터의 이주자를 歸化人으로부터 渡來人으로 용어를 바
　　꾸게 하는 등 이른바 歸化人史觀의 극복에 적지않은 기여를 하였다.

는 언어에 포함되어 있는 語感은 일본에 종속해야 될, 일본보다 하위에
있다는 의식이 잠재되어 있다. 고대의 천황중심의 율령국가가 중화사상
을 모방하여 사용한 귀화의 개념은 그 후 근대에 이르기까지 일본의 對
韓史像의 형성에 적지않은 영향을 준 말이다.21) 이른바 귀화인사관이라
고 불리우는 이 용어는 90년대 이후 일본의 대부분의 역사교과서에서
소멸되어 버린 것으로 21세기초두부터 다시 재생시킨 것은 『일본서기』
사관에 매몰된 집필자의 일본적 우월의식의 발로라고 생각된다.22)

이 시기에 일본고대문화의 발전에 있어서 주축을 이루었던 것이 중
국보다도 한반도에서 건너 간 사람들과 그 자손들이었다. 일본열도로 건
너간 도래인들은 자신들이 갖고 있던 유형, 무형의 지식과 기술을 현지
에서 실무에 적용시켜 나갔다. 고대국가로의 발전에 무엇보다 중요한 것
은 문자의 지식이다. 문자야말로 미개에서 문명으로 원시에서 고대로 이
행하는 매체이자 지표였다. 당시 동아시아세계의 유일한 문자였던 漢字
는 중국의 선진 문화, 기술을 받아들이는데 필수적인 요소였다. 조정과
관청의 행정문서를 작성하고 재정의 출납, 징세, 외교문서의 작성 등 국
가전반에 걸쳐 사용되었다. 한반도제국은 일찍부터 중국을 한자를 받아
들여 유교와, 불교의 수용, 역사서의 편찬, 호적제도의 정비, 율령의 제
정 등 고대국가로의 이행에 불가결한 사상과, 제도, 문화를 발전시켜 나
갔다. 모두가 한자의 수용 없이는 불가능한 것이다. 일본고대의 문자사
용의 시기를 알려주는 사료로서 『隋書』 왜국전에 "無文字 唯刻木結繩
敬佛法於百濟 求得佛經 始有文字"라 하여 백제로부터 불교를 수용하고
불경을 얻은 후에 비로서 문자가 생겼다고 할 정도로 문자의 사용은 늦
었다. 적어도 6세기전반까지는 지배층을 구성하는 일부의 지식인만이

---

21) 拙稿, 1999, 「日本 古代史像의 형성과 敎科書 서술」 『歷史敎育』 80 ; 2003,
『古代韓日交流史』 (혜안).
22) 후쇼사판 이외의 교과서에서는 예외 없이 渡來人이란 용어를 사용하고 있
다. 용어 선택에서 보듯이 후쇼사판 교과서의 특별한 인식을 보여주고 있다.

한자의 해독하고 쓸 수 있었고, 문서행정의 시기는 이보다도 훨씬 후의 일이라고 생각된다. 일본고대에 語部라고 하여 舊辭나 전승을 기억하여 구술하는 것을 업으로 하는 部民이 생긴 것도 문서행정이 그만큼 늦었다는 것을 말해준다.

일본고대국가 형성초기의 문자사용이 도래계가 중심이 되었던 만큼 대화조정내에서 문서행정을 담당했던 西文氏와 도래계의 史姓 씨족들의 역할을 주목하지 않을 수 없다. 西文氏는 그의 도래전승에서도 알 수 있듯이 유교경전에 밝은 왕인을 선조로 둔 조정의 문필과 외교문서 등을 담당한 후히토(史) 집단이다. 사료상에 보이는 이른바 '東西史部', '東西諸史'라고 하는 집단 그것이다. 大和와 河內에 본거지를 둔 이들 씨족 집단은 대화조정의 문필을 담당하는 실무관료들이다. 807년에 편찬된『古語拾遺』에는 "阿知使主와 王仁으로 하여금 출납을 기록하게 하고 … 蘇我麻智宿禰에게 三藏을 檢校시키고 東西의 文氏에게 그 장부를 기록하게 했다"는 기록이 보인다.

생산과 관련된 기술문화의 영향도 적지않다.『일본서기』웅략기 7년(463)조에 西漢才伎 歡因知利라는 자가 모국인 백제로부터 今來才伎를 맞이하여 東漢氏가 이를 관리했다고 한다. 이때 도래한 인물을 보면 "陶部高貴 鞍部堅貴 畵部因斯羅我 錦部定安那錦 譯語卯安那"라 하여 각종 수공업관련 기술자임을 알 수 있다. 東漢氏의 성장에 기반이도 한 이들의 도래에 의해 대화조정의 직업부민이 생기는 계기가 되었다. 바로 직능별 생산기술 집단으로서의 部制는『周書』백제전에 보이는 穀部, 肉部, 馬部, 刀部, 藥部, 木部 등과 같은 백제의 內官制가 영향을 주었다고 본다. 웅략기12년조의 가야지역으로부터 도래한 毛末才伎인 漢織工, 吳織工, 衣縫의 兄媛, 弟媛 등이 있고, 縫, 織, 染, 錦織과 같은 것은 도래계의 기술이다. 특히 생활문화의 대표적인 토기제작에 종사하는 陶部의 존재는 주목된다. 재래의 연질토기인 土師器에 대신해서 경질의 須惠器의 제작이 시작된 것이다. 토기문화의 혁명이라 할 수 있는 須惠器의 제

작은 한반도의 陶質토기의 직접적인 영향이다.[23]

고대국가로의 성장과 발전에 불가결한 요소가 철기문화이다. 철제농구, 무기, 경지의 개간 , 수리사업 등 각종 토목공사에 필요하며 그 용도는 다방면에 걸친다. 생산력의 확대와 왕권의 유지라는 2대의 목표를 수립하기 위해 고대의 지배자들은 철을 획득하기 위해 끊임없이 전쟁과 외교를 전개해 나간다. 철을 생산해 내기 위해서는 사철, 철광의 제련과 鍛造의 공정을 거쳐 제품의 생산에 이르는 몇단계의 공정이 필요하다. 일본에서의 독자적인 철생산 기술은 늦어 6세기가 되지 않으면 자체 생산은 불가능하였다.[24] 그 이전에는 철정과 같은 수입원료에 의존하고 있었다. 『古事記』 應神天皇段에 西文氏의 선조인 왕인의 도래 당시 공상했다는 手人韓鍛인 卓素는 제철 기술자로 보인다. 또 『日本書紀』 神功紀 5년조에 한반도남부의 양산, 부산 방면에서 건너왔다는 4읍의 漢人의 시조 중에 忍海의 漢人이 있다. 『肥前國風土記』 三根郡條에도 忍海의 漢人이 병기를 제작했다는 기록이 있다. 이들의 도래시기는 확정하기는 어렵지만 5세기말경으로 생각되며 6세기대에는 東漢氏의 휘하의 韓鍛冶部로 조직되어 조정에서 필요로 하는 철제품을 공급했다고 보인다.

8종의 교과서 중에서 철문제를 다룬 것은 다룬 것은 3종으로 "당시의 일본열도에는 제철기술이 아직 없었고 철은 판상모양의 원료의 형태로 조선반도로부터 수입하고 있었다. … 그래서 각지의 호족은 풍부한 조선반도의 백제 등과 교류가 있던 야마토왕권과의 관계를 공고하게 맺으려고 했다"(帝國書院, 28쪽), "이 시대 일본인들은 조선남부와 교류하고 제철 등의 선진기술을 받아들였다"(敎育出版, 22쪽), "야마토정권은 철과 대륙의 우수한 기술을 구하기 위해 조선반도 남부에도 세력을 뻗

---

23) 西谷正, 1983, 「加耶地域と北部九州」『大宰府古代文化論叢』上卷 (吉川弘文館) 50~60쪽.
24) 大澤正志, 1984, 「冶金學的見地からみた古代製鐵」『古代を考える』, 36쪽.

첬다"(日本文敎出版, 17쪽)라고 서술하고 있다. 다만 상기의 내용 중에
철자원의 수입을 야마토왕권만이 독점하고 있었듯이 기술한 것은 당시
의 교류의 형태가 다원적인 측면을 간과한 면이 있고, 철을 구하기 위해
한반도남부에 세력을 뻗쳤다라고 한 것도 야마토정권의 정치, 군사적인
힘의 논리를 강조한 것으로 교류의 양상을 제대로 파악하지 못하고 있
어 문제점으로 지적된다.

특히 6세기대에는 백제로부터의 수많은 문화가 왜국으로 유입된다. 3
년의 교대제로 五經博士를 비롯하여 易博士, 曆博士, 醫博士, 採藥師, 樂
人 그리고 卜書, 曆本, 각종 藥物을 왜국에 보냈다.25) 推古紀 10년조에도
백제승 觀勒이 曆本 및 天文地理書, 遁甲方術에 관한 서적을 전하여 書
生들이 관릭에게 배웠다고 한다.26) 특히 유교사상은 성덕태자의 헌법17
조의 조문에도 많이 반영되어 있고 일본문화의 형성에 큰 영향을 미친다.

이상의 사례에서 볼 수 있듯이 보듯이 4~6세기대의 일본열도에 문
화를 전파, 이식시킨 주역은 한반도계 도래인과 그 후손들이었다. 그럼
에도 불구하고 '대륙과 반도' 혹은 '중국과 조선반도'라는 식으로 표기
순에서 한반도를 뒷전으로 배치하는 서술태도는 한반도로부터의 문화적
영향을 과소평가하려는 집필자의 의도가 엿보인다.

다음은 후쇼샤판 검정신청본의 「飛鳥文化」라는 항목에서 "聖德太子
는 불교를 깊이 믿었기 때문에 일본에서 최초로 불교를 기초로 하는 문
화가 일어났다. 이를 飛鳥문화라고 한다. 聖德太子가 세운 法隆寺는 현
재 남아있는 세계 최고의 목조건축이고, 조화로운 아름다운 모습의 오층
탑과 금당이 중국에서는 보이지 않는 독특한 배치로 세워져 있다. …금
당의 본존에 해당하는 석가삼존상은 止利佛師의 작이라고 하고, 백제관
음상은 신비로운 미소를 띤 아름다운 상이다. 공예품으로는 佛具로서
玉虫廚子가 있고, 扇과 臺座에는 정교한 회화표현이 보인다. … 중국에

25) 『日本書紀』 繼體紀 10년(516)조, 동 欽明紀 14년·15년(554)조.
26) 『日本書紀』 推古紀 10년조.

서 당이 일어나면 조정은 견당사를 파견하여 문화의 이입에 노력했다"(48쪽)라고 서술하고 있다.

이 서술은 아시카시대의 문화를 불교문화로서 정의하면서 그 제작에 관여한 工人이라던가 도래문화와의 관련성에 대해서는 거의 언급이 없다. 아스카문화를 정의할 때는 백제로부터 불교를 수용한 538년 이후 7세기중엽까지를 말하고 그 이후는 하쿠호(白鳳)문화라고 한다. 불교문화는 외래문화이고 외부와의 접촉을 통해 얻어지는 것이다. 당시 일본의 대외관계를 보면, 480년부터 600년에 遺隋使가 파견되기 까지는 단 한 차례도 중국과의 교섭이 없었다. 그 후 7세기에 들어 중엽까지 遺隋 · 遺唐使의 파견은 6～7회에 불과하다.

반면 한반도 제국과의 교섭은 6～7세기를 통해 중국과는 비교되지 않을 정도로 지속적으로 전개되었다. 특히 백제는 승려, 지식인, 수공업자, 造佛師, 造寺師 등 수많은 불교관련 지식인 공인들이 파견되었다. 당시 執政者였던 蘇我氏의 氏寺로서 건립된 飛鳥寺는 백제인이 직접적으로 관여하였고 일본에서도 백제에 유학승을 파견하는 등 아스카불교는 백제의 영향이 농후하였다. 법륭사의 금당석가삼존상의 제작자인 鞍作鳥는 飛鳥寺의 석가여래상의 제작자이기도 하다. 그는 백제에서 건너 간 今來漢人의 자손이다. 6세기 후반에서 7세기에 불상제작 등 불교홍륭에 커다란 공헌을 한 司馬達等과 多須奈가 바로 鞍作鳥의 조부와 부에 해당한다. 그의 조부인 司馬達等은 蘇我氏 밑에서 불법의 전수에 힘썼으며, 多須奈는 출가하여 丈六佛像과 高市郡의 坂田寺 등을 만들어 百濟佛工이라 불리우기도 하는 등 3대에 걸쳐 일본불교의 발전에 금자탑을 쌓은 도래계 씨족이다. 위 기술에도 백제불교와 그 영향에 대한 언급은 없다. 일본 독자적으로 혹은 견당사의 파견에 의한 것처럼 기술하고 있어 아스카문화와 한반도문화와의 깊은 관련성을 애써 외면하고 있다.

후쇼사판 이외의 교과서에서는 아스카문화와 도래인의 관계에 대해서는 관련 항목에서도 보이듯이 '도래인들', '도래한 사람들과 문화',

'도래한 사람들', '중국·조선과의 교류와 도래인', '대륙문화를 전한 도래인'이라고 하여 도래인 등의 문화적 영향을 대체로 객관적으로 서술하고 있다. 도래인의 본거지역에 대해서도 '조선', '조선반도' '조선과 중국'(2종), '조선반도와 중국', '중국과 조선반도' 등으로 표기하고 있어 이 시대의 한반도로부터의 문화적 영향을 명확히 하고 있다.

'天平文化'에 대해서 후쇼사판에서는 "나라시대에는 불교는 조정의 보호를 받아 한층 발전했다. 平城京에는 커다란 사원이 건립되고 견당사를 통해 전해진 당문화의 영향을 수용하면서 높은 정신성을 갖는 불교문화를 꽃피웠다. 이 문화를 聖武천황 시대의 연호를 따서 天平문화라고 한다. … 東大寺의 正倉院에는 聖武천황의 애용품이 다수 수납되어 현재에 전해오고 있다. 그 중에는 중국과 서아시아, 중앙아시아 등과의 관련를 나타내는 공예품도 많다"라고 서술하고 있다.

그러나 8세기 나라시대의 문화의 특징을 서술하면서 신라의 영향에 대해서는 전혀 언급이 없다. 특히 정창원 소장품에 중국, 서아시아, 중앙아시아를 거론하면서 신라를 제외시킨 것은 오류를 넘어 명백한 서술상의 정보조작에 해당한다. 7세기 후반에서 9세기 초까지 동아시아제국과 일본의 교류의 횟수를 보면, 당에서 일본으로 2회, 일본에서 견당사는 10회이고, 일본의 견신라사는 31회, 신라의 견일본사는 45회, 일본의 견발해사는 15회, 발해의 견일본사는 35회로 일본의 동아시아제국의 교류는 신라와 발해가 압도적이다. 교류의 빈도 수 만큼이나 그 문화적 영향도 적지않다. 특히 나라시대에 해당하는 8세기대의 일본의 견당사는 불과 5회에 불과하고 중국으로부터의 사절은 단 1회도 행해지지 않았다. 정창원에 소장되어 있는 물품 중에 신라라는 국명, 인명, 관위명이 새겨진 것도 다수 남아있고, '買新羅物解'라는 신라물품을 구입하기 위해 일본의 관청에서 작성한 물품명세서에 보이는 다종다양한 新羅物의 존재는 완전히 무시되고 있다.[27] 8종의 교과서 중에서 단 1종만이 "동대사의 정창원에 전하는 미술공예풍에는 중국과 조선반도의 여러 나라뿐만 아니라 멀리 실크로드의 앞, 인도, 중동 나아가 그리스의 영향이 보인다"
(帝國書院, 42)라고 하여 天平文化의 특색을 기술하고 있어 신라문화의
영향에 대한 의도적 외면이 엿보인다.

5. 年號와 律令의 제정문제

연호의 제정과 율령의 시행 등은 고대국가를 지향해 나가는 과정에
서 자국의 독립성을 확보하려는 제도적인 장치이기도 하다. 독자적 연호
의 제정이야말로 왕권의 독립성과 자주성을 나타내는 대표적인 사례이
기도 하다. 고대로부터 중국의 책봉을 받는 동아시아제국은 중국연호의
사용을 강제받는 경우가 있어 자국의 연호를 사용하는데에는 상당한 정
치적 부담을 느끼게 마련이었다.

후쇼사의 현행본에서는 "이해 조정은 일본에서 최초의 연호를 세워
서 大化 연호로 삼았다"(50쪽), "신라는 당의 연호의 사용을 강요받아
이를 받아들였다"(54쪽)라고 서술했다. 검정신청본에서는 현행본의 내용
에 계속해서, "이해 조정은 일본에서 최초의 연호를 세워서 大化 연호로
삼았다. 동아시아에서 중국왕조가 정한 것과는 다른 독자의 연호를 제정
해서 사용하기 시작한 나라는 일본뿐이었다"(39쪽)라고 한다. 사료에 대
한 기초적 사실확인도 하지 않은 오류를 범하고 있다.

우선 고구려의 연호사용의 예를 살펴보자. 414년에 건립된 광개토왕
비문에는 '永樂' 연호의 존재가 확인되고 있고 생전에 광개토왕을 '永樂
太王'이라고 호칭할 정도로 이미 4세기 후반대에는 독자적 연호를 제정
하여 사용하였다. 경주의 서봉총에서 발견된 은합에 새겨진 고구려 장수
왕39년(451)의 것으로 추정되는 延壽元年의 연호[28], 경남 의령군에서 발

---

27) 鈴木靖民, 1985,「正倉院の新羅文物」『古代對外關係史の硏究』(吉川弘文
    館) ; 東野治之, 1992,「正倉院文物からみた新羅文物」『遣唐史と正倉院』
    (岩波書店).

견된 延嘉7年銘이 새겨진 금동불도 高麗國(高句麗)이라는 국명이 명기
된 것으로부터 고구려의 逸年號로 추정된다. 또 충북 중원군에서 발견된
석가상의 광배에 새겨진 建興 5年銘의 연호는 고구려연호설, 백제연호
설로 나뉘져 있으나 어느 것을 취해서 한반도의 연호이고, 평양시 평천
리에서 발견된 永康7年銘의 연호도 고구려 연호라고 생각된다.[29]

신라는 법흥왕 23년(536)에 최초로 建元의 연호를 제정하였고[30], 진
흥왕 12년(551)에 연호를 개정하여 開國이라 하였고, 동왕 29년(568)에
大昌, 동왕 33년(572)에 鴻濟의 연호를 연이어 사용하였다.[31] 眞平王 6
년(585)에는 建福 연호를, 善德女王 3년(634)에는 仁平 연호를 그리고 眞
德女王 원년(647)에는 太和 연호를 제정, 사용하였다.[32] 백제의 경우는
아직 연호가 확인되지 않고 있으나 칠지도에 새겨진 연호가 백제연호의
가능성도 제기되고 있고,[33] 금후 금석문의 발견을 기대해 본다.

이렇듯 삼국에서는 7세기 이전에 중국연호를 사용한 적이 없고 제각
기 독자의 연호를 제정하여 사용하였다. 신라가 진덕여왕3년에 중국의
당 연호인 永徽 연호를 사용하기 시작한 것은 642년에 신라의 영역인
대야성을 비롯한 40여성이 백제군의 공격을 받아 함락되고 김춘추의 사
위인 대야성주 품석의 일족이 백제군에게 무참히 살해된 사건이 계기가
된다. 이때 신라는 당군의 지원을 얻어 백제를 보복하기 위해 자국 제도

28) 손영종, 「금석문에 보이는 삼국시기의 몇 개 년호에 대하여」 『력사과학』
    1966년 4호 ; 坂元義種, 1978, 「古代東アジアの日本と朝鮮 – 大王の成立
    をめぐって–」 『古代東アジアの日本と朝鮮』(吉川弘文館).
29) 고구려연호에 대한 제설은 田中俊明, 1981, 「高句麗の金石文 – 研究の現況
    と課題–」 『朝鮮史研究會論文集』 18 참조.
30) 『三國史記』 新羅本紀 法興王 23년조.
31) 『三國史記』 新羅本紀 眞興王 12년, 29년, 33년조.
32) 『三國史記』 新羅本紀 眞平王 6년조, 동 善德女王 3년조, 동 眞德女王 원
    년조.
33) 손영종, 앞의 논문 ; 이병도, 1976, 「百濟七支刀考」 『韓國古代史研究』(박
    영사) ; 拙稿, 1998, 「七支刀銘文의 再檢討」 『고대한일관계사』(혜안).

의 唐風化를 시도한다. 바로 당 연호의 사용은 신라의 국가적 이익을 위한 외교책의 일환으로서 시행한 것이다. 왜국이 최초로 제정했다는 大化의 연호 보다도 그 연대가 빠를 뿐아니라 일찍부터 동아시아에 있어서 독립국임을 과시했던 증좌들이다.

한편 율령의 제정에 대해서 후쇼사의 현행본에서는 "동아시아에서 중국에 배우면서 독자의 율령을 편찬한 나라는 일본 외에는 없다. 신라는 당의 율령 중에서 자국에 도움이 되는 내용만 추출하여 사용하고 스스로의 율령을 만들려고 하지 않았다"(54쪽)라고 하고, 검정신청본에서는 "당의 복속국에 위치되어 있던 신라가 독자의 율령을 갖지 않았던데 대해 일본은 중국에 배우면서도 독자의 율령을 만드는 자세를 견지했다"(42쪽)라고 서술한다.

고대동아시아제국은 당의 율령 등 제도, 문화를 수용하면서 고대적 율령국가를 지향해 나갔다. 대보령의 주석서의『令集解』에 나오는 30개의 편목으로 구성되어 있는 고대의 일본 令은 일부의 내용을 제외하고는 대부분 중국의 唐令을 그대로 傳寫한 것이고, 특히 律은 중국의 것을 그대로 수용하는 등 일본율령의 母法은 당의 율령 바로 그것이다.

한편으로는 일본의 대보율령이 편찬되는 701년 이전, 669년에서 700년까지 30여년간 일본의 대외관계는 중국과의 교류는 단절된채 신라가 유일한 통교국이었다. 이 기간 일본과 신라의 통교는 무려 35회의 사절이 왕래하고 있고 일본에 있어서 신라문화의 수입기였다. 당연히 律令 등 國制에서 신라의 영향이 있었다. 신라율령관제의 특색인 令, 卿, 大舍, 史의 4등관제는 일본관제와 공통점이 있고, 學制, 喪葬制도 신라의 그것도 동일내용이 규정되고 있음을 지적되고 있다.34) 최근에는 794년에 조영된 일본의 藤原京이 신라의 왕경과의 유사점을 지적하여 天武朝의 3회째(681)의 견신라사가 신라왕경의 시찰을 목적으로 한 것으로 보

---

34) 鈴木靖民, 1985,『古代對外關係史の硏究』(吉川弘文館) 13～18쪽.

는 견해도 제시되었다.[35] 일본의 율령편찬은 天武10년(681)에 편찬이 개
시되어 持統3년(689)에 淨御原令이 완성, 시행되었고, 大寶원년(701)에
는 대보율령이 완성되었다. 일본 율령이 母法으로 한 당의 永徽律令(651
년 완성)은 일본의 제2차 견당사(652~654), 제3차(654~655)에 의해 기
본적인 자료가 입수되었다고 보이지만,[36] 신라율령의 내용, 구체적인 운
용방법 등을 참고했음은 부정할 수 없겠다.[37]

　　신라 역시 6세기 법흥왕대 율령을 제정하면서 수차에 걸친 수정, 보
완의 과정을 거친다. 신라는 영휘율령이 완성된 4년째인 654년 "理方府
令 良首 등에게 명하여 율령을 심사하여 理方府格 60여조를 수정하였
다"[38]라는 기사에서 추측되듯이 시세에 따라 格을 제정하는 등 현실에
맞는 법을 운용해 왔다. 실제로 신라의 관제는 중국율령에는 없는 신라
고유의 것이 상당수 잔존하고 있어 중국율령을 참조하면서도 자신의 실
정에 맞는 율령을 제정, 운용해 왔다. 요컨대 신라율령에는 일본율령에
보이는 중국적 요소보다는 신라 고유법이 상당부분을 차지하고 있어 율
령의 독자성이라 면에서 본다면 신라가 앞선다. 법전으로서의 율령은 정
치적, 사회적, 문화적 조건과 환경에 따라 변용되고 발전해 나가는 특색
을 가진다. 일본만이 독자의 율령을 제정했다는 것은 일본 우월적 표현이
고 타국에 대한 비하로서 정확한 지식과 올바른 역사인식이 요구된다.

---

35)　千田稔, 2001,「新羅の王京慶州と日本の藤原京」『古代 日本文化의 形成
　　과 韓半島』(동국대 일본학연구소 제34회 국제학술세미나).
36)　池田溫, 1976,「唐律令の繼受をめぐって」『日本思想大系』(月報55).
37)　후쇼사판을 비롯한 8종의 교과서에는 일본율령의 제정에 신라율령의 영향
　　을 언급한 교과서는 1종도 확인되지 않고 있다. 다만 "신라는 율령의 제도
　　를 정비하고"(日本書籍), "신라로부터 선진문화가 일본에 전해졌다"(教育
　　出版)라는 2종의 교과서만이 신라율령의 존재와 그 영향을 지적하고 대부
　　분 "당의 율령제도를 배워서"라는 식의 중국율령만을 강조하고 있다.
38)　『三國史記』新羅本紀 太宗武烈王 元年條.

III. 교과서 서술에 나타난 歷史認識과 그 배경

1. 歷史認識의 史的 연원과 배경

일본의 역사교과서에 서술된 내용과 거기에 반영된 역사인식은 어느 날 갑자기 생겨난 특정 개인의 역사관이라기 보다는 오랜 연원을 둔 뿌리깊은 전통사관에 기인한다고 생각된다. 고대의 현실에 서서 고대를 서술한 일본 최초의 正史『日本書紀』에 근거를 두고 있다. 『일본서기』의 편찬계획은 壬申의 난이라는 정변을 통해서 즉위한 天武朝(672~686) 때에 개시되었다. 권좌에 오른 천무에게 있어 당면한 정치적 과제는 강력한 중앙집권국가의 수립과 천황제의 확립이었다. 『일본서기』라는 역사서의 편찬은 바로 천황제 국가의 천황의 존재를 신격화하고 천황 통치의 유구성과 절대성을 역사적으로 증명위해서였다. 나아가 대외적에서는 한반도제국을 蕃國, 그 왕들을 蕃臣으로 보는 것이다. 『일본서기』의 편찬이 진행 중에 大寶律令(701)과 養老律令(718)을 제정하여 천황제 율령국가가 수립되어 천황의 권력이 법제적으로 보장되었다.

이러한 주관적 우월의식이 고대 일본의 귀족들에게 배양되었던 직접적 원인은 신라에 대한 적개감, 대항의식에서 구할 수 있다고 생각한다. 신라는 일본과 장년에 걸쳐 친연관계에 있던 백제를 멸망시켰고 白村江 전투에서 백제부흥운동의 실패로 인해 신라에 대한 위기의식과 적개감은 더욱 증폭되었다. 백촌강전투 이후 대륙과 한반도에서의 거대한 세력의 출현으로 일본도 새로운 변화에 대응하지 않을 수 없었다. 바로 강력한 중앙집권화의 추진이었고, 이를 제도적으로 뒷받침했던 것이 천황제 율령국가의 실현이었던 것이다. 大寶令의 公式令에 의하면 외국의 사절에게 천황의 의사를 宣告할 때 그 詔書의 형식은 「現神(明神)御宇日本天

皇詔旨」로 정해졌다. 이 말은 현실에 모습을 나타낸 神인 日本天皇의 詔旨란 뜻이다. 이것은 詔書式에 규정된 문구이지만 동시에 즉위의례에서 천황에게 신화적인 정통성을 부여하려고 한 표현이기도 하다. 大寶令의 주석서인 『令集解』에 인용된 「古記」에 의하면 이 詔書의 형식은 隣國 및 蕃國의 사자에게 宣告하는 것으로 되어있다. 여기서 隣國이란 唐을 가리키고 蕃國은 신라를 말한다. 신라에 대한 天皇 - 蕃臣 관념은 신라통일 이전의 史的 전신인 고구려, 백제 그리고 가야제국 까지 포함한 고대의 한반도제국 전체를 포함하지만, 8세기 현실에서는 신라에 대한 우월의식의 발로이다. 이것은 동시에 율령국가의 귀족층이 추구하고자 하는 期待像이고 집단적인 역사적 자기인식이라고 해도 좋을 것이다.[39]

이러한 시대적 상황에서 쓰여진 『古事記』·『日本書紀』는 율령국가 지배층의 역사적 기대상이 잘 반영되어 있다. 특히 고대한일관계사의 서막이자 일본의 대외원정의 壯擧로서 간주되어 온 神功皇后의 三韓征伐譚은 고대로부터 근대에 이르는 역사적 전개과정에서 일본 지배층들의 對韓史像을 규제하는 사건으로서 작용하게 된다. 그 내용을 정리해 보면 다음과 같다.

神功皇后가 神勅을 얻어 신라정벌에 나서자, 신라왕은 바다의 군선을 보고 두려워하며 전의를 상실하였다. 정신을 차려 말하기를 東에는 神國이 있고 日本이라고 하고, 聖王이 있어 天皇이라고 한다. 그 나라의 神兵에 도저히 대항할 수 없다. 백기를 들어 항복하고 지도와 호적을 바치고 王船 앞에 항복하였다. 고구려와 백제의 2왕은 신라가 일본에 항복하였다는 말을 듣고, 陣 밖으로 나와 금후는 西蕃이라 칭하여 조공을 끊이지 않겠다고 하였다. 그래서 內官家屯倉을 정하였다. 이것이 이른바 三韓이다.

---

39) 山尾幸久, 1988, 『古代の日朝關係』(塙書房) 22쪽.

신공황후에 의한 삼한정벌론은 津田左右吉을 비롯한 많은 논자에 의해 그 허구성이 지적되어 왔지만,[40] 역사적 사실과는 관계없이 고대 일본인에 의한 고대 인식이고 古代史像이란 점에서 주목할 가치가 있다. 인용문의 神國, 神兵, 聖王의 용어는『일본서기』편찬 단계인 7세기말에서 8세기초의 율령국가의 언어로서 現人神으로서 재창출된 천황을 신성시하는 聖王觀에 기초한 것이다. 神功紀에 보이는 이상의 용어들은『일본서기』편찬 당시의 사관과 사용된 언어들이 투영된 것이다. 이후 奈良時代에 있어서 일본의 지배층은 신라국은 일본에 굴복하고 조공해야 할 존재라는 현실적 기대감이 증폭되어 大寶律令에 신라를 번국으로 위치시키고『일본서기』에 번국의 연원을 역사적으로 확인하는 주역으로서 神功皇后像을 완성했던 것이다.

나라시대의 기록인『續日本紀』天平勝寶 4년(752)에 일본에 온 신라사 金泰廉과 聖武天皇의 문답에서도 신라사가 "신라국은 遠朝로부터 대대로 끊임없이 선과 노를 열지어 와서 국가(천황)에 봉사해 왔습니다"라고 보고하고,[41] 이어 신라사 일행을 朝堂에서 향연을 베푸는 좌석에서 천황은 "신라국이 조정에 조공하는 것은 신공황후가 그 나라를 평정한 이래의 일로서 지금에 이르기까지 계속 我國을 지키는 담장의 역할을 해 왔다"[42]라는 발언을 한다. 寶龜11년(780)의 신라사의 주언에는 "신라국왕이 상신합니다. 대저 신라는 개국 이래 聖朝(일본) 대대로 천황을 우러러 은혜와 교화를 바라여 오랜 옛날부터 배의 노가 마르기도 전에 조공을 바쳐왔습니다"[43]라고 기록하고 있다.

『속일본기』에 표현되어 있는 일본의 대신라관은, 신라는 신공황후

---

40) 津田左右吉, 1924,『古事記及日本書紀の硏究』(岩波書店) ; 池內宏, 1970,『日本上代史の一硏究』(中央公論美術出版).

41)『續日本紀』天平勝寶 4年 6月 己丑條.

42)『續日本紀』天平勝寶 4年 5月 壬辰條.

43)『續日本紀』寶龜 11年 正月 辛未條.

이래로 일본 천황의 은혜를 받아 충성을 다하고 있는 조공국이다. 특히 신라사의 발언이라고는 도저히 믿어지지 않은 "遠朝로부터 천황에 봉사", "聖朝 대대로 천황을 우러러" 등의 기사는 편찬자의 조작된 표현으로밖에 볼 수 없다. 당신의 일본의 중화사상은 대신라관계상에서 성립하고 있음을 알 수 있으며 이는 일본본위의 국가의식이고 국제의식이다.

이와같이 奈良, 平安時代를 통해서도 한반도제국, 특히 신라 조공의 기원을 신공황후대에서 구하고 있다. 이 시기에 전하는 신라 조공의 신공황후 기원설의 근거는 『일본서기』의 전승이 기초가 되어 있고 『속일본기』 이후의 사서에 대신라관계의 역사적 기원으로서 확고하게 자리를 잡고 있는 것이다. 일본 고대인의 정신세계에 흐르고 있는 對韓史像은 신공황후의 삼한정벌담이 근저를 이루고 있다.

한편 일본 중세의 여원연합군의 일본침공시에도 신공황후의 은덕에 의해 외적을 격퇴했음을 기록하고 있다. 또 豊臣秀吉에 의한 조선침략 때 봉건적 영주와 무사들 사이에도 신공황후의 삼한정벌 이야기가 상기되고 있음이 지적되고 있다.[44] 조선에 출병한 무사들 사이에는 신공황후 전설을 통한 神國思想이 침투되고, 구체화되어 스스로 조선침략을 정당화하게 되었다. 이렇게 해서 豊臣秀吉의 조선침략과 신공황후의 신라정벌을 일체화해서 파악하는 朝鮮觀이 형성되어 江戸時代의 幕藩制 국가의 대외의식을 구성하는 중요한 계기가 되어간다.[45] 江戸時代의 일본의 고전을 절대시하고 신성시하던 국학자들은 태고에 있어서 일본의 신이나 천황이 한국을 지배하고 한국의 왕이나 귀족이 일본에 복종하여 따랐다는 논조가 산견되고 있다.[46] 고대에 만들어진 고대사상이 그대로 계승되어 일본인의 사고를 지배하게 되었던 것이다. 이러한 고대사상은

---

44) 北島万次, 1973, 「田尻鑑種の高麗日記」 『歴史評論』, 279쪽.
45) 北島万次, 앞의 논문, 112쪽.
46) 旗田巍, 1969, 『日本人の朝鮮觀』 (勁草書房) ; 矢澤康祐, 1969, 「江戸時代における日本人の朝鮮觀について」 『朝鮮史研究會論文集』 6 참조.

일본의 천황권력이 정치전면에 나서게 되는 明治初年에 이르러 이른바
征韓論과 결부되어 강렬하게 표출된다.

明治초년의 征韓論의 주창자였던 佐田白茅의 건백서에 의하면 "조
선은 응신천황의 삼한정벌 이래 우리의 부속국이다. 마땅히 우리나라는
상고의 역사에 비추어 유신중흥의 세력을 이용해서 조선의 무례를 쳐서
우리의 판도로 되돌려야 한다"라고 주장하고 있다.47) 이른바『일본서기』
신공황후의 三韓征伐의 이야기와 任那日本府가 한국을 침략하려는 시대
적 분위기에 편승하여 논의되고 있음을 알 수 있다. 요컨대 신공황후의
근대에 이르러서도 신공황후의 삼한정벌이라는 것이 일본인의 대한사상
을 형성하는데 커다란 영향을 미치고 있었던 것이다. 이후 광개토왕비의
발견은『일본서기』의 對韓 기록의 신뢰도를 높히는데 큰 기여를 하게
된다. 비문에 보이는 왜병의 한반도에서의 활약상이 일본고전의 기록과
부합된다고 보았기 때문이다. 이 때 일본에서는 대륙침략을 위해 참모본
부가 설치되고 군비확장이 한창 추진되고 있던 시기이므로 현실의 한국
침략을 합리화하기 위해 그와 병행해서 한국사, 한일관계사 연구가 구체
적으로 진행되어 간다.48) 日鮮同祖論이니 滿鮮史硏究니 하는 연구가 나
오기 시작한 것은 그 대표적인 예이다.

이러한 역사의식과 연구방법은 곧바로 역사교과서에 반영되어 교육
을 통한 일본인의 왜곡된 對韓觀을 고취시키는데 커다란 작용을 하게
된다. 일본의 역사교육은 1890년에 발포된 敎育勅語를 계기로 '盡忠報
國' '尊皇愛國'이 강제적으로 학교교육의 현장에 주입하게 되었다. 이미
교육칙어가 발포되기 1년전에는 大日本憲法이 제정되어 明治天皇制의
정신적 지주로서 중요한 역할을 하게 된다. 헌법의 제1조에 대일본제국
은 만세일계의 천황이 통치한다. 제3조에 천황은 신성하고 침해당하지
않는다라는 규정에 나타나 있듯이 천황의 일본통치의 대권 및 신성불가

---

47) 旗田巍, 앞의 책, 18쪽.
48) 中塚明, 1993,『近代日本の朝鮮認識』(硏文出版) 188쪽.

침의 특권의 근거는 바로『記·紀』신화에 있는 것이다. 당시의 修身敎科書였던『神皇正統記』에는 "忠義를 다하고 목숨을 버리는 것이 신민의 道이다"라고 기술되어 있듯이 당시의 교육은 尊皇, 愛國, 侵略思想의 계몽이 철저히 실시되어 갔다. 왕정복고가 이루어진 명치20년에는『記·紀』신화의 세계조차 역사적 사실로 보려고 하는 동향이 교육계에까지 나타나 일본의 역사를 제1장에 天照大神의 은덕으로 부터 설명하고, 제2장에는 神武天皇의 통치를, 제3장이 日本武尊 그리고 제4장이 神功皇后 등 주로 천황을 중심으로 해서 권력의 최고 정점에 있는 인물로서 항목이 짜여져 있다.

최근의 일본의 역사교과서에 나오는 문제의 역사인식은 바로 여기에 뿌리를 둔 배타적이고 독선적인 日本一國主義에 기인한다고 해도 좋다. 그것은 다름아닌 만세일계의 천황이 다스리는 神國, 바로 皇國史觀에 근거하고 있는 것이다.

2. 敍述上에 나타난 역사인식

그럼 문제가 되고 있는 후쇼사판 교과서의 서술상의 역사인식을 살펴보자. 우선 제1절의「일본의 여명」이라는 제하의 제1항목「일본인은 어디에서 왔는가」, 제2「조몬문화」, 제3「문명의 발생과 중국의 고대문명」, 제4「도작의 확대와 야요이문화」등으로 구성되어 있다. 제3 항목에서 서술하고 있는 세계의 신석기시대의 시작과 세계의 4대문명의 발생과 전개 그리고 중국의 고대문명과 국가의 발달을 서술하기에 앞서 제2 항목으로「조몬문화」를 설정하고 있다. 이것은 역사적으로 보나 문명사적 발전과적으로 보나 순서가 뒤바뀐 서술이고 다른 교과서에서는 볼 수 없는 후쇼사만의 독특한 구성이다. 4년전의 검정신청본에서 '조몬문명'이라고 하여 조몬문화를 세계4대문명에 앞선 문명으로 서술했던 역사인식은 후퇴했지만 여전히 모순되고 부자연스러운 방식을 유지하고 있다. 게다가 "자연과 조화해서 생활한 약1만년 전의 조몬시대는 일본인의 여유로운 성격을 배양시키고 다양하고 유연한 일본문화의 기초를 만들었다"라고 하여 조몬문화의 성격을 정의하고 있다. 토기의 문양을 갖고 기원전 1만년에서 기원전 4~3세기까지를 시대명으로 정한 조몬시대는 기원전후시대에 들어서야 청동기가 나타날 만큼 신석기시대가 대부분을 차지한 시대였다. 일본문화의 기원도 야요이문화를 상징하는 농경문화가 시작되는 기원전 3~4세기경을 기점으로 잡고있는 것이 일본학계의 통설로서 조몬시대는 일본문화의 직접적인 기원은 아니다. 이것은 일본의 문화가 세계의 문명에 앞서 시작되고 발전해 왔다는 유구성을 과시하려는 의도적 필법으로서 객관성을 상실한 서술이다. 민족의 자긍심을 높히려는 노력이 오히려 사실관계의 왜곡으로 이어진다는 점에서 문제점으로 남는다.

후쇼사판 서술에서 많은 비중을 두고 있는 것이 일본의 건국신화이다. 「日本의 神話」와 「神武天皇의 東征」란 항목으로 모두 3쪽에 걸쳐 컬럼식 서술을 하고 있다. 현행본의 「일본어의 기원과 신화의 발생」, 「日本武尊과 弟橘媛 - 國內統一에 헌신한 勇者의 이야기 - 」라는 항목이 삭제되었으나 여전히 전체의 내용 중에서 비중있게 다루고 있다. 『古事記』와 『日本書紀』에 나오는 천지창조로부터 남녀의 두 神이 결합해서 일본국이 만들어지는 國生神話, 皇朝神이라 불리우는 天照大神의 탄생과 그 후손인 니니기노미코토를 지상으로 내려 보내는 천손강림신화를 서술한다. 이어서 니니기노미코토의 후손이 新日本磐余彦尊이 휴가의 高千穗로부터 동방의 大和에 橿原의 지에 궁전을 지어 즉위하니 초대 神武天皇이 되었다는 것이다. 특히 "금일에는 神武천황의 실재는 의심하는 설도 있지만, 이 점에 대해서는 아직 결론이 나지 않고 있다"[49]고 부언 설

---

49) 검정합격본에서는 이 부분을 삭제하고 있다.

명까지 하고 있다. 고대에 만들어진 고대의 신화를 현대에 재생시켜 사실화하려는 의도로 근대천황제가 부활되는 19세기후반 이래의 일본사회의 정치적 이데올로기를 보는 느낌이다. 이러한 건국신화가 만들어진 고대일본의 지배층의 의도가 무엇인지 그 역사적 배경을 고려하지 않고 마치 사실인냥 서술하는 것은 문제이다.[50] 더욱이 이것을 읽는 독자는 자국의 역사를 처음 접하는 중학생이란 점을 생각하면 문제는 심각해진다. 사실과 신화의 경계를 혼돈하게 만들고 현재의 일본이 2천수백년간 천손족인 천황의 지배를 받는 국가라는 황국사관에 빠져들게 할 우려가 있다. 일본 근대의 침략사가 이러한 이데올로기에서 시작된 사실이 있었기에 역사의식을 배양하기 시작하는 청소년기의 학생들에게는 실로 위험한 일이 아닐 수 없다.

다음은 고대사 전시기에 걸쳐 '日本'이라는 국호를 사용하고 있다. 일본이라는 국호는 7세기말 천황제 율령국가의 용어로서 통일적 권력체로서의 국가를 가리킨다. 그 이전 시기는 倭란 이름으로 통일되어 있고 한반도나 중국에서 뿐아니라 일본열도의 권력의 주체세력 스스로도 자칭했던 말이다. 기원전 3세기에 시작되는 야요이시대부터 일관된 국명으로 사용하는 것은 이미 일본이라는 국가가 이 시기에 출현하고 있었다는 오해를 불러일으킬 소지가 있다. 후쇼사판 이외의 교과서가 야요이시대의 국명을 倭, 7세기 이후에야 日本을 사용한 것과는 대조적이다. 특히 4~5세기의 일본열도의 권력의 주체세력으로 등장한 야마토정권의 정치세력의 칭호를 사용하면서 그 이전 시기에 7세기말의 용어를 사용한 것은 역사적 흐름에도 역행하는 서술이다.[51] 일본국가의 기원과

---

50) 후쇼사판 교과서의 신화의 서술에 대해 문제점을 지적한 논고로서, 李成市, 2001,「古代史の問題點は何か」『歷史敎科書何が問題か』(岩波書店) ; 高橋明裕「古代史硏究の視點から」原田敬一·水野直樹 編, 2002,『歷史敎科書の可能性』(靑木書店) 참조.

51) 후쇼사판의 현행본, 검정신청·합격본에서는 天武·持統朝(672~397)에 日

성립을 구분하지 않고 서술한 것은 역사의 발전과정에 대한 몰이해이다. 다분히 의도성이 엿보이는 일본이라는 국명에 대한 집착은 만세일계의 황국사관의 연상선에 있는 역사인식의 발로라고 보인다.

'天皇'이란 군주호의 호칭에 대해서 후쇼사관의 현행본에서는 天武朝 때에 사용했다는 설이 유력하다고 하고, 괄호안에 推古天皇이 최초라는 설도 있다고 설명하고 있는데, 검정신청·합격본에서는 역으로 7세기초 推古朝 때에 천황의 칭호가 사용하기 시작했고, 細註로서 天武천황(673~686)의 시대에 천황호가 사용되기 시작했다는 설도 있다고 한다. 이른바 소수설이 정설이 되어있는 통설을 밀어낸 것이다. 나아가 천황호를 사용하기 시작한 배경 설명으로, 607년 왜왕이 遣隋使를 파견할 때 '天子'를 자칭했던 사실에 수황제가 분노했기 때문에 '天皇'호로 대체했다는 것이다. 이어 『일본서기』 추고기 16년(608)조의 "東의 天皇은 삼가 西의 皇帝에게 말씀드린다"는 내용을 인용하며 이 시기의 천황호의 사용을 사실화한다. 天皇이라는 군주호는 현존 사료에 근거하는 한 680년 전후가 분명하다. 1985년 飛鳥淨御原宮址의 외곽으로 부터 출토된 壬申의 亂 관계의 인명을 기록한 木簡 중에 辛巳의 干支가 새겨진 削片(목간에 문자가 새겨진 부분을 얇게 깎아낸 것)과 '大津皇' '津皇' '皇子' 등이 쓰여진 것이 발견되었다. 辛巳는 天武10년(681)이고, 大津皇은 大津皇子 즉 천무천황의 第3子에 해당한다. 요컨대 皇子의 문자가 확인된 것으로 부터 천황호는 늦어도 천무10년에는 사용되었고, 아마도 동년 淨御原令의 편찬개시와 더불어 채용되었을 것으로 보인다.[52] 推古朝의 천황의 기록은 『日本書紀』 편찬 시기의 용어를 투영시킨 것으로 이해된다. 이

本이라는 국호의 사용시기로 서술하고 있는 것을 보면 야요이시대의 일본이라는 국호의 설정은 더욱 이해하기 힘들다.

52) 東野治之, 1977, 「大王號の成立年代について」 『正倉院文書と木簡の研究』 (塙書房) ; 森公章, 1986, 「天皇號の成立とその意義」 『古代史研究の最前線』 1 (雄山閣出版) 참조.

어지는 서술에서는 "일본의 자립의 자세를 표시하는 천황의 칭호는 그 후에도 계속적으로 사용해 끊어지는 일없이 금일에 이르고 있다"(37쪽)라고 하여 천황호와 천황제의 유구성을 강조한다. 또 "중국의 황제와 일본의 천황"을 비교하는 박스기사로서 "황제는 힘이 있는 자가 전쟁에서 구왕조를 넘어뜨리고 전 황제를 죽음으로 내모는 혁명에 의해 그 지위에 올랐다. 이에 대해 천황의 지위는 황실의 혈통에 기초해서 대대로 계승되었다"라고 한다. 마치 천황제의 존재가 일본의 자립의 자세를 증명이라도 하듯 서술하고 있고, 一系性으로 이어지는 천황제의 존속이 마치 존엄성으로 인해 중국과는 달리 혁명적 사태가 일어나지 않았다는 역사인식이다. 이는 천황제의 정당성을 강조하는 만세일계의 황국사관의 역사관을 여실히 보여주고 있다. 역사적 현상으로서의 천황제의 다양성과 천황제가 초래한 근대의 침략적 패권주의의 폐해조차 하나로 용해시켜 버리는 집필자의 인식이 드러난다.

다음은 후쇼사판 교과서의 문제점으로서 한반도제국과의 상대적 우위성을 강조하고 한반도제국으로부터 전해진 문화를 중국문화에 두고, 한반도는 단지 문화를 전한 통과지점, 이른바 架橋論的 시각에서 서술하고 있다. 이것은 자국의 우수성을 드러내기 위해 상대를 철저히 하위에 두고 비하한다는 점에서 배타적이고 독선적인 역사인식을 보여주고 있다. 몇가지 예를 들어보기로 하자.

한반도로부터 문물의 전래가 가장 활발하였던 5~6세기의 도래문화를 다루면서 "야마토조정이 조선반도의 정치에 적극적으로 관여한 결과 조선반도를 통해서 중국의 선진문화가 일본에 전래되었다"(후쇼사, 33쪽)라고 하여 한반도로부터의 문화의 유입을 중국문화의 중개역할 정도로 밖에 인식하지 않고 있다. 요컨대 한반도는 문화전수의 주체가 아닌 남의 문화를 실어나르는 '포터'인 셈이다. 또 일본 야요이시대의 개막을 알리는 농경문화의 전래에 대해서도 "이미 일본열도에는 조몬시대에 대륙으로부터 벼종자가 전래되어 밭과 자연의 물을 이용하여 소규모의 재배가 행해졌는데, 기원전 4세기전까지는 관개용의 수로를 동반한 도작기술이 북구주에 전해졌다"(후쇼사, 24)라고 하여 도작문화의 한반도루트는 전혀 언급하지 않고 있다. 일본의 도작문화의 기원이 중국이었다고 하더라도 직접적인 루트가 한반도남부였음은 학계의 대세인데, 이를 무시한채 이미 조몬시대에 출처를 알 수 없는 대륙으로부터 들어왔고 4세기전까지는 북구주에 전해졌다는 식으로 애매한 표현으로 처리해 버린다. 도작문화의 전파란 보이지 않는 무형의 기술의 이동이 아니라 도작문화를 체현하고 있는 인간과 집단의 이주를 전제로 한다. 이는 도작문화의 전파에 한반도의 역할을 도외시하려는 의식의 표출임에 다름아니다.53)

朝貢에 관한 서술에서도 후쇼사판 현행본에서는 "일본은 고대에 있어서는 조공 등을 행한 시기는 있었지만, 조선과 베트남 등과 비교해서 독립한 입장을 관철했다"(39쪽)라든가 연호와 율령의 제정에 대해서도 "신라는 당의 연호의 사용을 강제받아 이를 받아들였다. 일본에 있어서 율령과 연호의 독자성은 우리나라가 중국에 복속하는 것을 거부하고 자립한 국가로서 나가려고 했던 의사를 내외에 표시한 것이다"(후쇼사, 현행본, 54쪽), "당의 복속국에 위치되어 있던 신라가 독자의 율령을 갖지 않았던데 대해 일본은 중국에 배우면서도 독자의 율령을 만드는 자세를 견지했다"(후쇼사 검정신청·합격본, 42쪽)라고 하여 조공, 연호, 율령 등 중국에 대해 주변국보다 상대적으로 자립과 독자성이 강했음을 비교, 서술하고 있다.

이에 대해서는 앞서 사실관계의 오류를 지적했지만, 상대비교에 의해 자국의 우월성을 강조하고 상대를 비하, 격하하는 서술은 일반 개설서는

---

53) 후쇼사판 이외의 역사교과서의 도작문화의 루트에 대한 서술은 「대륙(주로 조선반도)」(東京書籍, 日本書籍新社), 「중국과 조선반도」(帝國書院, 大阪書籍), 「대륙으로부터 북구주」(日本文教出版), 「구주에 전해진 도작」(교육출판)라고 하여 대체로 중국에 근원을 둔 한반도루트를 상정하고 있다.

물론이고, 객관성과 올바른 역사인식을 함양시켜야 할 청소년을 대상으로 하는 교과서에 기술되어서는 안되는 서술태도이다.

백촌강전투의 파병 이유에 대해서는 "반도남부가 당에 침략받은 직접적 위협을 무시할 수 없었다"(후쇼사 현행본, 31쪽), "반도남부가 당의 지배하에 들어가는 일은 일본에 있어서도 위협이었다"(후쇼사 검정신청·합격본, 40쪽)라고 서술하고 있다. 백제가 나당연합군에 의해 멸망한 후 왜국이 백제부흥군의 지원을 위해 파병한 원인은 다양한 측면에서 이해할 수 있다. 백제의 외교적인 노력, 양국의 장년에 걸친 우호적 관계, 왜왕권 내부의 분열적 요인에 의해 권력집중의 한 형태, 백제로부터의 선진문물의 수입에 대한 욕구 등 많은 견해가 제시되어 왔다.[54] 일본열도 위기론도 그 중의 하나이다. 다만 이러한 논리를 과도하게 제시할 경우, 방위론적 전쟁론이 아니라 왜병의 출병에 의해 한반도남부를 당의 지배로부터 해방시켜 일본열도의 안정을 꾀한다는 이른바 제국주의 전쟁론과도 상통한다.

왜국의 對백제 관계를 '거점' '헌상'이라는 용어를 사용하는 교과서 집필자의 인식에서 볼 때, 백제를 왜국의 보호국 내지는 조공국으로 간주하려는 인식이 엿보인다. 왜국에서 위기의식이 본격화되는 시기는 백제의 멸망 3년후인 663년 왜국이 나당연합군에서 패한 백강전투의 직후이다. 나당연합군의 침공을 예상하여 서일본을 중심으로 산성의 축성, 防人의 배치 등 방위망을 구축한 것은 바로 이 시기이다. 백촌강전투의 왜병의 참전을 '장렬한 싸움'으로 표현한 것도 애국적 역사주의의 표본이며 근대일본의 제국주의적 침략사관의 발로이다.

---

54) 백촌강전투의 왜병의 파병요인에 대한 학설사 정리는 拙稿, 1998, 「百濟의 對倭外交와 王族」 「改新政權의 성립과 東아시아 外交」 『고대한일관계사』 (혜안) 참조.

IV. 결 어

이상 후쇼사판 교과서를 중심으로 한 8종의 일본중학교 역사교과서의 고대사 서술를 검토해 봤다. 후쇼사판을 제외한 7종의 교과서는 4년전의 서술과 대동소이하다. 그러나 후쇼사판 만은 문제의 소지가 있는 일부 용어와 표현을 삭제 혹은 변경했을 뿐 추가적 오류가 증가했고 역사인식에서는 현행본을 능가하는 독선적, 배타적 一國主義를 지향하고 있다. 평화와 공존을 지향하는 21세기의 세계주의와는 어울리지 않는 국가주의 이념이 강하게 반영되어 있다.

교과서에 반영된 자국중심적 이념은 고대에 생성된 일본 특유의 史像에 연원이 있다. 바로 천황제 율령국가가 수립되는 7세기말 일본 지배층의 정치적 이데올로기로부터 나왔다고 생각된다. 8세기의 일본지배층은 『日本書紀』라는 역사서의 편찬과 율령법의 제정에 의해 천황통치의 정당성과 정통성, 유구성을 역사적, 법적으로 보장받고 보증시켰다. 천황권의 확립에 불가결한 요소로서 중국의 華夷思想의 수용과 적용이었다. 일본적 중화사상은 일본천황을 정점으로 하여 주변의 제종족, 제국가를 夷狄 혹은 蕃國으로 보려는 관념이다. 8세기 일본국의 중심은 前代의 야마토조정의 근거지였던 畿內였다. 그런데 기내를 중심으로 중화질서에서 말하는 四夷가 존재하지 않자 동북지방의 蝦夷와 구주남단의 隼人을 국내적 지배질서에 편입시키고, 新羅를 蕃國으로 하는 율령법을 제정하였다. 중국의 華夷思想에 근거한 新羅＝蕃國의 관념은 신라국, 신라국왕보다 우월적 존재로서의 '일본천황'을 자리매김하고자 한 현실적 기대상이다. 이러한 기대상를 법제화를 통해 구현하려는 것이 일본 율령국가의 이념이자 목적이었던 것이다. 여기에는 이미 멸망해 버린 백제와 고구려까지 일본의 번국으로 자리매김하기 위해 백제와 고구려 왕족의 후손에게 '百濟王', '高麗王'이라는 특별 姓을 하사하여 일본천황에 포섭된 존재로서의 양국을 설정했다.[55] 『日本書紀』의 加耶에 대한 內官家 사상, 신공황후섭정전기에 등장하는 三韓征伐譚의 전승도 이 시기에 형성되었고, 『令集解』賦役令「外蕃還條」所引의 穴記에 "蕃高百新等是" 라고 기록하고 있는 것도 삼국 모두를 일본의 번국으로 보려는 의식의 소산이다.

고대에 형성된 對韓史像은 역사적으로 계승되어 왕정복고가 이루어지는 19세기후반 황국사관의 정치적 이데올로기 하에서 근대 이후의 일본 지배층에게 확고한 믿음으로 자리잡게 되었다. 교과서에 서술된 한반도제국에 대한 사실관계의 오류와 왜곡된 역사인식은 이러한 긴 역사적 계승으로부터 나왔다고 보인다. 이는 정치사적 서술에 뿐아니라 문화사적인 면에서도 한반도의 역할을 무시한 채 중국문화의 전달자로서 위치시켜 한반도문화의 독자성을 무시하려는 인식으로 번져 상대에 대한 비하와 격하로 이어졌다.

자기중심적 역사의식이 관념적으로 남아있는 것이 아니라 현실적으로 살아움직이고 있는 것이 후쇼사와 같은 침략주의적 황국사관에 젖어 있는 우익교과서의 실태이다. 자국사에 대한 자긍심과 배타적 우월의식은 구별되어야 한다. 독선적, 독단적 역사인식은 역사를 퇴행시켜 불안한, 불행한 미래를 예견케 한다. 미래의 일본의 주역으로 방향키를 건내받을 청소년들에게 건전한 역사인식을 배양시켜야 할 책무는 일본에만 있는 것이 아니라 더불어 사는 이웃에게도 있는 것이다. 세계는 평화와 공존의 공동체를 지향해야 하기 때문이다.

---

55) 覓敏生, 1989「百濟王姓의 成立과 日本古代帝國」『日本史研究』317 ; 拙稿, 2004,「古代日本의 高句麗觀 研究」『北方史論叢』2 참조.

중·근세사 서술과 역사인식
- 후소샤(扶桑社) 교과서를 중심으로 -

박 수 철*

Ⅰ. 서 언

누구나 당연시하였던 국가·민족 단위로 서술하는 자민족 중심 역사학이 근래 공공연한 도전에 직면하고 있다. 이 도전은 민족이란 '상상의 공동체'에 불과하다는 입장에 서 있으며 정보화, 세계화의 흐름 속에서 더욱 힘을 얻고 있다. 이에 한국의 '국사 교육계'와 '세계사 교육계'도 각각의 입장에서 그 대안을 모색하고 있다.

'세계사 교육계' 쪽에서는 자국사 중심주의와 서구 중심주의를 넘어선 다문화적 관점에서 문화권간의 상호작용과 교류를 강조하는 서술방식을 제안하고 있다. 이는 기존 세계사 교육이 서구 문명사의 발전에 기초한 유럽 중심주의, 자국 중심주의에 서 있다고 보고 글로벌리즘('지구사적 관점')에서 이를 비판하고 극복하려는 움직임이다.[1] 반면 '국사 교

전남대학교 사학과 교수

1) 조지형, 2002, 「새로운 세계사와 지구사」『역사학보』173 ; 강선주, 2002, 「세계화시대의 세계사 교육 : 상호관련성을 중심원리로 한 내용구성」『역사교육』82 ; 정선영, 2003, 「지구적 시각에 기초한 세계사 교육에의 접근방

육계' 쪽에서는 국수주의적이며 닫힌 민족주의가 아닌 '열린 민족주의'를 대안으로 제시하고 있다.2) 이들은 세계화 시대 다국적 자본과 강대국의 공격적, 탐욕적, 자민족 중심주의가 엄연히 존재한 현 상황에서 '민족'은 대항 논리로서 여전히 중요한 가치를 가지고 있다고 주장한다. 나아가 지금까지 과연 제대로 이루어진 민족 중심의 역사가 있었는가 라고 반문까지 한다.3)

1990년대 후반 이래 일본 역시 '민족'이 화두로 떠오르고 있는데 이 것은 시대적 흐름과 관련이 있다. 1980년대 이후 일본사학계는 권력과 중심부를 강조하는 정치사, 경제사 중심에서 주변부와 일반 민중에 좀 더 밀접한 생활사, 사회사를 중시하는 입장으로 변화하였다. 그 과정에서 커다란 이론과 역사상을 제시하는 거대 담론은 사라졌고 세밀한 개별 항목에 천착하는 연구로 바뀌었다. 보통 '사회사'라 통칭되는 이들 연구는 어떤 일관된 논리가 있는 것이 아니라 서로 연관성이 없는 잡다한 여러 흐름을 사회사란 명목아래 하나로 묶어놓은 것에 불과하였다. 커다란 목표를 제시하지 못한 일본 역사학계는 이로 인해 방향성을 잃

안,『역사교육』85 ; 이영효, 2003,「세계사교육에서의 '타자읽기' – 서구 중심주의와 자민족중심주의를 넘어 – 」『역사교육』86.

2) 예를 들어 지구촌 시대를 맞아 "단일민족문화 또는 한민족국가 민족주의만 을 주창하면서 국수주의적 문화의식을 강조하는 것은 커다란 시대착오적 의식이다. 그렇다고 해서 자기 전통문화의식을 무시하고 세계문화라는 범 주에 뒤섞이는 것만이 이 시대를 바르게 인식하였다고 보는 것은 잘못"이 란 입장에서, "전통문화를 이해하고 이를 바탕으로 세계문화와 공존하는 가치를 창조할 수 있는 능력을 역사교육에서 기르도록 해야 한다." "세계사 발전에 기여하고 세계문화에 합류하기 위해서는 가일층 우리 역사, 우리 문 화전통에 대한 바른 이해와 인식을 하고 이를 토대로 한 역사교육이 진행 되어야 한다"는 주장[이범직, 2001,「한국사 연구와 국사교육의 방향」『역 사교육의 방향과 국사교육』(솔출판사) 86쪽].

3) 서의식, 2001,「포스트모던시대의 한국사인식과 국사교육」『역사교육』80 ; 양정현, 2002,「포스트모던 역사 이론의 '민족'논의와 역사교육」『역사교 육』83.

고 표류하였다. 여기에 소련 등 공산권 붕괴라는 시대적 흐름과 맞물러 전후 역사학을 지배하여 왔던 마르크스 사학도 현저히 약화되었고 이 틈을 비집고 나왔던 것이 '자유주의'사관이었다. 그들은 1996년 '새로운 역사교과서를 만드는 모임'을 결성하여 세를 과시하였고 2001년 후소샤 (扶桑社)에서 중학교 역사 교과서를 간행(이하 '후소샤 교과서'로 약칭 함)하여 그들의 지향을 뚜렷이 드러냈는데, 그 속에는 유래 없을 정도로 강한 자국사 중심주의, 서양 중심주의가 관철되고 있다. 따라서 후소샤 교과서 분석은 '민족'을 화두로 방향성을 모색하고 있는 우리 학계에 어 떤 시사점을 줄 수 있다.

본고에서는 우선 후소샤 교과서를 중심으로 한국 분야를 어떻게 기 술하고 있는가를 분석한다. 이를 통해 일본 역사교과서는 자국사 이외의 문제를 과연 어떻게 다루고 있는가 하는 점을 분석한다. 2001년 이래 중·근세사시기에 있어 문제시되어 왔던 항목은 왜구, 임진왜란, 통신사, 조선국호(조선관)부분이다. 그런데 이 항목들에 대해서는 이미 몇 차례 논의되어 왔고 문제점도 상세히 지적되어 왔다.[4] 따라서 여기서는 이러 한 기존 연구 성과를 바탕으로 가능한 서술의 중복을 피하면서 주로 다 음과 같은 2가지 측면에서 주목하고자 한다.

첫째, 역사서술과 관련하여 후소샤 교과서를 중심으로 2001년본과 비교하여 서술이 어떻게 변화하였으며 다른 7종 교과서와의 차이점은

4) 송호정, 2001, 「무엇이 왜곡되었는가 – 전근대사 서술의 특징」『문답으로 읽는 일본교과서 역사왜곡』(역사비평사) ; 이원순·정재정 편저, 2002『일 본역사교과서, 무엇이 문제인가』(동방미디어) ; 손승철, 2003, 「일본 역사 교과서 고려·조선시대 기술의 왜곡실태 분석」『한일관계사연구』19 ; 김 문자, 2003, 「전쟁과 평화의 근세 한일관계 – 임진왜란과 통신사 –」『일본 역사연구』18 ; 남기학, 2003, 「중세 고려·일본 관계의 쟁점-몽골의 일본 침략과 왜구」, 『일본역사연구』17 ; 아시아평화와 역사교육연대, 역사문제 연구소, 한국역사연구회 등, 「2005년도 일본문부과학성 검정통과(후소샤· 동경·일본)교과서분석 심포지움」(2005.4.11) 자료 참조.

무엇인가. 또 우리 중학교 역사 교과서는 이 부분을 어떻게 서술하고 있는가.

둘째, 후소샤의 역사관과 역사인식은 무엇인가. 후소샤 교과서를 집필한 저자들이 표방하는 바는 "현명·공정·명랑한 일본국민의 형성에 기여하는 새로운 역사교과서"이며 이를 위해 "외국 특히 이웃 여러 나라의 역사를 좀 더 자세히 소개하고 내재적 이해에 노력한다"5)고 밝히고 있다. 그러나 실제 서술함에 있어 이웃 나라 역사에 부정적이고 냉담함으로 일관하고 있다. 그 이유는 과연 무엇인가. 중·근세사 역사서술에 나타난 역사인식의 분석을 통해 이 점을 고찰한다. 나아가 이 점을 반면교사로 삼아 우리 역사교육 특히 '국사' 교육이 지향해야 할 바가 무엇인지를 검토하고자 한다.

II. 교과서 서술내용의 분석

1. 왜 구

2005년도 후소샤 역사 교과서 신청본의 왜구 서술부분은 다음과 같다.

> 「감합 무역과 왜구」
> 14세기후반 중국에서는 한민족의 반란에 의해 원이 북방으로 쫓겨가고, 명이 건국되었다. 명은 일본에 왜구의 단속을 요구해 왔다. 왜구란 이 무렵 조선반도와 중국 연안에 출몰하였던 해적집단이다. 그들은 일본인이외에 조선인도 많이 포함되어 있었다. … 16세기 중엽 감합 무역이 중지되자 다시 왜구가 활발해졌는데 그 구성원은 대부분이 중국인이었다. 왜구가 조선반도부터 중국연안을 휩쓸었기 때문에 고려는 쇠퇴하

---

5) 정재정, 「일본교과서는 한국사를 어떻게 서술하고 있는가」, 앞의 『일본역사 교과서, 무엇이 문제인가』, 76쪽.

였고 명의 멸망도 재촉했다.(79쪽)

2001년과 마찬가지로 왜구의 발생 원인을 서술하지 않고 있으며 많은 조선인과 중국인을 왜구의 주체로 보는 입장도 변화하지 않았다. 왜구에 대한 왜곡서술의 문제점은 이미 2001년 시점에서 자세히 지적한 바 있다.[6) 국내 학계의 비판은 매우 적절하다. 다만 전기 왜구와 달리 후기 왜구의 경우 중국인 王直 등 다양한 이질적인 존재가 내포되어 있

---

6) 근래 일본학계에는 왜구에 조선인과 중국인이 포함되어 있다는 입장을 넘어서 아예 전기 왜구의 주체를 고려인·조선인으로 보려는 주장이 제기되고 있다[田中健夫, 1987, 「倭寇と東アジア通商圈」『日本の社會史』1 (岩波書店)]. 그 주장의 근거는 첫째 전성기의 왜구집단이 3백척에서 5백척의 선단을 구성하고 있어 쓰시마만으로 구성된 왜구집단으로 보기에는 대규모이다. 둘째 1600두를 넘는 말을 소유한 기록도 있듯이 왜구집단이 소유한 말이 너무 많다. 당시 이러한 말을 조달할 곳은 제주도 밖에 없다. 그러므로 왜국집단의 주류는 일본인이 아니라 고려의 제주도민이나 牛馬의 밀도살을 담당했던 楊水尺·才人 등 천민집단으로 보아야 한다는 것이다. 이에 대해 국내 학자들은 다음과 같이 비판한다. 첫째 대규모 선단은 왜구가 배를 약탈하여 숫자를 늘려 간데서 기인하며 둘째 대규모 말의 소유도 연해와 섬들에 있었던 고려 목장을 약탈하여 말을 충당(또는 쓰시마에서 말을 동원)하였기 때문이다. 또 양수척·재인이 가왜라는 기록은 고려사에 3건이 나오나 1223년부터 1392년까지 169년간 총 529회 침입에 고작 3건을 가지고 왜구 주체를 고려인이라 할 수 없다. 또 "왜구=고려·조선인연합(주체)"설의 유일한 직접 문헌사료로 거론되는 이순몽의 발언은 호패법 시행과 관련하여 제기된 것에 불과하며 그 내용이 전문(傳聞)이기 때문에 사료의 신빙성도 의심된다. 더욱이 『조선왕조실록』에는 일본 관계기사가 13,997건 나오는데 이 중 왜구대책에 관한 기사가 6,546건, 왜구침구에 관한 기사가 312건이다. 조선인을 왜구의 주체로 서술한 것은 이순몽 기사를 제외하곤 한 건도 없다. 고작 1건을 그것도 문제가 있는 기사를 인용하여 왜구의 주체를 조선인이라 하는 것은 잘못이다[李領, 1999, 『倭寇と日麗關係史』(東京大學出版會) 동, 1999, 「일본인이 보는 왜구의 정체-'경인 이후 왜구'와 일본 국내정세를 중심으로-」『역사비평』46 ; 손승철, 앞의 「일본 역사 교과서 고려·조선시대 기술의 왜곡실태 분석」].

는 것이 사실이며 이를 포함하여 왜구상 전체에 대한 검토는 향후 국내 학계가 보완해야 할 부분이다.[7]

2001년도와 달라진 점은 "왜구가 조선반도에서 중국연안을 휩쓸었기 때문에 고려는 쇠퇴하였고 명의 멸망도 재촉했다"는 서술이 새로 추가된 부분이다. 왜구의 활동을 강조하고 이를 통해 조선과 중국에 끼친 영향을 강조하려는데 목적이 있는 것으로 보인다. 그러나 "고려는 1392년에 멸망하고 있으며 부정확하다"는 문부성의 수정지시를 받아 결국 고려 부분을 삭제하고 "명은 국력이 쇠퇴했다"로 고쳤다. 당초 후소샤 집필자는 기본적인 역사사실(고려 멸망연도)조차 모르고 집필한 것이 아닌가 하는 의문이 든다. 만약 이것이 사실이라고 한다면 이는 기본 집필 자질과 관련된 심각한 문제이다.[8]

다른 7종의 일본 중학교 역사 교과서는[9] 대체로 일본인이 주체였음에는 동의하나 실제 서술에 있어서는 다양한 편차가 존재한다. 일본인이

---

7) 왜구는 14세기 중반과 15세기 중반에 왕성한 활동을 보이는데 각각 일본의 남북조시대와 전국시대라는 일본 중앙권력의 약화와 밀접한 관련이 있다. 이를 각각 전기왜구, 후기왜구라 부르고 있다. 일본의 중앙통제에서 벗어난 일부 집단에 의한 해적행위가 '왜구적 상황'을 초래한 본질이라는 점은 두 말할 나위 없다. 이와 관련하여 무라이 쇼스케(村井章介)는 15·16세기 일본과 조선왕조의 경계 영역에는 국가 틀을 뛰어 넘는 인적 물적 교류가 있었다고 지적하고 이를 '왜구'와 관련하여 설명하고 있다. 이에 대해 하마나카 노보루(浜中昇)는 한반도 남부 해민들이 주로 해적 행위를 할 때에 필요상 왜복을 입고 왜어를 사용하였을 뿐, 왜복·왜어가 이 해역에 사는 사람들의 공통의 복장, 공통의 언어라 볼 수 없다고 비판하였는데 남기학도 이 지적에 공감하면서 "왜구의 본질을 '국적이나 민족을 넘어선 차원의 인간 집단'으로 파악하는 시각이야말로 당시의 현실과 동떨어진 역사상"이라 비판하였다(남기학, 앞의 「중세 고려·일본 관계의 쟁점」, 97쪽).
8) 마찬가지 입장에서 주 36) 참조.
9) 도쿄(東京)서적, 오사카(大阪)서적, 교이쿠(教育)출판, 데이코쿠(帝國)서원, 니혼(日本)서적신사(新社), 시미즈(清水)서원, 니혼(日本)문교(文敎)출판(이하 도쿄, 오사카, 교이쿠, 데이코쿠, 니혼, 시미즈, 니혼문교로 약칭함).

주체임에 동의하고 별도로 언급하지 않거나(교이쿠), 왜구의 약탈상황과 일본인이란 주체를 보다 명확히 서술한 경우도 있지만(니혼), 대부분 일본이외에 사람도 많았다고 하거나(도쿄, 오사카) 조선인과 중국인이라 명확히 기술하고 있으며(시미즈, 데이코쿠 : 심지어 제주도가 거점이었다는 입장), 침탈보다는 무역 행위를 강조하고 있다(니혼분교).

　　주목할 점은 이들 교과서가 거의 공통적으로 약탈보다는 무역행위 부분을 강조하고 있으며, "두려워했다"라는 표현을 의도적으로 사용하고 있다는 것이다.10) 왜구의 침략 행위로 인한 조선·중국인의 고통, 경멸, 멸시 등은 생략되고, 거꾸로 두려움이란 외경의 대상으로만 기술되고 있다. 이러한 서술 양태는 자칫 왜구의 침략 활동을 긍정할 위험이 있고 실제 일본 역사 교과서에는 왜구에 대해 약탈 행위를 비판하면서도 가능한 이를 축소, 희석시키려는 의도가 내재되어 있다. 전반적으로 모든 일본 교과서가 약탈, 폭력행위 등 자국의 부정적인 이미지를 가능한 한 축소하려고 노력하고 있다.

　　한편 감합 무역과 관련하여 2001년에 명기하고 있던 "이 무역은 명에 복속하는 형태를 띠었기 때문에 요시미쓰의 사후 그것을 싫어하여 중단한 시기가 있었다"고 기술한 중국 복속 부분이, 2005년 후소샤 신청본에서는 삭제된 점도 눈에 띤다. 요시미쓰가 명에게서 책봉을 받은 점과 그로 인해 무역이 개시되었다는 사실 자체는 2001년판에서도 언급되지 않았다. 그런데 무역이 중단한 사실만을 강조함으로써 전후 맥락이 수미일관하지 않음을 느꼈는지 이를 모두 생략하는 방향으로 바뀌었다.

───────────

10) "왜구라 불러 두려워했다"(오사카, 62쪽), "조선과 중국 사람들은 이들을 왜구라 불러 두려워했다"(교이쿠, 52쪽), "그들을 왜구라 불러 두려워했다"(니혼, 74쪽), "조선반도와 중국에서 그들은 때로는 무역을 강요한다든지 물건을 빼앗든지 하였기 때문에 두려워하였다. 명은 그들을 왜구라 부르고 일본에 왜구의 단속을 요구해 왔다"(시미즈, 72쪽), "중국과 조선에서는 이를 왜구라 불러 두려워했다"(니혼문교, 49쪽).

물론 이는 일본의 독자성을 보다 강조하려는 의도로 보인다.

그런데 "명은 왜구의 단속과 무역 개시를 일본에 권하여 왔다. 아시카가 요시미쓰는 명의 요구에 응해 무역을 시작하였다"(니혼문교, 49쪽)고 명과 일본의 대등성을 부각한 경우도 있지만 대부분의 다른 교과서는 책봉사실을 있는 그대로 기술하고 있다. "요시미쓰는 일본국왕으로서 명의 황제에 따르는 형태를 취해 명과 무역을 시작했고 그 이익을 막부 재원으로 돌렸다"(오사카, 62쪽). "아시카가 요시미쓰는 그것에 응하여 조공의 사절 파견하고"(니혼, 74쪽) "명의 황제를 섬기는 형태로 국교를 열었다"(시미즈, 72쪽)고 적고 있다.

반면 이와 비슷한 시기에 대해 한국 중학교 국사교과서는 "새 나라 건설을 반대한 정몽주 등을 제거하고 마침내 이성계를 왕으로 추대하여 새 왕조를 세웠다(1392). 새 왕조를 세운 세력은 고조선을 계승한다는 뜻에서 나라 이름을 '조선'이라 하고 도읍을 한양으로 정하였다"(172쪽)고 국내 사실 관계를 기초로 서술하고 있다. 그리하여 '조선'국호 결정 과정에 있어 전개된 명과 관련된 외적 부분은 생략하였다. "이후 조선은 명과 친선 관계를 유지하였고 사신을 자주 파견하였다. 명과의 친선 관계를 통해 조선은 경제적, 문화적 실리를 취하였다"(129쪽)고 하여 양자를 대등 관계로 서술하고 있다. 이 점에서 보면 한국 중학교 국사 교과서도 일본 역사 교과서와 마찬가지로 자국사의 독자성을 침해하는 서술은 가능한 피하고 있음을 알 수 있다.

2. 임진왜란

2005년도 후소샤 신청본의 '임진왜란'관련 서술은 다음과 같다.

> 「조선에로의 출병」
> 히데요시는 중국 명을 정복하고 천황과 함께 대륙에 이주하여 동아

시아에서 인도까지 지배하려는 거대한 꿈을 갖기에 이르렀다. 1592(文祿元)년 히데요시는 15여만의 대군을 조선에 보냈다. ··· 2번에 걸쳐 행해진 출병의 결과 막대한 비용과 병력을 소모시켜 도요토미가의 지배는 동요하였다.(97쪽)

　　*그림: (아리타야키) 이 무렵 포로로 일본에 연행되어 온 조선의 도공에 의해 도자기 기술이 전해져 다도 발전에 연결되었다.(97쪽)

　출병이란 용어로[11] 침략을 호도한 점이나 전쟁원인을 히데요시 개인차원의 꿈으로 돌리고 중국·인도까지 동아시아 전체를 정복하려 했다고 하여 히데요시를 영웅시한 점은 2001년도와 동일하다. 이에 대해 국내학계에서는 ① 침략이라는 용어 대신에 출병이란 용어를 사용하여 일본의 일방적인 군사적 침략사실을 은폐하고 있는 점, ② 임진왜란의 발발 원인을 명·인도 등 동아시아 정복을 위한 개인적인 꿈으로 돌려 침략배경을 올바르게 서술하지 않은 점, ③ 일본군의 7년간의 인적·물적 피해를 축소한 점을 문제점으로 지적하였다.[12] 이 점에 대한 국내 학계

---

11) 일본측에서는 당초 高麗陣, 朝鮮陣이라 통칭하였으나 에도시대에 들어가 조선정벌·정한이란 용어가 일반화되었다. 근대이후 메이지 유신기에 이 명칭이 고착되었는데 1910년 한일합방 이후 조선도 동족이란 입장에서 '분로쿠(文祿)게이쵸(慶長)의 역(役)'이란 명칭이 일반화되었다. 최근 들어 기타지마 만지 등 이 시기를 전공하는 일본학자들 사이에서 침략이란 용어가 제기되고 일본 학계에서 점차 정착되고 있다. 다만 아직도 일본 민간과 일부 역사학계에 '출병'이란 용어가 뿌리 깊게 남아 있는 것이 사실이다 [北島万次, 1990, 「豊臣政權の朝鮮侵略に關する學說史的檢討」 『豊臣政權の對外認識と朝鮮侵略』 (校倉書房) ; 김문자, 1999, 「임진왜란에 대한 일본의 시각변천」 『역사비평』 46 (역사문제연구소)]. 또 일부 다른 교과서에서도 전쟁의 부당성과 피해는 지적하고 있지만 출병과 침략의 용어를 혼용하여 이를 명확히 구별하지 않고 있다(도쿄, 시미즈). 출병의 명칭 문제는 결코 후소샤에 국한하는 문제가 아니라는 것을 알 수 있다.

12) 이에 대한 국내학계의 비판은 손승철, 앞의 「일본 역사교과서 고려·조선시대 기술의 왜곡실태 분석」과 김문자, 앞의 「전쟁과 평화의 근세 한일 관계 – 임진왜란과 통신사」에 잘 정리되어 있다. 이에 따르면 ① '출병'이란 말

의 지적은 매우 타당하며 재론의 여지가 없다.

다만 주의할 점은 히데요시 개인적인 꿈을 전쟁의 원인으로 보는 주장에 대한 국내학계의 비판 내용이다. 즉 이는 국내학계에서 지적한 것처럼 단순히 전쟁 원인을 축소·왜곡 서술한 점만이 문제가 아니라 후소샤가 주장하는 '공명설' 그 자체가 타당하지 않다는 점이다. 현재 일본학계에서는 '임진왜란'의 배경과 원인으로 ① 히데요시의 개인 功名설 ② 무역이익설 ③ 영토확장설을 제기하고 있다. 따라서 '공명설'을 적절히 비판하지 못하는 한 히데요시의 개인적인 꿈을 전쟁 원인의 하나로 보는 후소샤 주장을 전면적으로 비판할 수 없는 것이 사실이다.13) 그런데 필자는 기존 연구에서 주장하는 히데요시 개인만에 국한되는 공명설은 그 자체가 타당하지 않다는 입장이다. 전쟁은 결코 히데요시의 개인

은 문자 그대로 군대를 내보낸다는 것이다. 따라서 이 용어에는 상대방이 잘못하여 이를 응징하기 위한 군사적 행위라는 뜻이 내포하고 있어 막대한 피해를 준 일방적인 군사적 침략을 은폐할 위험이 있다. ② 임진왜란의 원인과 관련하여 '일명감합무역부흥요구'설, '히데요시 공명심'설, 영토확장설 등 다양한 의견이 제시되어 있음에도 불구하고 개인적인 망상으로 국한하여 서술하는 것은 타당하지 않다. ③ 강제연행 숫자만도 일본측 2~3만, 한국측 10만이며, 150만결이었던 토지가 30만결로 감소되는 등 극심한 피해를 끼쳤으면서도 이를 간략히 언급하는데 그치고 있다. 한편 임진왜란에 대한 일본 내 연구 성과는 기타지마 만지(北島万次)의 「豊臣政權の朝鮮侵略に關する學說史的檢討」에 집대성되어 있으며 이 시기 기존 연구 성과물을 바탕으로 최근의 성과를 서술·정리한 연구로는 이케 스스무(池享)編, 2003『天下統一と朝鮮侵略』(吉川弘文館, 所收 諸 논문)이 있다.
13) 이케우치 히로시(池內宏)는 ① 조선국왕에 보낸 國書의 마지막에 "내가 원하는 것은 다른 것이 없습니다. 단지 佳名을 삼국에 알릴 따름입니다"라는 구절과 ② 히데요시의 서기 오무라 유코(大村由己)가 "고려[조선]국에 알린 취지는 일본왕궁에 와서 내년 중이라도 대면할 수 있도록 하라는 것이다. 받아들여지지 않더라도 후대까지 이름을 남길 수 있다는 것이다"고 하는 사료를 근거로 功名說을 제시하였다[同, 1914『文祿慶長の役』- 正編第1 - (南蠻州鐵道)].

적인 꿈에 의해서만 발발한 것이 아니었고 보다 구조적인 문제였다. 즉 여기서 언급되는 공명이란 히데요시 개인 차원으로만 해석하는 것은 타당하지 않고 전체 무사집단의 '功名'으로 보아야 한다.14) 따라서 후소샤가 이러한 사회적, 구조적 측면을 도외시 한 채 히데요시 개인적인 차원에서 전쟁이 발발한 것으로 서술하는 점이 잘못된 것이다.

또 후소샤 신청본에 조선의 피해사실을 아예 삭제·생략하려고 시도한 점도 주의할 대목이다. 일본인의 잘못을 자세히 기술하는 것을 '가학사관'으로 돌리는, 자국사의 좋은 점만 골라 서술하고자 하는 후소샤 집필자의 입장이 잘 드러난 대목이다. 결국 "조선출병의 실태에 대해 이해하기 어려운 표현"이란 문부성의 지적을 받아 "2번에 걸쳐 행해진 출병에 의해 조선의 국토와 사람들의 생활은 현저히 황폐하였다"고 하는 구절을 다시 추가·수정하였지만, 후소샤가 지향하는 "외국 특히 이웃 여러 나라의 역사를 좀 더 자세히 소개하고 내재적 이해에 노력한다"의 실체가 무엇인지 잘 드러나 있다고 하겠다.

나아가 물류 전래와 관련된 후소샤의 서술에도 문제가 있다. 즉 도자기가 전래된 배경에 대해 2001년판에 없었던 "일본에 포로로 연행되어 온"이란 기술이 새로 첨가되어 좀 더 구체화된 점도 없지는 않으나 본문에서는 아예 서술을 삭제하고 참고 그림에서 설명하고 있다. 그러나 도자기, 인쇄술, 목면, 유학 등의 항목은 이를 생략할 경우 에도 시대를 제대로 이해할 수 없을 정도로 중요한 부분이다. 이에 관해 간략히 서술하거나 아예 기술조차 하지 않은 점에 후소샤 역사교과서의 특징이 있으며 이것은 '조선'을 바라보는 집필자의 역사관과 밀접한 관련이 있다. 바로 조선이란 타자에 대한 철저한 '무시'에 다름 아니다. 개별적인 항목에 대한 서술도 문제이지만 이러한 후소샤의 역사관이 더욱 큰 문제

---

14) 박수철, 「16세기 일본의 戰國動亂과 「壬辰倭亂」(2004년 역사학회 하계 심포지움 발표문) 및 同, 2006, 「15·16세기 일본의 전국시대와 도요토미정권」 『文祿慶長の役』(일조각).

라 할 것이다.

다른 7종 역사 교과서는 '임진왜란'의 피해상황과 문물전래를 비교적 소상히 서술하고 있어 후소샤 교과서와 대비된다.15) 또 일본군의 잔악한 행위를 "들도 산도 불태우고 사람을 베고 목을 조른다. 그 때문에 부모는 슬퍼하며 아이를 그리워하고 아이는 부모를 찾아 헤매는 애달픈 광경을 보았다"로 생생히 기술하고 있는가 하면(니혼, 102쪽), 「히데요시의 조선침략」이란 별도의 항목 두어 자세한 서술하거나(시미즈),16) 일본 주자학의 鼻祖 후지와라 세이카와 강항의 교류를 자세히 언급하고 있다.(교이쿠).17) 후소샤처럼 간략한 언급에 그치고 경우도 있으나(니혼

---

15) 도쿄서적은 「역사접근: 아리타야키의 루트」라는 항목을 설정하고 "아리타야키는 에도시대 유럽에 수출되어 일본을 대표하는 도자기로 되었다. 그 아리타야키를 시작한 것은 조선에 군대를 낸 다이묘가 연행해 온 도공들이었다. 그들에 의해 우수한 기술이 전래되어 아리타 이외에도 후에 명산 자기와 도기가 각지에 생겨났다. 사가현 아리타町에서는 「陶祖李參平을 칭송하는 석비」가 세워져 있다"(87쪽)고 자세히 기술하고 있다. 오사카서적도 아리타야키의 사진을 싣고, "아리타 야키는 이삼평을 비롯한 조선인 도공에 의해 시작되었다"(93쪽)고 하고 있으며, 「모모야마문화」 항목에서 "히데요시의 조선침략시 조선이 도공이 일본에 끌려왔다. 이들 사람들에 의해 아리타(사가현), 하기(야마구치현), 사쓰마(가고시마현)등에 기술이 전해져 우수한 도자기가 만들어지게 되었다"(92쪽)고 밝히고 있다. 도자기를 통해 조선으로부터의 문물 전래, 나아가 세계와의 관계를 적절히 설명하고 있으며 이 점은 한국 중학교 역사교과서 보다 오히려 자세하고 다양하게 서술되고 있다.

16) 컬럼 「히데요시의 조선침략」. "7년에 걸쳐 침략을 입은 조선에서는 국토와 문화재가 황폐해지고 산업이 파괴되고 일반민중도 포함한 많은 인명이 빼앗겼다. 또한 유학자와 도공 등 2만 명 이상의 조선인이 일본에 연행되어 조선의 발전된 유학과 도자기 기법이 일본에 전해졌다. 그 중에서도 도자기 기법은 하기 야키(야마구치현), 아리타야키(사가현), 사쓰마 야키(가고시마현) 등 각지에서 다양한 도자기로서 발달했다. 또한 조선에 쳐 들어갔던 무장 중에는 그 출병에 의문을 품고 자와 조선 문화에 감명 받아 조선군 편에 선 자도 있었다"(99쪽).

분교), 이 조차도 "훌륭한 도공"(76쪽)이라 표현하여 "조선의 도공에 의해 도자기 기술이 전해져"라고 기술한 후소샤와 달리 나름대로 의미부여를 하고 있다.

한편 한국측 국사 교과서에는 제3장 제목 자체가 「왜란과 호란의 극복」이며 세부 제목도 "우리 민족은 왜란을 어떻게 극복하였는가?"(「왜군의 침입」「수병과 의병의 활약」, 「왜란의 극복」「왜란의 결과」「통신사의 파견」)로 구성되어 있다. 그런데 일본이 국호를 倭에서 일본으로 바꾼 것은 이미 7세기의 일로 엄밀히 말해 일본군이라 해야 옳다. 이와 같이 한국 교과서가 굳이 왜군, 왜란이란 호칭을 고집하고 있는 것은 의연 중에 그들에 대한 멸시관이 깔려 있기 때문으로 보인다. 한국 국사 교과서가 '민족주의'색채가 강하다는 것도 이러한 서술 때문이다. 그러나 무고한 인민을 희생시키고 이웃나라에 다대한 피해를 준 '침략'행위를 비판하는 것과 이를 감정적으로 접근하여 상대방을 '멸시'하는 것은 구별할 필요가 있다.[18] 이런 점에서 '임진왜란'명칭의 문제점을 거론하고 그 대안을 모색하고 있는 최근 국내학계의 움직임이 주목된다.[19]

---

17) 「강항과 후지와라 세이카」. "강항은 조선침략 때 일본이 연행해 온 학자였는데 1600년에 귀국할 수 있었고 많은 門人을 가르쳤다. 한편 후지와라 세이카는 전쟁이 계속되어 세상이 혼란한 것에 마음을 아파하여 정치사상으로의 유학을 깊이 배우려고 한 승려였다. 중국에서 유학을 접해 보려고 홀로 중국을 향했으나 실패하였다. 마침 일본에 연행되어 온 강항을 알게 되어 3년간 친교를 통해 유학에 대한 이해를 깊이 하였다. 세이카는 후에 도쿠가와 이에야스에게도 강의를 하였다"(79쪽).

18) '임진왜란'이란 글자 그대로 임진년에 왜가 난을 일으켰다는 것이다. 그런데 '倭'라는 비하 명칭에서 알 수 있듯이 주관적인 감정이 내포되어 있다. 이 속에는 국가와 국가간의 싸움 즉 전쟁이란 시각은 존재하지 않는다(용어의 문제점에 대해서는 박수철, 앞의 「15·16세기 일본의 전국시대와 도요토미정권」『文禄慶長の役』 참조).

19) 김문자는 임진왜란이 갖는 명칭의 문제점을 포괄적으로 지적하고 있다. 즉 "임진왜란이 동아시아 질서를 뒤흔들어 놓은 국제 전쟁이며 전쟁 후 삼국의 정치 질서에 커다란 변화를 주었고 국가간의 전쟁이었다는 관점에서

또 우리 역사 교과서의 이 부분에 관한 서술이 지나칠 정도로 민족의 항쟁사, 위기극복과정에 치중하고 있는 점도 문제이다. 그림 자료 자체가 「행주 산성 충장사」, 「남한산성 수어장대」, 「남한산성 동문」, 「문경 새재 제3관문」, 「진주성」, 「충무공 이순신 영정」, 「유정(사명대사)영정」, 「관군과 의병의 활동」(지도)로 구성되어 있다. 그러나 이러한 자료와 서술로는 적의 수장은 누구이며, 일본은 어떻게 군대를 동원하였고, 왜 쳐들어 왔는지 알 수 없다. 적의 의도와 행위에 대한 치밀한 분석이 없이 그저 온갖 만행을 저지른 惡人 이미지로 일관하고 있다. 이와 같은 서술로는 적의 실상을 객관적으로 이해할 수 없다. 가령 '히데요시의 초상화'나 당시 일본군의 전진기지였던 '나고야성' 그리고 9개 부대로 구성된 일본군의 편성표[20] 등을 제시하여 학생들이 이 시기 한일양국의 움직임에 대해 좀 더 다각적이며 다면적으로 인식할 수 있게 하는 자료와 서술로 개선해야 한다. 민족의 항쟁과 극복만을 강조하는 것이 아니라 여러 자료를 함께 제시함으로서 학생들이 자연스럽게 16세기 상황을 객관적이고 종합적으로 이해할 수 있도록 해야 한다.

3. 통신사와 조선국호

2005년도 후소샤 역사교과서의 통신사, 조선국호 관련 서술 내용은 다음과 같다.

'왜란'식의 표현은 적절하지 못하다는 지적이 주류를 이루고 있다"고 정리하면서, 대안 명칭으로 '壬辰戰亂' 또는 '도요토미 히데요시의 제1·2차 침략전쟁', '도요토미 히데요시의 1·2차 해외침략'을 제시하였다. 일찍이 북한은 '壬辰祖國戰爭'이란 명칭으로 사용(사회과학원 력사연구소, 1977, 『조선통사』 하)하고 있고, '제1차 조일전쟁' '제2차 조일전쟁'[유재성, 1996, 『한국민족전쟁사』 (국방군사연구소)]이란 명칭도 제시된 적이 있다(김문자, 앞의 「전쟁과 평화의 근세 한일관계 - 임진왜란과 통신사」, 10~12쪽).

20) 『毛利家文書』 3 (大日本古文書本) 885·886호.

「조선과 류큐」

조선반도에서는 14세기에 이성계가 고려를 쓰러뜨리고 조선국(이씨
조선)을 건국하였다.(87쪽)

「쇄국하의 대외관계」

막부는 이에야스 때 쓰시마 소씨를 통해 히데요시의 출병으로 단절
되고 있던 조선과의 국교를 회복했다. 양국은 대등한 관계를 맺고 조선
으로부터는 장군이 바뀔 때마다 통신사라 불리는 사절이 에도를 방문하
여 각지에서 환영받았다. 또 조선 부산에는 소씨의 왜관이 설치되어 약
500인의 일본인이 거주하면서 무역과 정보수집에 종사하였다.(106쪽)

2005년판에서 통신사와 왜관에 관련하여 수정된 점은 거의 없다. 여
전히 통신사를 쇼군직 취임시 파견하는 사절로 기술함으로써 일본 우위
입장을 견지하고 있다.[21] 오히려 악화된 서술도 있다. 즉 2001년판에서
"대등한 관계를 유지하고"라는 서술한 부분을 2005년 신청본에서는 "대
등한 관계를 맺고"로 변화시키고 있다. 이는 대등한 관계가 계속 지속된
것이 아님을 은근히 암시하는 대목으로 해석된다. 결코 일본과 조선이
대등하다는 것을 인정하지 않는 역사관이 내재하고 있기 때문에 이처럼

---

21) 통신사와 왜관 부분에 대한 국내학계의 비판은 손승철, 앞의 「일본 역사교
과서 고려·조선시대 기술의 왜곡실태 분석」에 자세하다. 이에 따르면 일본
학계가 통신사를 조공사절로 보는 주된 이유는 일본의 막부 쇼군이 바뀔
때 조선국왕이 국서를 바치기 위해 통신사를 보냈다는 것과 통신사와 비
견되는 일본국왕사가 파견되지 않았다는 점에 있다. 그러나 이는 통신사의
파견과정과 일본의 접대방식, 외교의례를 잘못 이해하고 있기 때문이라고
손승철은 비판한다. 즉 절차상 조선측에 먼저 통신사파견을 요청하여 이에
조선이 응하였고 통신사 접대는 '장군 일대의 성대한 의식'이었으며, 일본
국왕사가 조선에 파견되지 않는 것은 조선측이 상경에 거부한 것이며(조선
전기 70여회 이상 일본국왕사가 상경), 조선국왕의 즉위를 축하하는 대차
왜(大差倭)도 102회나 도항하였다는 것이다. 또 15세기 초 삼포왜관(부산
포, 제포, 염포)이 임진왜란 후 두모포 왜관으로 다시 1678년 초량왜관으
로 변화한 것은 모두 조선이 허가해 준 것인데 이를 '소씨왜관'이라 하여
대마도주의 私的 '왜관'으로 기술함은 잘못이라는 것이다.

서술을 바꾼 것으로 보인다.[22]

후소샤는 2001년에 조선을 중국의 종속국으로 일본을 독립국으로 양국을 대비시키는 서술방식을 취하고 있으며,[23] 2005년도 신청본에서도 "중국의 복속국이었던 조선도", "당의 복속국으로 위치 지워졌던 신라가", "중국 청조에 복속하고 있었던 조선은"(148쪽)이라 기술하였다. 이에 대해 문부성은 "중국, 조선, 일본의 지리적인 위치관계, 조공·책봉관계에 대한 설명이 부족하여 이해하기 어려운 표현이다"라고 지적하였고 이를 수용하여 '복속'을 모두 '조공'으로 바꾸기는 하였지만 조선을 독립국가로 보지 않는 후소샤 집필자의 조선관은 일관되어 있다.

다만 이씨조선이란 용어를 고집하면서도 '조선국(이씨조선)'으로 바꾼 부분은 그나마 시정된 점이라 할 수 있다.[24] 그러나 다른 7종의 교과서가 모두 조선국이라 한 것과 비교되며(양자를 모두 사용하고 있는 니혼분교 제외), 한글사용, 주자학 발전 등에 대해서도 간단히 서술하고 있는데 비해 후소샤는 조선에 대해 전혀 기술하지 않는 등 '무시'와 '무관심'으로 일관하고 있다.

그런데 다른 7종 역사 교과서 대부분도 통신사에 의한 조선으로부터의 문물 전수에 관해서는 거의 언급하지 않고 있고 이를 오로지 양국간의 인적 교류로 등치하여 서술하고 있는 것이 특징이다. 「아메노모리 호슈」를 컬럼으로 다룬 것도 그러하거니와(시미즈),[25] "통신사는 에도시대

---

22) 왜관과 관련된 일본인 숫자도 '약 400~500'에서 '약 500인'으로 바뀌어 보다 많은 일본인이 활약한 것처럼 서술하고 있다.

23) "중국의 복속국이었던 조선"(185쪽) ; "조선과 베트남은 완전히 그 내부에 들어가 중국 역대왕조에 복속하고 있었다"(198쪽) 등.

24) 또 기본 시각이 변한 것은 아니지만 2001년 당시 논란이 되었던 「일본=무가사회, 조선=문관사회」론에서 조선에 관한 기술이 삭제되고 "일본은 에도시대를 통해 국민 교육수준이 높고 무사의 책임의식이 강해 열강의 군사적 위협에 민감히 반응했다"(148쪽)고 일본 부분만 서술하는 것으로 축소된 점도 한국 측의 수정 요구가 일부 수용된 것으로 볼 수 있다.

12회 방일하였다. 통신사와의 교류는 막부이외 엄격히 금지되어 있었지만 사람들은 통신사에 많은 관심을 갖고 교류를 구하였다"(오사카, 99쪽)는 서술이나, "통신사 숙소에는 일본 지식인이 방문하여 교류하였다"(교이쿠, 89쪽), "매회 400~500인의 대사절단으로 오는 조선통신사 중에는 훌륭한 학자·의사도 있고 일본 학자와 문인과 문화교류가 주선되었다"(데이코쿠, 107쪽)고 하는 언급이 그것이다. 한국으로부터의 문물 전수가 아닌 인적 교류 차원으로 보려는 일본측 시각이 잘 나타나고 있다.

또 대부분 교과서가 쇼군이 바뀔 때마다 정기적으로 오는 사절이었다는 측면만을 강조하고 있다. 비록 "막부(幕府)의 요청으로"(시미즈)라고 명확히 밝힌 경우도 있지만, 대부분 교과서가 쇼군이 바뀔 때마다 왔던 사실만 언급하고 있다. 그 이면에는 류큐의 '조공'사절단과 같은 차원에서 통신사를 보려는 시각이 내재해 있는 것으로 보인다. 「조선통신사의 행렬」「에도로 향하는 류큐사절 일행」이란 그림을 상하 나란히 싣고 있는 경우는 그 단적인 예라 할 수 있다.(오사카, 98쪽) 이것은 막대한 통신사접대 비용의 간소화와 조선국왕에 비해 한 단계 칭호가 낮은 쇼군(將軍)=大君 호칭폐지를 통해 한일양국간의 대등 외교를 실현하고자 한 아라이 하쿠세키(新井白石)의 주장을[26] 모든 교과서가 생략하고

---

25) "컬럼(아메노모리 호슈): 조선과 교섭을 한 것은 쓰시마번으로 그 사무를 담당한 자가 아메노모리 호슈였다. 호슈는 오미(近江)사람으로 21살 때 쓰시마번에 초청받았다. 호슈는 '상대방의 말로 대화하지 않으면 친근한 교류는 불가능하다'고 하여 조선에 건너가 말을 배웠고 나가사키에서는 중국어를 배웠다. 조선과의 외교에 있어 먼저 상대방국의 인정과 풍습, 사회 모습을 알고 또 서로 속이지 않고 다투지 않고 진실을 가지고 교제함에 성심을 갖는 것이 중요하다고 주장했다. 호슈는 1775년, 87세로 쓰시마에서 죽었다"(107쪽).

26) 仲尾宏, 2001, 『朝鮮通信使－江戸日本への善隣使節－』(일본방송출판협회) 77~81쪽.

있다는 점에도 잘 드러나 있다. 모든 교과서가 한일 양국간에 이루어진 교류 행위만 강조할 뿐 통신사의 정확한 목적과 성격을 기술하지 않고 있는 것이 가장 큰 문제이다.

한편 한국 중학교 교과서는 "조선은 일본 사신이 서울에 들어오는 것을 금하고, 동래의 왜관에서만 일을 보고 돌아가게 하였다. 이에 비해, 조선 통신사는 일본의 에도(도쿄)까지 가서 막부의 쇼군을 만나는 등 활발한 외교 활동을 벌였다"(150쪽)고 하여, 막부 쇼군이 바뀔 때마다 파견하였다는 사실은 기술하지 않고 있으며 통신사의 대일 활동만을 강조하고 있다. 그러나 정작 그 활동의 구체적인 내용에 관해서는 "조선 통신사는 일본의 요청을 받고 일본에 건너가 극진한 대우를 받았으며, 일본의 문화 발전에 공헌하였다. 조선 통신사가 다녀간 후에는 일본 내에 조선의 문화와 풍속이 퍼질 정도였다"(150쪽)고 간단히 서술하는데 그치고 있다. 통신사가 구체적으로 어떻게 일본 문화 발전에 공헌하였는지, 조선의 문화와 풍속이 어떻게 널리 퍼지게 되었는지 이에 대한 설명이 매우 부족한 실정이다. 그 구체적인 사례를 삽화나 그림 자료로 제시해 주면 학생들이 보다 생생하게 이해할 수 있을 것이다.[27]

이 점은 '임진왜란'과 관련하여 "조선으로부터 여러 가지 문화재와 선진 문물이 일본에 전해져, 일본의 문화 발전에 기여하였다"(150쪽)고만 서술되어 있는 점도 마찬가지이다. 이 역시 단순히 선진문물을 전해 주었다고 서술하는 것이 아니라 이와 관련된 좀 더 구체적인 사례를 제시할 필요가 있다.[28] 이런 과정을 통해 학생이 스스로 생각할 수 있을

---

27) 데이코쿠서원의 역사 교과서의 경우, 지도 : 조선통신사의 길, 그림 : 통신사에게 글을 청하는 죠닌, 사진: (통신사 접대)요리 복원, 통신사 모습을 한 시타가와라(아오모리현) 인형, 그림(에도마쓰리에서 행해진 조선통신사 가장행렬), 사진: 가라코 춤(오카야마현) 등 각종 자료를 제시하고 있다.
28) 가령 주 15)에서 언급한 아리타 도자기의 경우와 같이 조선의 도자기 기술이 일본에 전파되고 나아가 서양에까지 전해지는 과정을 서술한다면 자연스럽게 조선과 세계 각국과의 관계도 서술할 수 있을 것이다. 또 17세기

때 막연한 자민족 우월감에서 벗어나 도자기, 인쇄술 등 당시 조선 문화
의 우수성을 객관적으로 인식할 수 있게 될 것이다.

III. 역사서술과 인식의 특질

1. 서양 중심주의

후소샤 역사교과서가 아시아지역(특히 조선)을 낮게 평가하고 그 문
화나 문물에 대해 별다른 기술이 없거나 간략히 언급하는데 그치는 이
유는 어디에 있는가. 무엇보다 서양문명을 중시하고 서양인들의 활동을
긍정하는 서양 중심주의 입장에 주된 이유가 있다.

이런 관점에서 볼 때 우선 눈에 띠는 것이 '진출'이란 용어이다. 후쇼
샤는 「제3장 근세의 일본」의 「제1절 전국시대에서 천하통일로」아래 「27.
유럽인의 세계진출」이란 제목을 달았다. 「대항해시대의 배경」과 「포르투
갈과 스페인에 의한 지구분할계획」이란 항목으로 이루어진 「27.유럽인
의 세계진출」은 놀라울 정도로 유럽인의 활동을 긍정적인 측면만 서술
하고 있다.

> 「대항해시대의 배경」
> 서유럽인은 15세기경 이베리아반도에서 국토를 통일한 포르투갈과
> 스페인의 양국이 아시아로 진출하기 시작했다. 양국에는 두 가지 목적이

초 일본의 은 수출액은 연간 20만kg으로 당시 세계 은 생산량의 1/3에 달
하고 있었다고 하는데 이와 같은 대량 생산이 가능해진 것은 조선에서 전
래된 새로운 은 생산기술인 灰吹法 때문이었다(무라이 쇼스케, 이영 옮김,
1998,『중세 왜인의 세계』, 소화, 184～185쪽). 이런 점을 부각시키는 서술
방식을 취한다면 한국 국사교과서가 지나치게 민족 중심, 자국사 중심 서
술이라는 비판도 어느 정도 극복할 수 있을 것이다.

있었다. 하나는 가톨릭교국으로 아시아에 그리스도교를 포교하는 것이었다. 다른 하나는 유럽에서 고기의 保存料로 필수품이었던 후추 등 향신료를 특산지인 동남아시아로 가서 직접 손에 넣는 것이었다. ….(90쪽)

「포르투갈과 스페인에 의한 지구분할계획」
… 16세기에 이르면 東半球에서도 양국간 영토분할선이 정해졌다. 당시 유럽인은 마치 만두를 둘로 나눈 것처럼 지구를 분할하고 그것을 자신들이 진출할 영토로 간주하였다.(91쪽)

그런 왜 후소샤가 서양인의 지리상의 발견과 세계 진출을 특히 강조하고 있는가. 다음을 항목을 읽으면 그 의문이 풀린다.

28. 유럽인의 내항
「총의 전래와 그리스도교의 포교」
1543년(天文 12)년, 샴(현재 타이)에서 포르투갈인을 태운 중국선이 폭풍우를 만나 표류하다 다네가시마(가모시마현)에 도착하였다. 그들이 일본에 온 최초의 유럽인이었다. 이때 총이 일본에 전해졌다. 전란의 시대였기 때문에 총은 신병기로서 주목받아 순식간에 전국에 퍼졌다. 얼마 후 사카이(오사카부) 등 각지에서 칼을 만드는 대장간(刀鍛冶)에서 총 생산이 시작하여 마침내 일본은 세계최고의 총 생산국이 되었다. 총 생산은 그때까지의 전투방법을 크게 바꾸어 전국통일을 촉진하는 효과를 가져왔다. …(92쪽)

「남만무역과 그리스도교 다이묘(大名)」
… 1582(天正 10)년 3명의 그리스도교 다이묘가 4명의 소년을 로마 교황에게 사절로 보냈다(天正遣歐使節). 소년들은 3년에 걸쳐 로마에 도착하여 대환영을 받았고 유럽에서 일본에 대한 관심이 높아졌다. 이 시기부터 일본인의 동남아시아 진출도 본격화하였다(92쪽)

33. 에도막부의 대외정책
「朱印船과 니혼마치(日本町)」
… 해외에 나간 일본인 가운데는 동남아시아 각지에 정착하여 사는 사람도 생겨나 일본인이 거주하는 니혼마치가 생겼다. 각지의 니혼마치의 인구는 합쳐서 1만인에 이르렀다. 해외로 이주한 일본인 가운데는 야

마다 나가마사와 같이 샴(현재의 타이) 국왕으로부터 최고의 관직을 받은 자도 있었다.(104쪽)

서양세력의 팽창은 동아시아에 문물전래로 이어졌다. 총을 중심으로 한 서양문물을 일본이 일찍 받아들인 사실을 강조하고 그럼으로써 자연스럽게 동남아시아까지 '진출'과 연계하여 서술하고 있다. 「조선으로의 출병」(96쪽)은 이러한 논리 구조 속에 위치한다.[29] 해외침략을 긍정할 수밖에 없는 역사인식이다.

서양사 전개를 염두에 두고 그 유사성 강조하거나,[30] 서양의 기술·

---

29) 후소샤는 「도요토미 히데요시와 펠리페 2세」라는 '인물컬럼' 항목을 두고 있다. 여기에는 "바로 히데요시가 천하통일을 달성하였을 무렵, 스페인에서는 국왕 펠리페2세가 이슬람 세력을 물리치고 절정기를 맞이하였다. 아시아에 파견되었던 스페인 선교사들은 펠리페 2세에게 서한을 보내 중국을 무력으로 정복할 것과 일본이 이용할 가치가 있음을 설득하였다. 그러나 우연히도 히데요시와 마찬가지로 1598년에 세상을 떠났기 때문에 정복계획은 실현되지 않았다"(96쪽)라고 비교하고 있다. 전혀 비교의 대상이라 할 수 없는 양자를 굳이 비교하는 컬럼을 실은 이유도 여기에 있다.

30) 제2장 중세의 일본/제2절 무가정치의 동정/24.중세의 도시와 농촌의 변화/「도시와 농촌의 자치」항목. 산업과 교통의 발달에 따라 각지에 상인과 직인이 모여 사는 도시가 만들어졌다. 일명무역의 거점으로 번영한 항구 도시(港町) 사카이(堺: 大阪府)나 하카다(博多, 福岡縣)에서는 부를 비축한 유력한 상인의 합의에 의해 마치(町)의 정치가 행해져 자치도시로서의 성격을 갖추었다. 교토에서는 유복한 상공업자인 마치슈(町衆)가 지역마다 자치의 조직을 만들고 있었다(81쪽). 서양사의 자치도시 이미지를 이 시기 일본에 부여하고 있다. 서양사에 보이는 자치도시와 유사한 형태가 일본 전국시대에도 있었다는 주장이 1950~70년대에 제기된 적이 있다. 그러나 이 경우도 서양 자치도시와 유사하다는 주장한 연구자는 高尾一彦 등 극히 일부에 불과하였다(同, 1963, 「京都·堺·博多」『岩波講座日本歷史』9·근세1). 대다수 연구자들은 중세도시의 자유·자치가 일부 특권 상인에 국한되며 봉건영주의 권한을 분할 위임받은 것에 불과한 것으로 파악[豊田武, 1983, 『日本の封建都市』同著作集4, (吉川弘文館) ; 脇田晴子, 1981, 『日本中世都市論』(東京大學出版會)]하거나 도시문벌 죠닌의 봉건적, 반동적 성격을

문물전래를 보다 강조하는 것도 이 때문이다. 전술한 바와 같이 도자기, 목면, 인쇄술, 주자학 등 역시 일본 근세사회 발전에 핵심적인 역할을 하였던 조선에서 전래된 기술·문물에 관해서는 상대적으로 인색하고 간략히 언급하는데 그치고 있다. 반면 서양에서 전래된 문물과 관련해서는 별도의 세부항목을 두어 자세히 언급하고 있다.

「남만문화」
　　일본과 서양의 교류가 시작되고 남만무역이나 선교사들의 포교 활동이 활발히 되자, 천문학과 의학, 항해술 등의 학문, 기술이 전해졌다. 서양의 활판 인쇄술도 전해져서 그리스도교 관계서적의 인쇄에 사용되었으나 일본어에 맞지 않아 정착되지 못하였다. 또 서양화의 기술을 사용한 남만 병풍이 그려졌고 그 외에도 남만풍의 의복을 입는 사람도 나타났다. 빵, 화투, 담배도 있었다. 현재에도 친근한 물건이나 말이 일본에 들어온 것도 이 무렵이다. 이처럼 서양에서 새롭게 전해진 문화를 남만문화라고 부른다. 남만문화는 이 시대의 문화에 커다란 영향을 주었다.(99쪽)

서양의 활동을 강조하는 것은 다소 차이가 있지만 다른 7종의 역사교과서에서도 공통적으로 나타나는 현상이다. 대부분 후소샤와 같이 '진

지적하면서 도시공동체운영의 한계를 지적하는 입장[原田伴彦, 1985, 『都市社會史研究』 同論集3 (思文閣出版)]이었다. 아예 서양류의 자치를 기준으로 일본 자치도시를 해명하는 연구들을 비판하고 원시 이래 일본 고유한 원리로 이를 해명하는 견해[網野善彦, 1987, 『增補 無緣·公界·樂』 (平凡社)]도 제기되었다. 그리하여 최근에는 더 이상 서양식 자치도시론이 주장되지 않고 있다. 오히려 사카이와 교토의 도시공동체가 '公儀'를 내세운 미요시씨(三好氏)정권과 오다(織田) 정권의 지배를 받고 있음을 규명하고 있다[仁木宏, 1997, 『空間·公·共同體 - 中世都市から近世都市へ』 (靑木書店)]. 따라서 이 시기 도시를 서양류 자치도시에 비정하는 주장은 더 이상 성립하지 않는다고 해도 과언이 아니다. 그럼에도 후소샤가 굳이 자치도시를 계속 강조하는 이유는 서양 문명 발달과 관련하여 이를 일본사회의 발전과 어떻게 하든 연결시키고자 하는 서양 중심 사고 때문이다.

출'이란 용어를 사용하고 있다(교이쿠, 니혼문교 제외). '진출'이란 용어를 아예 본문 제목으로 내세운 경우(오사카, 니혼)와 별도로 둔 경우(도쿄, 데이코쿠, 시미즈)로 나누어져 강조의 강도에는 차이점은 있지만, "유럽인은 아시아와 아메리카 대륙을 향하는 항로를 개척하고 이들 지역에 적극적으로 진출하였다. 이윽고 세계는 유럽이 아시아와 아메리카대륙을 지배하여 복속시키는 형태로 하나로 연결하였던 것"(데이코쿠, 90쪽)이란 입장은 일관되어 있다. 물론 서양세력의 '진출'에 따른 문제점을 기술하여 서술의 균형을 잡고자 한 교과서(도쿄, 오사카)도 있지만,31) 서양세력의 확대를 긍정하고 중시하는 입장에는 변함이 없다.

전술한 바대로 최근 한국 역사교육학계는 서양 중심 세계사를 극복하고 다원적인 지역사를 구축하려는 지향이 보이고 있다. 일본 중학교 교과서도 역시 다원적 세계사 구성과는 거리가 멀다는 것을 알 수 있다. 다만 15, 16세기의 세계사의 동향을 자국사와 연계하여 서술하는 방식 자체는 자국사만으로 서술 대상을 한정하고 있는 한국 중학교 국사 교과서와 크게 다른 점이다.

한국의 경우 15, 16세기의 세계정세를 전혀 언급하지 않고 있다. 누르하치를 중심으로 한 동북아시아의 변화만을 서술하고 있을 따름이다. 그러나 시야를 동북아시아로 국한시킬 것이 아니라 좀 더 세계로 확대

---

31) 「그림 : 상륙하는 콜럼부스와 콜럼부스가 승선한 산타 마리아호(복원모형)」 "콜럼부스 일행은 성장(盛裝)하고 뒤쪽에 그리스도교를 상징하는 십자가를 세우고 있다. 한편 주민은 나체로 기뻐하며 보물을 내고 있는 것으로 그려져 선주민에 대한 유럽인의 편견을 볼 수 있다"(도쿄, 81쪽)라거나, "15세기부터 16세기에 걸쳐서 포르투갈과 스페인 등 유럽인은 해로로 세계에 진출하였다. 세계가 하나로 연결하는 것으로 일본에 총과 그리스도교가 전래되는 등 다양한 상품과 작물 등이 세계로 확대되었다. 한편 그 생산에 선주민이 노예처럼 사용되는 것과 병(病)이 세계로 확대되는 것도 야기되었다"(오사카, 80쪽)고 문제점을 지적한 점은 후소샤와 구별된다.

시킬 필요가 있다.[32] 현행 중학교 국사 교과서 서술에 있어 가장 큰 문제점의 하나가 이러한 '세계사'와 '국사'의 영역간 단절문제라 해도 과언이 아니다. 이와 관련하여 양자의 통합서술을 주장하는 견해가 있다.[33] 경청할 만한 견해라고 생각되며 한국 민족의 전통문화를 보다 정확히 이해하기 위해서도 좀 더 당시 세계사의 흐름을 전제로 두고 서술할 필요가 있다.

2. 일본 우월주의

서양 진출을 긍정적으로 보고 이들과의 접촉을 강조하는 후소샤는 나아가 이를 동아시아 지역에서의 일본의 독자성·우월성과 연결시키고 있다.[34]

「三都의 번영」
쇼군의 소재지가 된 에도는 「쇼군의 슬하」라 불려져 상인이나 직인

---

32) 박연이나 하멜 등 서양과의 '연결고리'는 있다. 자국사 이해를 보다 심화·확대하기 위해서도 해당 시기 세계 다른 나라 사람들의 움직임과 동향을 좀 더 상세히 서술할 필요가 있다. 한국 전통문화의 우수성은 오히려 상호 비교 과정을 통해 학생들에게 이해시킬 수 있다. 물론 이 과정에서 반드시 현행 국사 교과서와 같이 자국문화의 우수성만을 고집할 필요는 없다. 때로는 상호 비교를 통해 한국 문화를 객관화시킬 필요성도 있다.

33) 양정현, 1997, 「사회과 통합논의와 역사교육」『역사교육』61 ; 조지형, 앞의 「새로운 세계사와 지구사」, 337~334쪽 참조.

34) "미를 느끼는 풍부한 마음을 지닌 일본인은 종이나 비단에 그려진 아름다운 두루마리그림(繪卷物)이나 족자를 소중히 보관하여, 칠이나 점토, 나무로 만들어진 부서지기 쉬운 조각을 오랜 기간 잘 지켜왔다. 현재에 전해지는 훌륭한 문화유산은 옛날 사람들로부터 물려받은 둘도 없이 소중한 보물이다. 우리들은 일본의 미를 사랑하는 마음을 갖고 이들을 다음 세대에 전하지 않으면 안 된다"로 교과서 처음을 시작한 후소샤는 일본 문화의 우월성을 시종일관 주장하고 있다.

들도 많이 모여들어 18세기 초에는 인구 100만을 넘는 당시 세계 최대의 도시가 되었다.(각주)

　　각주) 17세기말 파리의 인구는 56만인, 18세기 중엽 런던은 약 60만이었다. (111쪽)

　　「읽기컬럼」

　　우선 이 두 장의 그림을 비교해 보자. 왼쪽은 에도시대의 우키요에(浮世繪), 오른쪽은 19세기 네덜란드 화가 고흐의 작품이다. 고흐가 왼쪽의 작품을 그대로 모사하고 있음을 알 수 있다. 일본의 우키요에(浮世繪)는 1860년대부터 많이 유럽으로 건너가 신선한 화풍으로 예술가들에게 커다란 영향을 주었다. 그들은 우키요에의 어떠한 점에 끌렸으며, 자신들의 작품에 그것을 되살렸던 것일까(124쪽).

　　물론 자국사와 자국문화의 우월성 강조는 정도의 차이가 있겠지만 세계 모든 나라의 공통적인 현상이다. 따라서 후소샤가 자국역사의 우월성을 강조하였다고 해서 그것만으로 문제를 삼을 수는 없다. 문제로 삼아야 될 점은 이를 통해 타국의 역사(특히 조선)전개를 '비하'하고 그 반사적 효과로 자국 문화의 우월성만을 강조함으로써 결과적으로 자국사도 객관적이고 균형적으로 볼 수 없게 만드는 점이다.[35]

　　그런데 주목할 점은 이러한 일본 우월성 이면에 그것을 가져다 준 무사·무사시대에 대한 칭송과 찬미가 깔려 있다는 사실이다. 아예 「35. 평화로 안정된 에도시대 사회」란 제목을 전면에 내세워 무사를 지배층

---

[35] 「몽골제국」항목에는 "13세기 초 몽골고원에 칭기스칸이 몽골제국을 세웠다. 몽골제국은 무적의 기마군단을 각지에 침공시켜 순식간에 서아시아부터 중국·조선까지 유라시아대륙의 동서에 걸친 광대한 영토를 구축하였다"(70쪽)고 되어있다. "유라시아대륙의 동서에 걸친 대제국을 구축"(도쿄, 58쪽), "유라시아대륙전역에 걸친 대제국"(교이쿠, 46쪽)라는 서술과 달리 중국·조선을 넣은 것이 주목된다. 후소샤가 다른 교과서와 달리 삼별초 등 고려항쟁을 언급하지 않는 것도 이 때문이다. 결국 "조선은 몽골영토에 포함되지 않고 부정확한 표현이다"는 문부성의 수정지시를 받아 조선은 삭제하였지만 '일본 독립'과 그렇지 않은 조선사회를 대비 시키려는 후소샤의 의도가 엿보인다.

으로 둔 에도시대를 긍정하고 있으며, 무사와 무사문화에 대한 긍정적인 서술은 교과서 곳곳에 드러나 있다.

> 「학문의 발달」
> 전쟁이 없는 평화로운 사회였던 이 시대에는 무사나 서민 사이에 학문이 발달하였다. 무가 사회에서 유학은 시대 안정에 도움이 된다고 장려되었으며 학문의 중심이 되었다. 도쿠가와 이에야스는 일본 주자학을 확립시킨 하야시 라잔(林羅山)을 중용하였다. 한편 나카에 도슈(中江藤樹)는 실천을 중시하는 양명학을 시작했다.
> 자연과학 분야에서도 일본의 독자 발달이 나타났다.미야자키 야스사다는『농업전서』를 기술하여 농학을 집대성하였고 세키 다카카즈(關孝和)는 방정식의 해법이나 원주율을 독자적으로 발견하여 와산(和算)이라고 불리우는 일본식 수학을 확립하였다. 이와 같이 일본의 과학·기술은 서양제국에 비하여도 열등하지 않은 수준에 달하였다(113쪽).

후소샤가 이와 같이 무사를 긍정하고 칭송하는 이유는 어디에 있는가. 다음 구절에서 그들의 목적을 읽을 수 있다.

> 「원구」
> 쿠빌라이는 동아시아로 지배를 확대하고 독립을 지키고 있던 일본도 정복하려고 획책하였다. 쿠빌라이는 우선 일본에 수 차례 사자를 보내 복속하라고 요구하였다. 그러나 조정과 가마쿠라 막부는 일치하여 이것을 거부하였다. … 그러나 가마쿠라 무사들은 이것을 국난으로 받아들였기 때문에 잘 싸웠다. 또 2회 모두 원군은 후에「가미카제(神風)」으로 불리는 폭풍우에 습격 받아 패퇴했다. 이렇게 하여 일본은 독립을 보전할 수 있었다. 이 2회에 걸친 원군의 침공을 원구라 한다(70쪽).

고려와 몽골의 연합군이란 사실을 아예 언급하지 않고 일본과 원의 양자 대결로 보고 있는 점과 무사들의 활약상을 일본 독립과 연계하여 파악하고 있는 점이 주목된다. 철저한 한국사회에 대한 무시를 바탕으로 한 대외관을 갖고 있으며 내부적으로는 무사의 찬미를 통해 국가주의와 연결시키려는 의도가 깔려있다. "백인에 의한 서양의 압박에 대한 일본의 대항이라는 내셔널리즘의 관점을 기본적인 틀로 하고 있"36)는 후소샤가 전근대에서는 몽골(원)을 그 위치에 두었다. 무사는 일본 및 일본의 구성원을 지키는 핵심주체로 그려지고 있다.

이 점은 '읽을거리 컬럼'으로 설정한 「무사도와 충의의 관념」(아코사건/주군에로의 충의란 무엇인가/공공의 이익을 위해 일함, 114쪽)과 「니노미야 손토쿠와 근면의 정신」(근면은 에도시대부터/니노미야 손토쿠, 115쪽)에도 잘 드러나 있는데, 특히 「무사도와 충의의 관념」의 소항목에 무엇보다 잘 기술되어 있다.

> 「공공의 이익을 위해 행동함」
> 이처럼 충의란 주군을 단지 오로지 따르는 것이 아니라 주군에 대한 충성을 넘어서서 번이나 가문의 존속을 위해 최선을 다하는 것이다.
> 막말에 일본이 외국의 압력을 받았던 때에 무사들이 번의 틀을 넘어서 일본의 존속을 위해 일어섰던 것은 무사도 중에 공공의 이익을 위하여 행동하는 것에 가치를 둔 충의의 관념이 있었다는 것과 깊은 관련이 있다(114쪽).

밑줄 친 부분은 문부성으로부터 "무사도와 공공의 이익과의 관계에 대해 이해하기 어려운 표현이다"라는 지적을 받고 대폭적인 수정을 가하였으나, 오히려 "후에 막말에 이르러 일본이 외국의 압력에 직면하였을 때 무사가 갖고 있던 충의의 관념은 번의 틀을 넘어 일본을 지키려고 하는 책임의식과 공통되는 측면도 있었다. 이처럼 공을 위해 일한다는 관념은 새로운 시대를 준비하였다고도 말할 수 있다"고 '새로운 시대 준비'라는 새로운 구절이 첨가되었다. 무사의 역할을 강조하면서 근대 일본의 위기극복(독립)과 연결짓는 발상이야말로 군국주의 대두에 의해 많

---

36) 이오키베 마코토(五百旗眞), 「국가주의사관에 치우친『새역사교과서』의 위험성」 앞의 『일본역사교과서, 무엇이 문제인가』, 131쪽.

은 피해를 경험한 일본국민과 이웃 국가가 우려하는 부분이다.[37]

식민지를 경험한 국가들은 '민족'에 대한 애착이 강하다. 서구와 같은 외국 지배에 대항하는 일차적인 방어 메커니즘이 '민족'이었기 때문이다. 한국 사회가 역사적으로 확인하기 어려운 혈통을 기준으로 '단일민족'인 '한민족'의 역사적 전개과정을 '국사'로 정의하고 민족의 업적과 함께 외세에 맞서 온 '저항민족주의'를 강조해 왔다는 지적은 타당하다.[38] '자기'를 상실한 경험이 있었던 우리가 자기 정체성을 찾기 위해 1945년 이후 우리 글과 역사를 강조한 것은 어찌 보면 당연한 귀결이자 선택이었다. 그러나 과연 이러한 입장이 21세기를 맞는 현시점에도 지속될 수 있는가. 이미 무수히 많은 비판들이 제기되고 있다.[39] 변화하지

---

37) "구미열강제국의 힘이 동아시아를 삼키려고 한 근대에 있어서 일본은 자국의 전통을 살려 서구문명과 조화할 수 있는 길을 찾아내어 근대국가의 건설과 독립의 유지에 노력하였다. 그러나 그것은 여러 외국과의 긴장과 마찰을 수반하는 험난한 역사이기도 하였다. 우리 선조들의 이러한 꾸준한 노력의 위에 세계에서 가장 안전하고 풍요로운 오늘날의 일본이 있다"(후소샤, 「역사를 배운다는 것은」, 6쪽)에 이러한 의식이 잘 드러나 있다.

38) 윤세철, 1999, 「자국사, 그 당위와 실제」『역사교육』69 ; 이영효, 앞의 「세계사교육에서의 '타자 읽기' - 서구중심주의와 자민족중심주의를 넘어서 - 」, 48쪽.

39) 정선영은 2000년 12월 역사교육학회 주최로 열린 한중일 국제학술대회('21세기 역사교육의 전망')에서 거론된 요지를 정리하면서 "현재의 역사교육이 지나치게 교사중심, 암기중심으로 되어 있다는 것과 역사 교과서의 내용이나 서술이 지나치게 딱딱하고 재미가 없으며 자국중심으로 되어 있다"고 하였다. 그리고 "향후 역사교육의 방향으로는, 새로운 시대에 맞는 역사교과서의 개편, 역사교과서 서술에서 민족의 정체성보다 타민족과의 관계를 우선하는 미래 지향적 태도, 교사보다 학습자가 중심이 되는 역사교육, 탐구능력의 배양, 아동의 인지양식 존중, 역사적 관점과 사고방식의 개선, 역사교육에서 컴퓨터의 활용 등이 거론되었다"고 지적하였다[정선영, 2001, 「21세기로의 전환과 역사교육의 방향」『역사교육의 방향과 국사교육』(솔출판사) 40쪽]. 향후 역사교육이 나아가야 할 방향성을 정확히 지적하고 있다. 다만 '민족의 정체성'보다 '타민족과의 관계를 우선하는 미

않으면 안 된다는 것은 시대적 당위이다. 요컨대 '다원주의'가 되었던 '열린 민족주의'가 되었던 어쨌든 '세계'와의 관련성을 보다 높여 나갈 수밖에 없다. 이런 점에서 볼 때 지나칠 정도로 '자기'(민족)사랑에 빠져 있는 현행 한국 국사교과서의 서술은 수정되어야 한다. 이제는 좀 더 '남'(세계)을 배려하고 타자와의 연관성에 주목해야 할 것이다.

물론 침략의 주체로 등장하여 이웃 나라에 다대한 피해를 준 적이 있는 일본의 '민족'과 한국의 '방어적'성격의 '민족'을 동일선상에서 논할 수는 결코 없다. 그러나 자국사 우월성과 독자성을 강조하는 후소샤 역사교과서를 우리가 줄곧 비판하는 이유만은 곰곰이 되새겨 볼 필요가 있다. 지나친 우월감은 다른 문화를 '무시'하거나 '비하'하며 결국은 나아가 자국의 문화도 객관화할 수 없게 만들기 때문이다.

IV. 결 어

1982년 일본 역사 교과서 파동이래 한국학계에서 끊임없이 일본 교과서의 문제점을 지적하여 왔다. 비록 근본적으로 수정되지 않은 부분도 많지만 그 덕분에(?) 일본 교과서가 수정·보완된 점이 있다. 그러나 2001년에 이어 2005년에도 여전히 일본 중학교 교과서 왜곡문제는 어김없이 불거져 나왔다. 따라서 이제 한국 학계가 언제까지 일본 교과서 문제에 매달려야 하는가 하는 점을 냉정하게 돌이켜 볼 시점에 처해 있다. 과연 이 시점에서 우리가 해야 할 일은 과연 무엇인가.

1982년 '역사 교과서 파동'과 달라진 2001년 '후소샤 논쟁'의 가장 큰 특징은 "한국 국사교과서는 어떻게 서술해야 하는가"하는 질문을 우

래 지향적 태도'를 상호 대립적 개념으로 보아야 하는지 에는 의문이 든 다. '타민족과의 관계를 염두에 둔 미래 지향적 태도'로 한정한다면 '민족 정체성'과 더불어 얼마든지 양자가 병존할 수 있다.

리 스스로 제기한 점에 있다고 필자는 본다.[40] 우리 사회에 보다 중요한
것은 일본 교과서가 아니라 우리는 과연 어떠한 역사교육을 할 것인가,
어떠한 역사교과서를 만들어야 하는가 하는 관점으로의 전환이다. 그러
나 이러한 담론은 일부 학자들 사이에서의 논의로 끝났고 한국의 역사
교과서 서술은 여전히 개선되지 않았다. 이런 입장에서 볼 때 2005년 한
국사회가 지향해야 할 점은 명확하다. 한국 역사 교과서를 분석하고 보
다 나은 역사 교과서를 만드는데 힘써야 한다. 우리 역사 교과서를 어떻
게 서술하여 우리 아이들을 어떻게 교육시키고 길러 낼 것인가 하는 문
제가 일본 역사 교과서 보다 중요한 과제이기 때문이다.

비록 이에 대한 전면적인 검토라 할 수는 없지만, 왜구, 임진왜란,
통신사 등을 중심으로 본 한국 중학교 국사교과서 중·근세사 분야의 경
우, 서술이 주로 정치사와 대외항쟁사에 집중되어 상대적으로 일본교과
서에 비해 내용이 다양하지 않은 것을 문제점으로 들 수 있다. 그림, 자
료, 사진 등 참고자료도 매우 부족하다. 탐구활동의 항목도 소략하며 이
를 조금 더 구체화할 필요가 있다. 전반적으로 외적의 침입과 이에 대한
항쟁극복만이 중시되고 있을 따름이다. 이러한 정치사와 대외항쟁사, 민
중사 일변도의 관점을 벗어나 사회사·일상사에 좀 더 비중을 둘 필요가
있다.

또 현행 한국 국사 교과서는 지나치게 자국사 위주이다. '국사'와
'세계사'의 벽이 너무 높다. 자국사 뿐만 아니라 세계 역사의 동향과 연
관지어 좀 더 포괄적으로 서술할 필요가 있다. '국사'와 '세계사'의 벽을
일시에 한꺼번에 허물 수는 없겠지만 양자를 통합적으로 서술하는 방식
을 적극적으로 모색해야 한다. 오히려 이러한 서술방식이야말로 자국사

---

40) 「21세기 국사교육의 새로운 모색」의 제목으로 2000, 『역사교육』 76에 실
린 공동연구 ; 2001, 『역사비평』 56, 가을호에 「한국역사학·역사교육의 쟁
점 – 민족중심의 역사냐 포스트모던 역사냐」 주제로 행해진 집중토론 등이
대표적인 사례이다.

의 내용을 풍부히 하는데 도움을 줄 것이다.[41] 눈을 '밖'이 아니라 '안'
으로 돌릴 때이다.

---

41) 한국 중학교 국사교과서와 일본 교과서 몽골관계 서술부분 참조. 일본 교
    과서는 대부분 쿠빌라이 그림과 몽골세계제국 지도를 실고 있다. 반대로
    한국 교과서는 이에 대한 것은 전혀 언급하지 않고 강화도와 항쟁유적 중
    심으로 그림 자료를 구성하고 있다. 그러나 이러한 내부 항쟁뿐만 아니라
    세계 흐름 속에서 몽고항쟁을 위치지울 필요도 있다. 이러한 서술구성의
    문제점은 전술한 바와 같이 통신사와 '임진왜란'관련 부분에서도 보인다.

한국근대사 서술과 역사인식

한 철 호*

Ⅰ. 머리말

지금 한·중·일 동아시아 3국은 역사상 유례를 찾아보기 힘들 정도로 총성없는 '역사 전쟁'을 벌이고 있는 중이다. 2001년 일본중학교 검인정 －특히 扶桑社 간행－ 역사교과서의 왜곡문제를 둘러싸고 한·일 양국간에 격렬한 논쟁이 전개된 데 이어 고구려·발해 역사를 자국에 편입시키려는 중국의 '동북공정' 추진으로 한·중 양국간에 공방전이 치열하게 펼쳐졌으며, 2005년 재검정을 통과한 후소샤 등 일본중학교 검정교과서 합격본의 내용과 역사인식을 둘러싸고 3국간의 역사전쟁이 더욱 격렬하게 재연되고 있다. 특히 일본중학교 검인정 교과서는 미래 역사의 주인공인 학생들에게 자칫 그릇된 역사상을 심어줄 수 있다는 점에서 문제의 심각성은 더욱 예사롭지 않다.

2001년 후소샤 교과서 '파동'은 동아시아 3국에서 올바른 역사인식을 재정립하고, 역사교육의 중요성을 다시금 깨닫게 하는 계기를 마련해 주기도 하였다. 그 결과 후소샤 교과서의 채택율이 예상외로 저조했을 뿐 아니라 다각적으로 평화와 공존을 모색하려는 분위기도 무르익는 등

---

* 동국대학교 역사교육과 교수

적지 않은 성과를 거두었다. 아울러 학계에서도 편협한 민족주의 혹은 일국사적 관점에서 탈피하자는 주장이 설득력있게 받아들여졌으며, 주변국가와의 유기적인 관련 속에 역사를 탐구하려는 '동아시아사'적 관점도 널리 확산되고 있다. 그러나 4년 만에 재검정을 통과한 후소샤 등 일본중학교 검정교과서 합격본의 서술내용과 역사인식이 종전보다 개선되기는커녕 개악되었다는 평가가 내려지면서 3국간에는 상호 불신과 대립이 더욱 팽배해지게 되었다.

더욱이 후소샤 교과서의 합격본은 기존본에 비해 사실의 역사적 중요성과 서술의 비중 혹은 분량이 균형을 이룸으로써 체제가 많이 다듬어졌으며, 조판과 지면의 구성도 교과서답게 매우 세련되어졌다. 그러나 자학사관에서 탈피하자는 후소샤 교과서의 역사인식은 더욱 정교하고 치밀해졌으며, 일본의 우경화 경향이 확산되는 분위기를 반영하듯 후소샤 교과서의 논조가 다른 검정교과서에도 적지 않게 영향을 끼치고 있다. 따라서 동아시아 3국의 현재를 올바로 이해하고 미래의 바람직한 관계를 모색·정립하기 위해서는 역사교육의 지침서인 중등학교 교과서를 정확하게 집필해야 할 필요성이 그 어느 때보다 절실하다.

지금까지 일본의 중등학교 역사교과서에 대해서는 이루 헤아릴 수 없을 정도로 많은 연구성과가 축적되어 왔다. 그 결과 일본의 역사 왜곡 배경과 의도에서부터 서술내용의 검토와 비판, 그리고 역사의식을 재정립하기 위한 방안과 전망에 이르기까지 실로 다양하고도 심도있는 논저들이 발표되었다.[1] 그럼에도 각 시대별 혹은 각 주제별 논쟁점에 관해

---

1) 기존의 연구성과 중 본고와 관련된 일부분만 간단히 열거하면 다음과 같다. 柳永烈, 2000,「日本 歷史敎科書(근대편)의 韓國認識 – 정한론에서 한국병합까지 – 」『한국민족운동사연구』24[한국민족운동사학회 編, 2000,『구한말의 민족운동』(국학자료원) ; 2000,『韓日關係의 未來指向的 認識』(국학자료원) 소수] ; 田中曉龍, 2000,「일본의 역사교육 사례 – 19세기 후반 일본인의 아시아관」; 岡田敏樹, 2000,「일본역사교과서의 근대한일관계사 기술」『역사교과서 속의 한국과 일본』(혜안) ; 한국역사교과서연구회 편,

좀더 치밀한 분석과 대안 제시가 충분하게 이뤄지지 않은 부분도 여전히 남아 있다. 특히 근대 시기는 다른 시기보다도 한·중·일 삼국의 이해관계가 복잡하게 얽혀 있는 만큼 역사적 사실 자체는 물론 역사적 관점이 매우 상이하고 다양하다.

따라서 본고에서는 일본중학교 검정교과서 중 가장 논란을 불러일으켰던 2005년도 후소샤의 검인정 합격본 『새로운 역사교과서』의 한국근대사 서술과 그에 나타난 역사인식을 고찰하는 데 역점을 두고자 한다. 이를 위해 한국근대사 서술과정에서 관철된 후소샤 교과서의 역사인식을 한반도 '팔뚝'(위협)설 조장, 일본의 한국독립 보존 및 근대화 후원 강조, 한국침략 은폐 및 전쟁 미화로 분류한 다음, 이에 해당하는 주제의 핵심 내용을 치밀하게 분석하고자 한다. 아울러 후소샤 이외에 검정을 통과한 검정교과서 7종의 특징도 고찰해볼 것이다.

2000, 『역사교과서 속의 한국과 일본』(혜안) ; 홍윤기, 2001, 『일본의 역사 왜곡 - 역사 교과서와 역사 왜곡의 해부 - 』(학민사) ; 신주백, 2001, 「일본의 역사왜곡에 대한 한국사회의 대응(1965~2001)」『한국근현대사연구』 17 ; 하종문, 2001, 「일본의 역사교과서 왜곡 실태와 그 의도 - 후소샤의 교과서를 중심으로 - 」『역사와현실』 41 ; 2001, 「일본 역사교과서 왜곡의 바로 보기」『한국근현대사연구』 18 ; 中村政則, 2001, 「일본 역사교과서(扶桑社刊)에 보이는 歷史敍述과 歷史觀」『한국독립운동사연구』 16 ; 정재정, 2001, 「일본의 역사교과서 왜곡 문제와 그 전망 - 새 역사교과서를 화제로 삼아」『韓日硏究』 12 ; 2002, 「일본 역사교과서 문제와 그 전망」『韓國史硏究』 116 ; 이원순·정재정 편, 2002, 『일본 역사교과서 무엇이 문제인가』(동방미디어) ; 박인호, 2002, 「일본인의 한국인식과 역사왜곡」『淸溪史學』 16·17 ; 일본교과서 바로잡기 운동본부 편, 2001, 『문답으로 읽는 일본 교과서 역사왜곡』(역사비평사) ; 2002, 『한·중·일 역사인식과 일본교과서』(역사비평사) ; 허동현, 2001, 「일본 역사교과서 문제에 관한 一管見」『경기사학』 5 ; 한철호, 2004, 「일본 중학교 역사교과서의 한국 근대 관련 내용 분석」『동국사학』 40 ; 왕현종·신주백, 2005, 「2005년 일본중학 역사교과서 근현대 시기에 관한 비교 분석」『2005년도 일본 문부과학성 검정통과 후소샤·동경·일본 교과서 분석 심포지엄』(발표문).

II. 지정학적 관점에 입각한 한반도 '팔뚝'(위협)설 조장

기존의 후소샤 교과서 현행본(2001)는 「조선반도와 일본의 안전보장」이란 항목에서 "일본은 유라시아 대륙에서 조금 떨어져 바다에 떠있는 섬나라이다. 이 일본을 향하여 대륙에서 한 개의 팔뚝이 돌출되어 있다. 그것이 조선이다. 조선반도가 일본에 적대적인 대국의 지배 하에 들어가면, 일본을 공격하는 절호의 기지가 되어 배후지가 없는 섬나라 일본은 자국의 방위가 곤란해진다고 생각하였다"(216쪽)고 한반도 '팔뚝'(흉기)설 혹은 위협설을 조장·과대평가함으로써 자국의 방위를 위해 한국에 대한 침략·지배를 합리화하려는 논조로 일관하고 있다.

이번 검정신청본에는 「조선반도와 일본」(163쪽)이란 항목을 신설하여 "그것이 … 생각하였다"를 삭제하고 "양국의 이러한 지리적 관계는 오랜 역사 속에서 중요한 의미를 지녀왔다"고 대체하면서 그 부분의 문장을 수정·확대하여 "고래로 조선반도는 중국의 문명을 일본에 전해주는 통로였다. 그러나 조선반도 전체가 일본에 적대적인 대국의 지배 하에 들어간다면, 일본의 독립은 위험해진다. 일본은 중국과 조선반도의 동향에 주의를 기울여야만 했다. 일본이 고대 율령국가를 형성한 것도 동아시아 속에서 자립할 것을 지향한 것이었다"고 서술하였다.

그러나 이 부분은 한국의 실태를 고려하지 않은 채 일본과 한반도의 관계에 대한 '一面的인 見解'를 충분히 배려하지 않았다는 일본 문부과학성의 지적을 받았다. 그래서 합격본에는 "고래로 … 했다"를 "고래로 조선반도로부터 중국 등의 진전된 문명이 일본에 전해졌다. 그러나 조선반도에 일본의 안전을 위협하는 세력이 미친 적도 있었다"고 재수정하면서 그 논조를 더욱 교묘하게 정교하게 유지하였다.

더욱 주목할 만한 것은 "가마쿠라 시대에, 元寇의 거점이 된 것도 조선반도였다. 반대로 도요토미 히데요시가 조선반도에 군대를 보낸 적도 있었다. [그때 공포의 기억은 일본인 사이에 오랫동안 전해져왔다. – 합격본에는 삭제] 에도시대에는 쓰시마번을 통해 도쿠가와 막부와 조선과의 양호한 관계가 계속되었다"(163쪽)는 내용을 보충함으로써 한반도 위협설을 전근대시기까지 소급 적용하였다는 점이다.2)

또한 「조선의 근대화와 일본」에서는 "청조 이상으로 두려운 대국은 부동항을 찾아 동아시아에 눈을 돌리기 시작한 러시아였다. 러시아는 1891년에 시베리아철도 건설에 착수하여 그 위협이 점차 다가왔다. 조선반도가 동쪽의 영토를 확대하고 있던 러시아의 지배 하에 들어간다면, 일본을 공격하기에 알맞은 기지가 되어 섬나라 일본은 자국의 방위가 곤란하게 될 것으로 생각했다. 그래서 일본은 조선의 개국 후, 조선의 근대화를 원조했다"고, 이어 「조선을 둘러싼 일청의 대립」에서는 유구와 베트남이 일본과 프랑스에 편입되는 등 "조공국이 점점 소멸되어 가는 것은 황제의 덕의 쇠퇴를 의미하여 중국을 중심으로 한 동아시아의 질서가 붕괴할 위기를 나타낸 것이었다. 그래서 청은 최후의 유력한 조공국이던 조선만은 잃지 않으려고 하여 일본을 적으로 간주하게 되었다. 일본이 일청·일러 2개의 전쟁에서 싸우게 된 배경에는 이러한 동아시아의 국제관계가 있었다"고 각각 서술하였다. 이처럼 한국에 대한 청국과 러시아의 세력 확대가 일본의 방위에 위협을 가한다고 과대평가한 한반도 위협설은 일본이 한국의 근대화를 원조했다는 점을 부각시키고, 나아가 청일·러일전쟁을 한국침략이 아닌 정당방위로 합리화하는 논리로 연결되고 있는 데 문제의 심각성이 있다.

한반도 위협설 혹은 한반도 '팔뚝'설은 나치 독일의 침략이론인 지

---

2) 후소샤 역사교과서 검인정 합격본(2005), 40쪽. "7세기 중엽, 조선반도에서는 신라가 당나라와 손을 잡고 백제를 공격하였다. 일본과 300년의 친교가 있는 백제가 패하고, 반도 남부가 당나라의 지배 아래 들어간 것은 일본으로서도 위협이었다. 그래서 나카노오에 황자를 중심으로 한 조정은, 백제를 돕기 위해 많은 병사와 물자를 배로 보냈다."

정학과 다를 바 없다. 지리적 조건을 우선적으로 고려해 대외적인 정책을 결정하려는 지정학은 독일이 러시아에 대항하기 위해 폴란드를 차지하는 것이 지리적 조건상 유리하다고 판단하면, 폴란드를 침략하는 것이 정당하다는 주장과 다를 바가 없다. 이처럼 지정학에 입각한 한반도 위협설은 근대 이후 일부 일본의 정치인들이 주장한 적이 있었다.

예컨대, 주한 일본공사를 지냈던 林權助는 1892년 상해영사 재직 당시 "조선은 우리나라에게 중대한 관계를 갖고 있으므로 … 대개 한 나라를 세워 그 나라를 생존토록 하면서 나아가는 데에는 다른 나라의 관계 혹은 그 나라의 지세 등으로 말미암아 크게 그 진보를 방해받는 일이 있다. 가령 방해를 받지 않더라도 쉽게 진보할 수가 없게 된다. … 그 이웃나라가 매우 대국이어서 세력있는 나라이면 자국의 발달에 일대장애가 될 수밖에 없다. 그러므로 조선은 일본과 겨우 한 해협을 사이에 둔 이웃나라라는 점을 제군도 아는 바처럼, 당금 매우 위험한 나라라고 할 수 있다. 그 위험한 사실은 무엇을 말하는가 하면, 대국이 이웃해 있어서 그 대국이 시시때때로 침략하려는 경향이 있고, 혹은 자국의 속방으로 만들려고 하는 싹이 있다. … 지금 조선국은 스스로 일국을 유지할 수 없는 지경에 빠져서 실로 그 위험함은 累卵과 같게 되었다"면서 "장래 일본이 조선에 대해 만약 다른 대국이 조선을 침략하게 된다면 어떻게 할 것인가, 일본은 장래에 대하여 어떠한 정책을 강구해야 할 것인가"를 반문하면서 러시아와 중국을 대국으로 지명하였다.[3]

그럼에도 林權助는 "장래 일본국이 혹은 다른 외국과 조선 사이에 교섭사건이 일어나서 크게 恐慌에 빠지고 이로 말미암아 일본의 장래에 비상한 영향을 미치거나 혹은 조선의 운명에 의해 간접적으로 좌우될 것이 있음도 헤아려야만 한다"고 전제하면서도 아직 러시아와 중국이 조선을 약탈할 수 없다고 단언하고, 경제면에서 조선에 대한 일본의 이

---

3) 林權助, 1892.7, 「朝鮮」『國家學會雜誌』 6-65, 410~416쪽.

익을 신장함과 아울러 일본이 '조선국의 개량을 도모'할 것을 방안으로 내놓았다.[4]

그런데 역시 주한일본공사를 역임하였던 小村壽太郎는 러일전쟁 발발 직전인 1903년 6월 伊藤博文 등 정계 전현직 원로 9명이 참석한 자리에서 다음과 같은 「對露交涉意見書」를 제출하였다.

> 東亞의 시국을 돌아보면 장래를 염려해서 제국이 실행해야 할 정책은, 자세히 들어가면 매우 다양하지만, 그 주요한 것은 제국의 방위와 경제적 활동을 주안으로 삼고 각종 경륜도 주로 이 2대 정강에 기반을 두지 않으면 안된다. 그리고 이 정강에서 타산해 보면 제국은 남북 2지점에서 대륙과 가장 긴요하고 절실한 관계를 갖는다. 즉 북은 한국, 남은 복건성이다.
> 한국은 마치 날카로운 칼처럼 대륙에서 제국의 중심부로 돌출되어 있는 반도이며, 그 끝은 쓰시마와 거의 조금밖에 떨어져 있지 않다. 만일 다른 강국이 이 반도를 점령하게 되면, 제국의 안전은 늘 위협받게 되어서 도저히 무사함을 보존할 수가 없다. 이러한 일을 일본은 결코 용납할 수가 없다. 따라서 이를 예방하는 일은 제국이 예부터 취해온 정책이라고 할 만하다. 또 한편으로는 경부철도를 서둘러 완성함과 동시에 경의철도부설권도 획득하고, 나아가 만주철도 및 관외철도와 연결해서 대륙철도간선의 일부로 삼지 않으면 안 된다. 이것이 한국에서 가장 중요한 경제적 활동인 것이다.[5]

이러한 小村의 한국관은 후소샤 교과서에 서술된 한반도 '팔뚝'설과 그야말로 똑같다. 결국 小村의 의도대로 일본은 한국에 대한 지배권을 장악하기 위해 러일전쟁을 일으켰고, 한국을 식민지로 삼는 데 성공하였다.

한반도 위협설은 장래 러시아와 중국 등 강대국이 한국을 침략·지배하게 되면 일본의 안전을 위협한다는 전제 아래 한국을 장악하는 것은 침략이 아니라 자국을 방위하기 위한 정당행위라고 합리화·정당화하는

---

4) 林權助, 1892.8, 「朝鮮」 『國家學會雜誌』 6-66, 465~475쪽.
5) 外務省 編, 1953, 『小村外交史』 (紅谷書店) 322쪽.

매우 위험한 이론이다.[6] 더욱이 이러한 한반도 위협설을 초역사적으로 전시기에 일괄해서 적용하려는 후소샤 교과서의 역사인식은 향후 한일관계, 나아가 동아시아관계를 전쟁으로 얼룩지게 할 수 있다는 점에서 더욱 경계하지 않으면 안 될 것이다. 한국·중국 등은 일본과 우호와 친선을 도모하면서 더불어 살아야 할 이웃나라가 아니라 일본의 안전을 해치는 위험한 나라라는 그릇된 선입감과 편견을 학생들에게 심어줄 우려가 크기 때문이다.

III. 일본의 한국독립 보존 및 근대화 후원 강조

1. 강화도사건과 조일수호조규

2001년판 후소샤 교과서는 「청·조선과의 국교수립」이란 항목에서 청일수호조규(1871)·'대만출병'(1874)·'琉球처분'(1879)의 과정을 설명한 뒤 "한편 이에 앞서 일본 군함이 조선 강화도에서 측량을 하는 등 시위행동을 하였기 때문에 조선 군대와 교전한 사건(강화도사건, 1875년)을 계기로 일본은 다시 조선에게 국교 수립을 강요했다. 그 결과, 1876년 日朝修好條規가 체결되었다. 이것은 조선에 불평등한 조약이었으나, 오랜 현안이었던 조선과의 국교가 수립되었다"(200쪽)고 서술하였으며, 본문 위에 강화도사건 그림을 게재하면서 "강화도사건 : 일본은 군함 雲揚號를 조선수역에 파견하여, 그 후 일본과 조선은 교전했다"는 설명을 덧붙였다. 2001년 당시 신청본에는 단지 "강화도 부근에서 교전한 사건"이라고만 적었다가 검정과정에서 교전한 사정과 조약의 실태에 대해 설명이 부족하다는 지적을 받아 "측량을 하는 등 시위행동을 하였기 때문

---

6) 주한 일본공사들의 한반도 위협론에 대해서는 한철호, 2005, 「개화기(1880~1906) 역대 주한 일본공사의 경력과 한국 인식」『한국사상사학』25, 285~292쪽 참조.

에", "이것은 조선에 불평등한 조약이었으나"를 각각 추가한 것이었다.

2005년 합격본에는 그림과 해설을 삭제했을 뿐 아니라 본문에 들어 있던 내용을 「정부의 분열과 서남전쟁」이란 항목에서의 西鄕隆盛의 파견 연기에 분노한 "西鄕과, 江藤新平, 板垣退助 등은 정부의 직책을 사임하였다"의 측면 주)로 처리하였다. 그 내용도 신청본에는 "이후에 일본은 1875년 조선의 강화도 앞 바다에 군함을 파견하고 무단으로 주변 연안을 측량하는 등 압력을 가했기 때문에 군함이 포격을 당하는 사건이 일어났다.(강화도사건) 이것을 이유로 일본은 다음해인 76년 일조수호조규를 맺어 조선을 개국시켰다"(153쪽)고만 서술하였으나 검정과정에서 "군함이 포격을 당하고" 다음에 "교전한"을, 그리고 뒷부분에 "이것은 조선에 불평등한 조약이었다"는 문장을 각각 추가하였다. 얼핏 보면, 이번 합격본은 강화도사건의 원인에 대해 "군함을 파견하고 무단으로 주변 연안을 측량하는 등 압력을 가했기 때문에 "군함이 포격을 당하고 교전한 사건"이라고 표현함으로써 일본의 불법 행위를 적시한 것으로 보인다.

그러나 여전히 강화도사건이 단지 雲揚號의 무단 측량으로 말미암아 우연하게 발생하였다는 논조에는 변함이 없다. 또한 조일수호조규에 대해서 기존본에도 들어있던 "조선에 불평등한 조약"이란 문구를 신청본에서는 삭제하였다가 검정과정에서 다시 첨가한 것은 문부성에게 수정 지시를 내릴 수 있도록 일부러 배려한 측면이 있다는 느낌을 떨쳐버릴 수 없다. 더더욱 문제시되는 점은 강화도사건의 내용이 본문에서 측면 주)로 바뀌었을 뿐 아니라 일본이 무력을 동원해서 조약을 체결했던 과정을 전혀 서술하지 않은 채 조일수호조규 제1조("조선국은 자주의 나라")의 조항을 "청조의 지배로부터 조선을 떼어놓으려는 목적이 있었다"고 평가함으로써 일본의 한국침략 의도를 은폐하면서 마치 한국을 청국으로부터 독립시켜 주었다는 측면을 강조하려 했다는 데 있다.

먼저 강화도사건은 한국의 평화적인 국교 재개 노력을 거부하고 무

력으로 해결했던 계획적인 침략행위이며, 일본 국내정치의 혼란을 타개
하기 위해 의도적으로 추진된 사건이었다. 1873년 말 흥선대원군이 실
각하고 고종이 친정한 뒤 양국의 관계를 개선하려는 분위기가 조성되었
다. 이에 1874년 9월 조선정부는 조영하의 명의로 부산에 머물렀던 森
山茂에게 양국의 돈독한 우호관계가 단절된 데 유감의 뜻을 표하면서
선린관계를 회복하자는 서한을 보냈다. 당시 森山는 조선과 국교 문제를
현실적으로 해결하기 위해 전 쓰시마도주를 외무성 관리 자격으로 부산
에 파견하여 과거 관례에 따라 현지 조선관원들과 교섭을 재개토록 한
다는 등의 타협안을 갖고 왔는데, 조영하의 서신을 받은 후 이를 조선
정치상황의 혼란과 불안 및 정부의 약화에서 유래되었다고 판단하였다.
그리하여 그는 타협안을 철회하고 약간의 힘과 압력을 가해서 조선문제
를 해결하는 강경책이 가장 효과적 방법이라고 외무성에 건의하였고,
외무성은 그의 건의를 수용하여 강화도사건을 도발하기에 이르렀던 것
이다.[7]

또한 강화도사건 발발 전 당시 실권자 大久保利通가 정부 최고정책
결정자의 내각참의와 행정 각성 장관 겸임 금지 등 내각개혁안을 둘러
싸고 板垣 등과 갈등을 빚고 있었던 일본의 정치상황에 관해서도 아무
런 언급이 없다. 9월 29일 강화도사건에 대해 보고받은 大久保는 10월
초 각의에서 양국간에 '돌발한' 무력 충돌로 야기된 국가 비상사태에 대
처하기 위해서 정치적·행정적 혼란을 초래하는 내각개혁안의 실시로 무
기연기한다는 결의를 채택하였다. 심지어 강화도사건이 보도되자 西鄕
는 이를 大久保정권이 궁지에서 탈출하기 위한 발악이라고 평가하였으
며, 山縣도 해군성내의 薩摩派가 조작한 음모라고 폭로할 정도였다. 즉,
강화도사건은 大久保가 자신의 정치적 입지를 강화하기 위해 치밀한 계
획과 주도 아래 고의적으로 도발한 사건이었다.[8] 따라서 강화도사건을

---

7) 김기혁, 1990, 「개항을 둘러싼 국제정치」『한국사시민강좌』 7, 23~25쪽.
8) 김기혁, 1991, 「강화도조약의 역사적 배경과 국제적 환경」『국사관논총』

단순히 무단으로 연안을 측량하려다 발생한 우발적인 사건이나 이를 한국의 선제공격에 대한 정당방위로 서술하는 것은 사실 왜곡의 차원을 넘어서 일본의 침략성을 은폐하려는 의도가 담겨졌다고 평가할 수 있다.

다음으로 조일수호조규를 불평등조약이라고 서술했지만 그 실태를 제대로 설명하지 않았을 뿐 아니라 한국을 청국으로부터 독립시키는 데 목적이 있었다고 부각시킨 것 역시 일본의 침략 의도를 은폐하는 것이다. 이러한 서술태도는 미일수호조약 등 서구열강과 체결한 조약이 "일본에서 외국인의 범죄를 일본측에서 재판할 수 없고(치외법권), 일본에서 수입관세율을 자유롭게 결정할 권리(관세자주권)가 없는 불평등한 조약"(138쪽)이라고 기술한 부분과 비교해보면 형평의 원칙에도 어긋남을 알 수 있다. 한발 양보해서 일본의 교과서임을 감안하더라도, "막부 말에 일본이 구미제국과 체결한 조약은 상대국만 치외법권을 인정하고, 일본에는 관세 자주권이 지켜지지 않는 등, 어떤 점에서 불평등한 조약이었고, 일본인의 자긍심에 상처를 주는 것이었다. 구미제국과의 법적 차별을 해소할 조약개정은 메이지 일본인의 悲願이자 일본외교의 최대 과제였다"(156쪽)고 불평등조약의 문제점을 강조한 반면, 그러한 폐해의 심각성을 절실하게 깨닫고 있었던 일본이 왜 한국에게 똑같은 '불평등조약'을 강요했는지에 대해서 전혀 언급하지 않는 것이 더욱 문제가 된다. 일본이 다른 나라로부터 입은 피해는 강조하면서 다른 나라에게 피해를 끼친 사실은 불분명하게 서술하고 있는 방식은 후소샤 교과서의 역사인식을 가장 분명하게 보여주기 때문이다.[9]

강화도사건에 대해 일본의 국내원인과 계획적인 의도를 드러내지 않는 후소샤의 논조는 教育出版·東京書籍·大阪書籍·日本文教出版·帝國書院 등의 교과서에도 견지되고 있다. 특히 東京書籍은 "조선에 개국을

25, 27～30쪽.

9) 한철호, 2005, 「개항기 일본의 치외법권 적용논리와 한국의 대응」『한국사학보』 21, 180～203쪽.

요구하는 교섭을 추진하고"를 추가함으로써 오히려 강화도사건 발발의 정당성을 강화했고, 大阪書籍은 기존본의 "연안을 무단으로 측량하는 등의 압력을 가하였기 때문에" 대신 "나아갈 방향을 찾지 못하고 있던 조선과의 교섭을 타개하기 위해"로 대체하였다가 강화도사건에 대해 오해할 우려가 있는 표현이라는 수정 지시로 기존본의 내용을 다시 기술하였다. 그 반면 日本書籍新社는 "일본의 군함이 조선측의 공격을 유도하는 행동을 취하였기 때문에" 조선군에게 포격을 받았다고, 淸水書院은 "측량을 명목으로" 군함을 파견했다고 각각 서술함으로써 강화도사건의 본질을 간접적으로나마 밝히고 있다.

또한 東京書籍·日本文敎·帝國書院 등의 교과서는 조일수호조규가 불평등하다는 점만 기술했다. 그러나 敎育出版은 조약 체결과정의 침략성을 간접적으로 서술한 "페리의 수법을 흉내내어"를 삭제했을 뿐 아니라 조약에 대해서도 기존본의 "조약에서는 조선이 독립국으로 되어 있었지만, 청은 조선을 속국으로 간주하고 있었다"는 내용을 삭제한 반면 "조선에게는 불평등한 조약"을 "일본에게 유리한 조약"으로 변경함으로써 그 불평등성을 부각시키지 않는 등 오히려 개악되었다. 大阪書籍 역시 조약에 대해서 "군사력을 배경으로"·'불평등한' 등을 삭제함으로써 오히려 일본의 강압적·무력적인 상황을 더욱 희석시켰다. 이와는 달리 日本書籍은 강화도사건을 계기로 "조선에 압력을 가하고, 일본이 구미 제국으로부터 강요당한 것과 동일한 불평등조약을 맺게 하였다"고, 淸水書院은 조선이 "양이정책을 완화하기 시작"했음에도 불구하고 일본이 강경한 태도로 강요했다던가 "이것은 막말에 구미가 일본에 맺도록 강요했던 조약과 동일하게"라는 문구를 보강함으로써 불평등한 조약의 성격을 분명히 밝혔다는 점에서 주목할 만하다.

2. 임오군란과 갑신정변

2001년판 후소샤 교과서는 「조선을 둘러싼 일청의 대립」이란 항목에서 "일본은 조선의 개국 후, 그 근대화를 돕기 위해 군제 개혁을 지원했다. 조선이 외국의 지배에 굴하지 않는 자위력 있는 근대국가가 되는 것은 일본의 안전에 있어서도 중요했다. 그런데, 1882년, 군제 개혁에서 소외당한 일부 조선군인의 폭동이 발생했다(임오사변)"(217쪽)고 서술함으로써 마치 일본이 한국의 근대화를 지원한 듯한 뉘앙스를 풍기고 있다. 2005년 신청본과 합격본에서도 이 문장은 동일한 항목에서 똑같이 들어가 있을 뿐 아니라(164쪽) 한반도 위협설을 전제한 뒤 "그래서 일본은 조선의 개국 후, 조선의 근대화를 원조했다. 조선에서도 시찰단이 오고 메이지유신의 성과를 배웠다. 조선이 타국에 침범받지 않는 나라가 되는 것은 일본의 안전보장에도 매우 중요했다.(「조선반도와 일본」(읽기칼럼), 「조선의 근대화를 도운 일본」, 163쪽)"고 거듭 강조되었다.

그러나 일본이 개국 후 한국의 근대화 혹은 군제개혁을 지원했다는 논리는 시종일관 한국에 대한 일본의 영향력 확대라는 목적을 감춘 채 한국의 독립에 기여했던 측면만을 일방적으로 강조하는 데 초점이 맞춰져 있다. 청국과 러시아는 한국을 지배하려 했던 반면 일본은 한국의 근대화를 도와주려 했다는 것이다. 이로 말미암아 임오군란은 단순히 "군제개혁에서 소외된 일부 조선군인의 폭동"으로 규정될 뿐 그 근본적인 원인이 "일조수호조규 이래 일본의 경제적·군사적 개입에 대한 반발"[10]에 있었다는 측면은 간과되고 말았다. 또한 한국의 시찰단 파견(1881)과 러시아의 시베리아철도 건설(1891)에는 적지 않은 시차도 있고 그 역사적 조건도 상이하다는 점도 전혀 고려되고 있지 않다. 이러한 객관적 사실 관계마저 무시한 채, 청국과 러시아의 세력확대를 과대평가하고 한반

---

10) 廣田昌希, 1985, 『講座日本歷史』 7 (東京大學出版會) 317쪽.

도 위협설을 전제로 러시아의 한국 침략을 가정한 다음 일본이 자국의 안전을 보장하기 위해 한국의 근대화를 원조했다는 논리를 정당화하는 데 문제의 심각성이 있다.

다음으로 2001년판 후소샤의 교과서에는 「조선을 둘러싼 일청의 대립」이란 항목에서 청불전쟁의 패배 후 "청은 최후의 유력한 조공국인 조선만은 잃지 않으려고 하여, 일본을 가상적국으로 삼게 되었다"고 전제한 다음 "1884년에는 일본의 명치유신을 본받아 근대화를 추진하려고 했던 김옥균 등의 쿠데타가 일어났으나, 이 때도 청의 군대는 친일파를 철저하게 탄압했다(갑신사변)"(217쪽)고 서술하였다. 이 내용에 대해서는 일본이 청국을 가상적국으로 삼은 사실을 은폐하였을 뿐 아니라 김옥균 등 갑신정변의 주도세력을 '개화파'가 아닌 '친일파'라고 지칭하는 등 일본의 시각에 편중해서 일방적으로 설명하는 오류를 범하고 있다는 지적을 받았다.

2005년 합격본에는 논란의 소지가 있는 '친일파'란 단어를 삭제함으로써 기존본보다 개선된 듯이 보인다. 하지만, 갑신정변은 청일 양국의 대립 구도 속에서 일본의 메이지유신을 본받아 추진되었다가 청국의 군대에 의해 진압된 '사변'으로 서술됨으로써 한국사의 전개를 내부의 주체적 동력에 의해서가 아니라 외세에 의해 좌우되었다는 논리가 여전히 관철되고 있다. 즉, 청국의 '조공국'으로서 자력으로 독립을 추진할 수 없는 한국의 이미지와 한국의 근대화를 지속적으로 원조해온 선진적인 일본의 이미지를 강조함으로써 한국을 비하시키는 동시에 한국에 대한 침략과정 전체를 정당한 행위로 포장하려는 역사인식은 전혀 변하지 않은 채 강화되고 있는 것이다.

하지만 김옥균 등이 오직 일본만을 근대화의 모델로 인식하고 일본에만 의존하여 근대화를 추진한 것은 이미 널리 알려진 사실이다. 그들은 일본이 동양의 영국이라면 한국은 지정학상 등으로 볼 때 이탈리아와 같은 역할을 해야 한다고 판단했을 뿐 아니라[11] 미국을 비롯한 러시아·프랑스 등 서양 국가들과 국교를 맺음으로써 국가의 자주 독립을 유지·보존할 것을 국왕 고종에게 적극적으로 건의하여 성공을 거두었다.

또한 1883년 5월 김옥균은 일본정부가 약속했던 300만원 차관교섭을 벌였지만 일본정부의 재정 부족과 개화당에 대한 좋지 않은 평판 때문에 실패한 적이 있었기 때문에 오히려 신의를 져버린 일본을 불신하고 있었다. 이는 김옥균 등이 정변을 추진하는 과정에서 일본과는 거의 접촉하지 않은 채 미국공사관측에게 거사 계획을 밝히고 협조를 요청했던 점,[12] 청불전쟁을 계기로 한국에 대한 영향력을 부식시키려는 일본정부의 방침에 따라 竹添進一郎공사가 종전의 태도와 달리 김옥균 등에 호의적으로 접근했을 때 김옥균 등이 일본에 대한 불신을 강하게 토로하면서 이미 정변을 단행하겠다는 방침이 확고하다는 의사를 표명하였던 점[13] 등에서도 잘 나타난다. 이와 같이 김옥균 등의 독자적·주체적인 개화정책 추진 상황, 정변을 계기로 한국에 세력을 확대하려 했던 일본의 의도 등을 간과한 채, 일본을 모델로 그들이 쿠데타를 일으켰다가 청국의 군대에게 탄압된 측면을 강조한 것은 일본의 한국 근대화 원조만을 부각시킴으로써 침략 의도를 은폐하려는 논리에 지나지 않는다.

또한 합격본에서는 임오군란 이후 청이 일본을 경계·견제한 것을 청이 일본을 '가상적국'이 아닌 '적'으로 삼게 되었다고 바꾸었다. 뿐만 아니라 바로 그 뒷부분에 "일본이 일청·일러 2개의 전쟁에서 싸우게 된 배경에는 이러한 동아시아의 국제관계가 있었다"(163쪽)든가, 임오군란과 갑신정변에 이어 "조선에서 청조와의 세력 다툼에 2번 패배한 일본은 청과의 전쟁을 예상하여 급속히 군비를 확장하였고, 결국 거의 대등한 군사력을 기르게 되었다"(164쪽)는 내용을 첨가하였다. 그러나 일본

---

11) 「論箕和形勢」, 『漢城旬報』 15, 1884년 2월 21일.

12) 尹致昊, 1973, 『尹致昊日記』 1 (國史編纂委員會) 62, 63, 68, 97, 1884년 5월 4일(4/10), 5월 12일(4/18), 5월 30일(5/6), 9월 21일(8/3) ; George M. McCune and John A. Harrison eds., 1951 Korean-American Relations. Vol. I, University of California Press, No.128, 110~111쪽.

13) 金玉均, 『甲申日錄』, 1884년 11월 25일.

역시 한국을 침략하기 위해 청국을 그야말로 '가상적국'으로 삼아 군비 증강에 착수한 사실은 이미 널리 알려져 있다. 이러한 객관적 사실 관계마저 무시한 채, 한국을 둘러싼 청·일 양국의 대립과정에서 일방적으로 청국과 러시아의 세력확대를 과대평가하고 일본의 근대화 원조를 강조하는 방식은 오히려 한국침략을 목적으로 삼았던 일본의 군비 증강과 청일·러일전쟁의 정당성을 확보하려는 데 지나지 않는다.

다른 7종 교과서의 경우, 대부분 일본이 개국 후 한국의 근대화 혹은 군제개혁을 지원했다는 식의 논조는 직접적으로 들어가 있지 않다. 그러나 大阪書籍의 경우 한국의 개화정책을 일본의 메이지유신을 본받으려 했던 측면만 언급하였고, 東京書籍과 日本文敎는 청·일 양국의 대립을 전제로 삼아 개화파를 친일파·친중파와 청국파와 일본파로 각각 규정함으로써 개화파의 자율성·주체성을 무시하였다. 특히 日本文敎는 한국을 개국시켜 유리한 조건 아래 시장을 지배하였다는 기존본의 내용을 삭제하고 "아시아의 대국이 되는 것을 목표로 삼아" 한국을 개국시켰다고 수정함으로써 일본의 의도와 입장만 강조하는 쪽으로 개악되었다.

그러나 敎育出版은 청·일 양국 모두 한국에 세력을 확대하려 했던 상황과 양국의 간섭으로 한국의 근대화 노력이 제대로 성과를 거두지 못했음을 기술하였고, 日本書籍은 일본이 한국에 불평등조약을 강요한 후 유리한 조건을 살려 점차 한국에 세력을 넓혀가자 한국에서는 반발이 강해졌다고 서술하였다. 帝國書院은 한국이 일본에 시찰단을 파견한 사실만 언급했지만, 일본도 구미제국의 방법을 모방해서 한반도에 세력을 확대하려고 강화도사건 이후 한국출병의 기회를 노리고 있었기 때문에 청과 대립하게 되었다고 일본의 한국침략 의도를 밝히기도 하였다. 특히 帝國書院의 경우 「해봅시다」난에서 "일본 등의 조선진출에 대해 조선인은 어떻게 느끼고 있었다고 생각하는지 써내보자. 일본·구미·청·조선, 각각의 기자가 되어 일청전쟁의 결과를 전달하는 신문 표제를 작성해보자"는 과제를 제시한 것은 학생들에게 이웃나라의 입장을 이해할 수 있도록 배려했다는 점에서 주목할 만하다. 清水書院은 "조선은 유구 왕국과 마찬가지로 원래 중국을 섬기는 나라"로 규정한 뒤 일본이 한국 에 대해 청국으로부터 독립하고 개혁을 요구했다고 서술한 문제점도 있 지만, 한국의 개화노력을 일본에 일방적으로 의존하거나 모델로 삼은 것 이 아니라 청국에 대해서도 모색했던 사실을 가장 자세하게 설명해주기 도 하였다. 한편 일부 교과서에 기술된 '임오사변'·'갑신사변'의 용어도 학계에서 보편적으로 사용되는 '임오군란' 혹은 ''임오군변', '갑신정변' 으로 바꿔야 할 것이다.

IV. 한국침략 은폐 및 전쟁 미화

1. 동학농민전쟁과 청일전쟁

2001년판 후소샤 교과서에는 「일청전쟁과 일본의 勝因」이란 항목에 서 "1894년(명치27), 조선 남부에 동학난(갑오농민전쟁)이라고 불리는 농 민폭동이 일어났다. 동학당은 서양의 크리스트교(서학)에 반대하는 종교 (동학)를 믿는 집단이었다. 그들은 외국인과 부패한 관리 추방을 목표로, 한때는 수도 한성(현재의 서울)에 육박하는 기세를 보였다. 약간의 병력 밖에 지니지 못한 조선은 청에 진압을 위한 출병을 요청했으며, 일본도 갑신사변 후 청과의 합의에 따라 군대를 파견함으로써, 일청 양군이 충 돌하여 일청전쟁이 시작되었다"(218쪽)고 서술하였다.

이 내용에는 동학농민군의 봉기를 '동학난'·'농민폭동'으로 폄하한 점, 동학농민군의 상황을 왜곡해서 일본의 출병을 정당화하려 한 점, 청·일 양군의 출병 근거를 텐진조약으로 잘못 기술한 점, 그리고 청일전 쟁의 발발 원인에 대해서는 전혀 언급하지 않은 채 일본이 전쟁을 유발 하기 위해 계획적으로 파병한 후 한국을 지배하려 했던 사실을 은폐한 점 등 사실 자체가 잘못 기술되어 있었다.

그런데 합격본에는 '동학당의 난'을 삭제하고 '동학군'을 '농민군'으로 바꾸었으며, 신청본의 "한때 수도 한성까지 도달할 정도였다"를 "한때에는 조선반도 일부를 제압할 정도였다"고 사실의 오류를 수정하였다. 또한 "동학당은 서양의 크리스트교(서학)에 반대하는 종교(동학)를 믿는 집단이었다"는 문장을 삭제했지만 '갑오농민전쟁'의 성격을 여전히 '폭동'으로 규정하고 있다. 더욱이 일본이 한국에 대한 지배권을 확보하기 위해 계획적으로 청일전쟁을 일으켰다는 사실을 은폐할 의도로 당시 일본의 국내 상황에 대해 전혀 언급하지 않은 채 '갑오농민전쟁'을 그 원인으로 부각시킴과 동시에 "청나라와의 합의를 구실로"라는 단서를 달면서 텐진조약을 군대 파견의 근거로 삼았다.

잘 알려져 있듯이, 전쟁 발발 직전 제2차 伊藤博文내각은 의회의 과반수를 차지한 民黨으로부터 격렬한 공격을 받아 궁지에 몰려 있었다. 심지어 1894년 3월 외상 陸奥가 주영공사 靑木周藏에게 "형세는 하루하루 절박해져가고, 정부에서 뭔가 이목을 놀라게 할 정도의 사업을 벌이지 않는다면, 이 소란스런 사람들을 진정시킬 수가 없다. 그렇다고 아무런 이유 없이 전쟁을 일으킬 수도 없다"고 말하면서 조약개정 교섭을 서둘러달라고 촉구하는 서한을 보낼 정도였다.

결국 일본 내 정치 상황은 더욱 악화되어 마침내 1894년 5월 31일에는 의회에서 내각탄핵 상주안이 가결되기에 이르렀다. 바로 그날 한국에서 농민군이 전주를 점령한 것을 기회로 삼아 6월 2일 伊藤내각은 각의에서 총사직 대신 의회를 해산하기로 결의함과 동시에 한국에 대한 출병방침을 결정했다. 그리하여 5일에는 廣島에 大本營을 설치했고, 그 다음날 청국이 텐진조약에 의거해서 한국에 대한 출병을 통고하자 伊藤내각은 곧바로 7일에 일본의 출병을 청국에 통고했던 것이다. 이러한 사실에 비춰볼 때, 伊藤내각이 내각탄핵으로 궁지에 몰린 난국을 타개하기 위해 의도적으로 청일전쟁을 도발하였음이 자명해진다.

이러한 상황 하에서 일본은 파병의 근거로 텐진조약을 내세웠다. 그러나 텐진조약은 만약 출병할 경우 상대국에 "문서로써 통지"하고 변란 진정 후 신속히 철병한다는 두 가지 사항만을 양국이 상호 준수한다고 규정하고 있을 뿐 실제로 양국의 출병에 관해서는 내용도 담겨 있지 않다. 이 점은 텐진조약에 대해 陸奧宗光 스스로가 "텐진조약은 단순히 병사를 조선에 파견하는 절차를 규정한 것"[14]에 지나지 않는다거나 "텐진조약은 단순히 청·일 양국이 군대를 조선에 파견하는 절차를 규정한 것 이외에는 어떠한 약속도 한 바 없다"고 명백히 밝힌 데에서도 잘 나타난다. 나아가 그는 "이번[1894년]에 우리 정부가 조선에 군대를 파견한 것은 제물포조약상의 권리에 근거하며, 또한 이를 파견함에 즈음하여 텐진조약에 준하여 [청국에] 문서로써 통지하였다"[15]고 천명하였다. 따라서 일본이 한국에 출병한 근거로 갑신정변 후 청국과 합의했던 텐진조약의 제3조를 삼고 있는 것 자체가 명백한 오류이다.

또한 농민군과 정부군 사이에 맺어진 전주화약(6.11)으로 출병의 명분과 구실이 사라졌음에도 불구하고, 일본정부는 군대 주둔의 구실로 청·일 양국의 한국내정 공동개혁안을 발의한 뒤 예상대로 청국이 이를 거부하자 한국정부의 독자적인 내정개혁 의사를 무시한 채 7월 23일 경복궁을 무력으로 침입·점령하고 국왕 고종을 포로로 삼아 강제로 전쟁을 벌이기 위해 청국에 대한 '구축 의뢰'를 받아냈다.[16] 이를 근거로 일본은 풍도 앞바다에서 청국군을 기습 공격함으로써 일부러 청일전쟁을 야기하기에 이르렀다.

그럼에도 후소샤 교과서는 청일전쟁의 개전 원인과 과정을 생략한

---

14) 日本外務省 編, 1936, 『日本外交文書』27:2 (日本國際連合協會) 313~314쪽.
15) 陸奧宗光, 1943, 『蹇蹇錄』(岩波書店) 24~27, 75쪽.
16) 陸奧宗光, 『蹇蹇錄』 초고본(헌정자료실 소장). 그러나 岩波文庫本에는 "조선국왕을 우리 수중에 두지 않으면 안된다"고 매우 온건하게 표현되어 있다. 박종근, 1989, 『청일전쟁과 조선』 (일조각) 76쪽. 재인용. 또한 柳永益, 1990, 『甲午更張硏究』 (일조각) 4~25쪽 참조.

채 단지 "일청 양군이 충돌하여 일청전쟁이 시작되었다"고 서술하고 있
다. 이러한 기술은 역사적 사실과도 어긋날 뿐 아니라 원래 전쟁할 의사
가 없었던 일본이 청·일 양군의 충돌로 부득이하게 전쟁을 벌였다는 인
상을 줌으로써 궁극적으로 한국침략에 대한 계획적인 무력도발을 은폐·
호도함과 동시에 청일전쟁을 정당화하려는 논리에 바탕을 두었다고 밖
에 볼 수 없다.17) 따라서 당연히 청일전쟁이 농민군의 자주적·주체적 개
혁 운동을 무력으로 진압·좌절시켰을 뿐 아니라 한국을 식민지로 삼기
위한 침략전쟁이었다는 점은 전혀 언급되지 않았다. 이와 짝해서 일본의
승리 원인으로 '신병기의 장비'와 군대 훈련·규율의 우수성 외에 "일본
인 전체의 의식이 국민으로서 하나로 뭉쳐 있었던 점"을 강조한 것 역시
국민을 전쟁동원의 도구로 사용했던 일본정부의 침략성을 호도하고 전
쟁의 책임론을 배제하며, 나아가 청일전쟁을 미화하려는 의도에서 비롯
되었다고 볼 수 있다.18)

한편 후소샤 외의 다른 7종 교과서도 모두 '동학(당)난'이란 용어를
사용하지 않았으며, 갑오농민전쟁을 기술한 것도 있었다.(敎育出版, 大
阪書籍, 東京書籍, 日本書籍, 帝國書院) 그러나 갑오농민전쟁과 함께 '반
란'을 병기하거나(日本書籍, 帝國書院) 농민들의 '대반란'으로만 서술한
것(淸水書院)도 있는 반면 '반란'을 삭제하거나(敎育出版) 농민이 "병을

---

17) 청일전쟁의 발발 원인과 과정에 대해서는 일본 내 온건 노선에 입각한 伊
藤내각이 출병 당시에는 전쟁을 목표로 삼지 않았는데 출병 후 국내 여론
에 이끌렸다거나 한국공동개혁안이 청으로부터 거절당하자 전쟁을 벌이게
되었다는 연구성과도 있다. 이들 연구는 일본정부 내 청일전쟁에 대한 강
경·온견노선의 차이점을 세밀하게 검토했다는 점에서 의의가 있지만, 청
일전쟁이 한국침략전쟁이었다는 점 역시 명백히 밝힐 필요가 있다고 판단된
다. 大澤博明, 1992, 「伊藤博文と日淸戰爭への道」『社會科學硏究』 44-2 ;
2001,『近代日本の東アジア政策と軍事』(成文社) ; 高橋秀直, 1995,『日淸
戰爭への道』(東京創元社). 이에 관해서는 요시노 마코토, 한철호 옮김,
2005,『동아시아 속의 한일 2천년사』(책과함께) 272〜275쪽 참조.
18) 왕현종·신주백, 앞 논문, 35쪽 참조.

일으켰다” 혹은(大阪書籍), ‘봉기’(東京書籍, 日本文教)로 적은 것도 있다. 또한 출병의 근거로 텐진조약을 언급하지 않은 채 청의 파병에 대응·대항하거나(敎育出版, 帝國書院, 淸水書院) 농민전쟁을 계기로(東京書籍) 군대를 파견했다는 논조가 있는 반면 일본이 한국에 대한 주도권을 잡기 위해(日本文教) 혹은 “이전부터 청과의 전쟁을 준비하고 있던 일본은 즉시 한국에 출병”(日本書籍)했다고 그 의도와 이유를 밝힌 것도 있다. 또한 텐진조약을 내세우면서 전쟁 발발 전 일본도 “전쟁을 준비” 하고 있었다고 설명하기도 하였는데(大阪書籍), 이러한 논조는 자칫 파병의 목적이 곧 한국침략에 있었다는 사실을 은폐될 여지가 있다.

출병 후 전쟁 진행과정에 대해서 단순히 청일전쟁이 일어났다는 식으로 서술한 부분은 전쟁의 정당성을 확보하려는 의도가 내재되어 있다고 볼 수 있다(東京書籍, 敎育出版, 日本文教). 이러한 분석은 양국 출병 후 전주화약의 체결로 출병 명분을 잃어버린 일본군이 철병을 거부한 채 계획적으로 한국내정개혁을 제안·요구한 다음 이를 빌미로 경복궁을 점령하는 과정을 서술한 교과서들(帝國書院, 日本書籍, 淸水書院)과 비교하면 더욱 분명해진다. 반면, 大阪書籍의 경우 청일 양국의 출병에 대해 “농민군은 외국의 간섭을 피하기 위하여 정치개혁을 조건으로 정부와 휴전하고, 한국정부도 일·청 양군의 철수를 요구하였지만 양군은 듣지 않았다. 일본은 영국의 지지를 기대하고, 조선으로부터 청의 세력을 제거하기 위해 전쟁을 시작하였다”는 한국정부 및 농민군의 동향과 대응에 관한 기존본의 내용을 오히려 삭제했던 점은 개악의 대표적인 사례로 들 수 있다.

마지막으로 청일전쟁 종전 후의 상황에 관해 日本文教의 경우, 신청본에는 청일전쟁 후 일본이 한국을 발판으로 삼아 중국 동북지방에 세력을 확대할 기회를 엿보게 되었다고 서술되어 있었는데, “일청전쟁 후 일본의 대외정책에 대해 오해할 우려가 있는 표현”이라는 문부성의 지적으로 오히려 일본의 정책을 삭제하는 대신 러시아가 그 지역에 중대한 관심을 갖게 되었다고 수정되었다. 이 사실은 문부성이 어떠한 관점에 입각해서 검정과정에 임하고 있는지를 잘 엿볼 수 있는 대목이다. 특히 교과서 중 유일하게 "일청전쟁 후 … 조선에서는, 일본 공사 등이 조선의 왕비를 암살했으나, 일본편에 서는 정권을 세우는 데는 실패하였다"고 민비(명성황후)시해사건을 기술한 日本書籍의 내용과 비교해보면 그 의도가 더욱 분명해진다.

2. 러일전쟁

2001년판 후소샤 기존본에는 「일러개전과 전투의 행방」에서 "러시아는 일본의 10배의 국가예산과 군사력을 가지고 있었다. 러시아는 만주의 병력을 증강하고 조선북부에 군사기지를 건설하였다. 이대로 묵시하면 러시아의 극동 군사력은 일본이 도저히 감당할 수 없을 정도로 증강되는 것은 명확하였다. 정부는 더 늦기 전에 러시아와의 전쟁을 시작할 결의를 굳혔다. 1904년 2월 일본은 영국과 미국의 지원을 얻어 러시아와 싸움을 개시하였다"(222쪽), 「세계를 바꾼 일본의 승리」에서 "1905년 9월 포츠머스조약 … 이 조약으로 일본은 한국의 지배권을 러시아로부터 인정받았고 … 일러전쟁은 일본이 생사를 건 장대한 국민전쟁이었다. 일본은 이에 승리하여 자국의 안전보장을 확립하였다. 근대국가로서 태어난 지 얼마 안되는 유색인종국 일본이 당시 세계 최대의 육군대국이었던 백인제국 러시아에 승리한 것은 세계 속의 억압된 민족에게 독립의 한없는 희망을 주었다. 그러나 다른 한편에서 황색인종이 장래 백색인종을 위협할 것을 경계하는 黃禍論을 구미에 널리 퍼지게 하는 계기도 되었다"(222~223쪽), 「승리의 대가」에서 " 일본의 승리에 용기를 얻은 아시아 국가에서는 내셔널리즘(자국을 사랑하고, 국익을 주장하는 사상과 입장)이 일어났다. 이는 터어키나 인도와 같은 먼 나라에서는 단순히 일본에 대한 존경과 공감으로 이어졌으나, 중국이나 한국과 같은 가까운 나라에서는 자국에 세력을 확대해 오는 일본에 대한 저항이라는 형태로 나타났다"(238쪽)고 각각 서술되어 있다.

2005년 검정신청본과 합격본에서는 "1904년 2월 일본은 영국과 미국의 지원을 얻어 러시아와 싸움을 개시하였다"를 "1904년 2월 일본은 러시아의 군함에 공격을 시작하였고, 일러전쟁의 불을 붙였다"(166~167쪽)로, '장대한 국민전쟁'을 '전쟁'으로, '세계 속의 억압된 민족'을 '식민지가 되어 있던 민족'으로 수정했다. 그렇지만, 「승리의 대가」 항목을 「일본국가의 새로운 과제」로 대체하면서 "일청·일러 2개의 전쟁에서 승리함에 따라 일본은 구미열강의 압력 하에서 독립을 유지한다고 한 막부말 이래의 목표를 달성하였다. 일본의 국제적 지위는 향상하여 세계열강의 대열에 들게 되었다. 근대 일본의 건설은 여기에서 완성을 보았다. 그러나 국제적 지위의 향상은 일본 국가로 하여금 과중한 시련을 주기도 하였다. 일본은 유일한 유색인종의 대국으로서, 구미열강은 경계의 시선으로 보게 되었다"(170쪽)고 서술을 달리하였을 뿐 아니라 「역사의 명장면 일본해해전」을 신설해서 승리의 영광을 학생들에게 각인시킴으로써 전쟁에 대한 긍적적인 이미지를 유도하려는 의도를 더욱 강화하는 등 논지에는 변함이 없다.

러일전쟁은 러·일 두 제국주의 열강의 한국쟁탈전쟁이자 영·러 대립을 배경으로 열강들이 개입된 제국주의전쟁이었으며, 한국의 식민지화를 꾀했던 일본제국주의와 이에 격렬하게 대항했던 한국국민 간의 전쟁이기도 하였다. 그러나 후소샤 교과서의 합격본에는 러일전쟁의 본질을 파악할 만한 내용이 전혀 포함되어 있지 않다.

먼저 러일전쟁의 원인을 살펴보면, "일본의 10배의 국가예산과 군사력을 가지고 있는 러시아"가 만주와 한국 북부에 대한 영향력을 증대하여 일본의 안전을 위협한다는 측면만을 강조함으로써 전쟁 발발 책임을 러시아에 전가함과 아울러 일본의 침략의도를 호도하였다. 러·일 양국은 용암포사건 이전부터 만주 및 한국을 목표로 적극적인 침략정책을 취하고 있었다. 러시아는 남만주에서 군대철수를 거부하면서 한반도의 북부(39도선 이북)를 중립지대화할 것을, 일본은 한반도 전체를 일본의 세력권 하에 넣고 남만주를 중립지대화할 것을 각각 주장하였다. 러일전쟁은 양자간의 타협이 결렬되자 일본이 먼저 전쟁을 시작한 것이지, 러시아의 무력이 한반도를 장악하여 일본의 안전이 위협을 받아 일어난 것이 아니었다.

다음, 러일전쟁은 "일본의 생사를 건 전쟁"이며 그 승리로 일본은 "자국의 안전 보장을 확립하였다"고 서술함으로써 전쟁의 가장 중요한 결과가 일본이 한국을 지배권 하에 넣게 되었다는 점을 숨기고 있다. 이는 러일전쟁의 과정뿐만 아니라 승리한 후 일본이 한국의 안전을 위협하고 본격적인 침략정책을 단행함으로써 한국민족이 독립을 상실할 위기에 직면하였다는 측면을 무시한 일방적인 견해인 것이다.

1904년 2월 10일 포고되었던 宣戰 조칙에서도 "제국의 중점을 한국의 안전에 두는 것은 어제 오늘에서 비롯된 것이 아니다 … 한국의 존망은 실로 제국 안위에 연결된 바 …"라고 명기되어 있는 것같이, 러일전쟁의 주목적은 한국을 일본의 지배 아래 두는 것이었다. 그러므로 일본이 러시아와 전쟁을 벌이는 과정에서 한국에 대한 지배력을 강화하려고 꾀한 것은 이미 예정된 행동이었다고 할 수 있다.[19] 실제로 일본은 한국정부의 중립화 선언을 무시한 채 군사력을 바탕으로 선전포고를 한지 약 2주일 후 '한일의정서'를 강제로 조인한 데 이어 제1차 한일협약과 '을사조약'을 체결함으로써 '보호국화' 혹은 식민지화하기에 이르렀다.

이처럼 러일전쟁의 주목적은 일본이 한국을 보호국화 혹은 식민지화하는 것이었고, 이를 위해 일본은 전쟁 과정 중 군사력을 바탕으로 한국에 각종 조약을 강요하였다. 러일전쟁의 승리로 일본은 '자국의 안전 보

---

19) 信夫淸三郎 編, 1974, 『日本外交史』 1 (每日新聞社) 225쪽 참조.

장을 확립'할 수 있었겠지만, 한국은 실질적으로 일본의 보호국 내지 식민지로 전락함으로써 독립을 상실할 위기에 직면하였다. 따라서 일본의 한국 침략 과정에 관해서는 전혀 서술하지 않은 채 러일전쟁을 "일본의 생사를 건 전쟁"이며 그 승리로 일본의 "안전 보장을 확립하였다"거나 한국의 지배에 관해서 포츠머스조약으로 "일본은 한국의 지배권을 러시아로부터 인정"받았다고 서술한 데에는 한국에 대한 침략 사실을 은폐하려는 의도가 담겨져 있었던 것이다.

또한 러일전쟁은 영국과 미국의 지원을 받는 일본이 러시아를 상대로 싸운 것일 뿐 인종간의 전쟁은 결코 아니었음에도 불구하고, 이를 백인종을 상대로 한 황인종의 전쟁 – 인종간의 전쟁 – 으로 미화한 다음 "식민지가 되어 있던 민족에게 독립에 대한 한없는 희망을 안겨 주었다"고 한쪽 측면만 일방적으로 과장되게 해석한 것은 당시 전쟁을 일으킨 자들의 선전 논리를 그대로 반복한 것에 지나지 않는다. 더군다나 이를 입증하기 위해 제시한 자료에도 러일전쟁 후 일본의 한국 침략으로 말미암아 변화된 아시아 각국의 일본 및 러일전쟁 평가는 생략된 채 긍정적인 측면만 부각되어 있다.

예컨대, 자료로 예시된 것 중 "만약 일본이 더욱 강력한 유럽 나라에 대해 잘 승리하였다고 한다면, 왜 그것을 인도가 할 수 없다는 말인가요"라는 인용문만 보면, 러일전쟁이 억압받는 동양의 식민지민족에게 독립의 희망을 주었던 것으로 인식될 수밖에 없다. 그러나 그 인용문의 바로 다음 문장인 "러시아에 대한 일본의 승리가 어느 정도 아시아 국민들을 기쁘게 하고 춤추게 만들었던가를 우리는 보았다. 그러나 그 직후의 성과는 소수의 침략적 제국주의 집단에 또 한 나라를 추가했던 것에 지나지 않았다. 그 고통스런 결과를 가장 먼저 겪었던 나라는 한국이었다"는 내용에는 러일전쟁이 단지 일본제국주의의 침략전쟁이었다는 평가가 정확하게 명기되어 있다. 따라서 러일전쟁을 인종 전쟁으로 미화하고 억압받는 민족에게는 독립의 희망을 주었다거나 한국의 지배권을 열강으로부터 인정받았다는 서술은 객관적인 역사적 사실과도 크게 어긋난다. 이러한 점만 보더라도 후소샤의 집필 의도가 침략전쟁을 은폐하거나 합리화하는 데 머물지 않고 전쟁을 미화함으로써 궁극적으로 일본인들을 옥죄어왔다고 여겨지는 자학사관에 벗어나는 데 있었다는 사실이 분명히 드러난다.

　마지막으로 기존본의 「陸奧宗光과 小村壽太郞」을 삭제하고 일본 해군이 발틱함대를 격파한 「역사의 명장면 일본해해전」도 승리의 영광을 학생들에게 각인시킴으로써 전쟁에 대한 긍적적인 이미지를 유도하려는 의도가 담겨져 있다고 지적하지 않을 수 없다. 여기에는 역시 전쟁의 원인이나 목적은 전혀 서술되지 않고, "세계의 해전사상, 이만큼 완전한 승리를 얻어낸 예는 없었다"는 전쟁의 결과만이 크게 부각되었다. 뿐만 아니라 "東鄕와 육군대장인 乃木希典은 전후, 패배한 러시아 장군의 구명을 위해 여러가지로 노력하여 성공했다. 메이지 일본에도 무사도는 살아있었던 것이다"고 전쟁의 지휘관과 관련 인물을 영웅적으로 묘사하고 있다. 동아시아의 평화와 공존이 요구되는 시기에 자국중심주의 관점에서 군국주의를 부추기는 편제는 집필진의 의도가 어디에 있는지 명확하게 보여주는 단서라고 하겠다. 아울러 한국의 병합 항목이 러일전쟁 바로 다음에 들어가도록 배치하여 한국을 러일전쟁의 전리품처럼 처리하고 있는 대목도 전쟁의 승리와 결과만을 강조하려는 후소샤 교과서의 역사인식을 잘 보여준다.

　이처럼 후소샤 교과서의 러일전쟁 관련 부분은 그 원인에서 결과에 이르기까지 시종일관 철저하게 일본의 침략성을 은폐한 채 전쟁 도발을 정당화하고, 나아가 전쟁을 미화하는 내용으로 서술되어 있다. 이는 자국의 안보와 이익을 위해서는 약소국 혹은 이웃나라를 침략할 수도 있다는 제국주의적 발상을 정당화하는 그야말로 위험한 논리이다. 평화와 공존을 바탕으로 한 국제 관계 속에서 가장 현실적인 대안을 창출하고 인류 공영의 발전을 심각하게 모색해야 할 지금, 이러한 후소샤 교과서의 시대착오적인 인식은 마땅히 비판받아야 할 것이다.

한편 日本書籍은 러일전쟁의 원인으로 일본의 한국지배욕을 명기하였고, 반전의 목소리도 요사노 아키고 같은 여성시인이 아니라 사상가들을 예로 들었으며, 전쟁이 국민에 끼친 피해와 부정적인 측면을 강조하였다. 敎育出版 역시 러·일간의 위기가 고조되는 과정에서 "한국을 지배 하에 두고자 하는 일본"이라고 기술하였으며, 일본의 승리가 아시아 민족에게 독립의 희망을 주었다는 부분 뒤에 한국과 중국에서는 일본의 세력확대에 반대하는 민족운동이 활발하게 일어났다는 내용도 함께 싣는 등 비교적 균형있게 서술하였다. 帝國書籍도 전쟁의 부정적인 측면을 서술하였는데, 표와 박스기사에서 동경대 7박사의 개전론과 우치무라 간조의 非戰論을 발췌하여 소개하고 있는 점이 주목된다. 淸水書院은 전쟁의 결과 한국지배 및 중국·러시아의 영토 획득과 아시아·북아프리카인들의 백인국가 격파를 동시에 다루었으며, 大阪書籍은 러일전쟁의 원인이 한국에 세력을 뻗치려한 일본에도 있다고 서술하였다. 그러나 淸水書院은 전쟁의 원인이 러시아에 있었다고 서술함으로써 침략전쟁으로서의 성격은 부정하였으며, 東京書籍도 제국주의전쟁이 아니라 백인종과 황인종간의 전쟁으로 기술하였다. 日本文敎는 반전의 움직임이 있었다는 사실을 소개하였지만, 전쟁의 승리가 미친 긍정적인 효과를 부각시킴으로써 전쟁의 성격을 호도하였다.

Ⅴ. 맺음말

한·일 양국은 지리적으로 가까울 뿐 아니라 역사적으로도 '脣亡齒寒'의 보완적이고 긴밀한 관계를 맺고 있지만, 양국의 관계가 우호와 협조의 긍정적 측면뿐 아니라 침략과 대립의 부정적 측면이라는 이중성을 항상 띠어 왔기 때문에 서로 '가깝고도 먼 나라'로 인식하고 있다. 특히 근대 시기는 일본이 한국의 국권을 강탈함으로써 식민지배를 펼쳤던 만큼 역사적 사실 자체는 물론 이에 관한 해석과 평가는 더더욱 상충되는 점이 적지 않다.

이러한 양국간 역사 인식의 차이는 후소샤 교과서의 서론인 「역사를 배운다는 것은」에서 "구미열강제국의 힘이 동아시아를 삼키려고 한 근대에는, 일본은 자국의 전통을 살려 서구문명과의 조화의 길을 찾아내어 근대국가의 건설과 독립의 유지에 노력하였다. 그러나 그것은 여러 외국과의 긴장과 마찰을 수반하는 험한 역사이기도 하였다. 우리들의 선조의 이러한 꾸준한 노력의 위에 세계에서 가장 안전하고 풍요로운 오늘날의 일본이 있다"(6쪽)고 서술되어 있는 데 단적으로 드러난다. 타국민에게 가장 뼈아픈 고통을 안겨주었던 일제의 침략행위에 대해서 조금이라도 반성하기는커녕 오히려 "세계에서 가장 안전하고 풍요로운 오늘날의 일본"을 형성한 역사적 기반을 "근대국가의 건설과 독립의 유지"에 꾸준히 노력한 데에서 도출하고 있기 때문이다. 이처럼 일본 근대의 역사를 자랑스럽게 찬미하는 후소샤 교과서의 역사인식은 한국근대사 서술내용에도 그대로 투영되어 있다.

무엇보다 주목할 만한 사실은 후소샤 교과서가 일본이 근대국가 건설과 독립 유지 과정에서 추진했던 한국침략을 합리화·정당화하기 위해 지정학적 관점에 입각한 한반도 '팔뚝'(위협)설을 조장하고 있다는 점이다. 한반도 '팔뚝'(위협)설은 "일본을 향하여 대륙에서 한 개의 팔뚝"처럼 돌출된 한반도가 일본을 공격하기에 알맞은 기지 역할을 하기 때문에 "일본에 적대적인 대국"인 중국과 러시아의 지배를 받게 될 경우 일본의 안보에 치명적인 타격을 가한다는 논리이다. 이러한 한반도 팔뚝설을 전제로 삼아 후소샤 교과서는 궁극적으로 한국을 장악하는 것은 침략이 아니라 자국을 방위하기 위한 정당행위라고 주장한다. 일본은 독립을 유지하기 위해 한반도가 강대국의 수중에 넘어가지 않도록 조치를 강구해야 하며, 이를 위한 모든 행위는 정당화될 수 있다는 것이다.

후소샤 교과서는 이러한 논리를 관철시키기 위해 시종일관 러시아와 중국은 한국을 차지하려는 야욕을 지닌 국가로 과대평가한 반면 일본은 한국의 독립과 근대화를 후원하려 했던 선의의 나라로 부각되고 있다. 아울러 한국은 고래로 한반도로부터 중국 등의 진전된 문명을 일본에 전해주는 통로에 불과하며, 독립을 상실한 채 중국에 조공을 갖다바치는 국가로 묘사된다. 심지어 한반도 위협설을 전근대시기까지 소급·적용함으로써 초역사적인 개념으로 일반화하는 오류를 범하기까지 하였다. 한마디로, 한반도 팔뚝설은 한국·중국 등이 우호와 친선을 도모하면서 더불어 살아야 할 이웃나라가 아니라 일본의 안전을 해치는 위험한 나라라는 그릇된 선입감과 편견을 학생들에게 심어줄 우려가 크므로 반드시 삭제되지 않으면 안된다.

이처럼 한국에 대한 청국과 러시아의 세력 확대가 일본의 방위에 위협을 가한다고 과대평가한 한반도 팔뚝설은 일본이 한국의 근대화를 원조했다는 점을 부각시키고, 나아가 청일·러일전쟁을 한국침략이 아닌 정당방위전쟁으로 합리화하는 논리로 연결된다는 데 문제의 심각성이 존재한다. 개항에서 한국국권 강탈 이전까지 후소샤 교과서의 한국근대사 서술에는 이러한 역사인식이 서로 톱니바퀴처럼 유기적인 관련을 맺으면서 투영되어 있다.

먼저 강화도사건은 일본 국내정치의 혼란을 타개하기 위해 한국의 평화적인 국교 재개 노력을 거부하고 무력으로 해결했던 계획적인 침략행위였다. 그럼에도 불구하고 후소샤 교과서는 일본의 국내사정에 대해 전혀 언급하지 않은 채 단순히 무단으로 연안을 측량하려다 발생한 우발적인 사건이나 이를 한국의 선제공격에 대한 정당방위로 서술하였다. 조일수호조규 역시 불평등조약이라고 그 성격을 밝혔지만 그 내용을 설명하지 않았을 뿐 아니라 한국을 청국으로부터 독립시키는 데 목적이 있었던 것으로 부각시키고 있다.

이러한 서술태도는 미일수호조약 등 일본이 서구열강과 체결한 조약에 대해 치외법권·협정관세권 등이 포함된 불평등한 조약으로 "일본인의 자긍심에 상처"를 주었다고 평가한 뒤, 조약개정을 메이지 일본인의 悲願이자 일본외교의 최대 과제였다고 강조한 내용과 대조를 이룬다. 불평등조약으로 말미암은 폐해의 심각성을 절실하게 깨닫고 있었던 일본이 왜 한국에게 똑같은 불평등조약을 강요했는지에 대해서 전혀 언급하지 않는 의도는 일본의 한국 침략을 은폐하려는 데 있다고 판단된다. 이처럼 일본이 다른 나라로부터 입은 피해를 강조하면서 다른 나라에게 피해를 끼친 사실을 불분명하게 처리하는 서술방식은 후소샤 교과서를 관통하는 역사인식이 무엇인지를 단적으로 보여준다.

다음으로 후소샤 교과서에는 개항 후 청국과 러시아가 한국을 지배하려 했던 반면 일본은 한국의 근대화 혹은 군제개혁을 지원했다는 논리가 관철되고 있다. 임오군란의 원인이 조일수호조규 이래 일본의 경제적·군사적 개입에 대한 반발에 있었다는 측면은 간과되고, 단순히 "군제개혁에서 소외된 일부 조선군인의 폭동"으로 규정되었다. 갑신정변 역시 김옥균 등의 독자적·주체적인 개화정책 추진 상황은 생략된 채 김옥균 등이 일본의 메이지유신을 본받아 근대화를 추진하려고 했던 쿠데타에 지나지 않는다. 여기에는 은연 중에 한국사의 전개는 내부의 주체적 동력에 의해서가 아니라 외세에 의해 좌우되었다는 논리가 담겨져 있다. 더욱이 두 사건은 모두 청국에 의해 진압되거나 탄압되고 말았지만, 일본은 자국의 안전을 보장하기 위해서 한국이 타국에게 침범당하지 않도록 근대화를 원조했다는 것이다.

아울러 부동항을 구하기 위해 동아시아에 눈을 돌린 러시아가 시베리아철도부설에 착수하고, 청국이 한국을 잃지 않기 위해 일본을 '敵'으로 삼게 된 국제정세 속에서 일본은 군비 증강에 착수하였고, 마침내 청일전쟁과 러일전쟁을 벌이게 되었다고 역설되어 있다. 그러나 일본 역시 한국을 침략하기 위해 청국을 그야말로 '가상적국'으로 삼아 군비 증강에 착수한 사실은 이미 널리 알려져 있다. 이러한 객관적 사실 관계마저 무시한 채, 한국을 둘러싼 청·일 양국의 대립과정에서 일방적으로 청국과 러시아의 세력확대를 과대평가하고 일본의 근대화 원조를 강조하는 식의 서술은 그야말로 한국침략을 목적으로 삼았던 일본의 군비 증강과 청일·러일전쟁의 정당성을 확보하려는 데 지나지 않는다.

따라서 후소샤 교과서가 청일전쟁과 러일전쟁을 서술하면서 한국침략을 은폐하고 전쟁 자체를 미화하는 논조를 펼치는 것은 당연한 귀결이 아닐 수 없다. 伊藤내각이 내각탄핵으로 궁지에 몰린 난국을 타개하기 위해 의도적으로 청일전쟁을 도발하였던 상황에 대해서는 아무런 설명도 없고, 그 원인으로 '폭동'인 '갑오농민전쟁'을 부각시킴과 동시에 텐진조약을 군대 파견의 근거로 삼은 다음 청·일 양군이 충돌하여 전쟁이 시작되었다고 서술하였던 것이다. 청일전쟁이 농민군의 자주적·주체적 개혁 운동을 무력으로 진압·좌절시켰을 뿐 아니라 한국을 보호국 내지 식민지로 삼기 위한 침략전쟁이었다는 점은 당연히 언급되지 않았다. 이는 역사적 사실과도 어긋날 뿐 아니라 청·일 양군의 충돌로 부득이하게 전쟁이 벌어졌다는 인상을 줌으로써 한국침략에 대한 계획적인 무력 도발을 은폐·호도하는 것으로 보인다. 이와 짝해서 일본의 승리 원인으로 '신병기의 장비'와 군대 훈련·규율의 우수성 외에 "일본인 전체의 의식이 국민으로서 하나로 뭉쳐 있었던 점"을 강조한 것 역시 국민을 전쟁 동원의 도구로 사용했던 일본정부의 침략성을 호도하고 전쟁의 책임론을 배제하며, 나아가 청일전쟁을 미화하려는 의도에서 비롯되었다고 볼 수 있다.

러일전쟁도 러·일 두 제국주의 열강의 한국쟁탈전쟁이자 영·러 대립을 배경으로 열강들이 개입된 제국주의전쟁, 그리고 한국의 식민지화를 꾀했던 일본제국주의와 이에 격렬하게 대항했던 한국국민 간의 전쟁이었지만, 후소샤 교과서에는 러일전쟁의 본질을 파악할 만한 내용이 전혀 포함되어 있지 않다. 단지 러일전쟁은 "일본의 생사를 건 전쟁"이며 그 승리로 일본은 안전 보장을 확립하였다고 서술함으로써 전쟁을 정당화하는 데 급급하였을 뿐이다. 따라서 전쟁의 목적이 한국을 지배권 하에 넣으려는 데 있었던 점은 철저히 숨긴 채 "일본은 한국의 지배권을 러시아로부터 인정"받았다고 역설한다.

또한 러일전쟁은 영국과 미국의 지원을 받는 일본이 러시아를 상대로 싸운 것일 뿐 인종간의 전쟁은 결코 아니었음에도 불구하고, 이를 백인종을 상대로 한 황인종의 전쟁 – 인종간의 전쟁 – 으로 미화한 다음 "식민지가 되어 있던 민족에게 독립에 대한 한없는 희망을 안겨 주었다"고 한쪽 측면만 일방적으로 과장되게 해석한 것은 당시 전쟁을 일으킨 자들의 선전 논리를 그대로 반복한 것에 지나지 않는다. 더군다나 이를 입증하기 위해 제시한 자료에도 러일전쟁 후 일본의 한국 침략으로 말미암아 변화된 아시아 각국의 일본 및 러일전쟁 평가는 생략된 채 긍정적인 측면만 부각되어 있다. 후소샤의 집필 의도가 침략전쟁을 은폐하거나 합리화하는 데 머물지 않고 전쟁을 미화함으로써 궁극적으로 일본인들을 옥죄어왔다고 여겨지는 자학사관에 벗어나는 데 있었다는 사실을 잘 보여주는 대목이다.

새로 추가된「역사의 명장면 일본해해전」도 러일전쟁의 승리와 영광을 학생들에게 과도하게 각인시킴으로써 전쟁에 대한 긍정적인 이미지를 유도하려는 의도가 담겨져 있다고 지적하지 않을 수 없다. 여기에는 역시 전쟁의 원인이나 목적은 전혀 서술되지 않고 결과만 부각하였을 뿐만 아니라 전쟁의 지휘관과 관련 인물이 영웅적으로 묘사하고 전쟁의 승리를 국가의 발전과 연계시킴으로써 전쟁을 적극적으로 미화시키고 있다. 동아시아의 평화와 공존이 요구되는 시기에 자국중심주의 관점에서 군국주의를 부추기는 편제는 집필진의 의도가 어디에 있는지 명확하게 보여주는 단서라고 하겠다.

이처럼 주변국을 폄하함으로써 자국의 상대적 우월성을 입증하고 그 우월성을 계속된 침략전쟁의 '위대한' 승리를 통해 달성하였다는 식의 역사서술은 과거에 대한 단순한 왜곡의 차원을 넘어서서 일본이 지향하는 미래를 암시하고 있는 데 문제의 심각성이 있다. 후소샤의 교과서에는 일본의 군사대국화와 군국주의의 부활에 대한 염원이 짙게 깔려 있는 것이다. 더더욱 우려되는 점은 후소샤 교과서에 깃들여져 있는 역사인식이 일부 다른 검정교과서에도 적지 않은 영향을 미치고 있다는 사실이다.

이와 같이 후소샤 교과서를 비롯한 일본중학교 검인정교과서의 근본적인 문제는 단순히 몇몇 용어나 표현의 문제가 아니라 역사인식의 문제이다. 만약 이처럼 왜곡된 역사인식이 일본 청소년들에게 뿌리를 내린다면 미래의 한일관계는 정상적으로 유지될 수 없다. 따라서 앞으로 역사교과서 문제는 동아시아 각국이 지닌 역사인식의 차이를 해소해 나가면서 평화와 공존을 전제로 다함께 공유할 수 있는 역사를 서술하는 데 초점을 맞추어야 한다. 한·중·일 3국이 모두 자국중심주의 사관에서 벗어나 동아시아 전체를 조망하는 역사인식을 키워가지 않으면 기존 역사연구의 충실한 반영물인 역사교과서가 저절로 개선될 가능성은 기대하기 힘들기 때문이다.

근현대사(1910년 이후) 서술과 역사관 분석
-후소샤판 교과서의 '전쟁' '식민지' 관련 서술을 중심으로 -

박 찬 승*

Ⅰ. 머리말

2001년에 이어 2005년에 다시 일본역사교과서 파동이 일어나고 있다. 2001년의 파동은 일본의 우익 국가주의자들이 결성한 '새로운 역사교과서를 만드는 모임'(이하 '새역모')이 만든 후소샤판 중학교 일본사교과서가 일본 문부과학성의 검정을 통과함으로써 촉발되었다. 비록 검정통과 과정에서 약간의 수정이 이루어졌다고 하지만, 그 교과서가 싣고 있는 내용은 충격적인 것들이었다. 다행히도 이 교과서가 일본의 대부분의 중학에서 채택되지 않음으로써 파동은 일단 가라앉았다. 이후 '새역모'측은 4년 뒤의 '복수'를 다짐하면서 치밀한 준비를 해온 것으로 알려지고 있다. 그리고 2005년 4월. 그들이 만든 새 교과서가 다시 문부성의 검정을 통과하였다. 그리고 그들은 정부 관료와 우익 정치인들의 지원을 받으면서 이번에는 채택률 10%를 달성하겠다고 벼르고 있다.

그러면 이번에 검정을 통과한 교과서는 2001년판의 교과서와 비교

* 한양대학교 사학과 교수

하여 어떻게 달라졌을까. 일부에서는 현상 유지라는 의견도 있고, 일부에서는 더 개악되었다는 의견도 있다. 하지만 아직은 치밀한 분석이 제대로 이루어지지 않은 상태라고 생각된다.[1] 한편에서는 이 교과서의 불채택운동을 전개하면서, 다른 한편에서는 이 교과서의 내용을 다시 치밀하게 분석할 필요가 있다고 여겨진다.

이 글에서는 1910년 이후 현재까지의 부분을 서술한 이 책의 제5장 '세계대전의 시대와 일본' 부분을 대상으로 하여 주로 '전쟁'과 '식민지지배'를 어떻게 서술하고 있는지를 검토하고자 한다. 그것은 이 시기에 관한 서술에서 다른 주제보다도 이들 주제에 관한 서술 부분이 가장 심각한 문제를 안고 있다고 보았기 때문이다. 특히 이 책에서 다루고 있는 만주침략, 중일전쟁, 태평양전쟁, 그리고 동경재판 등의 부분은 매우 심각한 문제를 안고 있다는 것은 이미 지난 2001년판 교과서가 나왔을 때부터였다. 그러면 이들 부분은 2005년판에서는 어떻게 서술되고 있을까. 또 식민지 지배에 대해서도 2001년판은 이를 미화하기에 급급하였다는 점은 이미 잘 알려져 있다. 2005년판의 이에 대한 서술에는 어떤 변화가 있었을까. 이제 이를 2001년판과 비교하면서 주제별로 차근차근 검토해 보기로 하자.[2]

---

1) 한국측에서의 분석은 2005년 4월 11일 아시아평화와역사교육연대, 역사문제연구소, 한국역사연구회가 공동 주최한 '2005년도 일본 문부과학성검정 통과 후소샤, 동경, 일본 교과서 분석 심포지엄'(서울역사박물관 강당)에서 일차 이루어졌다고 여겨진다. 하지만 아직 그 내용에 대한 치밀한 비교 분석은 이루어지지 못한 것으로 여겨진다.

2) 2001년판의 후소샤판 교과서에 대한 검토는 아래의 책들을 참조하였다.
일본교과서바로잡기운동본부 편, 2001, 『문답으로 읽는 일본역사교과서 왜곡』(역사비평사).
타와라 요시후미 저, 일본교과서바로잡기운동본부 역, 2001, 『위험한 교과서』(역사넷).
이원순, 정재정편, 2002, 『일본 역사교과서, 무엇인 문제인가』(동방미디어).

II. 근현대편 서술 체제의 특징

후소샤편 일본사 교과서의 1910년 이후 부분은 '제5장. 세계대전의 시대와 일본'이라는 제목으로 편성되어 있다. 아마도 이는 일본 문부성의 「학습지도요령」에 따른 것으로 생각된다. 그리고 이는 1910년 이후 20세기의 역사를 戰前, 戰中, 戰後의 세 시기로 나누어 보는 일반적인 시각과 관련된 것으로 볼 수도 있다. 하지만, 이는 20세기 일본사를 전쟁사 중심으로 보는 '戰爭中心史觀'과 관련된 것으로 볼 수도 있다. 실제로 이 교과서에서 1910년부터 1945년까지를 서술한 32쪽 가운데 22쪽이 전쟁과 관련된 서술이고, 나머지 10쪽만이 일본 내의 정치, 사회, 문화 등에 관한 서술로 되어 있다. 1945년 이후의 서술에서도 동경재판, 냉전의 개시와 진행 그리고 종결, 한국전쟁, 베트남전쟁, 걸프전쟁, 미일안보조약 등이 주요 주제로 다루어지고 있고, 대부분 그와 관련된 내용들로 채워져 있다고 해도 과언이 아니다. 이 부분에서는 고도경제성장에 대해서는 언급하고 있지만, 그로 인한 사회, 문화적 측면의 변화에 대해서는 소략하게 언급하고 있을 뿐이다.

2001년판 교과서에서는 그래도 '전후 사회와 문화'라는 항목을 설정하고 여기서 '사상, 문학, 과학'에서의 변화와 '문화의 대중화'를 다루었다. 하지만 2005년판 교과서에서는 이러한 내용을 모두 빼고, 대신 과제학습란으로서 '쇼와의 문화 조사'란만을 두었다. 2001년판에서는 마루야

일본교과서바로잡기운동본부, 역사문제연구소 엮음, 2002, 『화해와 반성을 위한 동아시아 역사인식』(역사비평사).
일본교과서바로잡기운동본부 편, 2002, 『한 중 일 역사인식과 일본교과서』(역사비평사).
不破哲二, 2002, 『歷史敎科書と日本の戰爭』(小學館).
原田敬一, 水野直樹編, 2002, 『歷史敎科書の可能性』(靑木書店).
歷史學硏究會編, 2004, 『歷史敎科書をめぐる日韓對話』(大月書店).

마 마사오(丸山眞男)와 오쓰카 히사오(大塚久雄)가 전쟁의 원인을 일본의 근대화 자체의 결함에서 유래한다고 보았다는 내용 등이 들어가 있었지만, 2005년판에서 이러한 인물 소개와 그들의 사상은 모두 빠졌다.

또 하나 주목할 것은 본문 서술과 구분되는 '칼럼' 부분이다. 2001년판에서는 '나쓰메 소세키와 모리 오가이', '전쟁과 현대를 생각한다', '쇼와천황' 등 세 편을 실었다. 이는 2005년판에서는 '전체주의의 희생자', '동경재판에 대해 생각한다', '쇼와천황'의 세 편으로 바뀌었다. 그리고 추가로 인물칼럼이나 박스 기사 등을 넣었는데, '대만의 개발에 진력한 八田與一', , '아메리카 함대의 일본방문', '중국의 혁명외교에 대한 幣原喜重郞의 견해' '중국의 정세에 대한 미 외교관 맥마리의 견해', '박해받는 유태인을 도운 일본인', '아시아 사람들을 떨쳐 일어나게 한 일본의 행동', '일본을 괴멸로부터 구한 아메리카의 외교관', '聖斷 후의 쇼와천황의 발언' 등이 그 내용이다. 전체적으로 볼 때 칼럼이나 박스기사의 내용은 2001년판에 비해 집필자들의 견해를 더 강하게 반영한 것으로 보인다. 그 견해의 핵심은 식민지 근대화론, 대동아전쟁=아시아민족 해방전쟁론, 동경재판 비판론, 천황숭배론 등이다.

그리고 특기할 것은 미국과 관련된 칼럼 2편이 새로 들어갔는데, 이는 미국과 일본 사이의 미담을 소재로 한 것이다. 먼저 '아메리카 함대의 일본방문'은 1908년 일본 요코하마를 방문한 16척의 미국 함대를 일본이 거국적으로 환영하였다는 내용이다.[3] 그리고 '일본을 괴멸로부터 구한 아메리카의 외교관'은 조셉 그루 외무장관으로서 일본의 국토가

---

3) 이 칼럼에서는 "일본정부는 거국적으로 함대를 환영하기로 했다. 루즈벨트는 아메리카인의 인상을 좋게 하려고 '품행방정한 수병 이외에는 함선 밖으로 나오지 말라'고 지시했다. 요코하마에 입항하던 날 일본인 군중은 작은 깃발을 흔들며 만세를 연호하고, 아메리카 해군 장교들은 파티 공세를 받았다. 그들을 태운 열차가 역에 도착하자 천 명의 소학생이 아메리카 국가 '성조기여 영원하라'를 불렀다"고 쓰고 있다. (189쪽)

궤멸되는 것을 막기 위해 일본측이 받아들일 수 있는 포츠담선언을 만드는 데 노력하였다는 내용이다. 이러한 칼럼을 실은 것은 과거 미일간의 관계가 적대적인 것만은 아니었다는 것을 부각시키면서 학생들에게 '미국에 대한 호감'을 심어주기 위한 것으로 보인다. 이러한 내용들이 추가된 것은 이 교과서의 집필 방향이 친미적인 쪽으로 더 기울어졌음을 말해준다.[4]

반면에 중국에 대해서는 反中的 혹은 경멸적 서술이 더 강화된 듯한 느낌이다. 뒤에 살펴보듯이 이른바 '만주사변', 중일전쟁의 발발 과정에 대한 설명에서 그 책임을 중국에 떠넘기고 있는 것은 이미 2001년판부터 나타나고 있었다. 이번 2005년판에서는 사료 인용이라는 형식을 빌려 중국인들에게 경멸적인 언사를 퍼붓고 있다. 그 대표적인 예는 1928년 중국이 각국과의 불평등조약의 무효를 통고한 것과 관련하여, 일본 외무대신 시데하라 기주로(幣原喜重郎)와 미국 외교관 마크마리의 견해를 인용한 부분이다(195쪽). 시데하라의 말을 인용한 부분은 "일본은 불평등조약의 쓴 맛을 보고 그 철폐를 꾀함에 있어서 列國을 책하기보다도 먼저 나를 책했다. 타도 제국주의 따위를 외치지 않고, 우선 조용히 국내정치의 혁신에 전력을 다했다"는 것인데, 이는 중국의 자주 외교를 간접적으로 비판한 것이었다. 또 미국 외교관 마크마리의 말을 인용한 부분은 "인종의식이 되살아난 중국인은 고의로 자국의 법적 의무를 경

---

4) 이에 대해서는 왕현종·신주백, 「2005년 일본중학 역사교과서 근현대 시기에 관한 비교 분석」『2005년도 일본 문부과학성검정통과 후소샤, 동경, 일본 교과서 분석 심포지엄 자료집』(2005.4.11. 서울역사박물관 강당)을 참조할 것. '새로운 역사교과서를 만드는 모임'의 핵심인물인 후지오카 노부카즈(藤岡信勝)는 1990년대부터 일본의 평화헌법에 기초한 일국평화주의를 비판하고, 미일동맹의 강화를 전제로 한 새로운 국가전략의 수립을 제창해온 인물이었다. 따라서 이 교과서의 서술이 친미적인 경향을 나타내고 있는 것은 당연한 일로 보인다. 藤原彰, 森田俊男編, 1996,『近現代史の眞實は何か』(大月書店) 190쪽.

멸하고 목적 실현을 위해서는 무턱대고 폭력에 호소하고 도발적인 행동을 했다. 그리고 힘에 호소하려고 하다가 힘으로 반격을 받을 것 같으면 주뼛주뼛하지만, 적대자가 무언가 약한 조짐을 보이면 곧바로 거만하게 군다"는 내용인데, 이는 사실상 중국인들의 민족성을 경멸하는 것이라고 할 수 있다.

III. 1910~1945년 서술에 나타난 역사인식

1. 민간정당정치의 폄하, 군부통치의 미화

1910년부터 1945년 사이의 서술에서 우선 눈에 띄는 것은 다이쇼, 쇼와 년간의 민간정치, 정당정치를 폄하하고 군부의 정치개입을 미화한 부분이다. 정당정치에 대해서는 '大正데모크라시와 사회운동', '憲政의 常道'이라는 항목에서 다루고 있는데, 정당내각의 성립 과정에 대해서 1쪽, 각종 사회운동과 보통선거법의 성립 등에 대해서 1쪽 정도로 소략하게 서술하는 데 그쳤다. 그리고 2001년판에서는 오오카와 슈메이, 키타 잇기와 같은 국가주의자들이 등장하였다는 서술이 있었으나, 2005년판에서는 이 대목이 빠졌다.

정당정치에 대한 비판은 정당내각에서 외무대신을 맡은 시데하라 기주로(幣原喜重郎)의 이른바 '협조외교'에 대한 비판을 중심으로 전개되고 있다. '협조외교'에 대해 이 책은 2001년판에서 "영미와 협력하여 워싱턴체제를 지키고 중국의 내셔널리즘에도 동정으로 대응하는 협조외교"라고 설명하였다. 2005년판에서는 이는 "영미와 협조하여 조약을 지키고, 중국의 관세자주권 회복의 요구를 지지하는 등 중국의 민족감정에 동정을 가지고 대응하는 협조외교"로 약간의 수정이 이루어졌다. 그리고 2001년판에서는 1927년 남경에서 일어난 외국인 습격사건, 중국 정부의 불평등조약 무효화 선언 등에 시데하라의 외교가 제대로 대처하지 못하여 이를 "연약외교라고 비판하는 목소리가 강해졌다"고 쓰고, 이어서 "일본에서는 군부를 중심으로 국제협조의 정신으로 중국에 대처하는 것은 어렵다고 생각하는 사람도 나오게 되었다"고 썼다. 2005년판에서도 서술 상의 순서가 다소 변화하기는 하였지만 거의 같은 내용으로 기술되어 있다. 여기에는 당시의 이른바 '협조외교'에 대한 필자들의 비판적인 시각이 그대로 드러나 있다.

이어서 나오는 항목의 제목이 '높아지는 군부에의 기대'이다. 2001년판 '높아지는 군부에의 기대'라는 항목에서는 "군인이 정치에 개입하는 것은 메이지 헌법에 위반되며 군인칙유에서도 경계하고 있다. 그러나 경제불황에 의한 사회불안을 배경으로 중국에 있어서의 배일운동과 만주권익에의 위협에 대처하지 못한 정당정치에 대한 강한 불만으로 인해 정부와는 별도로 군인 가운데는 독자적으로 정책을 논하고 실행하려는 생각을 가진 중견장교 그룹이 형성되었다. 군부의 정치 발언권이 강해지고 국민도 점차로 군부에 기대를 걸게 되었다. 민간에서도 삼권분립의 메이지 헌법체제를 부정하고 국가개조와 군부독재체제를 실현시키려는 기타 잇기 등의 이론 활동도 활발해졌다. 또 국민들에게도 정당정치에 대한 불만이 높아졌다"고 썼다. 2005년판 '세계공황과 높아지는 군부에의 기대' 부분에서는 "군인이 정치에 개입하는 것은 군인칙유에서 경계하고 있었지만, 군인 가운데는 배일운동이 추진된 만주재주 일본인의 窮狀과 만주권익의 위협에 대처하지 못한 정당정치에 대한 강한 불만이 생겼다. 이리하여 정부와는 별도로 군 가운데서 독자적인 정책을 논하고 실행하려는 장교 그룹이 형성되었다. 국민도 경제 불황에 의한 사회불안 속에서 政爭에 몰두하여 문제를 해결하지 못한 정당정치에 실망하여 차츰 군부에 기대를 걸게 되었다"고 쓰고 있다(195쪽). 여기서 정당내각은 대외적으로 국익과 재외주민들을 보호하지 못하는 연약한 내각이었으며, 정당정치는 경제 불황에 의한 사회불안 등을 해결하지 못하고 정쟁에만 몰두하는 정치였다는 규정이 내려지고 있다.

이러한 서술은 결국 관동군의 '만주사변'을 합리화하는 방향으로 이어진다. 2001년판에서는 "이것은 국가의 질서를 파괴하는 행동이었다. 그런데 약체 정부에 대한 불만이 쌓여 있던 국민은 관동군의 행동을 열렬히 지지하여 육군에는 220만엔의 지원금이 기탁되었다"라고 썼다. 2005년판에서는 관동군의 행동이 '국가의 질서를 파괴하는 행동'이었다는 서술은 빠지고, 대신 "만주에서 일본인이 받고 있던 불법행위의 피해를 해결할 수 없었던 정부의 외교방침에 불만을 품은 국민 중에는 관동군의 행동을 지지하는 자가 많았고, 육군에는 다액의 지원금이 기탁되었다"라고 하여(196쪽), 관동군의 행동을 보다 확실하게 정당화하였다.

이 책의 집필자들은 정당정치의 확립, 민주주의의 확산 등에는 이렇다 할 관심을 보이지 않고 간단하게 사실만을 서술했다. 대신 정당정치와 민주주의를 무너뜨리고 군부독재 체제와 대외전쟁으로 나아가는 길을 만든 군부와 국가주의자들의 입장을 옹호하기 위해서는 장황한 서술을 늘어놓고 있음을 확인할 수 있다. 이 책의 집필자들이 민주주의와 정당정치에 대해 어떠한 생각을 갖고 있는지 여기서 미루어 짐작할 수 있을 것이다.

2. 침략전쟁 도발의 합리화

후소샤판 역사교과서 집필의 가장 큰 목적은 청일전쟁 이후 태평양전쟁까지 일본이 저지른 여러 차례의 침략전쟁 도발을 합리화하는 것이었다. 그것은 과거 일본의 여러 차례에 걸친 전쟁 도발을 '죄악시'하는 이른바 '自虐史觀'에서 벗어나야 한다는 것이 평소 집필자들의 지론이었기 때문이다.[5] 이와 같은 그들의 시각은 이미 청일전쟁과 러일전쟁에

---

5) 그들은 이와 같은 자학사관은 동경재판사관에서 비롯되었다고 주장해왔다.

관한 서술에서 잘 나타나 있지만 여기에서는 언급을 생략한다.

1910년 이후 일본이 일으킨 전쟁은 만주침략, 중일전쟁, 태평양전쟁 등 세 차례 있었다. 먼저 만주침략에 대해서 살펴보자. 만주침략은 '만주사변'이라는 이름의 항목으로 서술되어 있다. 그 배경을 다룬 '사변 전야의 만주'라는 항목은 이 사건의 배경에 대해 설명하고 있는데, 2001년판은 아래와 같이 서술했다.

> 쇼와 초기의 만주에는 벌써 20만 이상의 일본인이 살고 있어서 그들에 대한 보호와 관동주 및 만철을 경비하기 위하여 1만 명의 육군부대(관동군)가 주둔하고 있었다. 관동군이 만주의 군벌인 장작림을 폭살하는 등 만주에의 지배를 강화하려 하자 중국인들의 배일운동도 격심해지고 열차 방해 등이 빈발했다. 또 일본에 있어서도 북은 소련의 위협이 있고, 남으로부터 국민당의 힘이 뻗쳐 왔다. 이런 가운데 이시하라 간지(石原莞爾) 등 관동군의 일부 장교들이 전 만주를 군사 점령하여 문제를 해결하려는 계획을 세우기 시작했다.

위의 서술 내용을 보면, 만주 거주 일본인과 이권의 보호, 중국인의 배일운동, 소련의 위협, 국민당의 위협 등으로 인해 관동군은 '문제를 해결'하기 위해 계획을 세웠다는 것으로 되어 있다. 여기서 세계공황 이후 위기에 처한 일본경제의 돌파구로서의 만주, 무한한 원료공급지로서의 만주, 대륙침략의 발판으로서의 만주 등 당시 일본이 만주를 노리고 있었던 보다 근본적인 이유들은[6] 여기서 거론되고 있지 않다. 그리고 2005년판 검정신청본에서는 "관동군이 만주의 군벌인 장작림을 폭살하

즉 만주침략, 중일전쟁, 태평양전쟁을 침략전쟁이라고 규정한 것은 태평양전쟁의 승자인 미국이 주도한 동경재판에 의해 이루어졌으며, 이후 일본인들도 이러한 인식을 따라가게 되었다는 것이다. 藤岡信勝, 1996, 『汚辱の近現代史―いま, 克服のとき』(德間書店) 98쪽.

6) 歷史學硏究會編, 1971, 『太平洋戰爭史』 1 - 滿洲事變 - (青木書林) 229~234쪽.

는 등 만주에의 지배를 강화하려 하자 중국인들의 배일운동도 격심해지고 열차 방해나 일본인에 대한 박해 등이 빈발했다"는 대목이 "국민당에 의한 중국 통일이 다가옴에 따라 중국인에 의한 배일운동도 격심해지고 열차방해나 일본인 학동에의 박해 등이 빈발했다"는 내용으로 바뀌었다. 중국인들의 배일운동의 원인이 일본의 관동군에서 국민당으로 둔갑한 것이다. 결국 검정통과본은 "관동군이 만주의 군벌 장작림을 폭살하는 등 만주에의 지배권을 강화하려 하자 중국인에 의한 배일운동도 격렬해졌고, 열차 방해나 일본인에 대한 박해 등이 빈발하였다"로 다시 수정하였다(196쪽). 집필자들은 가능한 한 중국측의 배일운동이 일어난 배경을 은폐, 왜곡하려 하였음을 알 수 있다.

그러면 이 책은 '만주사변' 이후 만주의 상황에 대해서는 어떻게 서술하고 있을까. 2001년판에서는 이렇게 쓰고 있다.

> 만주사변은 중일간의 대립을 심화시켰지만, 그 후 정전협정이 맺어지고 양국의 관계는 조금 개선되었다. 만주국은 五族協和, 王道樂土 건설을 슬로건으로 일본의 중공업 진출 등에 의해 경제성장을 이룩하여 중국인 등의 현저한 인구 유입도 있었다. 그러나 실제로는 만주국의 실권은 관동군이 쥐고 있어 항일운동도 일어났다.

이 책은 만주의 경제성장을 강조하고, 그 결과 중국인들의 만주 유입도 늘어났다고 주장하고 있다. 일본인, 일본자본의 만주 유입에 대해서는 언급이 없었다. 만주에서의 항일운동은 "항일운동도 일어났다"는 식으로 간단히 쓰고 있다. 그런데 2005년판의 검정신청본을 보면, 아래와 같이 바뀌었다.

> 그 후 중국과의 정전협정이 맺어지고, 만주국은 오족협화, 왕도낙토 건설의 슬로건 아래 일본의 중공업 진출 등에 의해 급격한 경제성장을 이루었다. 중국인 등의 현저한 인구의 유입도 있어, 만주국 건국은 점차 기정사실로 되고 있었다.(197쪽)

만주에서의 항일운동에 관한 서술은 완전히 빠지고, 대신 만주국 건국은 점차 기정사실로 되고 있었다는 내용이 새로 들어갔다. 이 대목은 검정과정에 문제가 된 것으로 보인다. 검정통과본을 보면, '급격한 경제성장'의 '급격한' 부분과 '만주국 건국은 기정사실화되었다'는 부분은 삭제되었다. 대신 "그러나 만주국의 실권은 관동군이 쥐고 있었고, 항일운동도 일어났다"는 대목이 들어갔다. 이는 완전히 2001년판의 내용과 동일한 것이다. 즉 검정신청본에서 집필자들이 '급격한 경제성장'을 새로 집어넣고 만주국 건국의 기정사실화 부분이 검정과정에서 2001년판의 수준으로 원상복귀하고 만 것이다.

중일전쟁에 대해서는 어떻게 서술하고 있을까. 이는 '일중전쟁'이라는 항목 아래 서술되고 있다. 2001년판은 다음과 같이 서술하였다.

> 1937년 7월 7일 밤 북경 교외의 노구교에서 연습하고 있는 일본군을 향해서 누군가가 발포하는 사건이 일어났다. 다음날 중국 국민당과 전투상태에 들어갔다(노구교사건). 현지해결이 모색되었지만, 곧 일본측도 대규모의 파병을 명령하고, 국민당 정부도 즉각 동원령을 발했다. 이후 약 8년 간에 걸친 중일전쟁이 계속되었다. 동년 8월 외국의 권익이 집중된 상해에서 2인의 일본인 병사가 살해되는 사건이 일어나고 이것을 계기로 일중 간에 전면전이 시작되었다.

2005년판 검정신청본은 아래와 같이 다소 내용이 바뀌었다.

> 1937년 7월 7일 밤 북경 교외의 노구교에서 연습하고 있던 일본군을 향하여 누군가가 발포하는 사건이 일어났다. 다음날 아침에도 중국측으로부터 발포가 계속되어 전투상태에 들어갔다(노구교사건). 사건 그 자체는 사소한 마찰에 지나지 않았고, 현지해결이 모색되었으나, 일본측과의 충돌사건이 계속 발생하여 해결을 곤란하게 하였다. 동년 8월 외국의 권익이 집중된 상해에서 2인의 일본인 장병이 사살되는 사건이 일어났고, 이것을 계기로 日中간에 충돌이 확대되었다.(199쪽)

2005년판 검정통과본에서는 "다음날 아침에도 중국측으로부터 발포가 계속되어"라는 부분은 삭제되고, 대신 "이를 계기로 다음날에는 중국군과 전투상태에 들어갔다"고 수정되었다. 2001년판의 서술로 되돌아간 것이다. 그리고 "노구교사건에 대해 현지해결이 모색되었지만 일본측도 대규모 파병을 결정하였고, 국민당 정부도 즉각 동원령을 발포하였다"고 수정하였다. 이 역시 2001년판의 서술로 되돌아간 것이다. 이는 노구교사건의 책임이 중국측에 있다는 것, 양국군 충돌로 인한 전쟁 발발의 책임은 양국 모두에 있다는 2001년판의 기본적인 논조에 전혀 변함이 없다는 것을 의미한다.

남경대학살 사건에 대해서는 어떻게 쓰고 있을까. 2001년판에서는 "일본군은 국민당정부의 수도 남경을 함락시키면 장개석이 항복할 것이라고 생각하고, 12월 남경을 점령했다. 이때에 일본군에 의해서 민중들에게도 다수의 사상자가 나왔다(남경사건)"고 서술하였다. 그리고 동경재판 부분의 서술에서는 "1937년 중일전쟁으로 남경을 점령할 때 다수의 중국 민중을 살해했다고 인정했다(남경사건). 또한 이 사건의 실태에 대해서는 자료상으로 의문점도 나오고 있고, 여러 가지 의견도 있어 오늘날까지 논쟁이 계속되고 있다"고 서술하였다. 희생자의 숫자에 대해 대강의 윤곽도 제시하지 않고 '다수의 중국민중'이라고만 서술하였고, 또 이에 대해서는 "여러 가지 의견이 있다"고 서술하여 사건의 실체에 대해 모호한 인상을 갖게 해두고 있다. 2005년판 검정신청본에서는 남경사건을 본문에 쓰지 않고 일본군이 남경을 점령하였다는 부분의 側註를 통해 "뒤의 동경재판에서는 이 때 일본군이 다수의 중국인 민중을 살해하였다고 인정하였다(남경사건). 이 사건의 실태에 대해서는 자료상의 의문점도 나오고, 다양한 견해가 있어 금일에도 논쟁이 계속되고 있다"고 작은 글씨로 써두었다.(199쪽) 즉 남경사건에 대해 객관적인 서술을 하지 않은 채, 동경재판 때 이 사건이 부각되었다는 것과, 사건의 실체는 아직 확실치 않다는 내용만 서술한 것이다. 이 부분은 검정과정에서 동경재판 부분이 빠지고, "이때 일본군에 의해 중국 軍民 가운데 다수의 사상자가 발생했다(남경사건). 이 사건의 희생자 등에 대해서는 자료상의 의문점도 제기되고 다양한 의견도 있어서 지금도 논쟁이 계속되고 있다"고 수정되었다. 일본군에 의해 다수의 사상자가 발생했다는 객관적 사실을 추가하도록 한 것이다. 하지만 이는 側註로서 작은 글씨로 쓰여진 것으로서, 2001년판에서는 본문에서 "이때에 일본군에 의해서 민중들에게도 다수의 사상자가 나왔다(남경사건)"고 쓴 것과 비교가 된다. 즉 가능하면 남경사건은 축소하여 서술하고 싶었던 집필자들의 입장이 이번 2005년판에서 관철된 것이라고 여겨진다.

그러면 태평양전쟁에 대해서는 어떻게 서술하고 있을까. 우선 이 책은 태평양전쟁이라는 말 대신 '대동아전쟁(태평양전쟁)'이라는 식으로 쓰고 있다. 이 책의 집필자들은 전쟁의 호칭은 국가이익의 반영이라면서, 戰後에 미국이 대동아전쟁의 사용하지 못하게 하고 대신 태평양전쟁의 호칭을 강제한 것은 전승국의 전쟁 해석을 일본인에게 주입한 것이라고 주장한다. 따라서 일본의 입장에서는 '태평양전쟁'이 아니라 '대동아전쟁'이라고 불러야 한다는 것이다.[7]

미일전쟁의 배경과 관련해서는 '악화되는 일미관계'라는 항목에서 이를 다루고 있다. 이 부분의 서술은 2001년판과 2005년판이 큰 차이가 없다. 다만 약간의 서술에서 변화가 있었다. 2005년판 검정통과본을 보면 다음과 같다.

1938년 고노에 후미마로 수상은 동아신질서의 건설을 내용으로 하는 성명을 발표하고 일본, 만주, 중국을 통합한 경제권을 만들 것을 시사했다. 이것은 나중에 동남아시아를 포함한 대동아공영권이라는 슬로건으로 발전되었다. 미국은 문호개방, 기회균등을 주장하면서 (주장하였는데, 중남미 지역에 대해서는 타국의 개입을 허용하지 않았다. 반면에

---

7) 藤岡信勝, 앞의 책, 97~98쪽.

미국은) 일본이 독자의 경제권을 만드는 것을 인정하려 하지 않았다. 중
일전쟁에서 일단 중립을 지킨 (미국은 표면상 중립을 지켰지만) 미국은
고노에 성명에 강하게 반발하여 중국의 장제스를 공공연히 지원하였다.
미일전쟁에 이르는 대립은 직접적으로는 여기에서 비롯되었다. 1939년
미국은 미일통상항해조약을 연장하지 않겠다고 통고했다. (석유를 비롯
하여) 많은 물자를 미국과의 무역에 의존하고 있던 일본은 점점 경제적
으로 괴롭게 되었다. (괄호안의 부분은 2005년판 검정신청본에 들어갔
다가 삭제된 것임) (200~201쪽)

여기에서 특히 2005년판의 서술 내용을 보면, 미국은 자국의 이익을
위해서는 중남미 지역에서 배타적인 블록경제권을 형성했으면서도 일본
이 아시아에서 일본 – 만주 – 중국의 블록경제권을 만들려는 것에 대해
반발하였고, 그러한 이유로 일본과 싸우고 있는 중국의 장개석을 지원하
였다는 것, 그리고 미국이 미일통상항해조약을 철회하여 일본이 경제적
으로 매우 어렵게 되었다는 것 등을 강조하였다. 즉 일본은 미국의 排日
政策에 의해 어쩔 수 없이 미국과 대립하는 형국으로 말려들었다는 것
이다. 여기에서는 미국의 배일정책이 근본적으로는 일본의 중국 침략으
로부터 비롯되었다는 사실을 전혀 말하고 있지 않다.

태평양전쟁의 또 하나의 발발 배경으로 이 책이 들고 있는 것은 이
른바 'ABCD포위망'과 '미국의 대일강경외교'이다. 2001년판과 2005년
판이 비슷한 내용으로 되어 있는데, 2005년판의 내용을 인용해보자.

일본은 석유의 수입선을 구하여 인도네시아를 영유하고 있는 네덜
란드와 교섭하였으나 거절당했다. 이리하여 미, 영, 중, 네덜란드의 4국
이 일본을 경제적으로 압박하는 상황이 발생하였으니, 이를 ABCD포위
망이라 불렸다. 1941년 7월 일본의 육해군은 사이공에 들어갔다. 이것을
南部佛印 進駐라 한다. 사이공은 일본의 남진의 거점이 되는 중요한 지
점이었는데, 위기감을 느낀 미국은 곧 재미일본자산의 동결과 대일석유
수출 전면 금지로 보복하였다. (중략) 11월, 미국은 일본이 중국, 인도차
이나에서 무조건 전면적으로 철퇴할 것을 요구하는 강경한 제안을 하였

다. 이를 최후통첩으로 받아들인 일본정부는 최종적으로 대미 개전을
결의하였다.(202~203쪽)

여기에서도 일본은 ABCD포위망, 미국의 석유수출 전면금지, 미국의
대일 강경외교로 인해 '곤궁'에 빠졌고, 결국 대미 개전은 불가피하게
되었다는 식으로 서술하고 있다. 그리고 일본군의 진주만 공격 이후 일
본이 미국과 영국에 선전포고한 사실에 대해서는 "일본은 미영에 선전
포고하고, 이 전쟁은 '自存自衛'를 위한 전쟁이라고 선언하였다. 일본정
부는 이 전쟁을 대동아전쟁이라고 명명하였다"고 쓰고 있다(204쪽). 집
필자들은 '대동아전쟁'은 일본의 '自存自衛를 위한 전쟁'이라는 그들의
오랜 지론을 당시 일본 정부의 입을 빌려 표현하고 있다. 집필자들이 이
책을 쓴 가장 중요한 동기가 '대동아전쟁을 다시 긍정적으로 보아야 한
다'는 이른바 '대동아전쟁 긍정론'이었기 때문에, 이 대목은 그들에게는
사활이 걸린 부분이었다고 생각된다. 따라서 이러한 표현은 이미 2001
년판에도 들어가 있었는데, 이번에도 집어넣었고, 검정과정에서도 그대
로 통과되었다.

한편 일본군의 동남아시아 침공에 대해서는 '侵攻'이라는 표현 대신
모두 '進駐' '上陸' '進擊' 등의 용어를 쓰고 있다. 반면, 1939년 독일군
의 폴란드 침공, 1940년 서유럽 침공, 1941년 독일군의 소련 침공은 모
두 '侵攻'으로 제대로 서술하고 있다. 일본이 도발한 전쟁을 '침략전쟁'
이라고 부르기 싫어하는 그들의 태도가 이러한 부분에서도 잘 나타나고
있다고 할 수 있다.

3. 총력전 체제의 강조와 국가주의 고양

후소샤판 교과서의 집필자들이 국가주의적 성향을 지닌 이들임은 다
아는 사실이다. 2005년판 역사교과서의 근현대편 서술에서 그러한 경향

은 일관되게 나타나고 있다. 이는 이른바 '총력전'의 강조를 통해서 잘 나타난다. 이 책은 1차 세계대전에 대한 설명에서 다음과 같이 이 전쟁 이 '총력전'이었음을 강조하였다.

> 제1차 세계대전에서 각국은 모든 힘을 내었고, 국민생활은 모두 전 쟁 속에 편입되었다. 이러한 전쟁을 총력전이라고 한다. 과학병기의 발 달에 따라, 비행기, 비행선, 戰車, 잠수함, 게다가 독가스 등의 신병기가 사용되었고, 참전국의 국민은 공습에 노출되었다. 국민은 군수공장에 동 원되었고, 생활필수품도 부족한 상황이 되었다.(183쪽)

'총력전'이라는 소항목과 그에 관한 서술은 2001년판에도 들어 있었 고, 2005년판에서 그 내용을 다소 수정하였다. 또 2005년판의 일부 다른 교과서들에도 1차 세계대전이 총력전이었다는 간단한 서술이 들어 있기 도 하다. 하지만 후소샤판 교과서에서의 '총력전' 서술은 다른 교과서와 는 다른 의미를 지닌다.

이 책 집필자들의 '총력전'에 대한 인식은 중일전쟁과 태평양전쟁 발발 이후 '전시하의 생활'이라는 항목 가운데 '국민의 동원'이라는 소 항목에서 잘 드러난다. 여기서는 다시 이렇게 총력전을 강조한다. "제1 차 세계대전 이후 전쟁은 전선의 군대만 행하는 것이 아니라 국민의 생 활과 교육, 문화 등의 모든 것을 걸고 행해지는 총력전의 시대가 되었 다. 일본도 중일전쟁의 발발과 함께 물자, 경제, 산업, 교통 등 모든 것을 정부가 통제하고 운용하는 총동원체제를 만들었다."(208쪽)(2001년판과 동일) 이어서 이 책은 "물적으로도 모든 것이 부족하여 절의 종 등 금속 이라는 금속은 전쟁을 위해 공출되고, 생활물자는 궁핍을 극하였다. 그 러나 이와 같은 곤란 가운데에서도 다수의 국민들은 열심히 일했고, 잘 싸웠다. 그것은 전쟁의 승리를 바라고 한 행동이었다"고 썼다(208~209 쪽)(2001년판과 동일).

국가를 위해, 전쟁 수행을 위한 국민들의 희생을 '총력전'이라는 이

름으로 합리화하고, 미화하고 있는 위의 서술들은 이 책의 집필자들이
국가주의자들임을 잘 보여준다. 전쟁에서의 승리를 위한 국민들, 특히
청년들의 희생을 미화하려는 그들의 의도는 209쪽에 나오는 '출격하는
특공대'의 사진과 사진 설명에서 잘 나타난다. 특공대란 물론 가미카제
를 말하는 것으로 사진 설명은 "전장에서도 쫓기고 있던 일본은 비행기
나 잠수정으로 적함에 죽음을 각오하고 자기 몸을 부딪쳐 공격을 행하
는 특별공격대를 만들었다. 그 수는 비행기만으로도 2500기에 가까웠다.
사진은 가고시마현 치란 기지에서 여학생들의 전송을 받으면서 날아오
르는 특공대의 전투기"라고 쓰여 있다. 2001년판에도 이 사진은 실려 있
었다. 하지만 그 때의 사진 설명은 "출격하는 특공대 – 여학생들의 전송
을 받으면서 날아오르는 전투기"로 간단하게 되어 있었다. 하지만 이번
에는 보다 자세하게, 그리고 '죽음을 각오하고'라는 비장한 서술로 사진
설명을 보완하고 있다. 이는 아마도 2001년판의 검정신청본에서 특공대
원의 유서를 넣었다가 검정과정에서 삭제된 것을 다시 보완하려는 의도
로 보인다. 2005년판의 검정과정에서 위와 같은 내용들은 전혀 수정되
지 않았다.

   또 2005년판의 '대동아전쟁' 중 미드웨이 해전 이후를 서술한 부분
가운데 이런 대목이 있다. "일본은 제해권을 잃었고, 보급로가 끊겼으며
수송선은 미국의 잠수함에 의해 차례차례 침몰하였다. 일미 생산력의 차
이도 차츰 표면화하여, 일본군은 부족한 무기·탄약으로 어려운 전쟁을
강요했으나, 일본 장병은 敢鬪 정신을 발휘하여 잘 싸웠다." 집필자들이
강조하고 싶었던 것은 일본군이 무기와 탄약의 열세에도 불구하고 '감
투정신'을 발휘해 잘 싸웠다는 것이었다. 위와 같은 서술들은 집필자들
이 국가주의적 성향을 지닌 이들임을 잘 보여주는 것이다.

4. '대동아전쟁'과 '대동아공영권'의 미화

2001년판이나 2005년판에서 공통된 것은 '대동아전쟁'을 미화하고 '대동아공영권'을 합리화하려는 서술이다. 2005년판 검정신청본은 일본 군의 하와이 진주만 공격에 대해 "이는 태평양 제해권을 획득하여 장래, 동남아시아에서 일본으로 석유 등의 물자를 수송하는 배의 안전을 확보 하는 것이 목적이었다"고 썼다(204쪽). 이는 진주만 공격의 이유를 일본 의 자기 방어라는 측면에서 합리화하려는 의도를 담고 있다. 이 대목은 검정과정에서 "이 작전은 미국의 주력함대를 격파하여 태평양의 제해권 을 획득하는 데 그 목적을 둔 것이었다"로 수정되었다. 진주만 공격의 목적에 대해 오해의 소지가 있다는 지적 때문이었다. 하지만 앞서 언급 한 것처럼 바로 그 다음 문단에서 나오는 "일본은 미·영에 선전포고하 고, 이 전쟁은 '自存自衛'를 위한 전쟁이라고 선언하였다"는 대목은 수 정되지 않았다. 이 책의 집필자들은 일찍부터 '러일전쟁'부터 '대동아전 쟁'에 이르기까지 일본이 치른 전쟁들은 모두 '자존자위를 위한 전쟁'이 라는 인식을 갖고 있다.8) 이는 당시 전쟁을 도발한 일본 군부 내지 정부 의 입장이었는데, 그것을 그대로 계승하고 있는 것이었다. 그들은 이제 그러한 자신들의 시각을 교과서에 그대로 서술하고 있는 것이다.

'대동아전쟁'의 미화는 '아시아에 퍼지는 독립에의 희망'이라는 제목 의 소항목 부분에서 본격화된다. 여기에서는 "일본의 서전의 승리는 동 남아시아나 인도인들에게 독립의 꿈과 용기를 불어넣었다. 동남아시아 에 있어서의 일본군의 파죽지세의 진격은 현지인들의 협력이 있어서 비 로소 가능하였다. 일본군의 포로가 된 영국군 인도인 병사 가운데 인도 국민군이 결성되고, 일본군과 협력하여 인도로 진격하였다. 인도네시아 와 미얀마에서도 일본군의 지도로 군대가 만들어졌다"고 쓰고 있다. 이

---

8) 藤原彰, 森田俊男編, 앞의 책, 45쪽.

대목은 2001년판에도 비슷하게 서술되었고, 이번 검정과정에서도 그대
로 통과되었다.

이어지는 '대동아회의'라는 소항목은 '대동아공영권'의 합리화를 위
해 집필자들이 가장 중요하게 생각하고 넣은 부분으로 보인다. 검정신청
본의 내용은 다음과 같다.

> 일본은 이들 아시아 각 지역에 전쟁으로의 협력을 구하고, 그 결속
> 을 과시하기 위해 1943년 11월, 도쿄에서 대동아회의를 개최하였다. 이
> 회의에는 만주, 중화민국(남경정부), 필리핀, 타이, 미얀마의 대표와 자유
> 인도 반정부의 찬드라 보스가 참가했다.
> 회의에서는 연합국의 대서양헌장에 대항하여 대동아공동선언이 발
> 표되고, 각국의 자주독립, 상호 제휴에 의한 경제발전, 인종차별 철폐를
> 제창하였다. 이 회의 이후, 일본은 구미세력을 배제한 아시아인에 의한
> '대동아공영권' 건설을 전쟁 명분으로 내세우게 되었다. (206쪽)

2001년판에는 위의 밑줄 친 부분이 들어 있지 않았다. 2005년판 검
정신청본에 이 부분을 추가로 넣은 것은 '대동아공영권'의 의미를 보다
부각시키려는 의도로 보인다. 이 부분은 검정과정에서 "이 회의에는 만
주, 중화민국(남경정부), 필리핀, 타이, 미얀마의 대표와 자유인도 반정부
의 찬드라 보스가 참가했다"는 대목은 삭제되고, '대동아공영권' 건설의
명분을 보다 명확히 하게 되었다는 식으로만 수정되었다. '대동아공영권
건설론'의 명분은 이 회의 이전에 이미 제기되어 있었다는 이유에서라
고 한다. 그리고 수정본에서는 "이 회의에는 만주, 중화민국(남경정부),
필리핀, 타이, 미얀마의 대표와 자유인도 반정부의 찬드라 보스가 참가
했다"는 대목을 본문에서 빼고 대신 側註에 이 부분을 포함시켰다. 즉
"대동아회의 출석국 가운데 남경정부는 중경의 국민당정부에 대항하여
만들어진 일본에 협력적인 정부였다. 또 1943년 일본은 미얀마, 필리핀
을 독립시키고, 자유인도 가정부를 승인하였다"고 썼다. 또 찬드라 보스

의 사진 밑에는 "자유인도 가정부의 대표로서 대동아회의에 출석하였다"고 설명을 달았다.

그런데 중국의 남경정부에 관한 서술 부분은 명백한 역사왜곡이다. 1940년 3월 세워진 汪兆銘의 이른바 '남경정부'는 일본정부의 공작에 의해 만들어진 허수아비정권에 불과했다.[9] 이를 장개석의 국민당 정부에 대항하여 자발적으로 만들어진 정부로서 일본정부에 협력하였던 것처럼 쓰고 있는 것은 명백한 역사왜곡행위이다.

찬드라 보스의 경우, 사진까지 이 교과서에 싣고 있지만, 그는 일본군에 협력하여 인도의 독립을 꾀한다는 생각을 갖고 1942년 5월 일본군부의 지원을 받아 인도독립연맹을 방콕에서 발족하고, 인도국민군을 발족시켰다. 인도국민군은 영국군의 인도인 투항병과 동남아시아의 인도인들로 구성되었다. 그는 1943년 10월 싱가포르에서 自由印度假政府를 발족시켰다. 그러나 국민군은 일본군에 이용만 당하였고, 1943년 말부터 미얀마의 일본군과 국민군은 영국군에게 밀려서 패퇴의 길을 걸었다. 그리고 찬드라 보스도 태평양전쟁 종료 직후 대만의 한 비행장에서 비행기사고로 죽고 말았다.[10] 결국 찬드라 보스는 일본군을 이용하겠다는 헛된 생각을 품었다가 결국은 이용만 당하고 만 불행한 인도민족주의자였다. 그러한 인물의 사진을 교과서에 싣고 '자유인도 가정부의 대표였다'고 설명을 달아놓는 것은 마치 인도인들도 대동아공영권을 모두 지지한 것처럼 보이기 위한 의도가 아닌가 생각된다.

이른바 '대동아회의'는 전체적으로 일본이 침략과정에서 급조하거나 포섭한 허수아비 친일정부의 대표자 혹은 정치인들을 모아놓고 대동아공영권을 합리화하고 선전하기 위한 '꼭두각시놀음'에 불과하였다. 그와 같은 회의를 이 교과서에서는 마치 아시아 전체 인민이 일본의 대동아

---

9) 歷史學硏究會編, 1971, 『太平洋戰爭史』 3 - 日中戰爭 - (靑木書林) 296~297쪽.
10) 歷史學硏究會編, 1971, 『太平洋戰爭史』 5 - 太平洋戰爭 - (靑木書林) 206~208쪽.

공영권을 환영하고 지지했던 회의였던 것처럼 쓰고 있는 것이다. 이 또한 명백한 역사왜곡 행위라 말할 수 있을 것이다.

또 미얀마(버마)와 필리핀을 독립시켰다는 것을 강조했는데, 1943년 5월 일본군대본영과 정부의 연락회의에서 채택한 「大東亞戰略指導大綱」을 보면, 실제로는 미얀마와 필리핀에 허수아비정부를 세우고 '독립'을 약속한다는 것이며, 말레이(현재의 말레이시아와 싱가포르), 수마트라, 자바, 보르네오, 셀레베스(현재의 인도네시아의 대부분) 등 광대한 지역은 '제국의 영토'로 만들어 중요자원의 공급처로 삼는다고 되어 있었다. 이 교과서는 뒷부분의 내용은 교묘하게 빼놓고 있다. 또 이 「大綱」에서는 "이러한 방책을 모두 실현한 뒤 금년(1943년) 10월 하순경(필리핀 독립 후) 대동아 각국의 지도자를 동경에 참집시켜 확고한 전쟁완수의 결의와 대동아공영권의 확립을 중외에 선명한다"는 내용을 담고 있다.11) 대동아회의가 이 「大綱」에서의 사전계획에 의하여 연출된 꼭두각시놀음에 지나지 않는 것이었음은 여기에서 잘 확인된다.

207쪽에는 2장의 사진이 실려 있는데, 하나는 '일본의 점령통치'라는 제목으로 일본어를 가르치고 있는 장면이고, 다른 하나는 '일본을 해방군으로서 맞아들인 인도네시아사람들'이라는 제목이 붙어있다. 후자의 사진은 이번에 새로이 들어간 것인데, 이에 대한 설명이 장황하게 붙어 있다. 그 가운데 일부는 이렇게 되어 있다. "1942년 일본군이 네덜란드군을 격파하고 진주하자 (인도네시아) 사람들은 길거리에 모여 환호의 소리를 질렀다. 일본은 네덜란드를 내쫓고 온 해방군이었다. 일본은 3년 반의 점령기간에 PETA라 칭하는 군사조직의 훈련, 중등학교의 설립, 공통어의 설정 등, 뒷날의 독립의 기초가 된 많은 개혁을 행하였다." 하지만 여기에는 일본군의 군정이 실시되면서 강요된 일본 국기에 대한 경례, 일본 국가 제창, 궁성요배, 그리고 '대동아공영권' 정신에 기초한 '興亞教

11) 不破哲二, 앞의 책, 73~75쪽.

育'의 강제, 구 지배계급의 특권 보장 등은 설명되고 있지 않다.12)

또 '아시아제국과 일본'이라는 소항목 하에서 2005년판 검정신청본
은 다음과 같이 서술하였다.

> 일본은 점령한 각지에서 군정을 강제했다. 현재 독립운동의 지도자
> 들은 구미제국으로부터의 독립을 달성하기 위해 일본의 군정에 협력했
> 다. 그러나 일본의 점령지역에서는 일본에 대한 반발도 있었다. 연합군
> 과 결합하여 항일게릴라 활동도 일어났지만 일본군은 이에 엄격히 대처
> 했다. 또 현지 사람들에 대해서 철저한 군사훈련이 불평을 가져오기도
> 하였다. 특히 전쟁말기가 되어 일본에 전국이 불리하게 되면서 식량이
> 부족하게 되었고, 현지 사람들이 가혹한 노동에 종사하게 되는 경우도
> 자주 발생했다. 후에 일본이 패전하여 철퇴한 후, 이들 식민지는 거의
> 10여 년 사이에 차차 자력으로 독립을 달성했다. 일본군의 병사 중에는
> 현지에 남아 독립전쟁에 참가한 사람도 있었다. 일본의 남방진출은 원
> 래 일본의 自存自衛를 위해서였지만, 아시아제국이 독립을 앞당기는 효
> 과를 가져왔다. (206~207쪽) (밑줄 친 내용은 2001년판에 비해 2005년
> 판에 새로이 들어간 내용임)

이와 같은 내용은 검정과정에서 아래와 같이 수정되었다.

> 이 전쟁은 전장으로 화한 아시아 제 지역의 사람들에게 커다란 손해
> 와 고통을 가져다주었다. 특히 중국의 병사나 민중에게는 일본군의 침
> 공에 의하여 다수의 희생자가 나왔다. 일본은 점령한 동남아시아 각지
> 에서 군정을 강제했다. 현지의 독립운동 지도자들은 구미제국으로부터
> 의 독립을 달성하기 위해 일본의 군정에 협력하였다. 그러나 일본의 점
> 령지역에서는 일본어 교육이나 신사참배 등을 강제한 것에 대한 반발도
> 있었다. 연합군과 연결된 항일게릴라 활동도 일어났고, 일본군은 이에
> 엄격히 대처하여, 일반 시민도 포함한 다수의 희생자가 나왔다. 또 전쟁
> 말기가 되어 일본에 있어서 戰局이 불리하게 되자 식량이 결핍하게 되
> 고 현지의 사람들이 가혹한 노동에 종사하게 되는 경우도 종종 일어났

---

12) 歷史學硏究會編, 1971, 『太平洋戰爭史』 4 - 太平洋戰爭 - (靑木書林) 241~
242쪽.

다. 이 때문에 패전 후에 일본은 이들 나라에 배상을 행하였다. 대동아
공영권의 생각도 일본의 전쟁이나 아시아의 점령을 정당화하기 위하여
내세워진 것이라고 비판되었다. 뒤에 일본이 패전하여 철퇴한 후, 이들
식민지는 거의 10여 년 사이에 차차 자력으로 독립을 달성했다. 일본군
의 병사 중에는 현지에 남아 독립전쟁에 참가한 사람도 있었다. 일본의
남방진출은 원래 자원의 획득을 목적으로 한 것이었지만, 아시아 제국
에서 시작된 독립의 움직임을 앞당기는 하나의 계기가 되기도 했다.

위의 밑줄 친 부분은 검정과정에서 새로 들어가거나 수정된 내용들
이다. 검정당국이 나름대로 객관적 서술로 유도하려 한 흔적이 보인다.
하지만 앞서 본 인도네시아 인들의 일본군 환영과 관련한 사진이나 사
진설명 등은 그대로 두고 있어 집필자들의 의도는 여전히 관철되고 있
다. 집필자들의 의도는 다름 아닌 이 전쟁을 '아시아민족의 해방을 위한
전쟁'으로 묘사하고자 하는 것이었다.

과연 이 전쟁이 아시아민족의 해방을 위한 전쟁이었을까. 일본군이
동남아시아로까지 진격한 것은 아시아민족의 해방을 위한 것이 결코 아
니라 석유와 원자재를 얻고, 주민들을 연합국측에 대항하는 전선에 동원
하기 위한 것이었음은 너무나 잘 알려진 사실이다. 또 그러한 일본군측
에 저항하는 이들, 혹은 저항의 가능성이 있는 이들을 일본군이 학살한
사례는 너무나 많았다. 1942년 2월 일본군이 싱가포르에 침공하였을 때,
중국인 화교 수만 명을 학살한 흔적은 오늘날 싱가포르 중심부 라브루
스 광장에 서 있는 '日本占領時死難人民記念碑'가 웅변으로 말해주고
있다.[13]

5. 식민지 지배의 합리화

일본의 식민지인 조선과 대만은 위에서 본 '대동아공영권'에도 들어

---

13) 不破哲二, 앞의 책, 44~45쪽.

가지 못했다. 따라서 이들 지역의 식민지 지배는 어떻게 쓰고 있는지 따로 살펴볼 필요가 있다.

대만이 청일전쟁 후 일본의 식민지로 된 과정에 대해서 이 책은 시모노세키 조약에서 "淸은 조선의 독립을 인정함과 함께, 일본정부의 재정수입의 약 3배에 달하는 배상금 3억 엔을 지불하고, 요동반도와 대만 등을 일본에 양도하였다"는 한 마디만 적고 있을 뿐이다.(165쪽)

조선의 식민지화 과정은 어떻게 서술하고 있을까. 2005년판 검정신청본은 "일본정부는 일본의 안전과 만주의 권익을 방위하기 위하여 한국의 병합이 필요하다고 생각하였다. 일러전쟁 후 일본은 한국에 한국통감부를 두어 지배를 강화하였다. 1910년 일본은 무력을 배경으로 한국 내의 반대를 억누르고 병합을 단행하였다(한국병합). 구미열강은 영국의 인도, 프랑스의 인도차이나, 미국의 필리핀, 러시아의 외몽고 등, 자국의 식민지 지배를 일본이 인정하는 대신 일본의 한국병합을 인정하였다"고 쓰고 있다.(170쪽) 이는 검정과정을 거쳐 다음과 같이 수정되었다. "일러전쟁 후 일본은 한국에 한국통감부를 두고 지배를 강화하였다. 구미열강은 영국의 인도, 미국의 필리핀, 러시아의 외몽고 등 자국의 식민지나 세력권의 지배를 일본이 인정하는 것 대신에 일본이 한국을 영향 하에 두는 것에 이의를 제기하지 않았다. 일본정부는 일본의 안전과 만주의 권익을 방위하기 위하여 한국의 병합이 필요하다고 생각하였다. 1910년 일본은 무력을 배경으로 한국 내의 반대를 억누르고 병합을 단행하였다(한국병합)." 수정본은 서술의 순서가 바뀌고, 프랑스의 인도차이나 지배가 빠졌으며, '서구열강의 식민지 지배'를 '식민지나 세력권의 지배'로 표현을 수정했다. 하지만 문제가 될 수 있는 "일본의 안전을 위하여 … 한국의 병합이 필요하다고 생각하였다"는 대목은 그대로 남아 있다. 이 대목을 읽는 학생들은 당시 일본이 러시아 등으로부터 안보의 위협을 받고 있었고, 그 때문에 일본의 한국병합은 불가피하였다는 생각을 갖기 쉽다. 이 대목은 2001년판에서도 들어 있었는데 이번에도 살아남았다.

하지만 이는 반드시 수정되어야 할 대목이다. 이러한 문장이 들어간 것은 집필자들이 청일전쟁과 러일전쟁의 승리를 통하여 구미열강의 압력 하에서 독립을 유지할 수 있는 발판을 마련하였으며, "일본의 국제적 지위는 향상되고 세계열강의 그룹에 들어갈 수 있게 되었다. 근대 일본의 건설은 여기에서 완성되었다"(170쪽)는 의식을 갖고 있기 때문이다. 청일전쟁과 러일전쟁의 승리를 통해 대만과 조선을 식민지 내지는 보호국으로 만듦으로써, 즉 타국에 대한 전쟁 승리와 침략을 통해 일본의 근대국가 건설이 완성되었다는 역사서술이 어떻게 중학교 역사교과서에 버젓이 들어갈 수 있을까. 이 대목이 검정과정에서도 그대로 통과되었다는 점이 놀랍기만 하다.

병합 이후 식민지 지배에 대해서는 어떻게 서술하고 있을까. 2005년판 검정신청본에서는 "한국병합 뒤에 설치된 조선총독부는 철도, 관개의 시설을 정비하는 등 개발을 행하고, 토지조사를 개시하여 근대화에 노력하였다. 그러나 이 토지조사사업에 의하여 그때까지의 경작지로부터 추방된 농민도 적지 않았고, 일본어 교육 등 동화정책이 진행됨으로써 조선인들 사이에서 일본에 대한 반감이 강화되었다"고 쓰고 있다. 검정과정을 거친 수정본에서는 "한국병합 뒤 설치된 조선총독부는 식민지 정책의 일환으로서, 철도, 관개의 시설을 정비하는 등의 개발을 행하고, 토지조사를 개시하였다. (이하 같음)"고 수정하였다. 즉 '근대화에 노력하였다'는 문구만 삭제한 것이다. 하지만 철도, 관개의 시설을 왜 했는지에 대한 설명이 없이 '개발'이라는 단어만 들어가 있기 때문에 이 책을 읽는 학생들은 총독부가 조선인들을 위해 '선의의 개발'을 한 것으로 착각하기 쉽게 되어 있다. 또 토지조사사업을 통해서 경작지로부터 추방된 농민들이 많았다는 서술은 최근 학계의 연구에 의해서 거의 부정된 내용이다. 그보다는 일본인 지주와 농민들의 조선 진출로 인해 토지로부터 쫓겨난 조선인 농민들이 많았고, 이들이 만주나 일본 등지로 유랑의 길을 떠나게 되었다는 내용으로 바뀌어야 할 것이다.

대만 지배와 관련해서는 171쪽에 "일본은 일청전쟁 뒤 일본의 영토가 된 대만에서도 주민의 저항을 억누르고 대만총독부를 두어 현지의 개발에 힘을 쏟았다"고 쓰고 있다(2005년 수정판). 대만이 일본의 '식민지'가 아닌 '영토'가 되었다는 표현을 쓰고 있는 점에 유의해야 한다. 그리고 일본의 대만 개발을 더욱 강조하기 위해 171쪽의 상단에 '인물칼럼'으로서 '대만의 개발과 八田與一'이라는 기사를 싣고 있다. 八田與一은 대만총독부에 근무하던 토목기사로서 가남평야에 대규모 저수지를 만드는 공사를 지휘한 인물인데, 그의 업적은 이 칼럼에서 '세기의 위업'으로 묘사되고 있다.

3·1운동은 어떻게 묘사되고 있을까. 3·1운동에 대해서 이 책은 "일본 지배하의 조선에서는 1919년 3월 1일, 구 국왕의 장례에 모인 사람들이 서울에서 독립을 선언하고, '독립만세'를 외치며 데모 행진을 하였다. 이러한 움직임은 곧 조선 전토로 확대되었다. 조선총독부는 그 참가자 다수를 검속하였는데, 그 뒤에 그때까지의 무력으로 억누르던 통치의 방식을 변경하였다"고 쓰고 있다. 하지만 3.1운동의 진압과정에서 다수의 사상자가 발생했다는 내용은 전혀 언급하고 있지 않다. 1919년 6월 20일자 총독부 경무국의 보고만을 보아도, 3월 1일부터 4월 30일까지 발생한 소요에서 사망한 조선인은 553명, 부상한 조선인은 1,409명에 달하였다.[14] 따라서 진압과정에서 다수의 사상자가 발생했다는 내용은 반드시 들어가야 할 것이다.

중일전쟁 이후 조선에서의 황민화정책과 강제연행에 대해서는 어떻게 서술하고 있을까. 2005년판 검정신청본에서는 "조선반도에서는 일중전쟁 개시 후 일본식의 성명을 이름붙이는 것을 인정하는 창씨개명이 행해져, 조선인을 일본인화 하는 정책이 추진되고 있었다. 전쟁 말기에는 징병이나 징용이, 조선이나 대만에서도 적용되어 다수의 조선인이 일

---

14) 姜德相編, 1967, 『現代史資料』 25 (みすず書房) 474쪽 참조.

본의 광산 등에서 혹심한 조건 하에서 노동을 하였다"고 썼다. 검정과정에서 창씨개명 부분은 '일본식의 성명을 이름붙이는 창씨개명'이라는 식으로 수정되었다. 하지만 이는 '일본식의 씨명으로 성명을 고치도록 강제한 창씨개명'이라고 표현하는 것이 정확할 것이다. 즉 창씨개명이 '강제'로 행해졌다는 내용이 교과서 서술에서는 회피되고 있는 것이다. 또 '일본인화'보다는 '황민화'라는 표현이 더 정확할 것이다. 그리고 강제연행과 관련된 부분은 "전쟁 말기에는 징병이나 징용이 조선이나 대만에도 적용되어 현지의 사람들에게 다양한 희생과 고통을 안겨 주었다. 또 다수의 조선인과 중국인이 일본의 광산 등에 연행되어 혹심한 조건 하에서 노동을 하였다"고 수정되었다. '희생과 고통'이라는 대목이 추가된 것이다. 하지만 강제연행과 관련해서 징병과 징용만 언급되고 있을 뿐, 일본군위안부 문제는 2001년판과 마찬가지로 2005년판에서도 전혀 거론하지 않고 있다.

식민지 조선에 대한 언급은 위에서 언급한 것이 전부이다. 즉 병합과정과 3·1운동, 그리고 전시강제동원이 서술 내용의 전부인 것이다. 3·1운동 이외의 독립운동은 말할 것도 없고, 조선에서의 산미증식계획이 일본인들의 식량 문제를 해결하는 데 큰 도움이 되었던 것, 1930년대 일본 자본이 조선의 북부지방에 적극 진출하고 있었던 것, 70만 명에 달하는 일본인이 식민지 조선에 건너와 생활하고 있었던 것, 중일전쟁 전에 이미 50만 명의 조선인 노동자가 일본에 건너가 있었던 것 등도 전혀 언급되고 있지 않다. 일본 본토와 식민지 조선, 대만과의 관련성은 가급적 언급을 회피하고 있는 것이다.

IV. 1945년 이후 서술에 나타난 역사인식

1. 동경재판에 대한 비판

후소샤판 역사교과서를 만든 '새역모'의 핵심 인물들은 1990년대 기존의 역사교과서를 비판하면서, 기존 교과서들이 이른바 '동경재판사관'에 얽매여 있다고 주장하면서 이에서 벗어날 것을 주장하였다. 그들이 말하는 '동경재판사관'은 일본에 만주사변, 중일전쟁, 태평양전쟁을 도발한 책임을 묻는 역사관이었다. 따라서 그들은 '동경재판사관'에서 벗어나 '대동아전쟁긍정사관'을 가져야 한다고 주장해왔다. 이러한 그들이기에 '새역모'의 역사교과서는 동경재판에 대해 비판적인 시각을 노골적으로 드러내고 있다.

2005년판 검정신청본의 215쪽에는 새로이 '동경재판에 대해 생각한다'는 칼럼이 들어갔다. 이는 2001년판에서 '극동군사재판'이라는 항목에서 서술한 내용을 거의 그대로 반복한 것이다. 2005년판의 내용을 잠시 검토해보자. 이 책은 "이 재판에서 피고는 '평화에 대한 죄'를 범한 것으로 되었다. 이는 자위전쟁이 아닌 전쟁을 개시한 것을 죄라 하는 것이었는데, 이러한 죄로 국가의 지도자를 벌한 것은 지금까지 국제법의 역사에는 없었다"고 주장하였다. 여기서 침략전쟁을 '자위전쟁이 아닌 전쟁'으로 표현하는 그 기술은 놀랍기까지 하다.

이어서 이 책은 "동경재판의 단 한 사람의 국제법 전문가였던 인도의 펄 판사는 이 재판은 국제법 상의 근거를 결여하고 있는 것으로서 피고 전원의 무죄를 주장하였다. 그러나 GHQ는 이 펄 판사의 의견서를 공표하는 것을 금하고, 기타 일체의 재판에의 비판을 허용하지 않았다. 동경재판에 대해서는 국제법상의 정당성을 묻는 견해와, 거꾸로 세계평화를 향한 국제법의 새로운 발전을 보인 것으로서 긍정하는 의견이 있어 금일에도 그 평가는 정해지지 않고 있다"고 쓰고 있다. 앞부분에서는 이 재판을 맹렬히 비판하고 뒷부분에서 잠깐 긍정론도 있다는 식으로 서술하고 있는데, 이는 검정을 통과하기 위한 얄은 술책인 것으로 보인다. 결국 위의 서술 내용은 2005년도 검정과정에서 전혀 걸러지지 않고 그대로 통과되었다.

그 동안에도 일본 내에서 동경재판에 대한 비판적인 시각은 항상 있어왔다. 하지만 그 비판은 이 재판이 전쟁의 최후, 최고 책임자인 쇼와 천황에게는 아무런 책임을 묻지 않는다는 것을 전제로 시작되었다는 데에 초점을 두고 있었다. 그리고 그러한 비판은 기본적으로는 이 재판이 인도와 평화의 입장에서 전쟁도발자들의 책임을 물었다는 점에서 일정한 의의를 인정하는 가운데 나온 비판이었다. 그러나 이 교과서에서의 비판은 그와는 전혀 관점을 달리한다. 즉 일본은 자국의 이익을 위해 전쟁을 했을 뿐이며, 따라서 이 전쟁을 지휘한 자들은 아무런 책임이 없다는 것이다. 그렇다면 유럽에서 전쟁을 도발하고 수많은 인명을 학살한 독일의 나치 일당도 아무런 책임이 없다는 것일까. 이 교과서는 인도의 펄 판사의 견해를 인용하여 그들의 주장을 뒷받침하고자 했다. 그런데 펄 판사는 전체 판사 가운데 그러한 소수 의견을 낸 단 한 명에 불과했다. 또 그는 찬드라 보스의 국민군에 참여한 경력이 있었으며, 평소 일본의 전쟁은 아시아인을 위한 것이었다는 신념을 갖고 있는 인물이었다고 한다. 즉 그는 당시 인도의 네루가 이끄는 국민회의파와는 전혀 다른 생각을 가진 인물이었다는 것이다. 당시 이 재판에서 최대 쟁점이 된 것이 적용된 법의 타당성 여부였던 것은 사실이다. 재판 개정 직후 변호인 측은 재판소에 관할권을 기피하는 동의를 제출했다. '평화에 대한 죄'는 사후법으로 국제법상 범죄가 아니며, 국가행위에 대한 개인의 책임은 물을 수 없는 것으로, 재판소는 관할권이 없다는 것이었다. 이에 대해 키난 검사는 재판소 헌장은 파리부전조약 등 이미 있는 국제법을 따른 것이라고 반박하였다. 또 웹 재판관은 관할권에 대한 이의 신청을 각하하

고, 다수의 판사들은 뉘른베르크재판과 마찬가지로 침략전쟁은 국제법
상의 범죄라는 견해 하에 '평화에 대한 죄'의 개념을 적용하여 피고인들
에게 유죄판결을 내렸다.[15] 이 교과서의 필자들은 동경재판이 승자의
재판이며, 국제법상 근거가 없는 재판이었다는 신념을 가진 이들이기 때
문에, 이 칼럼을 통해 그러한 자신들의 견해를 학생들에게 가르치고 싶
었던 것으로 보인다. 하지만 그들이 그러한 생각을 갖게 된 더 근본적인
이유는 태평양전쟁 등 일본이 벌인 여러 전쟁들이 침략전쟁이 아니라
'자존 자위를 위한 전쟁'이라는 신념에 있었다고 할 수 있다. 때문에 이
책의 필자들은 이 칼럼의 뒷부분에 '전쟁에의 죄악감'이라는 소제목을
달고, GHQ의 점령정책을 다음과 같이 비판하였다.

> GHQ는 점령 직후부터 신문, 잡지, 라디오, 영화 등 모든 언론에 대
> 한 극심한 검열을 행하였다. 또 일본의 전쟁이 여하히 부당한 것이었는
> 가를 매스미디어를 통하여 선전하였다. 이러한 선전은 동경재판과 함께,
> 일본인의 자국의 전쟁에 대한 죄악감을 길러 戰後의 일본인의 역사에
> 대한 견해에 영향을 주었다.(215쪽)

2001년판에도 실린 위의 글은 이 책의 집필자들이 평소 주장해온,
이른바 '동경재판사관'과 자국의 전쟁에 대한 죄악감이 미국의 군정 지
배기간에 검열과 선전에 의해 일본인들에게 주입되었다는 내용이라 할
수 있다. 결국 이는 그러한 '잘못된 역사관'과 '전쟁에 대한 죄악감'을
이제는 극복해야 한다는 주장을 돌려서 말한 것이라고 볼 수 있다. 그들
은 전쟁에 대해 자기반성을 하기는커녕 그러한 반성은 강요된 것이므로
이제는 극복해야 한다고 주장하고 있는 것이다. 침략전쟁 합리화 주장은
동경재판에 대한 비판 칼럼으로 대미를 장식하고 있는 것이다.

---

15) 藤原彰, 森田俊男編, 앞의 책, 163~165쪽.

2. 평화헌법 비판

이 책은 미군정 시기 GHQ가 주도한 평화헌법으로의 개정에 대해 매우 비판적으로 서술하고 있다. 이에 관한 2001년판의 내용을 약간 수정한 2005년판 검정신청본의 내용을 살펴보자.

> GHQ는 대일본제국헌법의 개정을 요구하였다. 일본측에서는 이미 대정데모크라시의 경험이 있어 헌법의 다소 수정을 가하여 민주화가 가능하다고 생각했다. 그러나 GHQ는 1946년 2월, 약 1주간 스스로 작성한 헌법초안을 일본정부에 제시하고 (헌법의 근본적인 개정을 강요했다.)
> 정부는 GHQ가 제시한 헌법초안의 내용에 충격을 받았지만, 그것을 거부할 경우 천황의 지위가 위협받는다는 두려움 때문에 받아들였다. GHQ의 초안에 기반해서 정부는 헌법안을 만들고 제국의회의 심의를 거쳐, 1946년 11월 3일 일본국 헌법이 공포되었다.(213쪽) (밑줄 친 부분은 2005년판에서 새로 들어간 것, 괄호안은 검정과정에서 삭제됨)

위의 글에 의하면, GHQ는 약간의 개정만이 필요했던 '대일본제국의 헌법'을 1주일간의 졸속적인 검토를 거쳐 개정안을 마련한 뒤, 일본정부에 그 안에 따를 것을 강요하였고, 일본정부는 이를 거부할 경우 천황의 지위에 대한 변동을 추가로 강요할 것을 두려워하여 부득이 이를 받아들였다는 것이다. 검정신청본은 側註로서 "점령군이 점령한 나라의 헌법을 변경시키는 것은 헤이그 육전법규에서 금지하고 있는 것이었다"고 썼다. 하지만 이 부분은 검정과정에서 "헤이그 육전법규에 대한 일면적인 해석"이라는 이유로 삭제되었다. 또 검정신청본에는 역시 측주로서 헌법의 가장 중요한 포인트와 관련하여 "교전권의 부인 등이 쓰여 있었고, 이는 국가로서의 주체성을 부정하는 것으로 당시의 지도자들은 받아들였다"고 쓰고 있다. 이는 2001년판에는 없던 내용인데 이번 검정과정에서 그대로 통과되었다. 즉 개정헌법을 '평화헌법'이라고 부르게 된 가장 중요한 조항인 개정헌법 제9조 1항의 '교전권의 부인' 부분에 대해

이는 '국가로서의 주체성을 부정하는 것'이라는 견해를 강하게 제시하고 있는 것이다. 결국 이 교과서는 미국에 의해 강요된 개정헌법은 일본의 국가로서의 주체성을 부정하는 것이었으며, 따라서 이러한 조항은 개정되는 것이 마땅하다는 것을 은연중에 말하고 있는 것이다. 2001년판과 2005년판을 비교해보면, '일본국헌법'이라는 항목의 서술 분량은 전체적으로 약간 줄어들었으나, 개정헌법에 대한 비판의 강도는 측주 등을 통해 더 강해졌다고 볼 수 있다.

평화헌법에 대한 비판은 이 책의 가장 마지막 부분인 '국제사회에서의 일본의 역할' 항목으로 이어진다고 보인다. 이 부분은 2001년판의 내용이 대폭 수정되어 2005년판이 등장했는데, 여기서는 검정통과 이후의 수정본의 내용을 검토해보자.

> 1990년 8월 이라크군이 돌연 쿠웨이트에 침공하자 다음해 1월 미국을 중심으로 하는 다국적군이 이라크와 싸워서 쿠웨이트로부터 철퇴시켰다(걸프전쟁). 이 전쟁에서는 일본은 헌법을 이유로 하여 군사행동에는 참가하지 못했고, 거액의 재정원조에 의해 커다란 공헌을 하였지만, 국제사회는 그것을 평가하지 않았다. 국내에서는 일본의 국제공헌의 방법에 대해서 심각한 의론이 일어났다.(223쪽)

즉 걸프전쟁 과정에서 일본은 재정적으로는 기여할 수 있었지만, 외국에 군대를 파견하여 싸울 수 없게 되어 있는 헌법 때문에 직접 전투부대를 파견하여 군사작전에 참여할 수 없어 국제사회에서 일본의 기여도가 제대로 평가되지 않았다는 것이다. 따라서 일본 국내에서는 평화헌법을 개정해서 외국에 군대를 파견할 수 있도록 해야 한다는 소리가 크게 일어났다는 것이 이 부분에서 집필자들이 진정 말하고자 하는 바였다. 위의 내용은 2001년판에는 들어있지 않았던 완전히 새로운 내용으로서, 평화헌법에 대한 개정의 필요성을 간접적이지만 강하게 주장한 것이라 할 수 있다.

이 책은 위의 서술에 이어서 일본의 국제사회에서의 역할에 대해 검정신청본에서 다음과 같이 주장하였다.

　　　공산주의 진영의 붕괴에 의해 세계 규모의 전쟁 위험은 사라졌지만, 민족과 종교의 대립을 토대로 한 지역분쟁은 없어지지 않았다. 동아시아에는 아직 공산주의 국가, 혹은 공산당 1당 독재 국가가 남아있고, 이 지역도 큰 위험을 안고 있다. 이 가운데 독자적인 문화와 전통을 가진 일본이 자국의 안전을 확실히 확보하면서, 금후 세계 평화와 번영에 어떻게 공헌해 갈 것인가가 질문으로 남는다.(223쪽)

위의 서술 내용은 2001년판에 있던 내용을 대폭 수정한 것이다. 여기서 특히 강조되고 있는 것은 동아시아에서의 정세불안이다. 여기서는 그 불안 요인을 아직도 공산주의 국가, 혹은 공산당 1당독재가 남아 있다는 데에서 찾고 있다. ‘공산주의국가’ 내지 ‘공산당 1당독재’ 국가란 북한과 중국을 가리키는 것으로 짐작된다. 즉 동아시아에서의 불안요소는 바로 북한과 중국이라는 뜻이다.

위의 글은 동아시아의 정세 불안 요소로서 흔히 거론되는 일본과 중국의 패권경쟁, 미국과 북한간의 핵 위기 등은 전혀 거론하고 있지 않다. 위의 밑줄 친 부분은 검정과정에서 “일부에 공산주의 국가가 남아 있고, 또 민족이나 종교의 대립을 바탕으로 한 지역분쟁도 없어질 것 같지 않다”고 다소 완화된 표현으로 수정되었다. 하지만 필자들의 원래의 집필 의도는 여전히 살아남아 있다고 보인다.

이 책은 마지막으로 이러한 정세 불안 속에서 일본이 ‘자국의 안전’을 어떻게 확보해 나갈 것인가, 그리고 세계평화에 어떻게 공헌할 것인가의 방법을 학생들에게 질문하고 있다. 하지만 그 답은 이미 이 책의 필자들에 의해 제시되고 있다. 즉 1차적으로 평화헌법을 개정하여 군사 행동을 할 수 있는 나라가 되는 것, 이것이 이 책의 필자들이 이미 제시하고 있는 해답이었다. 이 책의 가장 마지막 부분에 이러한 내용을 싣고 있는 것은 그들이 이 교과서를 편찬한 이유가 무엇인지를 상징적으로 말해주고 있다.

V. 맺음말

2005년판 후소샤판 역사교과서는 2001년판에 비교할 때, 근현대사 서술, 특히 1910년 이후의 일본이 도발한 전쟁과 일본이 지배한 식민지 문제에 대한 서술에서 다음과 같은 특징을 보이고 있다.

첫째, 2005년판은 2001년판과 마찬가지로 1920년대 다이쇼 데모크라시에 대해서는 매우 소략하게 서술하고 있다. 특히 그 시대의 보통선거 실시와 각종 사회운동의 활성화에 대해서는 매우 인색하게 서술하는 데 그치고 있다. 또 이 책은 1920년대와 30년대의 일본 민간인들의 정당 정치와 대외정책을 폄하하고 있다. 이 책은 정당정치를 아무런 문제해결도 하지 못하는 '정쟁'에 지나지 않았던 것으로 묘사하고 있다. 또 이 책은 군부의 정치참여에 대해 2001년판에서는 '국가의 질서를 파괴하는 행동'이었다고 규정하면서도 그들의 행동을 합리화하는 서술을 전개했지만, 2005년판에서는 '국가의 질서를 파괴하는 행동이었다'는 서술을 삭제하고, 국민 가운데 관동군의 행동을 지지하는 자가 많았으며, 육군에는 다액의 기탁금이 답지하였다는 내용만을 실음으로써 관동군의 '만주사변' 도발을 적극적으로 합리화하였다.

둘째, 2005년판도 2001년판과 마찬가지로 일본의 '만주사변', 중일전쟁, '대동아전쟁'(태평양전쟁)의 도발에 대해 적극적으로 이를 합리화하고 있다. 이 책은 이들 전쟁은 '自存自衛의 전쟁'이었다고 주장하면서, 전쟁 발발의 책임을 상대방인 중국과 미국측에 떠넘기고 있다. '만주사변'은 중국인들의 배일운동, 중일전쟁은 중국군의 발포, '대동아전쟁'은 미국측의 중국군 지원, 대일 강경 외교와 ABCD의 일본 포위 전략에 그 원인이 있었다는 것이다. 즉 일본자본주의의 위기, 일본군부의 우경화, 그로 인한 일본측의 대륙침략 의지와 아시아제패 전략 등은 전혀 언급되고 있지 않다. 그리고 전쟁 과정에서 빚어진 남경학살에 대해서는 2001년판에 비해 축소하여 서술했으며, 일본군의 침략에 대해서는 '침공' 대신 '진주' '상륙' '진격' 등의 용어를 사용했다. 이는 독일의 폴란드 침공, 소련침공 등을 모두 '침공'으로 서술한 것과 명백히 대비된다. 이는 일본이 도발한 전쟁의 침략전쟁으로서의 성격을 은폐하기 위한 것이다.

셋째, 2005년판에서는 1차 세계대전 이후의 전쟁은 모두 '총력전'이 되었다는 것을 강조하면서, 국가에 의한 국민들의 강제동원을 합리화하고자 하였다. 이는 중일전쟁 이후 전개된 국가의 일본 국민과 식민지 주민들에 대한 희생 강요를 합리화하고, 나아가 이 책을 배우는 이들로 하여금 '국가주의'로 무장하여 국가가 요청하면 언제라도 전장에 나갈 준비를 해야 한다는 의식을 심어주기 위한 것으로 보인다.

넷째, 2005년판은 2001년판과 마찬가지로 여러 차례의 전쟁 가운데 특히 그들이 말하는 '대동아전쟁'을 합리화하고 '대동아공영권'을 미화하는 데 주력하고 있다. 그들은 '대동아전쟁'을 한편에서는 일본의 '자존자위를 위한 전쟁'이라고 말하면서, 다른 한편에서는 '아시아민족의 해방을 위한 전쟁'이라고 미화한다. 아시아민족의 해방을 위한 전쟁임을 보여주기 위해 2005년판에서는 인도네시아 사람들이 일본군을 환영하는 사진과 사진설명을 새로 넣었다. 하지만, 일본군이 진정으로 동남아시아에까지 들어간 이유였던 석유와 원자재, 전쟁 인력의 확보라는 목적은 전혀 언급하고 있지 않다. 또 '대동아공영권'을 미화하기 위해 '대동아회의'에 대해 장황하게 서술하고, 이에 참여한 인물들을 소개하고 있다. 하지만 이 회의가 일본군에 의해 포섭된 허수아비 정권의 인물들이 일본군의 각본에 따라 모여 가진 꼭두각시놀음이었음은 이미 잘 알려진 사실이다.

다섯째, 2005년판도 2001년판과 마찬가지로 식민지 조선과 대만 지배에 관해서는 매우 간략히 서술하는 데 그치고 있다. 그리고 일본이 이들 식민지로부터 어떠한 이득을 취했는가는 전혀 언급하지 않은 채, 오히려 조선과 대만을 '개발'하였다는 내용만 싣고 있다. 그러한 개발이 궁극적으로는 식민지에서의 인적, 물적 자원을 약탈하기 위한 것이었음은 전혀 언급하고 있지 않다. 식민지 조선에서의 독립운동도 3·1운동 이외에는 전혀 언급하지 않고 있다. 또 전시체제기 인적, 물적 자원의 강제동원에 대해서도 징병, 징용이 있었다는 정도만 언급하고 어느 정도의 인력이 동원되었는지는 설명이 없다. 일본군 위안부에 대해서는 2001년판과 마찬가지로 전혀 언급이 없다.

여섯째, 2005년판의 동경재판에 대한 비판은 2001년판과 내용이 거의 같다. 즉 동경재판은 일본의 전쟁 지도자들에게 '평화에 대한 죄'를 적용했지만, 이는 국제법의 근거가 없는 것이었다는 주장을 강하게 부각시켰다. 이러한 주장은 동경재판 당시 전범들의 변호인들이 내세운 주장인데, 그러한 주장을 그대로 전달하고 있는 것이다. 아울러 GHQ는 언론 검열과 선전을 통해 일본인들의 자국의 전쟁에 대한 죄악감을 키웠다고 주장하였다. 이러한 대목은 과거의 침략전쟁에 대한 반성은커녕, 반성을 강요한 동경재판과 GHQ가 잘못된 것이라는 주장을 하고 있는 것이다.

일곱째, 2005년판은 2001년판에 비해 이른바 '평화헌법'에 대한 비판의 수위를 높이면서 헌법개정의 주장을 강력히 제기하고 있다. 이 책은 GHQ가 '1주일만에' 졸속으로 만든 헌법개정안을 일본정부에 강요하였고, 일본정부는 부득이 이를 수용하였다는 것, 그리고 이 헌법의 가장 중요한 내용인 '교전권의 부인'은 '국가로서의 주체성을 부인하는 것'이었다는 견해를 강하게 부각시켰다. 또 걸프전쟁 시 일본군은 평화헌법 때문에 군사행동에 참여하지 못했고, 이 때문에 국제사회에서 제대로 평가받지 못하였다면서 사실상 평화헌법의 개정이 필요하다는 주장을 싣고 있다.

전체적으로 2005년판은 2001년판을 비교할 때, 관동군의 '만주사변' 도발을 더 정당화하고자 했고, 그 밖의 중일전쟁, 태평양전쟁 등 침략전쟁을 도발을 여전히 합리화하고 있다. 특히 이른바 '대동아전쟁'의 명분으로 내세워진 '대동아공영권론'과 '아시아민족해방전쟁론'을 더욱 부각시키고 있다. 또 '총력전'을 강조함으로써 전시 강제동원을 정당화하고, 이 책을 배우는 학생들에게 국가주의를 고취하고자 했다. 그리고 결론적으로 전후에 만들어진 '평화헌법'을 더 강하게 비판하면서 국제사회에서의 역할을 구실로 은연중에 이 헌법을 개정해야 한다는 주장을 펴고 있다.

결국 2005년판 후쇼샤판 교과서는 '새역모'의 역사교과서 편찬 취지였던 1)일본국민들의 과거 전쟁에 대한 죄악감의 극복, 2)평화헌법을 개정하여 전쟁을 할 수 있는 나라로의 국가개조라는 정치적 목표를 보다 노골적으로 드러낸 '더 개악된 책'으로서, 역사교과서로서의 자격이 없는 책이라고 말할 수 있다.

제2부
일반역사서(사전류와 개설서)의 왜곡과 진실

고대 한·일 관계의 역사서술

이 재 석*

Ⅰ. 들어가는 말

1980년대 들어 소위 교과서 왜곡 사건으로 불거지기 시작한 일본의 역사 왜곡 문제는 1990년대 이후 일본 사회의 전반적인 우경화 내지 보수화 경향이 촉진되면서 오히려 심각성을 더해가고 있는 것이 오늘의 현실이다. 역사 인식 문제는 단순히 과거 역사에 대한 이해와 인식 차원에 머무는 것이 아니라 바람직한 한·일 관계, 나아가 향후의 평화로운 동아시아 세계를 구축해 나가고자 할 때 그 상호 이해의 토대를 이루는 부분이기 때문에 현실의 실천적인 문제이기도 하다.

이 글에서는 이러한 일본의 역사 왜곡의 실태, 그 중에서도 특히 古代의 한·일 관계에 대한 기술에 대하여 일본에서 출판된 기존의 일반 개설·개론서 종류 및 사전류에 대한 검토를 통하여 살펴보고자 한다. 종래 역사 교과서에 대한 검토와 비판 작업은 많이 이루어졌으나[1] 일반

---

* 동북아역사재단 연구위원

1) 근년에 이루어진 주요 연구 성과물을 몇 가지만 예시하면 다음과 같다. 정재정, 1998, 『전환기의 역사교육과 일본인식 – 한국의 논리』(현음사) ; 同, 1998, 『전환기의 역사교육과 일본인식 – 일본의 논리』(현음사) ; 일본교과서바로잡기운동본부·역사문제연구소 엮음, 2002, 『화해와 반성을 위한 동

개설서에 대해서는 그렇지 못한 감이 있는 것이 사실이다. 또 통상 개설·개론서는 일본사 전체에 대한 체계적이면서 개괄적인 이해를 목표로 하고 있으면서 또 일반인을 대상으로 한 경우가 많은 만큼, 일선 학교 교육 현장에서 다루어지는 교과서 종류와 더불어 파급력이 크기 때문에 일본의 역사 기술 실태를 살피고자 할 때 무시할 수 없는 소재라고 할 수 있다. 그리고 집필진도 일선 연구 현장에서 학계를 선도해가고 있는 학자들인 경우가 많기 때문에, 중·고교 교과서 집필과는 달리 학계 최신의 연구 성과가 비교적 빨리 일반인들에게 소개될 수 있는 장점이 있으며 아울러 과거의 개설서 종류와 최신의 그것을 비교해보면 현재의 일본 학계의 연구의 도달점을 가늠해 볼 수도 있는 이점이 있다. 이러한 점에서 필자는 이 검토 작업에 나름의 의미를 부여해도 좋지 않을까 생각한다.

II. 사전 및 개설(론)서에 보이는 古代 한·일 관계

1. 검토 대상에 대한 소개

일본에는 현재 많은 종류의 개설·개론서가 출판되어 있다. 단행권으로 출판되어 있는 것에서부터 십 수권으로 구성된 시리즈 종류에 이르기까지 다양하며 그 수준과 내용의 깊이 면에서도 많은 편차가 보인다. 이러한 양상은 사전류에 대해서도 마찬가지라고 할 수 있다. 예를 들어 『角川 日本史辭典』(角川書店, 1966 초판, 1974 제2판), 『角川新版 日本史辭典』(角川書店, 1997) 등과 같이 단행본으로 간행된 사전이 있는가 하면 『日本史事典』(平凡社, 전 7권, 1992~1994)나 『國史大辭典』(吉川

아시아 역사인식』 (역사비평사) ; 일본교과서바로잡기운동본부 편, 2002, 『한중일 역사인식과 일본 교과서』 (역사비평사).

弘文館, 전 17권, 1979~1997) 등과 같이 방대한 분량의 사전도 있다. 현재 이 모든 서적을 살펴볼 만큼의 여유가 있는 상황이 아니므로 여기 서는 개설류의 경우는 단행본으로 간행된 것 중에 몇 가지 대표적인 개 설·개론서를 대상으로 검토하기로 하며 사전류의 경우는 위에 언급한 종류를 검토 대상으로 하여 살펴보기로 한다. 참고로 아래에서 검토할 개설·개론서를 간단하게 정리·소개하면 다음과 같다.

■ 개설·개론서
(가)『詳說 日本史研究』(카사하라 카즈오(笠原一男) 저, 山川出版社, 1965년 초판, 1971년 개정판, 1977년 제1판 발행)
(나)『詳說 日本史研究』(고미 후미히코(五味文彦) 외 編, 山川出版社, 1998 년 초판)
(다)『日本史概說』(東京大學 敎養學部 日本史研究室 편, 東京大學出版會, 1961년)
(라)『槪論 日本歷史』(사사키 쥰노스케(佐々木潤之介) 외 편, 吉川弘文館, 2000년)
(마)『要說 日本歷史』(아사오 나오히로(朝尾直弘) 외 편, 東京創元社, 2000년)

먼저 (가)와 (나)는 모두 고등학교 학습 참고서로서의 성격을 띠고 있 으며 비교적 소상하게 일본사의 내용을 기술하고 있다. 특히 후자는 고 등학교의 수준을 넘어 다양한 학설과 논점을 비교적 평이하게 전달하고 자 한 점이 돋보인다. 또한 兩書에는 「まえがき(서두)」에서 '왜 일본사 를 배우는가'에 대한 나름의 대답을 제시하고 있는데 그 내용이 兩書의 출판 당시의 현실 인식을 잘 반영하고 있는 것 같아 흥미롭다. 즉 전자 의 경우에는 소위 戰後 30년을 넘긴 시점에서 학생들에게 주지시키고 있는 것은 1945년의 패전 이후 일본 사회가 목표로 한 것이 민주주의 사회의 건설이었다는 점이며(1977년 판) 후자는 國際化 시대의 도래라는 새로운 시대 환경을 언급하면서 국제화의 진전에는 자국의 역사와 문화 에 대한 통찰이 필수불가결하며 따라서 국제화가 진행되면 될 수록 일본

사에 대한 학습의 중요성은 더욱 중대할 것이라는 점을 강조하고 있다. (가)가 주로 60~70년대까지의 연구 성과를 기초로 기술된 반면, (나)는 90년대 이후의 연구 성과까지 시야에 넣어 기술되었다는 점에서, 양자 사이에는 약 2~30년의 간극이 존재한다. 따라서 양자를 비교해보면 그 동안의 일본 학계의 분위기 변화를 감지해낼 수도 있지 않을까 생각한다.

한편 (다)는 東京大學 교양학부의 일본사 수업의 교재로 편찬된 것으로서 1961년 출판된 이래로 일본의 대표적인 일본사 개설서로서의 권위를 지녀온 서적이라고 할 수 있다. 이에 대해 (라)와 (마)는 각각 출판 연도가 시사하듯이 최근에 나온 개론서이다. (라)는 사사키 쥰노스케, 사토 마고토(佐藤信) 등을 위시하여 東京大 출신들이 핵심 집필진으로 포진하고 있는 반면 (마)는 아사오 나오히로, 우에다 마사아키(上田正昭), 가마다 모토카즈(鎌田元一) 등을 위시하여 주로 京都大 출신들이 핵심 집필진으로 참여하고 있어 서로 대비되는 점이 있다. (마)는 일본 역사에 대해서 그 근간을 이루는, 움직일 수 없는 가장 기본적인 사실을 토대로 하여 일본사의 통사를 제시하고자 하였다는 점을 강조하고 있으며 (라)는「はじめに(머리말)」에서 新世紀를 맞이하면서 최신의 연구 성과를 반영하고자 하였으며 또한 과거처럼 대학생들에게 충분한 일본사 교육이 여의치 않게 된 현실에서 대학생에 대한 교육적 배려에 특히 유념하였다는 사실을 피력하고 있다. (라)의 이러한 간행사에서 보면 40년 전에 나온 앞의 (다)와 서로 좋은 비교 거리를 제공하고 있다고 할 수 있을 것 같다.

2. 구체적 記述의 諸相

주지하는 것처럼 일본열도와 한반도 관계의 始原은 멀리 원시 시대로까지 거슬러 올라간다. 하지만 오늘날 역사 속의 한·일 관계를 설명하

는 데 있어서 원시·고대의 그 모든 관계가 쟁점이 되는 것은 아니다. 고
대의 한 - 일 관계사를 설명함에 있어서 그 뼈대를 이루는 주요 이슈를
크게 나누어보면 주로 야요이 문화의 성립과 내용의 문제, 4~6세기 소
위 임나일본부설의 可否 문제, 渡倭 - 渡來人의 지위와 역할의 문제, 7세
기 아스카 문화와 隋·唐 성립 이후의 국제관계, 8세기 이후 통일 신라·
발해와 일본의 정치적 경제적 관계에 대한 諸문제 등을 꼽을 수 있을 것
이다. 그런데 이 중에서도 가장 첨예하게 양 학계의 의견이 대립하고 있
는 부분은 역시 임나일본부설의 문제라고 해도 과언이 아닐 것이다. 따
라서 먼저 이 부분에 대한 사전과 개설서의 기술 실태를 살펴보기로 한
다.

1) 임나 문제를 중심으로 한 기술

(1) 『角川 日本史辭典』(角川書店, 1974, 제2판)

■ みまな(任那) : "일본의 세력 하에 있었다고 일컬어지는 조선반도 남부 지
역의 총칭. 구 변한의 지역. 고구려의 광개토왕 비문에 처음 보임. 전성기
때에는 경상남도의 西半에서 전라남북도 전체에 미쳤다. 옛날부터 낙랑, 대
방 兩郡과의 중요한 중계지였기 때문에 4세기 중엽 무렵 대화조정은 대군
을 보내어 구 변한 지역을 점령하고, 官家(미야케)를 두어 조선반도 지배의
군사적 거점으로 삼았다. 일본부는 그 통치 기관이며 조정의 財源으로서도
중시되었다. 5세기 이후 우리나라 국내의 동요와 신라, 백제의 진출로 잠식
당하여 562년에 멸망하였다. (후략)" (920쪽)

■ にほんふ(日本府) : "고대에는 'ヤマトノミコトモチ(倭宰)'라고 하였다. 日
本書紀에는 5~6세기 중엽 조선의 임나에 설치하였던 일본의 出先機關으
로서, 임나 제국 외에도 백제 신라 등도 지배, 562년 임나가 신라에 병합될
때까지 존속하였다고 한다. 明治 이후 조선총독부와 유사한 것으로 이해하
는 경향이 강하였지만, 일본부란 말은 日本書紀 외에는 보이지 않고 그 존
재가 의문시되고 있다." (746쪽)

(2) 『角川新版 日本史辭典』(角川書店, 1997)

■ かや(伽耶) : "(전략) 4~6세기 무렵 조선반도 동남부(낙동강 유역 - 섬진강 유역)에 세력을 가지고 있던 諸小國의 총칭. … 가야 제국은 주위의 백제 신라 왜와 일찍부터 밀접한 관계를 가지고 우호와 적대의 복잡한 관계를 전개하였지만 … 신라에 병합되어 멸망하였다. 그 동안 대화정권은 가야 제국을 중심으로 외교를 전개하였다. 『일본서기』에서는 繼體 6년 조에 임나 4현의 백제 할양, 흠명 23년 조에 신라가 任那官家를 멸망시켰던 것을 기록하고 있다." (229쪽)

■ みまなにほんふ(任那日本府) : "(전략) 종래는 임나에 둔 일본의 出先機關으로, 562년 멸망까지 조선 지배의 군사적 거점이었다고 하였다. 최근에는 임나는 가야제국의 일국인 금관국이며 기관의 존재는 의문시되고 있다. 이 외에 백제 또는 가야가 설치한 기관으로 보는 설도 있지만 왜가 가야제국 중에 안라에 보낸 사신집단으로 보는 설이 유력하다." (1013쪽)

(3) 『日本史事典』(平凡社, 전7권, 1992~1994)

■ 任那日本府 : 현재 학계에서는 임나일본부의 존재를 전면적으로 부정하는 설과 명칭 조작설, 그 정치조직과 역사 기술에 의문을 품는 설 등이 착종되어 있으며 정설은 없다고 하면서, 백제본기의 사료적 가치의 문제와 대화 조정과 가야·백제와의 관계 문제, 그리고 임나일본부의 명칭과 실태 문제, 임나의 調 문제 등의 항목에 관한 여러 학설을 소개하고 있다. (제6권, 511쪽)

■ 任那の調 : "(전략) 가라제국으로부터 貢上되었다는 헌상물. 사료상으로는 … 562년 신라에 의한 임나 멸망 이후에는 신라가 공상해야하는 것으로서 등장한다. 7세기에는 임나 부흥 혹은 임나의 조 확보를 목적으로 신라와 외교 - 전쟁이 벌어진다. … 임나의 조의 의의에 대해서는 5세기 이전 임나 지배 계승을 나타낸 것, 또 6세기 왜와 임나의 관계를 계승한 신라가 백제와 왜의 연합을 두려워하여 명목적으로 왜에 臣從을 나타내는 증거로 보낸 것 등 왜의 임나지배의 시기와 실태, 임나지역을 둘러싼 신라와 백제의 항쟁과 왜의 관여 등의 평가와 관련하여 제설이 제시되어 있으며 46세기 일조 관계의 이해의 열 쇠가 되는 중요한 문제이다." (제6권, 511쪽)

(4) 『國史大辭典』(吉川弘文館, 전17권)

■ **にほんふ(日本府)** : "(전략) 일본부는 『일본서기』에 의하면 임나로 총칭된 가야 제국의 땅에 설치되어 흠명천황의 때에는 안라에 있었다. 그 때문에 임나일본부라든가 안라일본부로 칭해졌다. 당초는 일본의 장군들의 軍府였던 것으로 생각되지만 이윽고 상설적인 정치 조직이 되고 가야 제국의 맹주적인 지위를 차지하였다. 府에는 卿이나 大臣 혹은 臣으로 기록된 대화조정 파견의 상층관인이 있었지만 실질적인 권한은 執事가 장악하였고 그 중에서도 현지 출신자가 지도적인 역할을 하였다. … 일본부는 임나 지역에 있어 대화조정의 권익을 지키는 입장에 있었고 조정의 군사력을 배경으로 임나 지역의 보전을 도모하고 임나집사로 불린 임나 제국의 대표와 협의하면서 때로는 신라와, 때로는 백제와 교섭하여 현실적인 대응책을 취하였다. … 554년 백제가 신라와 싸워 대패하고 성명왕이 죽임을 당하자 현지의 국제적 균형이 깨져 562년 임나 제국은 신라에 명망당하고 이에 일본부도 임나와 함께 멸망하였다." (11권, 1990, 227쪽 사카모토 요시타네(坂元義種) 집필)

■ **みまな(任那)** : "(전략) 일본부란 무엇인가? 6세기에 이러한 명칭은 없고 『일본서기』에 '海北彌移居', '任那官家'라고 되어 있는 것이 古稱일 테지만, 官家인 한 국내에 설치된 難波屯倉·那津官家 등의 연장선상에 있고 항만 내지 군사 기지의 성격을 가진다. 설립 시기는 백제의 무령 – 성명왕, 신라의 법흥 – 진흥왕 시대로 추정된다. … 527년 왜는 신라에 패한 남가라, 喙己呑을 회복하기 위해 수만의 군대를 인솔한 근강모야신을 파견하여 529년 안라에 고당을 세우고 소위 임나부흥회의를 소집한다. 이를 機緣으로 官家의 조직이 형성된 것이 아닐까 하는 학설이 유력하다. … 임나가 신라에 병합된 후에도 왜는 형식적인 임나 영유권을 주장하였다. 견신라사와 함께 견임나사를 파견하여 신라에 임나의 政을 묻고, 또 신라에 대하여 신라사와 함께 임나사가 내조하여 調를 바칠 것을 요구하였다. … 591년, 623년 등 임나 회복을 위한 신라 파병을 기획하고 또 실행한 적도 있었지만 성공 사례는 없고 최종적으로는 대화개신에 임하여 646년 신라에 사신을 보내어 끝내 임나의 調를 폐지하여 임나문제에 종지부를 찍었다." (13권, 1992, 471쪽, 히라노 구니오(平野邦雄) 집필)

(5) 『詳說 日本史研究』(1965년 초판, 1971년 개정판)

■ <大和朝廷の成立>에서 4세기를 야마토 조정의 국내 통일 시기로 간주하고, 이어 <朝鮮半島への進出> 부분에서, 4세기 전반까지 국내 통일을 성공한 후 4세기 후반~5세기 초반에 생산기술과 철 자원을 구하러 한반도로 진출하였으며 한반도 남부의 임나를 지배하였다고 기술하고 있다. 그리고 왜의 5왕의 중국 조공도 5세기 초 신라 - 고구려의 연합 세력이 강성해져 왜의 임나 지배에 어려움이 생겼으며 이 곤경을 타개하기 위하여 왜왕의 조공 외교가 이루어지게 되었다고 설명하고 있다. (42~43쪽)

■ <大和朝廷の動搖>에서는 5세기 후반 고구려의 남하와 백제의 공주 천도, 가야 제국의 자립 움직임, 신라의 대두 속에서 임나 제국에 대한 통제력이 동요하기 시작하였다고 하면서 이 과정에서 백제에게 임나 4현을 할양하였으며 562년 임나의 멸망으로 2세기에 걸친 야마토 조정의 반도 경영은 종지부를 찍었다고 기술하고 있다. (50쪽)

(6) 『詳說 日本史研究』(1998년 초판)

■ <東アジア諸國との交渉>에서 가야에 대한 注로서 "日本書紀에서는 이 가야 제국과 그 동쪽 지역을 임나라고 부르고 일본의 식민지였던 것처럼 기술하고 있다. 가야와 왜의 관계가 밀접하였던 것은 확실하지만 가야 제국은 각각 小國群이며 日本書紀의 기재는 명백하게 잘못이다."라는 내용을 싣고 있다. (34쪽)

■ "4세기 후반이 되자, … 철 자원을 확보하기 위해 일찍부터 가야와 밀접한 관계를 가지고 있던 왜국(야마토 정권)도 백제 가야와 함께 고구려와 싸우게 되었다. … 고구려 기마 군단과의 싸움은 지금까지 기마 풍습이 없었던 왜인들에게 기마 기술을 배우게 하였는데, … 또 이 전란을 피하여 많은 도래인이 바다를 건너, 승마의 풍습 이외에도 다양한 기술과 문화를 일본에 전하였다. … 왜국은 또 이러한 조선반도 남부를 둘러싼 외교·군사상의 입장을 유리하게 하기 위하여 백제나 신라 등과 똑같이 중국의 남조에 사신을 보내어 조공하고 있다." (34~35쪽)

■ <中央集權への步み>에서 "475년에는 … 백제는 왕성을 남쪽의 웅진으로 옮기고 다시 538년에는 남방의 부여로 천도하여 반도 남부의 가야제국으

로 세력을 확대하여 갔다. 이 무렵에는 가야 제국의 자립의 움직임도 현저하여 야마토 정권의 가야 제국에서의 세력 기반은 점차 위협을 받아, 512년에는 가야 남부의 4현을, 513년에는 다시 2현을 백제에게 지배를 넘겨주었다. … 신라도 백제와의 항쟁 중에 562년에는 남은 가야 제국을 병합하기에 이르러 이에 야마토 정권이 保持하고 있었던 한반도 남부의 거점은 완전히 상실하였다." (45쪽)

(7) 『要說 日本歷史』(2000년)

■ (광개토왕 비문의 신묘년조에 대해) "과거의 많은 해석들이 신묘년(391)에 대화조정에 의해 조선출병이 이루어진 확실한 증거로서 이용하고 『일본서기』에 기재된 임나일본부의 존재를 방증하는 자료로서 인용해 왔다. 그렇지만 …" (종합적인 비문 연구의 필요성을 강조하는 내용이 이어짐). (35~37쪽)

■ <倭の五王>과 <治天下の思想>에서 "왜왕 무가 스스로 開府儀同三司를 칭하고 대왕 권력을 떠받치는 유력 수장층에게 軍號 등을 '咸假授' 한 것은 중국 왕조로부터 자립하여 가는 새로운 정치 질서의 편성을 지향하는 움직임으로서 주목된다. … 왜왕 무의 단계 무렵부터 '治天下'를 사용하게 된 것은 중국 천자의 治天下를 차용하여 왜국의 대왕의 영역 안에 적용하였음을 의미하는데, 5세기 말부터 600년 제1회 견수사 파견까지 공식적인 대중국 외교가 단절되어 있었다고 생각되는 점과 아울러 중요하게 보아야 할 상황이었다." (39~43쪽)

(8) 『槪論 日本歷史』(2000년)

■ <倭王權の伸張>에서 "4세기 후반에는 고구려의 남하를 받아 백제·가야와 왜는 고구려와 싸우게 되고, 고구려 광개토왕비에는 391년에 왜가 반도 남부로 진출하였음을 전하고 있다. 이러한 국제 정세 아래서 제국은 스스로의 우위 획득을 위해 다투어 중국에 사신을 파견하였다." (9쪽)

(9) 『日本史槪說』(1961년)

■ <大和朝廷の西日本統一>에서 "왜인전에 의하면 조선반도의 南岸 狗邪韓國도 이미 왜의 세력권 안에 들어와 있었다고 한다." (24쪽)

■ <朝鮮半島との關係>에서 "종래 대화조정은 국내 통일의 여세를 몰아 반
도로 진출하여 식민지를 세웠다고 말해지는 일이 많았는데, 그렇다고만 잘
라말 할 수는 없다. 대화조정은 국내 지배를 진전시키고 또 강화하기 위해
南鮮의 철 자원에 주목한 것이므로 반도 진출은 국내통일의 결과라고 간단
히 단정하는 것은 타당하지 않다."

■ "3~4세기 중국의 반도에 대한 정치적 압력이 감퇴하자 이미 北鮮에 건국
해 있던 고구려 외에 南鮮에 신라 백제가 건국하였지만 반도 南岸의 땅은
이미 왜인의 세력 하에 있었다. 대화조정은 거기에 임나일본부를 두어 반
도 경영의 발판으로 삼고 백제 신라에 압력을 가함과 동시에 이윽고 대거
남하해 온 고구려와 싸웠다."

■ "5세기에 들어오자 신라 고구려의 국력은 더욱 충실해지고 점차 일본 세력
을 압박하기에 이르러 일본의 입장은 괴롭게 되었다. 소위 왜의 오왕이 중
국 남조에 종종 사신을 보낸 것은 이런 어려운 처지를 외교교섭으로 호전
시키기 위함이었는데, 이점에 관해서는 별로 실효가 없었던 것 같다."

■ "562년 신라의 임나 병합하였기에 수 세기에 걸쳐 우리의 반도 지배의 거
점이었던 임나일본부는 소멸하고 일본 세력은 반도에서 후퇴하지 않을 수
없었다." (이상 26~27쪽)

■ <任那喪失後の半島情勢>에서 "562년 임나일본부 멸망 후에도 일본은 반
도에서 완전히 손을 떼고 있었던 것은 아니다. 신라는 일본의 국력을 두려
워하여 임나의 조를 계속 보내 왔으며 일본과 백제의 우호 관계도 유지되
었다. 임나일본부의 회복은 흠명조 이래 역대의 현안으로 되어 있었는데
국내에서의 왕위 계승 다툼과 그와 연관된 호족들의 대립 항쟁에 발목이
잡혀 국력을 반도에 충분히 발휘할 수가 없었다.554년 백제 성명왕은 일본
과 도모하여 신라에 대하여 대대적인 공세를 폈으나 오히려 신라의 반격을
받아 전사하였기에 일본과 백제 양국은 큰 타격을 입고 반도에서의 일본
세력은 한층 쇠약해졌다." (30쪽)

2) 기타 문제에 관한 기술

(5) 『詳說 日本史硏究』 (1965년 초판, 1971년 개정판)

■ <隋との交涉>에서는, 임나 멸망 이후 조정은 임나 부흥을 위해 성덕태자는 신라 정토군을 파견하였으나 동아시아의 정세가 변화되고 있음을 보고 정토군을 철수시킴과 함께 중국 수에 사신을 보내어 국교를 열었다. 그리고 이 수와의 교섭은 종래의 조공 외교의 태도를 변경하여 대등 외교를 개시였음을 강조하고 있다. (54쪽)

(6) 『詳說 日本史硏究』 (1998년 초판)

■ <推古朝の政治>에서 "왕권의 주위에 제호족을 결집시켜 권력을 집중하고 조선 제국에 대한 국제적 우위성을 확립하고자 하였다." (47쪽)

■ <隋との交涉>에서 "수의 중국 통일과 고구려 원정이란 국제 정세를 토대로 새로운 외교방침을 세움으로써 對조선(특히 신라) 관계를 타개하려고 하였다." … (日出處天子 운운하는 對隋 國書 문제에 대해) "이것을 대등 외교를 지향한 것이라고까지 생각하는 것은 문제가 있으며 어디까지나 조공 외교의 틀 안에서 이루어진 것이었다. 그러나 견수사가 지금까지의 히미코나 왜의 오왕 시대의 왜국의 외교와 다른 것은 이 시기의 왜국의 대왕이 중국의 황제로부터 책봉을 받지 않았다고 하는 것이다. 왜국의 지배자층은 중국의 황제로부터 독립한 군주를 받드는 것을 수로부터 인정받음으로써 중국 황제로부터 책봉을 받고 있는 조선 제국에 대한 우위성을 확립하려고 하였던 것이다." (49~50쪽)

■ <天智朝の改革>에서 (백촌강 싸움에 대하여) "효덕천황의 사후, 제명천황과 중대형황자는 왜국의 힘으로 백제를 부흥시켜, 조선반도에서의 왜국의 우위성을 부활시키려고 생각하여 백제 구원의 대군을 파견하기로 결정하였다." (56쪽)

■ <律令國家の形成>에서 "지금까지 大王으로 되어 있는 군주 호칭을 대신하는 것으로서 天皇 호칭이 제정된 것도 天武朝였다고 생각된다. 중국의 皇帝와 대치하면서 중국황제의 책봉을 받는 신라의 국왕보다도 우위에 서

는 "동이의 소제국"의 군주로서 스스로를 자리매김하고자 한 것이었다."
(58쪽)

■ <律令法と統治機構>에서 "이 해(701년)약 30년 반에 견당사의 파견을 결
정하였는데 그것은 당에 대하여 독자의 율령, 이 무렵에 정해진 日本이란
국호, 천무조에 바뀐 天皇이란 군주호, 大寶로 된 元號라는 4 가지를 당의
황제에게 보고하고 그 인가를 얻는 것을 임무로 한 것이었다고 생각된다.
당의 책봉을 받고 있던 신라와는 달리 독자의 군주호와 율령, 曆을 갖는 것
을 인정받음으로써 "동이의 소제국"으로서 신라에 대한 우위성을 주장하려
고 한 것이다." (64쪽)

(7) 『要說 日本歷史』 (2000년)

■ "562년 임나 멸망 후, 그것을 부흥시키는 것이 곤란하다는 것을 안 왜국은
신라에게 '임나의 조' 공납을 강제하고, 신라와 백제를 조공국으로 하여 그
위에 군림하는 체제를 지향하고 있었다. 推古朝 對隋 외교의 개시도 이것
과 깊이 관련되어 있었다. 중국 왕조에 의한 질서 체제 밖에서 스스로를 중
심으로 하는 소제국 질서를 형성하려고 하였던 것이다. 그러한 왜국에게
있어서 백제의 멸망과 당에 의한 반도의 지배는 용이하게 간과할 수 있는
것이 아니었다. … 백제 부흥군을 파견하게 된다." (50~51쪽)

■ (추고조의 내정과 외교에 대해) (對隋) "國書에 '日出處天子'를 칭한 自主對
等의 외교 자세는 東夷 中의 大國임을 과시하려고 하는 의기가 반영되어
있었다." (48쪽)

(8) 『槪論 日本歷史』(2000년)

■ "663년 백촌강 싸움에서 패하여 4세기부터 계속된 조선 제국에로의 군사
개입의 역사는 종식을 고하였다. 그 후 망명 백제왕족은 백제왕씨로서 신
하로 흡수되었다. 이렇게 함으로써 천황은 이른바 幻影의 "백제"를 속국으
로 하는 소중화제국의 군주로 되었다고도 하겠다." (17쪽)
"나라시대의 외교는 견당사로 대표되는데, 신라 발해의 관계도 간과할 수
없다. … 이 시대는 국경을 초월한 보편적 문화권이 중국을 중심으로 만들
어져 있었다. 또 동아시아 국제질서 속에서 일본의 지위를 확립하는 것도
견당사 파견의 중요한 의의의 하나였다." (그 예를 『續日本紀』 천평승보 6

년 정월의 견당사 大伴古麻呂의 신라사신과의 席次 경쟁 이야기를 소개하고 있음. 원래 동측 제1석이 신라, 서측 제2석이 일본이었는데 항의하여 신라사는 서측 두 번째로 토번 다음으로, 일본사신은 동측 제1번으로 대식(사라센)의 위로 바뀌어졌다고 함) (30~31쪽)

■ "신라에 대하여 일본은 조공 형식을 요구하였기에 대등을 주장하는 신라와 외교 충돌이 끊이지 않았다. …" (그러나 신라 관계는 교역상 매우 중요하였다는 점도 지적하는 내용이 이어짐). (31쪽)

■ (발해는) "8세기 전반에는 당, 신라와 대립 관계에 있었기 때문에 일본과의 교섭을 구하여 조공형식으로 來朝하였다. 당과의 관계가 개선된 8세기 후반에는 대등관계를 요구하게 되고 외교 의례를 둘러싼 충돌이 일어나지만 교역 목적의 來朝는 계속되어 … (후략)" (31쪽)

Ⅲ. 古代 한·일 관계 기술의 경향과 특징

위에서 언급한 기술 부분에 나타난 경향과 특징은 무엇일까? 먼저 임나 문제를 중심으로 한 기술 부분부터 생각해보기로 하자.

먼저 전체적인 경향으로서 지적할 수 있는 것은 다음의 두 가지이다. 첫째 임나 내지 임나일본부에 대하여 야마토 정권의 임나 지배라는 관점에서 기술하는 경향이 퇴조하고 있다는 점이다. 예를 들어 사전류에 나타난 경향을 보더라도 70년대 개정판인 ①과 90년대의 신판인 ②에서의 차이는 분명하다. 즉 ①의 <みまな(任那)>에서 노골적으로 지배 - 통치를 명기하고 있는데 반하여 ②에서는 적어도 지배 - 통치라는 말은 거론되지 않고 있다. 그리고 ③의 경우에는 여러 가지 설을 소개하는 정도에 그치고 있지 구체적으로 임나 지배설을 정설이라고는 내세우지 않고 있다. 또한 최근에 나온 ⑦과 ⑧의 경우를 보면 이러한 현상이 두드러짐을 알 수 있다. 즉 ⑦은 칠지도와 광개토왕 비문의 신묘년조에 관해

연구사를 중심으로 간략한 언급은 하고 있으나 임나 문제를 별로 언급하고 있지는 않다. 이것은 과거 京都大 일본사의 시점을 잘 보여주었던 『新修 京大日本史 1 日本のあけぼの』(橫田健一, 三品彰英 등 공저, 創元社, 초판은 1951, 제2판은 1970)에서 '對朝鮮問題の展開'(79~93쪽)를 설정하여 임나 경영의 개시부터 시작하여 임나의 쇠퇴와 멸망 - 백촌강의 싸움에 걸쳐 설명하였던 것과 비교하면 많은 차이가 있다. ⑧의 경우에는 소개한 대로 약간의 기술이 있지만 적어도 과거와 같이 임나를 지배하고 있었다는 것을 지렛대로 하여 왜국의 내정과 외교 문제를 설명하는 모습을 취하고 있지는 않다.

둘째는 위와 같은 경향이 현저하게 나타나면서도 한편에서는 여전히 임나에 대한 우월적 지배관을 포기하지 못하는 경향이 아직도 잔존하고 있음을 지적하지 않을 수 없다. 예를 들어 사전류 ④의 경우 1990년에 간행된 것임에도 가야 제국의 맹주적 지위로서 일본부를 설명하고 있으며 <みまな>(1992년 간행) 부분에서는 일본의 官家(미야케)로 보는 설을 유력한 학설로서 소개하고 있다. 또한 ⑥의 경우에는 교묘하게 임나 지배에 대한 집필진의 입장이 포장되어 있다고 생각되는데, 이런 측면이 임나 문제에 대한 일본의 기술 현황을 잘 보여주는 면이 있으므로 이 부분에 대하여 좀 더 부연 설명을 하기로 한다.

⑥은 과거 임나 지배설에 충실한 입장에서 기술된 구판인 ⑤에 비하면 많이 달라진 기술 태도를 보여주고 있는 것이 사실이다. 예를 들어 가야에 대한 설명에서는 일부러 注를 붙여 日本書紀가 임나를 마치 일본의 식민지 이미지처럼 다루고 있는 것이 명백한 잘못이라고 부기하고 있으며 ⑤의 <朝鮮半島への進出>이란 소제목(42~44쪽)이 여기서는 <東アジア諸國との交涉>으로 바뀌어져 있다. 그러나 이후의 서술을 보면 가야의 6개 縣을 백제에게 주었다고 하며 또 가야의 멸망을 야마토 정권의 한반도 남부 거점의 상실로 기술하고 있어, 이러한 표현으로 볼 때 전체적으로 야마토 정권의 임나 지배를 부정하고 있는 것은 아닌

것으로 생각된다. 특히 가야의 영토를 백제에게 할양하였다는 것을 인정하는 것은 결국 야마토 정권의 가야 영토에 대한 지배를 인정하는 것으로 볼 수밖에 없다. 이 점은 ⑤나 ⑥이나 다를 바가 없다(<참고자료 1. 지도> 참조) 이렇게 보면 위의 가야에 대한 注 설명 부분도 日本書紀의 기술 내용에 대한 비판이지 임나 지배에 대한 비판은 아니라는 생각이 들며 따라서 ⑥의 경우는 표면적으로는 임나 지배관을 노골적으로 드러내지는 않고 있으나 그 이면에는 여전히 임나 지배관에서 탈피하지 못하고 있다고 평가할 수 있겠다.

그렇다면 위의 첫 번째 경향과 두 번째 경향은 어느 쪽이 보다 주류의 경향이라고 할 수 있을까? 예를 들어 과거 1989년 야마오 유키히사(山尾幸久)가 행한 연구 흐름에 대한 정리를 참고로 해 본다면 전자가 주류라고 할 수 있을 지도 모른다. 참고로 그는 다음과 같이 총괄적으로 정리하고 있다.

"(전략) 1962년의 이시모다 쇼(石母田正)의 설명과 지금 언급한 1985년의 히라노 구니오(平野邦雄)의 설명을 비교해 보면 고대 日朝(韓) 關係史像의 커다란 변화에 놀라지 않을 수 없다. 4세기 중반부터 200년 간 계속하여 야마토 왕권의 한반도 남부 지배, 任那를 직할령으로 삼고 百濟·新羅를 보호국으로 하였다는 '不動의 歷史的 事實', 그것이 사라지고 없어져 버린 것이 아닌가? 오늘날의 연구 수준에 입각한 최신의 개괄[2]에서도 그러한 것은 전혀 기술되어 있지 않다. 여기에 이 20년간 일본 고대사학이 걸어온 발자취가 나타나 있다. 記紀 비판의 진전, 記紀 사관의 극복 과정에 다름 아니다."[3]

그런데 필자가 이 정리 부분을 새삼 언급하는 것은 山尾幸久가 한반

---

2) 여기서는 스즈키 야스타미(鈴木靖民), 1984,「東アジア諸民族の國家形成と大和王權」『講座日本歷史 1』- 原始·古代1 - (東京大學出版會)를 지칭한 것이다.

3) 山尾幸久, 1989, 『古代の日朝關係』(塙書房) 64쪽.

도 지배설을 부정하는 설명의 대표격으로 언급한 平野邦雄이[4] 사실은 위의 사전류 ④에서 일본부를 일본의 官家(미야케)로 보는 입장을 피력한 장본인이기 때문이다. 미야케 제도는 주지하는 것처럼 야마토 정권의 일본열도에 대한 전국적 토지 지배를 실현하기 위한 제도이므로 임나에 대한 야마토 정권의 미야케 설치를 인정하는 것은 곧 임나에 대한 지배를 인정하는 것과 별 차이가 없다. 平野邦雄은 과연 임나 지배론자일까? 아니면 山尾幸久의 말처럼 그에 대한 부정론자일까? 비록 4세기 시대부터 임나를 지배해 왔다고는 이야기하지 않더라도 결국은 임나 지배를 역사적 사실로 간주하는 인식이 그에게도 있었다고 한다면 그는 전자에 가깝다고 평가해야 하지 않을까 생각한다.

平野邦雄의 예가 시사하는 것은 앞서 제기한 주류의 경향이란 것이 그렇게 간단하게 단정되는 문제가 아니라는 점이며 또 山尾幸久의 정리처럼 오늘날 일본 학계에서는 과거의 임나 지배설이 이미 퇴조하였다고 자평하는 경향이 강하지만 그 실상을 들여다보면 임나 지배설이 완전히 퇴조한 것도 아니라는 점도 알 수 있다.

그렇다면 오늘날 일본 학계의 주류를 이루는 경향은 무엇이라고 말할 수 있을까? 우선 위의 제 사례에서 공통적으로 관철되고 있는 것은 고대 한 - 일 관계에 대한 기술에서는 對한반도 우월감이 기조를 이루고 있다는 점이다. 對한반도 우월감은 비단 임나 문제에 국한된 것은 아니다. 오히려 임나 문제에 대한 기술이 이 對한반도 우월감의 일부를 구성하는 것이라고 해야 옳을 것이다.

필자는 일본 고대사의 한·일 관계에 대한 기본 설명체계는 바로 이것에서부터 비롯된다고 해도 과언은 아니라고 생각하고 있다. 이러한 기술 태도는 앞에서 소개한 여러 개설 종류(특히 B의 내용)들에게 잘 나타나 있으며 또한 최근에 나온 서적일수록 이러한 경향이 강하게 반영되

---

4) 平野邦雄, 1985,『大化前代政治過程の研究』(吉川弘文館).

어 있다는 특징이 있다. 예를 들어 ⑥에서는 "조선 제국에 대한 우위성"
이란 표현이 도처에 보이며 ⑦과 ⑧에서도 "스스로를 중심으로 하는 小
帝國",을 표현하는 용어가 많이 나타난다.

　　최근 필자는 임나 문제 연구의 도달점을 검토한 바 있는데 거기서
현재 일본 학계의 주된 관점을 '對韓半島 優位·盟主論'이라고 명명한
바 있다.[5] 다시 말해 현재의 일본 학계는 과거처럼 임나 지배론을 노골
적으로 표방하는 경우는 많이 사라졌으나 한반도에 대한 우위 내지 맹
주론의 입장에서 과거 임나 지배론의 관점을 상당 부분 계승하면서 고
대 한·일 관계와 일본 고대국가의 위상을 설정하고 있다는 점을 지적하
였다.[6] 그리고 이 우위·맹주론을 이론적으로 포섭하고 있는 것이 다름
아닌 일본 학계의 소위 '고대 동아시아론'이란 점도 언급한 바 있다. '고
대 동아시아론'은 다양한 논리 구성으로 이루어져 있으나 궁극적으로
그것은 고대 동아시아 세계 속에서 일본을 어떻게 자리매김 할 것인가
하는 연구 관심으로 귀결되며 그 논리 구조 속에서 두 축을 형성하고 있
는 것이 바로 이시모다 쇼(石母田正)의 소위 '東夷의 小帝國'論[7]과 니시
지마 사다오(西嶋定生)의 '册封體制'論이었다.[8] 전자는 앞에서도 언급한
"스스로를 중심으로 하는 小帝國"을 말하며 후자는 주지하는 것처럼 일
본은 중국 중심의 책봉체제에서 이탈하여 독자적인 '治天下大王' 호칭
및 소위 '倭國的 天下觀'을 성립시켜 나갔다는 점을 강조하고 있다.[9]

---

5) 이재석, 2004,「소위 임나문제의 과거와 현재」『전남사학』23.

6) 최근에 나온 鈴木靖民, 2002,「倭國と東アジア」『日本の時代史 2』- 倭國
　 と東アジア - (吉川弘文館)에서도 이런 경향성은 뚜렷하게 드러나 있다.

7) 石母田正, 1971,『日本の古代國家』(岩波書店).

8) 西嶋定生, 1985,『日本歴史の國際環境』(東京大學出版會).

9) 이러한 논리 구조를 간단하게 도식화하면 다음과 같다.
　 册封體制 속으로의 편입 단계(5세기 말 이전까지) ⇒ 册封體制로부터 이탈
　 및 독자적 天下觀의 형성(5세기 말 이후) ⇒ '東夷의 小帝國' 日本의 성립
　 (7세기 후반 이후).

필자는 별고에서 이러한 논리 구조를 최근에 나온 구마가이 키미오(熊谷公男)의 개론서[10]를 통하여 확인한 바 있으나 앞의 ⑥·⑦·⑧등의 제 사례에서도 동일한 경향을 확인할 수 있다. 이것은 소위 <동이의 소제국>과 <왜적 천하관>의 결합에 의거한 고대 동아시아관에 일본 학계의 핵심 논리가 자리 잡고 있으며 이 설명 체계의 핵심 고리 역할을 하고 있는 것이 바로 對한반도 우위·맹주론이라고 하는 구조가 이제 일본의 일반 논리로 정착되어 가고 있음을 보여주는 것에 다름 아니라고 생각한다.

Ⅳ. 나오는 말

이상의 검토에서 우리는 일본의 역사 사전류 혹은 개설(론) 종류의 서적에 나타난 고대 한·일 관계 관련 기술의 특징으로서 종래의 임나 지배설을 비판 내지 부정하는 논조가 전반적 추세로서 자리 잡아 가고 있음을 확인할 수 있었다. 그렇지만 한편으로 임나 지배론에 대한 부정이 철저하지 못함도 아울러 확인할 수 있었다. 이것을 달리 말하면 전술한 바와 같이 일본학계가 아직 임나 지배론을 완전히 포기한 것은 아니라고 해석할 수도 있고 또 한편으로는 임나 지배에 대한 부정이 대세를 이루어가고 있기는 하나 아직 임나 지배의 부정 이후에 마땅히 재구축되어야 할 고대 한·일 關係史像이 모색 단계에 머무르고 있는 것을 시사한다고도 해석할 수 있을 것이다. 필자는 고대 한·일 關係史에 관한 일본 학계의 현황을 말하자면 설명체계 재구축의 과도기 혹은 모색기로서 이해할 수 있지 않을까 생각하고 있다. 그리고 현재 단계는, 對한반도 우위·맹주론을 기저에 깔고서 중국 중심의 책봉 체제에서 이탈하여

---

10) 熊谷公男, 2001, 『日本の歴史 03』- 大王から天皇へ - (講談社).

독자적 천하관과 일본 중심의 小帝國 질서가 구축되어 가는 과정으로서 일본 고대국가의 성립 과정을 설명하는 체계가 보다 일반화되어 가고 있다고 보아도 무방할 것 같다. 다시 말해 과거처럼 임나 지배 운운 하지 않으면서 한반도 諸國에 우위성을 갖는 小帝國 일본의 성립과정과 그 위상을 설명하는 논조가 정착되어 가고 있다는 것이다.

본래 임나 지배와 對한반도 우위성은 사실 근현대의 일본 역사학이 새롭게 제기한 것이 아니다. 고대 일본의 귀족이 설정한 자화상의 일부 내용이었을 뿐이었다. 철저한 사료 비판을 통하여 이들이 설정한 자화상 구조에 대하여 객관적인 사실만을 추출해내야 함은 물론 근대 이후에 형성된 내셔널리즘에서 자유로워져야 할 필요가 있다. 그리고 이왕 관계사를 이야기하고자 한다면 자국사의 입장을 중심에 내세울 것이 아니라 관계사 본래의 의미에 어울리게 상대방의 입장도 동등한 비중으로 배려할 필요가 있을 것이다. 필자는 그렇게 해야만 객관적인 평가가 가능해질 것이라고 생각하고 있다.

古代의 한·일 관계를 주목하는 이유는 그 속에 바로 現代의 한·일 관계를 바람직한 방향으로 가져가기 위한 방향타가 숨어 있기 때문이며 또한 未來의 한·일 관계를 희망적으로 전망하고 싶은 기대감이 있기 때문이다.

한편 이 글에서는 고대 한·일 관계사에서 중요한 위치를 점하는 항목이지만 언급하지 못한 부분도 많이 있다. 예를 들면 야요이 문화의 성립과 내용의 문제나 渡倭 - 渡來人의 지위와 역할의 문제 등이 그것이다. 그런데 이런 부분들에 대한 구체적 기술 부분을 보면 표현상의 문제는 일부 있을지언정 왜곡이라고까지 하기는 어려운 점이 많다. 예를 들어 한반도에서 직접적으로 건너온 문물을 이를테면 대륙에서 건너왔다는 식으로 기술한 부분 등이 그런 예라고 할 수 있을 것이다. 그리고 지면 관계상, 개별 기술에 대해 일일이 검토하기 어려웠다는 사정도 있다. 아울러 양해를 구하고 싶다.

〈참고 자료 1. 지도〉

그림 1 (〈4-5世紀の東アジア〉⑥의 34쪽)

그림 2 (〈6世紀の朝鮮半島〉⑥의 45쪽)

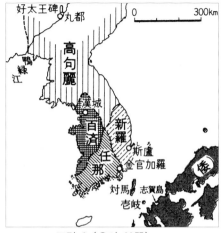

그림 3 (⑤의 38쪽)

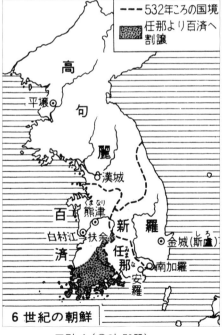

그림 4 (⑤의 50쪽)

중세 한일관계사 기술의 공통점과 차이점

손 승 철*

Ⅰ. 머리말

이 글은 현재, 한일양국에서 일반인 또는 대학생을 대상으로 읽혀지고 있는 한국사 또는 일본사 사전 및 개설서에 고려·조선전기 한일관계사 부분이 어떻게 서술되고 있는 가를 비교·분석하려는 목적으로 작성하였다. 이러한 작업은 고려·조선전기 한일관계사 기술에서, 현재 양국간에 학술 해석상의 차이가 있다고 여겨지는 쟁점이 무엇이며, 그 쟁점 중 어떠한 내용에 공통점과 차이점이 있는지를 파악하여, 일본 역사서의 왜곡현황을 분석하려는 데에 목적이 있다.

비교대상 서적으로 사전류는 한국의 경우, 『국사대사전』(1963년, 대영출판사), 『한국민족문화대백과사전』(한국정신문화연구원, 1991), 『새국사사전』(교학사, 2002)이고, 일본의 경우는 『日本史辭典』(岩波書店), 『日本史事典』(平凡社), 『日本史辭典』(角川書店), 『國史大辭典』(吉川弘文館)이다. 개설서는 한국의 경우, 『韓國史新論』(一朝閣, 1999 新修重中本), 『韓國通史』(乙酉文化社史 2003 改訂版 18刷), 『시민을 위한 한국역사』(창작과 비평사, 1999 초판3쇄), 『다시찾는 우리역사』(경세원, 2001년 초판12

---

* 강원대학교 사학과 교수

쇄)이고, 일본의 경우는 『詳說日本史研究』(山川出版社, 1998, 2003, 7刷),
『槪論日本歷史』(吉川弘文館, 2001, 2刷), 『要說日本歷史』(東京創
元社, 2003), 『Story 日本の歷史』(2002년 第1版 第2刷)를 대상으로 했다.[1]
    이들 역사서에서 고려·조선전기 한일관계사분야에서 다룬 주제는,
여·몽 군의 일본침략, 왜구, 조선초기의 대마도정벌, 삼포왜란 등 조선
전기 통교관계이다.
    이 부분에 대한 비교분석은 이 시기 한일관계사에 대한 서술의 공통
점과 차이점을 일목할 수 있고, 나아가 일본 역사서 전반에 걸쳐 있는
왜곡사실과 이것이 일본 중고교 역사교과서의 집필에 어떠한 영향을 미
치고 있는가도 파악할 수 있게 될 것이다.

II. 주제별 서술경향

1. 여몽연합군의 일본침공(元寇)

1) 한국측 기술

(1) 사전류
    여몽연합군의 일본침공에 대하여, 『국사대사전』과 『새 국사사전』에는
따로 항목을 설정하지 않고, 일본이란 항목에서 시대별로 설명하고 있다. 즉,

        고려 말엽의 큰 사건은 1274년(원종 15)과 1281년(충렬왕 7) 양차에
    걸쳐서 원과 고려의 연합군이 일본을 정벌한 일이었다. 양국은 일본을
    정복하지 못하였으나 그 준비의 규모로 보나 또 일본의 방어에 있어서

삼국에 각각 큰 영향을 주게 되고, 일본의 정치를 대행한 가마꾸라 바꾸후는 이로 인하여 쓰러지고, 일본의 변민들은 먹을 것을 찾아서 우리의 해안에 나오게 되었는데, 점점 그 세력이 커져 소위 왜구의 창궐을 초래하였으며, 공민왕 때에는 일본에 공식으로 왜구의 단속을 요구하였으나 고려왕조는 이로 말미암아 급격히 쇠퇴하게 되었다.

라고 하여, 두 차례에 걸친 일본원정이 가마꾸라 막부의 쇠퇴와 왜구의 발생에 원인이 되었다고 했다.

『한국민족문화대백과사전』에서는 '일본원정'이란 독립적인 항목을 설정하여, 원인·경과·결과에 대해 상세히 기술하였다. 즉,

원나라와 고려의 연합군이 1274년(원종 15)과 1281년(충렬왕 7)의 2차에 걸쳐 일본을 정벌하려 했던 사건. … (이어 과정 기술)
이와 같이 2차에 걸친 일본 정벌은 결국 태풍의 피해로 모두 실패로 끝나고 말았다. …

일본정벌의 의미가 원나라의 경우에는 세계제국건설의 일환으로 단순히 정벌에 실패한 것에 불과하였지만, 고려는 원나라의 압력으로 이에 참전하여 막대한 손실을 입었다. 즉 그동안의 대몽항쟁으로 사회적으로 피해가 극심한데다가 일본정벌에 소요된 함선과 군량을 모두 고려에서 부담함으로써 경제적 피해를 더하게 되었으며, 또 많은 인원이 함선제조에 동원되고 정벌군·소공·수부 등으로 징발됨으로써 사회적 피폐를 가중하게 되었다. …

고 하여, 여몽연합군의 편성에서부터 경과·결과에 이르기까지 자세히 기술했다. 특히 고려의 피해에 관해 많은 부분을 기술했다.

(2) 개설서류

한국개설서의 경우 여몽연합군의 일본침공을 『韓國通史』와 『다시 찾는 우리역사』에 기술하고 있다. 『韓國通史』에는,[2]

---

2) 韓㳓劤, 2003, 『韓國通史』(乙酉文化社, 改訂版 18刷) 175쪽.

몽고 간섭기에 고려 국민이 입은 가장 큰 고통과 부담은 두 차례에 걸친 몽고군의 일본 침략 전쟁이었다. 몽고는 일찍부터 일본으로부터 조공을 받기를 원하여 일본 정벌을 계획하여 왔다. 고려가 몽고에 굴복하게 되자 몽고는 고려를 통하여 일본에 조공을 재촉하였다. 고려는 중간에서 두 나라를 조정하여 일본에 대해서는 通好를 권하고 몽고에 대해서는 海路 원정의 위험을 말하였다. 고려로서는 戰費 부담이 돌아오게 될 전쟁의 발발을 희망하지 않았기 때문이었다. 그러나 몽고와 일본의 고집은 끝내 전쟁을 일으키고 말았다.

… 두 차례에 걸친 몽고의 일본 원정으로 고려인이 입은 인명·물자의 손실은 말할 수 없이 큰 것이었다.

라고 서술하여, 여몽연합군의 일본침략의 원인과 과정을 설명하고 있다. 침략의 원인을 설명함에 있어서는 몽고의 일본에 대한 조공요청과 고려의 조정, 일본의 거절로 기술하고 있으며, 원정실패에 의한 고려의 손실을 강조하였다.

한편 『다시 찾는 우리역사』에는,[3]

원과 강화를 맺은 원종(1259~1274)과 그 다음 충렬왕(1274~1308) 시대는 원의 일본침략 시도 때문에 고려가 병선(兵船)과 군대를 대느라 많은 고통을 받고 내정의 간섭도 많이 받았으나 …

라고 하여, 일본침략시도 때문에 고려가 고통을 받았으며, 다음과 같이 주를 달았다.

元은 日本을 정복하기 위해 征東行省이라는 기구를 두고 고려 내정에 깊이 관여하면서 艦船과 군인 그리고 군량미를 내도록 하였다. 그리하여 1274년(충렬왕 즉위)과 1281년(충렬왕 7) 두 차례에 걸쳐 元과 함께 일본원정에 나섰으나 일본 가마쿠라 바쿠후(謙倉幕府)의 저항과 태풍, 그리고 고려의 미온적인 태도 때문에 실패하고 말았다.

3) 한영우, 2001, 『다시 찾는 우리역사』(경세원, 초판 12쇄본) 205쪽.

즉 여몽연합군은 일본의 저항과 태풍, 그리고 고려의 미온적인 태도 때문에 실패했다고 기술했다.

2) 일본측기술

(1) 사전류

『日本史辭典』(岩波)에는,

> 무로마치시대에 2번에 걸친 원군의 습래사건. 몽고습래, 원구(元寇)라고도 한다. …
>
> (두 차례 침공과 일본의 대책에 대한 기술)
>
> 2차례의 몽고습래는 실패로 끝났지만, 원은 일본원정의 의지를 철회하지 않았으며, 일본 측은 이국경고령을 폐지할 수 없었다. 또 이 몽고습래는 가마쿠라시대의 정치·사회·문화에 큰 영향을 미쳤다.

고 하여, 여몽연합군의 일본침공에 대해 자세히 기술하고 있으나, 고려의 피해에 관해서는 언급이 없다.

『日本史辭典』(角川)

> 文永·弘安의 역 : 元寇·몽고습래라고도 말한다. 가마꾸라 중기에 발생한 원의 일본 내공을 말한다. 원은 고려를 정복한 뒤에 1628년(문영 5) 이후에 자주 일본에 복속을 요구해 왔는데, 가마꾸라 막부가 거부했기 때문에 1274·1281년(홍안 4)의 두 번에 걸쳐 대군을 보내 북구주에 내공하였다. 전자를 文永의 役, 후자를 弘安의 役이라고 한다. 모두 실패하여 퇴거하였고, 제 3차 내공의 계획은 미수에 그쳤다. 가마꾸라막부에서는 博多灣 연안에 석축지를 만들었고, 구주의 어가인에게 異國警告番役을 부과하였으며, 진서탐제를 설치하는 등 방비에 진력을 다했다. 이 때문에 구주의 어가인에게 과대한 군사 경제적 부담이 걸려 전쟁이 끝날 무렵에는 비어가인도 수호의 지휘 하에 동원하게 되어 公家와 寺

社 등 장원영주에게 커다란 영향을 주었다.

라고 하여, 사건설명에 그치고 있다.

『國史大辭典』에는,

그 중에서도 元寇는 일본이 전근대에서 경험했던 최대의 外寇이며, 일본인은 "무쿠리·코쿠리(몽고·고려)"라는 말로 그 충격과 공포를 오랫동안 기억해두게 되었다. 그러나 일본의 피해는 아시아 전체적으로 보면, 비교할 수 없을 정도로 경미한 것이었다. 당시 고려는 무인정권의 시대였는데, 1231년부터 약 30년간에 걸쳐 6회의 침략을 받는 중에 무인정권은 멸망했고, 그 후에 일어난 삼별초의 난(1270~73)도 몽골 및 이들과 강화한 고려 정권의 연합군에 의해 진압되었다. 元寇의 피해가 일본에서 경미했던 것은 고려의 강인한 저항의 결과이기도 하지만, 그 사이에 고려는 전토를 짓밟혀 막대한 피해를 입었을 뿐만 아니라, 두 번에 걸친 일본 침구에 동원되어 커다란 손해를 발생시켰고, 더욱이 왜구의 피해에 시달리게 되었다.

라고 기술하여, 원의 고려침입과 여몽연합군의 일본정벌에 대한 고려의 피해에 관해 기술했다.

(2) 개설서류

元寇에 관해서는 네 권의 개설서중 2권만 기술하였다.『詳說 日本史研究』에는,[4]

1268(문영 5)년, 쿠빌라이는 고려를 중개로 국서를 일본에 보내어 조공을 구하여 왔다. 막부는 返書를 보내기로 결정하고, 西國의 수호들에게 '몽고의 흉심에 주의'하도록 지령했다. 北條宗家의 時宗(1251 ~84)이 北條政村(1205~73) 등에 의지하여 18세의 젊은 나이로 집권의 자리에 있으면서, 원에 대응을 지휘하게 되었다. …

---

4) 五味文彦·高埜利彦·鳥海靖 編, 1998,『詳說日本史研究』(山川出版社, 2003 7刷) 147쪽.

1274(문영 11)년 10월, 원은 忻都 (생몰년불상)·洪茶丘(1244~91)을 장수로 하여, 元兵 2만과 고려병 1만을 병선 900척에 태워 조선남단의 合浦(馬山浦)에서 출발시켰다. 원군은 대마에 상륙하여 守護代인 宗資國 (?~1274)을 패사시키고, 壹岐·松浦를 습격하고, 博多灣에 침입했다. … 원군은 해가지면서 배로 돌아갔는데, 그날 밤 폭풍우가 일어나 많은 병선이 침몰했다. 큰 피해를 보았던 원군은 합포로 퇴각했다. 이 사건을 文永의 役이라고 부른다. … 1279(홍안 2)년에 남송을 무너뜨린 쿠빌라이는 1281(홍안 4)년에 두 번째의 일본 원정군을 보냈다. … 이 사건을 弘安의 役이라고 하며, 文永의 역과 합쳐, 두 번에 걸친 원의 래습을 元寇라고 부른다.

라고 하여, 元寇의 침입과정과 그에 대한 응전상황을 소상히 기술했다. 그러나 전쟁으로 인한 고려나 일본의 피해에 관해서는 언급이 없다.

또한, 『Story 日本の歷史』에서는,[5]

13세기 들어와 대 제국을 건설한 몽골은 1231년 이래 거듭해서 고려를 공격했다. 고려 측은 격렬하게 반격했는데 1359년에는 복속될 수밖에 없었다. 그 후 몽골이 중국을 지배하여 성립된 원은 일본으로의 침략을 시도하고 있다.(元寇 1274~1281) 이에 대한 협력을 강요받은 고려국내의 반몽골 활동은 원이 일본으로 침략하는 것을 늦추게 했다.

라고 하여, 두 차례의 침략사실과 고려 국내의 반 몽골활동을 서술하였다.

2. 倭 寇

1) 한국측기술

(1) 사전류

왜구에 관하여 『국사대사전』에서는,

5) 日本史敎育硏究會, 2002, 『Story 日本の歷史』- 古代·中世·近世史編 (第1版 第2刷) 133쪽.

고려 중기 이후 이조 초기에 이르는 동안 우리나라와 중국연안을 무대로 많은 인명과 재산을 해치고, 또 약탈하던 <u>일본의 해적</u>. 우리나라에서의 이들의 활동시기는 고려 말에서 이조 전기에 이르는 사이에 가장 심하였고, 고려조 멸망의 한 요인이 되었다. …

이조에 들어와서도 왜구는 그치지 않았는데, 그 중에서도 물자가 부족한 쓰시마민의 행패가 가장 심하였다. 이 쪽에서는 회유책을 써서 그들에게 투항 귀화의 기회를 주기도 하고, 도서를 발행하여 해적선과 무역선과 구별할 수 있게 하는 등 여러 가지 대책을 강구하였으나 왜구는 역시 근절되지 않아 1419년에는 왜구의 소굴인 쓰시마정벌을 하였다. …

라고 하여, 왜구를 일본의 해적이라고 기술하면서, 고려 말부터 조선전기에 이르는 왜구의 약탈과 그에 대한 대응을 기술했다.

『한국민족문화대백과사전』에는,

13~16세기에 우리나라와 중국 연안에서 약탈을 하던 일본인 해적의 총칭. 우리나라에서 왜구의 활동은 고려말에서 조선초까지가 가장 심하였고, 그 중에서도 고려말 약 40년간은 특히 그 피해가 커서 고려멸망의 한 요인이 되었다. …

왜구가 발생하게 된 원인은 2차에 걸친 여몽연합군의 일본정벌과 그 뒤에 이어진 일본 국내의 내란으로 몰락한 무사와 농민들이 노예와 미곡을 약탈할 목적으로 생겨났다. 그들은 지방호족들의 보호와 통제아래 행동하였으며, 그 근거지는 대마도·마쓰우라·이키 등으로 그중에서도 물자가 부족한 대마도인이 주동이 되었다. …

고 하여, 왜구를 일본인해적의 총칭으로 규정하고, 왜구발생을 여몽연합군의 일본정벌과 그 뒤의 일본내란으로 몰락한 무사와 농민들의 미곡약탈, 그리고 대마도인이 주동이 되었다고 했다.

『새국사사전』에서는,

고려 중기 이후 이조초기에 이르는 동안 우리나라와 중국 연안을 무대로 많은 인명과 재산을 해치고 또 약탈하던 일본의 해적, …

　　이들 중에는 일본의 사회사정의 변동으로 몰락한 무사들이 주동이 되는 일이 많았다. …

　　이조에 들어와서도 왜구는 그치지 않았는데, 그 중에서도 물자가 부족한 쓰시마민의 행패가 가장 심하였다.

고 하여, 왜구를 일본의 해적이라고 규정하고, 몰락무사와 대마도민이 주동이 되었다고 기술했다.

(2) 개설서류

『韓國史新論』에는,[6)]

　　일본의 해적인 왜구의 침입이 시작된 것은 이미 고종(1213~1259) 때부터였으나, 심하게 창궐하게 된 것은 충정왕 2년(1350) 이후였다. 왜구는 간단한 무장 밖에 갖고 있지를 않았으나, 배를 타고 다니며 각지의 해안에 상륙하여 촌락을 습격하였다. 이 때문에 농민들은 내륙으로 이주하여 해안지대의 기름진 농토는 황폐하여 갔다. 왜구는 또 開京 바로 앞인 江華島에까지 습격하여 왔고, 이 때문에 개경이 소란하게 되었다. …

　　왜구를 막기 위하여 수차에 걸친 외교적 교섭이 일본과 행하여졌으나 효과가 없었다. 일본정부 자체가 그를 억제할 능력이 없었기 때문이었다. 그러나 崔瑩·李成桂·鄭地 등 여러 장군의 활동은 왜구의 세력을 약화시키는데 성공하였다. 또 崔茂宣이 화통도감에서 만든 각종 火砲로써 왜구의 배를 무찔러 공을 세웠다. 특히 朴葳가 그 소굴인 對馬島를 직접 정벌한 창왕 원년(1389)이후 왜구는 그 세가 크게 꺾이었다. 이 왜구의 격퇴과정에서 최영·이성계 등 武將의 세력이 등장하였다.

라고 하여, 왜구가 조선을 습격하는 상황과 이를 진압하는 과정을 개괄적으로 소개하면서, 최영·이성계 등이 왜구의 격퇴과정을 통하여 무장

---

6) 李基白, 1999, 『韓國史新論』(一朝閣, 新修重中本) 221쪽.

세력으로 성장하고 있음을 기술했다. 그러나 왜구침략의 시점과 왜구의
규모에 관해서는 모호하게 기술하고 있다.

『시민을 위한 한국역사』에서는,[7]

> 우왕대 초의 최대 현안은 14세기에 들어와 급격히 창궐하게 된 왜
> 구(倭寇)를 퇴치하는 것이었다. 왜구는 도처에서 잔혹하게 노략질을 하
> 여 세곡(稅穀) 수송망인 조운(漕運)까지 마비시킬 정도였다. 고려조정은
> 일본 바꾸후(幕府)에 왜구의 노략질을 근절해 달라고 요구하였으나, 내
> 란에 처한 바꾸후가 지방을 통제할 수 없었기 때문에 별 성과가 없었다.

라고 하여, 왜구의 창궐과 피해, 고려의 외교적 노력과 토벌등에 관해
기술하였다.

한편 『다시 찾는 우리역사』에는 고려말 신흥사대부의 문화를 기술
하는 가운데, 과학과 기술의 발달을 설명하면서 왜구를 기술하였다.[8]

> 공민왕이 즉위 전후한 시기부터 상업자본의 발달에 따라 몰락한 일
> 본 하층무사들이 수십척 혹은 수백척의 배를 몰고 들어와 중부 이남의
> 연해안 지방을 약탈하고 조세 운반선을 습격하여 큰 피해를 주기 시작
> 하였다. 이들을 왜구(倭寇)라고 불렀다. …
>
> 또한 1389년(창왕 1년) 경상도 도원수 박위(朴葳)는 100척의 함대를
> 이끌고 왜구의 소굴인 대마도를 공격하여 300척의 적선을 불사르는 큰
> 전과를 거두었는데, 이로부터 왜구의 창궐은 크게 약화되었다.

그런데 이 책에서는 왜구를 시기적으로 공민왕의 즉위 전후부터 상
업자본의 발달에 따라 몰락한 일본의 하층무사집단으로 규정하고 있다.

이어 『韓國通史』에서는,[9]

---

7) 한영우·권태억·서중석·노태돈·노명호, 1999, 『시민을 위한 한국역사』(창
   작과 비평사, 초판3쇄) 163쪽.
8) 앞의 『다시찾는 우리역사』, 209쪽.

　　그는 당시에 더욱 극성스러워지는 <u>왜구를 방어·격퇴함으로써 그의</u>
<u>武名을 더욱 떨치게 되었다.</u> 그는 東北面元帥로서 강릉·덕원 등지로 침
구해 오는 왜구를 물리치고. 공민왕 21년(1372)西江副元帥로서 강화를
침입하여 개경을 위협하는 왜구를 물리치고(禑王 3년, 1377), 같은 해에
다시 지리산으로 침구한 왜적을 대파하였다. 그 3년 뒤인 禑王 6년에는
尙州·善州 등지로 침입한 왜적을 雪峰에서 대파하여 이성계의 武名은
이제 전국적으로 떨쳐지게 되었다.

고 하여, 이성계의 武名이 왜구진압을 통하여 널리 알려짐을 기술했다.
　　이와 같이 한국개설서의 왜구에 대한 기술은 주로 왜구의 침탈내용
이나 이에 대한 응징을 강조했다. 그리고 그 과정에서 최영이나 이성계
등 무장세력의 성장을 기술하는 것이 일반적인 경향이다.

2) 일본 측 기술

(1) 사전류

『日本史辭典』(岩波)[10]에는,

　　　　"14세기 후반에서 15세기 초에 걸쳤는데, 그 성원은 對馬·壹岐·
　　　北部九州의 일본인을 중심으로 했고, <u>禾尺·才人이라고 불리는 조선반도</u>
　　　<u>의 천민 등을 포함하고 있다. 근년에는 제주도민까지도 주목하고 있다.</u>
　　　활동한 지역은 조선반도·산동반도 등을 중심으로 했고, 식료의 약탈과
　　　인간을 포획했다.

라고 하여, 왜구에 고려천민을 포함시키고 있고, 최근에는 제주도민까지
도 주목하고 있다고 기술했다.
　　『國史大辭典』에는,

---

9) 앞의 『韓國通史』, 191쪽.
10) 岩波書店, 1999, 『日本史辭典』, 1214쪽.

역사상의 개념으로서 왜구가 이용되는 것은 첫째, 조선반도를 중심으로 전개된 14~15세기의 왜구, 둘째, 중국대륙과 남해방면으로 중심으로 전개된 16세기의 왜구이다.

'14~15세기의 왜구'『고려사』에 의하면 13세기 초엽부터 조선반도의 남해안에서 소규모 왜인의 약탈이 보이지만, 왜구라는 고정 개념이 성립되는 것은 1350년(고려 충정왕2) 이후로 조선에서는 "庚寅 이래의 왜구"로 칭하였다. 행동지역은 처음에 남조선 연안에 한정되어 있었지만, 이윽고 고려의 수도 개경에까지도 출몰하였고, 더욱이 황해도 연안만이 아니라, 내륙부의 오지에까지도 모습을 나타내게 되었다. 규모는 점차적으로 커지게 되어 4~5백 척의 선단, 1천~3천의 인수와 함께 천 수백의 기마대를 이끄는 집단도 출현하였다. 이 시기 왜구의 구성원에는 ①일본인만의 경우, ②일본인과 고려인·조선인과의 연합, ③고려·조선인만의 경우가 생각되어진다. ①의 일본인만의 경우는 조선에 "三島의 왜구"라는 말이 있는데, 대마·일기·비전의 松浦 지방의 주민이라고 추정된다. 이들 지방은 전반적으로 지형이 험준하여 농경에 적합하지 않고, 자급자족의 경제를 유지하는 것이 어려워 생활 수단을 어업과 교역이 의지하는 경우가 많으며, 이것이 왜구를 탄생시킨 기반이 되었다. ②와 ③의 존재에 대해서는 1446년(세종28) 판중추원사 이순몽이 그의 上書 속에서 "신이 듣기를 前朝(고려) 때에 왜구가 흥행하여 백성이 의지하지 못하였다. 그러나 그들 중에 왜인은 불과 1, 2에 지나지 않고, 본국(고려)의 백성이 왜복을 가장하여 입고 무리를 지어 난을 일으키고 있다."고 기록하고 있는 것이 주목된다. 왜구 중에서 일본인은 10~20%에 지나지 않았다는 것이다. 고려인으로 왜구와 연합했던 것인 水尺·禾尺·揚水尺·才人 등으로 불려진 천민으로 토지제도 문란의 희생이 되어 도망 다닐 수밖에 없었던 농민과 하급관료 등이다. 水尺은 소와 말의 도살과 가죽 가공, 柳器 제작 등에 종사하는 집단, 才人은 가면 연극 집단으로 부녀자를 함께 동반하여 행동하고, 일반 고려인으로부터는 이민족으로 취급되어 전통적으로 멸시되고 있었다. 일본인·고려인의 연합이 집단을 거대화하여 인원·마필·선박 등의 보급을 용이하게 하여 내륙 오지로의 침투를 가능하게 했던 것이다.

라고 하여, 현재 한일간에 문제가 되고 있는 왜구구성에 관해 자세히 기술했다.

『日本史辭典』(角川)에는,

> 가마쿠라말기부터 실정시대에 조선반도와 중국대륙 연안을 습격한 해적에 대한 조선·중국 측의 호칭. 특히 남북조 시대에는 북구주나 세토내해의 연안 어민과 토호가 무장하여 무역활동을 하였고, 자주 해적화 했다. 고려는 그 대책으로 고통을 받아 멸망이 빨라졌고, 이씨조선이 되어 거의 종식되었다. 15세기에는 대륙 연안에까지 활동범위를 넓혔는데, 여기에는 일본인보다도 대부분은 명의 난민이 포함되어 있었다. 조선·명은 실정막부에 왜구의 금압을 요청했는데, 감합무역제도가 정비되자 폭력적인 경향은 적어졌고 자연히 종식되었다.

고 하여, 전기 왜구구성에 관해서는 북구주나 세토내해의 어민과 토호라고 기술했다.

(2) 개설서

왜구에 관해서 『詳說日本史硏究』에서는,[11]

> 이무렵 <u>왜구라고 불리는 일본인을 중심으로 한 해적 집단이 맹성을 떨치고 있었다.</u> 왜구의 중요한 근거지는 對馬·壹岐·肥前의 松浦 지방 등으로 규모는 2~3척의 선박으로부터 수백 척에 이르는 것까지 여러 가지였다. <u>왜구는 조선반도, 중국연안을 돌아다니며 사람들을 포로로 하며 약탈을 행했다.</u> 곤란을 받고 있던 고려는 일본에 사자를 보내 왜구의 금지를 요구했는데 당시 구주지방은 전란 속에 있었기 때문에 이들에 대한 금지는 성과를 거두지 못했다. 이 14세기 왜구를 <u>전기왜구</u>라고 부르는데 그 주요한 침략의 대상은 조선반도로서 기록에 명시하고 있는 것만도 <u>400건에 이르는 습격</u>이 있었다. 고려가 쇠망한 하나의 원인은 왜구에 있었다고 생각된다.

라고 하여, 전기왜구를 일본인을 중심으로 한 해적집단으로 서술했고,

---

11) 앞의 『詳說日本史硏究』, 179쪽.

그 중요한 근거지는 對馬·壹岐·肥前 松浦 지방 등으로 규모는 2~3척의 선박으로부터 수백 척에 이르는 것까지 여러 가지였다고 기술했다. 그리고 조선반도를 400건 이상 습격했고, 그것이 고려 쇠망의 원인이 되었다고 했다.

그러나 『概論 日本歷史』에서는,[12]

> 왜구란 중국의 해금정책에서 형성된 동아시아의 私貿易, 海賊集團으로 민족, 국경을 초월하여 연합하고 있었다. 14세기 후반 이래 이들 집단이 사람과 물건과 기술 교류의 주역이 되어갔다. 1350년 이후 조선반도에서 활발화 한 왜구는 對馬·壹岐나 北部 九州를 거점으로 한 日本人이나 朝鮮人을 주력으로 했다. 그 후 15세기 초에 걸쳐서 조선반도, 산동반도 등을 중심으로 사무역이나 약탈행위들을 행하고 있었다. (前期 倭寇)

라고 하여, 왜구를 민족이나 국경을 초월하여 연합한 세력으로 보고, 1350년 이후 조선반도에서 활발한 한 왜구는 對馬·壹岐·北九州를 거점으로 한 일본인이나 조선인을 주력으로 했다고 기술했다. 한국 측의 기술과 상당한 차이가 있다.

그리고 『Story 日本の歷史』에서는,[13]

> 왜구는 동아시아 삼국의 영역을 활동영역으로 하고 있었다. 현재와는 다르게 이 당시는 국가의식이나 민족의식은 강하지 않았고 해안과 밀접한 관계를 가진 제 민족이 잡거하는 이 지역에서 국적이나 민족을 묻는 것은 무의미하지만 현재의 국적에서 보면 왜구는 일본인이나 조선인 혹은 그 혼혈 등을 중심으로 한 잡거 집단이라고 말할 수 있다. 왜구의 활동은 고려멸망의 원인이 되었다. (130쪽)

---

12) 佐々木潤之介·佐藤信·中島三千男·藤田覺·外園豊基·渡辺隆喜 … 編, 2001, 『概論日本歷史』(吉川弘文館, 2刷) 79쪽.
13) 앞의 『Story 日本の歷史』, 130쪽.

라고 하여, 왜구는 해안과 밀접한 관계를 가진 제민족이 잡거하는 지역에서 활동하였고, 현재의 국적에서 보면 일본인이나 조선인 혹은 그 혼혈을 중심으로 한 잡거집단이라고 서술했다.

3. 조선전기 통교관계

조선전기 통교관계는 '대마도정벌', '삼포왜란' 등의 용어에 대한 기술을 통해 비교해 볼 수 있다.

1) 한국측 기술

(1) 사전류

우선 '대마도원정'에 관해서는 보면, 『국사대사전』에는

> 왜구의 소굴인 대마도를 정벌한 일. 대마도원정은 협의로 1419년 6월 이종무의 정벌을 말하나, 이에 앞서 고려 폐왕 창 때와 이조 태조 때도 있었다. 대마도는 조선과 일본 양국 사이에 있어 그 중개를 맡는 특수사정도 있거니와, 원래 그 토지가 협소 척박하여 식량을 밖에서 구해야 생활을 유지하므로 <u>고려 말부터 조공과 동시에 미곡을 받아갔다</u>. 또 조선에서도 대마도를 우대하였으며 대마도는 통상의 이익을 독점하려 하였다. 그러나 그 땅에 기근이 들 때에는 해적으로 나타나 해안을 약탈하므로 병사를 일으켜 정벌하게 되었다.
>
> … 당시 일본은 <u>큐슈의 제후를 총동원하여 대마도를 방어케 하였으</u>므로 원정군은 전도의 토벌을 기할 수는 없었으나 심대한 타격을 주고 그해 6월 회군하였다.

고 하여, 2차례의 대마도 정벌을 기술했다. 그러나 대마도가 조공을 했다는 기술이나, 대마도정벌 때에 큐슈의 제후를 총동원하여 대마도를 방어했다는 기술은 사실과 큰 차이가 있다.

『한국민족문화대백과사전』에는,

> 고려말·조선초에 왜구를 근절시키기 위하여 <u>세 차례에 걸쳐 대마도를 정벌한 일</u>. …
>
> (이어 경위 설명)
>
> … 조선의 대마도정벌은 1396년과 1419년에 있었다.
>
> … 이에 태조는 12월 3일 우정승 김사형을 5도병마통처치사에 임명하고, 남재를 도병마사, 신극공을 병마사, 이무를 도체찰사로 삼아 5도의 병선을 모아 이키도와 대마도를 정벌하게 하였다. 그러나 이때 동원된 5도 병선의 수와 군대의 규모나 정벌의 결과 등에 대한 기록이 전혀 없어 자세한 내용을 알 수 없다.
>
> … 이와 같이 <u>기해동정은 왜구를 종식시킨 결정적인 사건</u>이었다. 동정 후 즉시 왜구가 근절된 것은 아니지만 이를 계기로 하여 대마도를 비롯한 서부 일본 각지의 도적들이 차츰 <u>평화적인 내왕자로 변하게 되었던 것이다</u>. …

라고 하여, 대마도정벌의 경위와 결과에 대해 상세히 기술했다. 그러나 대마도정벌이 3회라던가, 이를 계기로 왜구가 평화적 내왕자로 변했다는 기술은 좀 더 고증이 필요한 부분이다.

'삼포왜란'에 관해서, 『국사대사전』에는,

> 1510년(중종 5) 3포에서 일어난 <u>일본인 거류민의 폭동사건</u>, 일명 경오의 난. 3포를 개항한 이래 일본인들의 무역 및 거류가 허가되고, 해마다 3포에는 왜인의 내왕 거류하는 자의 수가 늘어 갔다. … 1510년에는 대마도주 소오에게 통보하여 그들의 철거를 요구하고, 또 일본 선박에 대한 감시를 엄중히 하매 그들의 불평이 늘어갔다. 그리하여 3포의 일본인들은 대마도 일본인의 내원을 얻어 대마도 소오씨의 군사를 중심으로 한 4~5천으로 폭동을 일으켜, 한때는 제포·부산포를 함락시키고 …
>
> 이 난으로 말미암아 우리나라와 일본간의 교통이 중단되자, <u>일본의 아시까가막부는 다시 수교의 복구를 청해왔고</u>, 이에 따라 계해약조를

개정하여 새로 임신약조를 체결하고, 앞으로는 제포 1항만을 개항하게
하였다.

라고 기술하여, 삼포왜란이 거류규정을 어긴 일본인의 폭동이라 기술했
다. 그러나 임신약조가 막부의 요청에 의해 이루어졌다는 기술은 재고해
야 한다.

『한국민족문화대백과사전』에는,

> 1510년(중종 5) 삼포에서 일어난 일본거류민들의 폭동사건. 경오년에
> 일어났으므로 일명 '경오왜변'이라고도 한다. … (이어 삼포왜란의 경위
> 기술)
>
> 이 삼포왜란을 계기로 삼포는 폐쇄되어 통교가 끊겼으며 이 상태는
> 1512년 임신약조를 체결하여 국교를 다시 열 때까지 계속되었다.

라고 하여, 삼포왜란은 삼포거류 일본인의 폭동사건으로 기술했다.

(2) 개설서류

『韓國史新論』에서는 對外政策에서 조선전기 한일관계를 다음과 같
이 기술하고 있다.[14]

> 조선 초기에도 그들의 약탈행위는 가끔 일어났다. 산악이 많아 자신의
> 농산물만으로는 식생활을 충족시킬 수 없는 대마도의 왜인은 조선이 교역
> 을 거절할 때 해적과 같은 습성을 발휘할 수밖에 없었다. 世宗이 이종무로 하
> 여금 對馬島를 정벌케 한 것은 이 왜구의 근거지를 소탕하려고 한 것이었다.
> (세종 원년, 1419)
>
> 조선의 왜에 대한 강경정책의 결과 손해를 입은 것은 물론 倭人이었다.
> 이에 대마도의 宗氏는 누차 사신을 보내어 사죄의 뜻을 표하였으므로, 조정
> 에서는 제한된 교역을 허락함으로써 그들을 회유하려고 하였다. 그래서 乃

---

14) 앞의 『韓國史新論』, 259쪽.

而浦(熊川)·富山浦(東萊)·鹽浦(蔚山) 등 3浦를 열어 무역할 것을 허락하고, 3포에는 倭館을 두어 교역에 편케 하였다. 그 결과 倭船이 3浦에 빈번히 내왕하면서 많은 미곡과 면포를 수출해 갔다. 이에 이를 제한하려고 한 것이 세종 25년(1443)의 癸亥約條였다. … 그 후 중종 5년(1510)에 3포에 거주하는 왜인들이 鎭將과의 충돌로 난을 일으켜 소란을 피웠다. 난이 진정된 후 3포를 폐쇄하고 교역을 끊었으나, 대마도주의 애걸로 다시 중종 7년(1512)에 壬申約條를 맺고, 계해약조에 규정된 세견선과 세사미두를 반으로 감하여 각기 25척·100섬으로 제한하고 교역을 허락하였다.

당시 일본이 필요로 하여 가져가는 물건은 미곡·면포·마포·저포 등의 생활필수품과 나전·도자기·화문석 등의 공예품, 그리고 대장경·유교서적·범종·불상 등의 문화재였는데, 이러한 것들은 일본의 문화에 많은 공헌을 하였다. 이에 대해서 그들이 가져오는 물건은 銅·錫·硫黃 등 우리나라에서 나지 않는 광산물과 약재·향료 등 양반들의 사치품이었다.

즉 대마도의 척박한 자연환경으로 인한 왜구의 계속적인 출현, 왜구 근절을 위한 대마도정벌, 그 후 대마도에서 사죄의 사절을 보내어 제한된 교역을 허락하고, 삼포를 개항했으며, 계해약조를 맺은 사실을 기술했다. 이어 삼포왜란과 교역의 단절, 그러나 대마도주의 애걸로 임신약조를 맺어 교역이 재개되었다고 기술했다. 그리고 당시의 교역품에 관해 소개했다.

한편 『韓國通史』에서는 왜구의 근절과 납치된 포로의 송환, 대마도주에 대한 왜구근절의 책임 및 무역통제권 부여, 회유책(授職人制度), 대마도정벌, 삼포개항, 계해약조, 대장경청구, 밀무역, 삼포왜란, 임신약조 등에 대해 비교적 소상하게 기술하였다. 그러나

세종 25년(1443)에는 對馬島主와 조약을 맺어 그의 歲遣船을 年 50척으로, 歲賜米를 米豆 200섬으로 제한하였다. 특별한 경우에는 特送船을 보낼 수 있도록 하고, 따로 약정한 자에 대해서는 그들대로의 세견선을 보내 올 수도 있게 하였다. 이로써 대마도주 이외에도 일본국왕(足利

將軍)이나 대소의 호족들의 使送船이 내왕할 여지를 주었다. 이 조약을
癸亥約條라고 한다.

라고 하여 계해약조의 내용을 확대·해석하고 있다.[15] 계해약조의 내용
에는 足利將軍이나 大小豪族들에 관한 세견선 약조가 구체적으로 명시
되어 있지 않다. 이러한 내용은 『海東諸國記』에만 명시되어 있다. 또한

특히 倭使의 거의 모두가 大藏經이나 梵鐘 등을 희구하여 와서 이
를 사여한 일도 적지 않았으며, 寺塔의 영조·수리나 佛事의 募財를 위
하여 사신을 파견해 오기도 하였다. 이와 같은 문화재의 賜與는 일본의
문화발전에 적지 않게 기여하였다.

고 하여, 대장경이나 불구의 구청 사실을 기술하면서, 조선 문화제의 賜
與가 일본문화 발전에 기여하였음을 강조했다.[16]
　　또한 『유구·남만과의 교섭』에서는,[17]

… 조선 초기에 들어서면서 조선과 琉球의 교섭은 더욱 빈번해졌다.
유구의 추장도 일본처럼 해마다 세견선을 조선에 보내왔고 조선은 유구
인에게 관직을 주어 우대한 일도 있었다. 한편 조선의 선박이 유구에 표
착하는 일도 많았다. 그들 중에는 다시 조선을 송환되는 자도 있었으나
그대로 유구에 머물러 남방무역에 종사하는 자도 적지 않았다.

라고 하여 유구와의 교섭을 구체적으로 기술하였다. 그러나 유구국왕을
추장이라고 표기한 것이나, 조선인이 유구에 표착하여 유구에 머물면서
남방무역에 종사하였다는 기술은 좀더 고증이 필요한 내용이다.
　　그리고 조선초기 대외관계의 결론으로,[18]

15) 앞의 『韓國通史』, 228쪽.
16) 위의 책, 229쪽.
17) 같은 책, 229쪽.
18) 앞의 책, 230쪽.

> 조선초기 대외관계는 명에 대한 事大 관계와 여타 諸族에 대한 교린
> 관계로 이루어졌다. 그것은 조선이 명으로부터 책봉을 받는 반면에 여
> 타 제족에 대해서는 授職·회유하는 정책이기도 했다. 이와 같은 의례적
> 인 관계와는 달리, 실제적인 이해관계는 '朝貢'무역에 있었으며, 그것은
> 관무역을 위주로 하여 약간의 사무역이 수반되는 정도였다.

고 하여 事大와 交隣關係속에서 조선의 대일관계가 이루어지고 있음을
설명했다. 그러나 조일무역의 성격을 완전히 조공무역이라고 단정하는
데는 문제가 있으며, 사무역의 규모도 상당한 만큼 약간의 사무역이라는
표현은 모호한 표현이다.

한편 『다시찾는 우리역사』에서는 '일본 및 동남아 국가와의 교류'의
항목을 설정하여 기술하였는데,[19)

> 조선왕조의 영토확장정책은 남방으로도 미쳤다. 고려말 공민왕 이후
> 로 식량과 문화재를 약탈하기 위해 들어오는 일본 하급무사들, 즉 왜구
> (倭寇) 때문에 해안지방은 하루도 편한 날이 없었고, 백성들은 산속으로
> 숨어들어 농사를 제대로 지을 수가 없었다. 일본은 그만큼 식량부족이
> 심각하고 선진문명에 대한 욕구가 컸다. …
>
> 침략과 약탈이 어려워진 것을 알게 된 왜구와 그 배후 조종세력인
> 호족들은 평화적인 무역관계를 요구해 왔다. 조선은 일본과의 선린을
> 위해 이를 승인하고 부산과 창원 '내이포'를 개항하여 제한 된 무역을
> 허용했다.

라고 하여, 앞에서와 마찬가지로 왜구를 식량과 문화재를 약탈하기 위해
들어오는 일본 하급무사로 기술하였고, 조일 통교가 왜구와 그 배후 조
종세력인 호족들의 평화적인 무역관계에 의해 포소를 개항하면서 이루
어 졌다고 했다.

이어 대마도정벌과 계해약조, 교역품등을 소개했고, 왜인은 생활필

---

19) 앞의 『다시 찾는 우리역사』, 230쪽.

수품과 고급문화재가 필요하였고, 우리는 무기원료나 기호품이 필요했다고 기술하면서,

> 한편, 일본의 무로마치 '室町' 정부는 조선의 불교『대장경』을 구하기 위해 사신을 보내 떼를 쓰기도 하였다(1424, 세종 6). 조선은 여러 벌의『대장경』을 소유하여 한질을 건네주었는데, 이것이 일본의 불교발전에 큰 영향을 주었다.

고 하여, 대장경의 사여에 관해 기술하고 있다. 대장경의 구청은 1424년에만 있었던 것이 아닌 만큼 대장경의 구청과 사여에 관해서는 좀더 개괄적인 서술이 필요하다. 즉『朝鮮王朝實錄』에 기록된 대장경 구청에 관한 기사는 1394년부터 1539년까지 정확히 판명되는 되는 것만도 청구 횟수는 78회 이상이었고, 50질 이상의 대장경과 각종 불경이 사여되고 있다.

한편 유구 및 동남아시아 여러 나라와의 교류를 다음과 같이 기술하고 있다.[20]

> 조선과 문물을 교류한 나라는 여진, 일본 이외에도 유구(유구, 오키나와), 섬라(타이), 자바(인도네시아) 등 동남아시아 여러나라가 있었는데, 이들 나라는 조공 혹은 진상의 형식으로 각종 토산품 [주로 기호품]을 가져와서 의복, 포류(포류), 문방구 등을 회사품으로 가져갔다. 특히 유구와의 교역이 활발하여, 대장경을 비롯한 불경, 유교경전, 범종, 부처를 건네주어 그 나라의 불교발전에 기여하였다.『朝鮮王朝實錄』에 의하면, 경복궁 대궐앞은 일본 및 동남아시아 사신들로 붐볐다고 한다. 조선은 명나라와 어깨를 나란히 하는 문화수출국의 위치에 있었다.

라고 기술하여, 동남아시아와의 교류를 서술하면서도 문화우위국의 입장을 주장했다.

---

20) 위의『다시 찾는 우리역사』, 232쪽.

이상에서와 같이 조선전기 한일관계의 기술은 왜구문제로부터 출발하여 왜구를 통교자로 전환시키려는 노력, 대마도정벌, 삼포개항, 각종의 통교규정 및 약조, 삼포왜란, 교역품의 소개 등 구체적으로 서술되고 있다. 그러나 공통적으로 나타나는 특징은 곤궁한 왜구 내지는 왜인(일본)에 대해 규제를 해가면서 통교를 허락해주고, 대마도주를 내세워 통제해가며 경제적인 혜택을 주며, 문화적으로는 선진문화를 일본에 전해주어 일본문화발달에 기여했다는 경향으로 서술되고 있다는 점을 지적할 수 있다.

2) 일본 측 기술

(1) 사전류
『國史大辭典』에는, 조선전기 한일관계를 개괄적으로 다음과 같이 기술하고 있다.

> … 둘째로 이 시기에 일조관계가 왜구대책을 축으로 전개했다는 것에 의한다.
>
> 조선의 왜구대책은 다음의 두 가지로 분류할 수 있다. 첫 번째는 외교에 의해 일본 측에 왜구를 억제시키는 것. 室町막부에는 변경까지 지배를 미칠 수 있는 능력은 없었고, 조선 측은 막부와의 관계를 유지하면서도 今川了俊·小式氏·大內氏·宗氏 등의 西國지방 권력에 기대하여 이전부터 관계가 있었던 그들을 계속하여 우대하였다.
>
> 두 번째는 왜구회유책. 이것은 서국의 중소영주와 상인에게 국내의 관직을 부여하여(수직왜인) 관위에 상당하는 대우를 하였으며, 평화적인 무역을 희망하는 자(흥리왜인)에게는 자유로운 무역을 허가한다는 것으로 국내 체제의 정비와 상응하여 그 효과는 컸었다. 그 반면 무역을 요구하여 도항하는 자가 증대하여 조선 측은 도항자 통제책으로 전환한다. 통제체계는 수도서제도, 서계·문인제도, 세견선 제도, 포소제도 등이 있는데, 대마의 종씨는 여기에서 중요한 역할이 기대되어졌으며, 특히 우

대되어 특권적인 지위를 점했다.

　　종씨와 조선 사이에 정식의 관계가 시작된 것은 14세기 말인데, 왜구금압에 진력하고 있던 당시의 도주 정무의 사망에 의해 재발을 우려한 조선이 대마의 왜구금절을 모색하여 행했던 것이 1419년(응영26년)의 應永의 外寇(己亥東征)이다. 그러나 세종이 실권을 잡았던 조선은 융화책으로 전환하여 15세기 중엽까지는 상기의 통제책이 정비되어졌다. 이들 통교 전반에 대한 결정, 조선국왕으로부터 종씨에게 사사되어졌던 것이 癸亥約條(가길3년, 1443년)이다. 15세기 후반이 되면, 무역의 확대를 희망하는 일본인과 억제·축소를 모색하는 조선 측과의 알력이 격화되어져, 1510년에는 삼포(부산포, 내이포, 염포)의 일본인이 폭동을 일으켰다(삼포의 난). 이후 삼포의 거류민은 대마로 송환되어졌고, 통교재개 후에도 개항장이 제포(후에 부산으로 변경) 한곳으로 제한되어졌으며, 무역액도 반감되는 등, 규제는 더 한층 엄중하게 되었다(임신약조). 그것에 대해서 종씨는 조선통교 상의 제권익을 대마이외의 자들도 집중시켜 16세기 중엽에는 거의 독점했다. 그러나 대마측으로부터 보아 조선관계가 거의 손댈 수 없을 정도의 상태였다는 것은 부정할 수 없다. 또한 조선으로부터의 수입품은 불구(대장경·종·불상·불화), 직물(마포·목면포), 모피, 청자 등이었으며, 수출품은 광산물(동·유황·은), 공예품(큰칼·부채 등), 중계물자(염료·향료·약재)등이다. 근세의 일본에서도 활발하게 생산하게 된 목면은 이 시기에 조선으로부터 도입되어졌다.

한편 대마도정벌과 삼포왜란에 관해서 『日本史辭典』에서는,

　　應永의 外寇 : 이씨 조선군에 의한 대마도 내습사건. 왜구에 계속 고통받아 왔던 조선은 1419년(응영 26)에 병선 227척, 1만 7천 명의 대군으로 왜구의 근거지인 대마를 습격하여 십 여일 만에 철퇴했는데, 명이 來寇해 온다는 풍설도 흘러들어와 세상의 정세가 소란하였다. 그러나 태종이 죽자 대마 – 조선은 수교를 회복하였다.

　　삼포의 난 : 1510년(영정 7). 조선의 삼포에서 발생한 일본인의 폭동사건. 조선 측에서는 경오왜변이라고 불리고 있다. 삼포라는 것은 내이포(현 창원군 웅천면)·부산포(현 부산시)·염포(현 울산시)의 세 항을 말한다. 삼포에 살고 있는 일본인은 항거왜라고 불려져, 互市나 어업에 종사하고 있었는데, 16세기에 중종이 즉위하게 되자, 정치 쇄신을 위해 일

본 무역에 대해서도 통제를 엄중하게 하고, 항거왜의 거주권을 압박했다. 그 때문에 항거왜는 4월 대마도주 宗盛順의 원조를 받아 삼포를 공격하여 역인등을 살해했다. 이 결과 일조간의 국교는 단절되었고, 임신약조에 의해 修好를 이루었는데, 내이포 한 항구에 한정되어졌으며, 거류권은 인정되지 않았고, 세견선·세사미는 감소했다.

라고 하여, 대마도정벌을 습격사건, 삼포왜란을 폭동사건으로 기술했다.

또한 『日本史辭典』(岩波)에는,

<應永의 外寇> : 조선군에 의한 대마도 습격사건. 기해동정이라고도 함. 1419년(응영26), 조선군의 장병 합계 17,285명이 병선 227척을 타고 65일분의 식량을 준비하여 대마도 서안의 淺茅 만에 상륙하여 전투를 개시. 집과 선박을 파괴하고 해적을 絶首하였으며, 포로 중국인을 보호했다. 태풍의 계절이 가까워 왔기 때문에 체재 15일 만에 귀환. 이 강경한 작전은 왜구의 근거지를 무력 제압하지 않으면 안 된다는 조선의 전 국왕 태종의 숙제였다. 강경자세는 태종이 死去한 1423년까지 계속되었는데, 이후 조선은 세종의 평화적 통교책으로 전환하였다.

<삼포의 난> : 1510(영정7)에 조선의 삼포에 거주하고 있던 일본인 등의 봉기. 경오의 변이라고도 함. 조선정부는 왜인을 회유하고 동심에 통제하기 위해 1426년까지 경상도 남해안에 있는 내이포(제포)·부산포·염포를 개항지로서 삼포의 제도를 정비하였다. 이후 여기에 정주하는 일본인(항거왜)가 증가하였는데, 15세기말, 현지 주민과의 마찰로 불안을 느꼈던 조선 병부는 관리를 강화하였다. 이것을 壓政이라고 보았던 항거왜와 대마도민 수천 명이 봉기한 것으로 거제도의 군사거점도 공격하여 패배하였고, 대마도로 도망쳐 돌아왔다. 1512년의 임신약조에 의해 대마와 다시 수교하여 내이포만을 개항하였고, 항거왜는 전면적으로 금지했다.

라고 하여, 대마도정벌은 조선군에 의한 대마도 습격사건. 삼포왜란은 조선정부의 압제에 의한 삼포거주 일본인 등의 봉기라고 기술했다.

(2) 개설서

室町幕府시기의 조선과의 통교에 관해서, 『詳說日本史研究』에서는,[21]

> 조선반도에서는 1392년 왜구를 격퇴해 명성을 얻은 무장 이성계가 고려를 쓰러뜨리고 조선을 건국했다. 조선도 명과 마찬가지로 통교와 왜구의 금지를 일본에 요구해왔다. 막부는 즉시 이것에 부응하여 일조 관계를 시작했다. 1419(응영26)년 조선은 2백 척의 병선과 17,000명의 군병을 가지고 대마를 공격했다. 이것을 應永의 外寇라고 말하는데 조선의 목적은 어디까지나 왜구의 격멸에 있었기 때문에 무역은 일시적으로 중단된 후에 계속 이어졌다.

라고 하여, 통교의 계기가 조선이나 명이 모두 일본에 통교를 요구한 것에 대해, 막부가 이에 응하여 통교가 시작되었다고 서술했다. 그리고 應永의 外寇가 왜구의 격멸에 목적이 있었다고 서술했다. 이어서 '조선과의 통교과정'을 비교적 소상하게 기술했다. 이어 삼포의 난에 관해서는,[22]

> 삼포에 정주하는 일본인도 증가하여 15세기 말에는 3천명을 넘었다. 그들은 여러 가지 특권을 부여받고 있었는데, 1510(영정7)년 그 운용을 둘러싸고 폭동을 일으켜 조선의 役人에게 진압되었다. 이것을 삼포의 난이라고 부르며 무역은 이 뒤에 점차적으로 부진해져 갔다.

라고 하여, 3천명이 넘는 일본인이 특권을 무시하고, 폭동을 일으킨 것으로 서술했다.

『槪論日本歷史』에서도,[23]

> 「朝鮮과의 通交」 李氏朝鮮은 일본과의 통교를 위해 왜구의 취체를 구했다. 14세기 말에 그 취체를 일본에 요구했던 조선은 일본과의 통교

---

21) 앞의 『詳說日本史研究』, 180쪽.

22) 위의 책, 181쪽.

23) 위의 『槪論日本歷史』, 78쪽.

무역을 제한적으로 허가했다. 그들의 교역을 관리·통제하는 역할을 대
마의 종씨에게 주었다. 1419(응영 29. 세종 원)년에 조선은 왜구의 근거
지를 치려고 대마를 습격한 사건이 있었는데(응영의 外寇), 16세기 후반
의 이르러 조선에의 통교권은 거의 宗氏에게 독점되어 졌다. 무역품으
로써 일본으로부터 구리, 소목, 유황, 칠기 등이 수출되었고, 조선으로부
터 목면, 대장경, 불구 등이 수입되었다.

라고 서술하여, 조선에서 일본과의 통교를 위해 왜구의 취체를 구했다고
했다. 그리고 朝鮮을 지칭할 때 국호를 쓰지 않고 李氏朝鮮이라는 용어
를 썼다. 그런데 현재 한국에서는 李氏朝鮮이라는 용어는 거의 쓰지 않
고 있다.

　　『Story 日本の歷史』에서는 '日朝의 善隣時代'라는 소주제에서 양국
의 통교관계를 서술했는데,[24]

　　　이성계는 1392년 막부에 왜구의 금압을 요구하였으며 서일본의 <u>諸</u>
<u>大名</u>에게도 같은 요청을 행했다. 남북조의 내란을 종식시켜 자신감을
가지고 있던 장군 足利義滿은 이것에 응했고 이후 일조정부의 금합과
회유정책에 의해 왜구는 급속하게 감소해갔다. 이 영향을 받아 <u>일본 국</u>
<u>왕(足利義滿)과 조선 국왕은 1404년 대등한 선린관계로써의 국교를 열</u>
<u>게 되었다. 600여년 만에 열린 정식의 국교이다.</u> 또 양국은 명을 종주국
으로 받들어 책봉을 받았으며 동아시아의 국제관계는 안정되었다. <u>일조</u>
<u>간의 교류는 일찍이 이러한 바가 없을 정도로 활성화되었다.</u>

고 했다. 그런데 여기서는 통교의 계기는 조선의 왜구금압 요구에 부응
한 將軍과 諸大名의 노력에 의해 이루어졌다는 점, 1404년 일본국왕과
조선국왕은 대등한 선린관계를 맺어 600년 만에 국교를 열었다는 점, 조
일양국이 명으로부터의 책봉을 받은 것은 동아시아의 국제관계의 안정
을 의미한다고 매우 긍정적으로 양국관계를 서술했다.

---

24) 앞의 『Story 日本の歷史』, 134쪽.

또 '對馬와 三浦'라는 주제로,25)

> 무로마치막부는 도쿠가와막부의 이른바 쇄국과 같은 통제는 아직 없었으며 국가에 의해 통교를 단일화하지는 않았다. … 종씨는 원래 왜구의 중심적 인물이었는데 조선으로부터 도항 증명서(文引) 발급자의 지위를 인정받아 일조통교의 두목이 되었다. 더욱이 막부로부터 수호직에 임명됨과 동시에 조선으로부터도 세사품으로써 쌀과 잡곡을 매년 부여받고 있었다. 이전에 왜구·해적·상인이었던 유력자는 조선에 투항하여 형식상 국왕의 신하가 되었고 통교권을 부여받았다. 그 때문에 교역은 조선으로의 朝貢과 그것에 대한 回賜라는 형태가 되었으며 일본 측에게는 매우 유리했다.

라고 하여, 조일통교에서의 宗氏의 역할에 대해 언급하고, 그 외의 유력자들은 조선에 투항하여 형식상 국왕의 신하가 되었고, 통교권을 받았으며, 그래서 교역은 조선으로의 朝貢과 回賜라는 형태가 되었지만 일본 측에 매우 유리했다고 서술했다. 이 때문에 일조간의 통교는 특이한 형태를 취했고 국가 간의 사절교환 외에 細川氏와 大內氏 등의 有力守護大名, 對馬島主 宗氏, 이전의 倭寇와 海賊·海商들이 각자의 레벨에서 조선국과 관계를 맺었다고 서술했다.

이어 '은과 목면'을 소주제로 하여,26)

> 일본으로부터는 동·유황·금 이외에 남해무역에서 얻어진 소목·후추 등, 조선으로부터는 목면이 교역품의 중심이었다. 동은 이윽고 1530년대 이후로 은으로 바뀌었다. 石見에서 광산이 발견되어 조선으로부터 전해진 '灰吹き法'이라는 새로운 정련법으로 은이 대량으로 생산할 수 있게 된 결과였다. 목면은 전부 大名에게 병사의 의료와 철포의 화승으로써, 또 범포(돛에 쓰는 천)와 어망의 재료에도 필수품이었으나 국내 생산은 적었었다. 조선의 목면이 그 필요를 충족시키고 있었던 것이었다. 문

---

25) 위의 책, 134쪽.
26) 앞의 책, 135쪽.

화면에서도 불교의 경전(고려판대장경. 현재 한국 경상남도 해인사에 그
판목이 남아있다.)·불교·불상, 도자기 등이 수입되었다. 일조간의 교역
은 양자의 이해관계로부터 때로는 긴장을 초래하였으며, 삼포의 난
(1510년 삼포의 일본인이 조선 측의 규제강화에 대해서 폭동을 일으켜
이후 개항장은 부산만이 되었다.)과 같은 충돌도 발생하였고 또 다시 왜
구의 활동도 있었기는 했지만 거의 무로마치시대를 통해서 계속되었다.

라고 하여, 교역품의 구체적인 내용뿐만 아니라, 은의 정련법이 조선으
로부터 전래된 사실도 소상히 기술했다. 그러나 삼포의 난을 설명하면
서, 이 난의 원인 당초 조·일간에 항거왜인수의 약정이 있었고, 이것을
지키지 않은 데에 원인이 있었음에도, 단순히 조선 측의 규제강화만을
서술했다.

III. 공통점과 차이점

이상에서 한·일 양국개설서의 서술내용을 살펴보았다. 이 내용을 통
해 개설서에 나타난 한일관계사 서술의 공통점과 차이점을 주제별로 정
리해보자.

첫째, 여몽연합군의 일본침공에 관해서, 한국역사서에서는 사전류에
는 일본원정이라는 항목으로 원정의 사실과 이로 인한 고려 측의 피해
를 서술했고, 개설서의 경우는 4권 중 2권에만 서술되었는데, 원인과 과
정을 주로 서술하였다. 침략의 원인을 설명함에 있어서는 몽고의 일본에
대한 조공요청과 고려의 조정, 그리고 일본의 거절로 기술하고 있으며,
원정실패에 의한 고려의 손실을 강조하였다.

한편 일본역사서에는 사전류에서 몽고의 습래로 설명하면서, 그로 인
한 일본사회의 영향을 강조했고, 『국사대사전』에서는 고려에 대한 피해
를 강조했다. 주목되는 기술이다. 개설서에서도 2권에 서술되었으나 1권

은 소략한 반면, 1권은 아주 상세히 元寇의 침입과 그에 대한 응전상황을 서술했다. 그러나 고려나 일본의 피해에 관해서는 언급이 없다. 이상 여몽연합군의 일본침공에 관해서는 서술의 내용에 차이는 있으나, 특별한 쟁점은 없다고 본다.

둘째, 왜구에 관해서는, 한국측 역사서에서는 사전류에 일본의 해적으로 규정하였고, 왜구발생을 여몽군의 일본정벌로 파생된 몰락한 무사와 농민으로 설명하면서 대마도인이 중심이 되었다고 했다. 개설서의 경우, 주요내용은 왜구침략시점과 왜구의 규모, 창궐지역과 피해상황, 고려의 외교적 노력과 격퇴과정, 화포의 개발, 박위의 대마도정벌, 이성계의 무장세력으로 성장 등으로, 왜구의 침탈내용이나 피해, 그리고 왜구에 대한 응징을 주로 기술하였다. 그런데 왜구를 일본 하층무사집단으로 서술한 것은 주목된다.

이에 비해 일본역사서에서는 사전류에, 왜구구성에 대해 왜구에 고려천민과 제주도인을 포함시켜 기술했고, 『國史大辭典』에는 현재 일본학계의 정설이 되어 있는 3가지 학설을 모두 상세히 소개하고 있다. 다만 『日本史辭典』(角川)에는 북구주나 세토내해의 어민과 토호로만 기술했다. 개설서에는 4권 중 3권에서 왜구를 전기왜구와 후기왜구로 나누어, 그 구성과 활동에 대해 서술하였다. 그런데 『詳說日本史研究』에서는 전기왜구를 일본인을 중심으로한 해적집단으로 서술했고, 그 중요한 근거지로 對馬·壹岐·肥前의 松浦지방으로 서술했다. 그러나 『槪論日本歷史』에서는, 왜구를 민족이나 국경을 초월하여 연합한 세력으로 보고, 1350년 이후 조선반도에서 활발화한 왜구는 對馬, 壹岐나 北九州를 거점으로 한 일본인이나 조선인을 주력으로 했다고 기술했다. 그리고 『Story 日本の歷史』에서도 왜구는 해안과 밀접한 관계를 가진 제민족이 잡거하는 지역에서 활동하였고, 현재의 국적에서 보면 일본인이나 조선인 혹은 그 혼혈을 중심으로 한 잡거집단이라고 서술했다.

양국의 개설서에서 왜구가 고려의 각지역을 습격하여 약탈을 자행하

고, 고려에서는 이를 막기 위해 외교적 노력과 무력응징의 대책을 강구
했다는 점에서는 공통적으로 기술하고 있다. 그러나 왜구의 구성원에서
는 상당히 상반된 서술을 하고 있다. 즉 한국개설서는 왜구는 당연히 일
본인 또는 몰락한 일본인 하층무사로 서술했지만, 일본개설서는 왜구의
활동지역을 제민족의 잡거지역으로 보고, 그 구성도 일본인, 조선인, 또
는 혼혈의 잡거집단으로 서술하고 있다.

셋째, 조선전기 통교부분에 관해서는 한국측 사전류에서 대마도정벌
에 관해 왜구의 소굴인 대마도를 정벌한 일로 그 과정을 상세히 기술했
다. 그러나 일본에서 규수의 제후를 총동원해서 방어했다거나, 왜구를
종식시킨 결정적인 사건이라고 기술한 부분에 대해서는 재고가 요청된
다. 또 삼포왜란에 관해서는 일본인거류민의 폭동사건으로 규정하면서
그 과정을 상세히 기술했다. 개설서에서는 통교개시의 상황, 삼포개항,
대마도정벌, 각종의 통교규정, 대마종씨주도, 계해약조, 삼포왜란, 임신
약조, 교역품소개 등 사실에 충실히 서술하였다. 그러나 통교개시가 대
마도주의 애걸에 의해서 시작되었다던가, 조선의 선진문화가 일본문화
발달에 기여했고, 조선사신이 일본에 가서 수상과 동격의 대우를 받았다
고 서술했다.

그러나 일본역사서에서는 대마도정벌을 應永外寇로 기술하면서 조
선군의 래습 또는 습격사건으로 기술했고, 조일통교가 통교가 조선이나
명에서 요구한 것에 대해, 막부가 이것에 부응하여 이루어졌다던가, 삼
포의 난의 원인을 조선의 통제에 의한 일본인의 봉기등으로 기술했다.

한편 이 시기 조선과 유구에 관한 서술이 한국개설서에는 소개가 되
어 있는데, 일본의 사전이나 개설서에는 기술되어 있지 않다. 그리고 조
선전기 통교관계의 중요한 주제인 위사에 관해서는 양국개설서에 전혀
소개 되어 있지 않다.

IV. 맺음말

이상에서 현재, 양국에서 통용되고 있는 사전류와 개설서의 고려·조선전기 한일관계사 부분의 서술경향을 비교·분석하였다. 비교·분석의 결과 양국 역사서에서는 거의 동일한 주제들을 다루고 있음을 알 수 있었다. 그러나 같은 주제를 다루면서도 서술에 있어서는 부분적으로 상당한 차이를 보여준다. 예를 들면 왜구의 구성, 조일통교의 성격 등에서 아주 다르게 서술된 부분이 있음을 확인할 수 있었다. 그리고 그 서술경향은 현재 양국 간에 문제가 되고 있는 중·고교 역사교과서의 내용과 크게 다르지 않음을 확인할 수 있었다. 결국 중고교 역사교과서 서술은 역사서의 내용을 그대로 반영한 것임을 알 수 있다. 따라서 역사교과서 왜곡문제는 교과서 몇 줄을 고쳐서 되는 일이 아니며, 역사인식과 역사서술 전체의 문제임을 직시해야 한다.

끝으로 바람직한 한·일 관계사서술을 위한 몇 가지 제안을 하면서 결론에 대신하고자 한다.

첫째, 한일관계사가 事件中心이 아닌 通時的인 敍述이 되어야 한다. 일반적으로 전근대의 국제관계사를 서술할 때, 늘 戰爭史 또는 사건중심의 역사를 서술한다. 그러나 한일관계만을 보더라도 갈등의 시기보다는 평화적이고 우호적인 시기가 더 길다. 이러한 점에서 서술방식이 바뀌어져야 한다. 고려·조선전기의 경우, 進奉船의 시대에서 倭寇의 시대로, 또 조선전기의 三浦를 통한 通交時期에서 임진왜란으로 그리고 다시 通信使와 倭館의 시기에서 개항기 사이는 대립과 갈등보다는 友好交隣을 강조했던 시기가 더 길었던 것이다.

둘째, 양국의 평화적인 관계에 대한 基本的인 歷史事實을 充實해야 한다. 즉 고려전기의 진봉선 무역을 통한 관계, 왜구 구성원이나 성격에 관한 기술, 통교계기와 과정, 三浦를 통한 양국의 평화적인 통교관계 등

양국의 평화적인 통교관계 등이 보다 사실에 충실하게 서술되어야 할 것이다.

셋째, 자국의 입장만을 강조하는 一國史的이고 一方的인 서술을 벗어나 客觀化 시켜가는 서술이 필요하다. 즉 한일관계사가 기본적으로 양국의 관계인만큼 어느 한편의 상황만을 서술해서는 안되고, 쌍방의 입장을 편견 없이 서술해야 한다. 예를 들면 왜구의 구성이나 약탈상에 대한 침략성을 분명히 서술하고, 그로 인한 조선인의 피해를 서술해야 하며, 조선전기 통교관계가 왜구문제를 해결하는 방향에서 이루어졌음을 상호보완적인 입장에서 서술되어야 한다.

넷째, 이 시기의 양국관계사를 정확히 파악하고 있는 專門家가 執筆해야 할 것이다. 왜냐하면 개설서가운데는 오류가 적지 않고, 또 최근의 연구 성과가 충분히 반영되지 않은 채, 기존의 성과를 답습한 기술이 적지 않기 때문이다. 물론 양국개설서의 집필자 구성이나 방식에는 많은 차이가 있다. 그러나 개설서가 양국인에게 자국사를 이해하는 기본적인 학술서인 만큼 이 점이 충분히 고려되지 않으면 안 된다.

다섯째, 대립과 갈등의 악순환을 지향하고 바람직한 한일관계를 구축하기 위한 미래상을 만들어 갈 수 있는 肯定的인 側面의 韓日關係史를 강조하여 서술해야 한다. 예를 들면 조선전기 三浦와 조선후기 통신사와 부산왜관을 통한 통교관계 속에서 양국 간에는 우호교린을 상징하는 사례가 많다. 이러한 점들을 강조하여 對立과 葛藤보다는 友好와 共存의 歷史가 서술되어야 할 것이다.

근세 한일관계 서술의 내용 분석

- 임진왜란 및 통신사 서술내용을 중심으로 -

홍 성 덕*

I. 머리말

한국과 일본 사이에 일본의 역사교과서 문제가 끊임없이 평행선을 달리고 있는 이유는 일본이 자신들의 선조가 저질렀던 과거사에 대한 업보를 쉽게 떨치지 못하기 때문일 것이다. 해방 후 수십년 동안 지속되고 있는 교과서, 일본의 한국에 대한 왜곡된 인식이 여전히 계속되고 있는 것은 전후 일본을 주도하고 있는 정치 경제 사회적 계층들이 짧게는 19세기 제국주의자와, 멀리는 임진왜란을 일으킨 침략자들과 결코 무관할 수 없으며, 전후 일본의 변함없는 정치적 역정과 맞닿아 있기 때문일 것이다.

그것은 역사왜곡이나 인식이 과연 교과서만의 문제에 지나지 않을 것이라는 추론을 가능하게 한다. 수십년 동안 역사교과서의 문제가 발생할 때마다 우리는 교과서만의 문제로 파악해 왔다. 과연 역사왜곡이 교과서만의 문제일까? 교과서가 가지는 계몽적인 성향 때문에 전문 연구자들의 학문적 진실성이 일부 변형 왜곡될 수 있을지 모르겠지만, 해당

* 전북대학교 박물관 학예연구사

분야의 전문연구자들이 직접 쓴 사전의 한일관계사 항목에 대한 기술 내용이나, 초·중·고교생이 아닌 지적 판단이 어느 정도 가능한 대학생 수준의 개설서에 나타난 한일관계사에 대한 인식에 대해서는 체계적으로 살펴본 바가 없다.1)

본고에서는 『槪論日本歷史』(吉川弘文館), 『詳說 日本史研究』(山川出版社), 『日本史槪說』(東京大出版部) 등의 개설서와 『日本史事典』(平凡社), 『國史大辭典』(吉川弘文館) 등의 사전류에 나타난 豊臣秀吉의 조선침략 항목(文祿·慶長의 役)과 통신사(朝鮮通信使) 항목의 서술 내용을 분석해 보고자 한다. 이를 통해 역사교과서에 나타난 왜곡이 결코 일본 내의 중 고등학교 교과서만의 문제가 아닌 사회적 테두리 안의 광범위한 것일 수 있다는 인지가 가능할 것이다.

II. 임진왜란 서술내용 분석

전쟁의 경험이 역사 교과서에 어떻게 서술되어 있는가를 살피는 것은, 역사적 실체에 대한 객관적 역사서술과 주관적 역사서술의 차이를 밝힐 수 있을 뿐 아니라, 일본의 역사교과서에 늘 빠지지 않는 제국주의적 역사관을 이해하는 데 가장 쉬운 주제이다. 豊臣秀吉의 조선침략2)에 대해서는 동경대출판부의 『일본사개설』을 제외하고 모두 서술하고 있다. 서술된 壬辰倭亂 내용을 주제별로 정리하면 다음과 같다.

---

1) 한국과 일본의 역사 개설서에 대한 분석은 손승철, 2005, 「중·근세 한일관계사 인식의 공통점과 차이점」 『한일역사공동연구보고서』 제2권 (한일역사공동연구위원회) 참조.
2) 일반적으로 임진왜란, 정유재란으로 불리우는 豊臣秀吉의 조선침략.

1. 침략의 배경과 이유

먼저, 도요토미가 조선을 침략한 배경과 이유에 대해서 살펴보자.

16세기 후반 동아시아에서는 朝貢貿易과 海禁政策을 기본으로 하는 중국 중심의 전통적인 국제질서가 明의 국력의 쇠퇴에 의해 변화하기 시작하였다. 전국을 통일한 秀吉은 이 정세 속에서 일본을 중심으로 하는 새로운 동아시아의 국제질서를 만드는 것에 뜻을 두었다. 秀吉은 고 아의 포르투칼 政廳, 마닐라의 스페인 정청, 고산국(대만) 등에 대하여 복속과 입공을 요구하였는데, 그것은 秀吉의 이런 대외정책이 표현된 것이었다.3)

『詳說 日本史研究』에서는 豊臣秀吉이 조선에 '명 출병'의 선도를 요 구한 배경으로 豊臣秀吉의 '일본을 중심으로 하는 국제질서'와 관련되 어 있는 것으로 설명하고 있으며, 이런 배경 설명은 고등학교 교과서에 서도 동일하게 나타나고 있다.4)

일본을 통일한 뒤에는 동아시아의 맹주가 되는 것을 바라여 고아의 포르투칼 정청, 마닐라의 스페인정청, 고산국(대만) 등에 입공을 요구하였 다.5)

秀吉은 일찍부터 명나라 정복의 의지를 표명하였는데, 통일 완성 후, 인도 고아의 포르투칼 총독, 루손의 에스파니아총독, 유구, 고산국 (대만) 등에 편지를 보내어 입공을 요구하였다.6)

---

3) 『詳說 日本史研究』, 227쪽.
4) 후쇼사의 2006년도 시판본인 『새로운 역사교과서』에도 "약 100년만에 전 국을 통일한 秀吉의 의기는 충천하였다. 秀吉은 중국의 명을 정복하고, 天 皇과 함께 대륙으로 이주하여, 동아시아에서 인도까지 지배하려고 하는 거 대한 꿈을 가지고 있었다"라고 하여 침략의 배경으로 秀吉의 야망을 설명 하고 있다.
5) 2005, 『日本史 B』(東京書籍) 166쪽.

『槪論 日本歷史』에서는 영토획득, 무역재개, 국가주권 뿐만 아니라
도요토미 정권의 내부 대립 해결 등을 나열하면서,

> 두 번에 걸친 조선 出兵은 조선에 커다란 피해를 입혔고 황폐화시켰
> 다. 그것은 영토의 획득, 무역의 재계, 명에 대한 국가 주권을 목적으로
> 한 것으로 秀吉 정권의 내부 대립의 해결도 목표로 했다고 말해진다.[7]

라 하여, ‘말해진다’고 표현할 뿐 구체적인 설명은 회피하고 있다.

한편, 『日本史事典』(平凡社)에는,

> 秀吉이 대외적인 영토확장을 바라고 출병한 것이었다는 것은 말할
> 것도 없다. 국내의 봉건적 통일 달성 후 秀吉이 家臣에게 知行地를 주기
> 에는 원칙적으로 자기의 직할령을 나누어 주는 것 이외에 방법이 없었
> 고, 거기에는 한계가 있었다. 諸大名 중에는 해외에 所領을 희망하는 사
> 람도 있었다. 이러한 움직임을 배경으로 해서 국내 통일의 연장상에 조
> 선출병이 기도되었다. 또한 16세기 중반 무렵에 勘合貿易이 중단되었기
> 때문에 중국산 生絲는 포르투칼선에 의해 수입되고 있었는데, 秀吉이
> 의도하는 무역독점정책은 명나라와의 직접거래를 바라고 있었다. 이 움
> 직임은 영토확대 요구를 뒷받침하고 있었다. 또한 조선출병의 준비과정
> 은 太閤檢地의 시행과정과 대응하고 있다. 겨우 20년에 지나지 않는 豊
> 臣정권의 전 과정은 한편으로는 조선출병이라는 대외침략의 논리에 일
> 관되어져 있다고 말할 수 있을 것이다.[8]

라 하여, 知行地의 부족을 조선침략의 가장 큰 이유로 설명하고 있으며,
이외에도 무역독점정책, 太閤檢知의 시행 등과 관련이 있음을 부연하고
있다.

---

6) 2005, 『新日本史 B』(桐原書店) 181~182쪽.
7) 『槪論 日本歷史』, 118쪽.
8) 『日本史事典』(平凡社) 1391쪽.

　　　秀吉이 동아시아 정복구상을 가진 배경으로서 15〜16세기에 동아
시아 세계의 변동을 들 수 있다. 그것은 조공무역과 해금에 의한 명의
책봉체제가 완화되고, 왜구의 무역이 번성하게 된 것과 더욱이 포르투
칼을 비롯한 남만제국의 무역선이 동아시아에 진출하여 명이 확보하고
있던 동아시아의 통교관계를 무너트린 것이다. 이것에 의해 동아시아에
있어 명제국의 지위는 저하하였다. 명 정복을 노린 秀吉의 조선침략은
이러한 시기에 행해졌다.9)

　　『國史大辭典』(吉川弘文館)의 이러한 설명은 명의 책봉체제 붕괴와
남만제국의 진출에 따른 동아시아 통교관계의 붕괴라는 동아시아 환경
이 秀吉로 하여금 동아시아 정복을 구상하게 하였으며, 그것이 곧 조선
침략으로 이어졌다고 밝히고 있다.

　　　조선침략은 秀吉의 과대망상에 의해 자행된 면이 강하지만, 한편으
로는 일본국내의 知行地 부족을 해결하기 위한 영토확대전쟁으로서의
성격도 가지고 있다.10)

　　『詳說 日本史研究』에는 秀吉의 조선침략 배경으로 거론되는 '동아
시아 정복구상', '영토확장' 등을 '과대망상'의 성격도 강하였다고 설명
하였다.

　　秀吉의 조선침략에 대한 이러한 배경 설명은 그 사실의 진위여부와
상관없이 조선침략에 대한 豊臣秀吉의 원대한 이상과 조선침략이 결코
조선을 목적으로 한 침략이 아니었다는 점을 강조하는 결과를 초래하고
있음을 알 수 있다. 이는 침략전쟁의 과오에 대한 진정성의 출발점을 오
해하거나 왜곡할 수 있는 우려가 있는 서술이며, 일본 내부적으로는 침
략에 대한 정당성의 강조로 비추어질 수 있는 것이다.

---

9)『國史大辭典』제12권 (吉川弘文館), 429쪽.
10)『詳說 日本史研究』, 228쪽.

2. 침략전쟁의 성격

역사교과서 문제가 일어날 때마나 중요한 논점은 豊臣秀吉의 조선침략이 出兵인지 戰爭인지, 침략인지 등에 관한 것이었다.

> 豊臣秀吉이 1592~98년에 두 번에 걸쳐 기도된 조선에 대한 침략전쟁. 조선 측에서는 '임진·정유왜란' 또는 '임진왜란'이라 부른다. 또한 중국 측에서는 '萬曆朝鮮의 役'이라 부른다. (『日本史事典』)
>
> 文祿 원년(1592)부터 慶長 3년(1598)에 걸쳐 豊臣秀吉이 명 정복을 위해 조선에 침략한 전쟁. (『國史大辭典』)

사전류에서 豊臣秀吉의 조선침략 성격에 대하여는 '조선침략'이라고 규정하고 있으면서도, 여전히 본문 내에서는 "국내통일의 연장상에 조선출병이 기도되었다"[11] 등과 같이 '朝鮮出兵' '출병'이라는 용어를 여전히 사용하고 있다. 개설서 역시 그런 점에서는 동일하다.

『槪論 日本歷史』에는 '朝鮮侵略'이라는 소제목 아래 豊臣秀吉의 조선침략을 서술하면서도,

> 두 번에 걸친 조선출병은 조선에 커다란 피해를 입혔고 황폐화시켰다. 그것은 영토의 획득, 무역의 재계, 명에 대한 국가 주권을 목적으로 한 것으로 秀吉 정권의 내부 대립의 해결도 목표로 했다고 말해진다.

라 하여 '朝鮮出兵'이라는 용어를 함께 사용하고 있다.

'出兵'이라는 단어가 '전쟁 등에 군대를 파견하는 것'이라는 사전적 의미에 지나지 않는다고 해도 '朝鮮出兵'이라는 말이 일본의 침략성을 왜곡하는 대표적인 역사용어로 사용된 점으로 볼 때, 이러한 인식은 아직도 豊臣秀吉의 조선침략에 대한 과오의 문제에 대해 의식적이든 무의

---

11) 『日本史事典』 (平凡社) 1392쪽.

식적이든 자유로워질 수 없는 한계를 가지고 있다고 하겠다. 이 때문에 "文祿·慶長의 役"에 대한 일본 내 개설서나 사전류의 설명문 가운데 수시로 사용되고 있는 '出兵'의 역사적 평가와 의미가 과연 '파병'과 같은 사전적 정의에만 머물러 있는지에 대해서 재고할 필요도 있다.

3. 일본의 잔혹상에 대한 평가

침략전쟁을 일으킨 일본군의 잔혹상에 대한 평가는 매우 소략하다. 『詳說 日本史研究』에서는,

> 이 싸움(필자주 : 정유재란)에서는 秀吉이 戰功의 증거로서 목 대신에 코를 가지고 돌아오도록 하였기 때문에 병사뿐만 아니라 민간인에 대해서도 코베기가 행해져, 전후 조선에는 코가 없는 사람들이 시가지에 넘쳐나고 있었다고 한다.

라 하여 코베기의 만행을 설명하고 현재도 교토에 코무덤이 있음을 각주로 부언하고 있으며, 『概論 日本歷史』에는 단순히 "커다란 피해를 입혔고 황폐화시켰다"고 간략히 설명하였을 뿐이다.
  『日本史事典』에서는,

> 전후 6년에 걸친 일본의 침략은, 조선에 막대한 피해를 주었다. 경지는 약 3분의 1로 감소하고, 일본군에 의한 학살이나, 집이 소실되어 流亡하는 가운데 아사자, 병몰자가 속출함에 따라 인구도 대폭 감소하였다. 일본에 강제 연행된 조선인도 5만~6만 명에 달하였는데, 그 속에는 도공도 포함되어, 唐津燒, 薩摩燒 등은 그들에 의해 시작되었다.

라 하여 경지의 감소와 인구감소의 피해와 피로인이 5만~6만 명에 달하였다고 설명하고 있으며, 코베기의 만행에 대해서는 일절 언급되어 있지 않았다.

반면 『國史大辭典』에는 '朝鮮侵略의 傷跡과 影響'이라는 소 항목을 설정하여 일본이 자행한 잔혹상에 대해 세 가지로 나누어 설명하고 있다. 첫째는 豊臣秀吉이 명령한 코베기(鼻請取狀)에 대한 것이며, 둘째는 의병 등의 소재를 알려준 농민들에 대한 포상과 산에 진을 치고 있는 의병의 살육이라는 '야마가리(山狩り)'이며, 마지막으로는 조선인 포로 연행 등을 거론하고 있다.[12]

일본의 잔혹상에 대한 이러한 평가는 다음과 같은 문제점을 가지고 있다.

첫째, 일본의 일방적인 침략에 의해 발생된 피해가 아니라 두 나라의 전쟁에 의한 피해라는 사실로 오해될 수 있다. 그저 막연하게 '막대한 피해를 주었다'거나 경작지가 줄었으며, 인구도 감소하였다는 것은, 秀吉의 조선침략의 잔혹상이라기보다는 전쟁의 일반적인 피해상황에 지나지 않는 것이다. 코베기와 같은 잔혹상이 언급되지 않는 것은 바로 적극적인 잔혹상을 설명하지 않으려는 의도로 이해될 수 있을 것이다.

둘째, 침략의 최대 피해자인 일반인들에 대한 잔혹상의 문제를 간과하고 있다. 특히 피로인의 문제에 대해서 전혀 언급하지 않거나 '捕虜'라는 용어를 사용하는 것은 민간인들에 대한 일본의 행위를 인정하지 않고, 전쟁 기간 중의 군대에 대한 정당한(?) 행동쯤으로 파악하려는 의도가 엿보이는 것이다.[13]

셋째, 일본 역시 침략의 피해자라는 설명이 엿보인다는 점이다. 서술의 일반적인 방식이긴 하지만 『詳說 日本史硏究』의 일본군 피해에 대한 친절한(?) 설명은 앞서 비교적 중립적으로 서술한 침략성을 약화시킬 수 있는 우려를 감출 수 없다.

---

12) 『國史大辭典』 제12권 (吉川弘文館) 432쪽.
13) 豊臣秀吉의 조선침략으로 일본에 끌려간 사람들은 '被擄人'이라 한다. 이는 전쟁을 수행하는 군인 '捕虜'가 아니라 민간인들이 상당수 포함되었기 때문에 사용하는 용어이다.

1592년 4월 부산 상륙으로 시작된 文祿의 役은, 당초 일본군이 압도적으로 우위를 점하고 개전 초부터 겨우 2개월 만에 평양을 함락시키는 등의 맹공을 보였지만, 조선수군의 활약이나 의병의 봉기, 명의 참전 등으로 점차 전황이 고착되고, 전선에의 식량보급도 단절되게 되었다. 일본군을 가장 괴롭힌 것은 익숙하지 않은 겨울의 추위였다. 이해 각지의 일본군은 충분한 식량도 방한 옷도 없이 조선의 오지에서 겨울을 날 수밖에 없었다. 다음 해 1월 평양에서 크게 패한 일본군은 눈을 입에 머금고 배고픔을 참으면서 얼어붙은 큰 강을 몇 번이나 건너 철수하였지만, 그 사이 짚신이 벗겨진 병사들 대부분이 동상으로 발가락을 잃었고, 영양부족으로 야맹증에 걸린 자가 속출하였다고 한다. 또 慶長의 役에서 가장 치열했다는 울산성 농성에서는 기아 상태에 있던 성내에 물 상인과 쌀 상인이 나타나 한 잔의 물을 은 15몬메, 5되의 쌀을 판금 10枚라는 어처구니없는 비싼 가격에 팔고 있었다고 한다. 秀吉의 조선침략은 조선인을 고통스럽게 한 일본군에게도 또한 지옥도 이외에 그 어떠한 것도 아니었던 것이다.

'일본군의 고전'이라는 참고 항목으로 서술된 위의 내용은 조선인에 대한 일본군의 잔혹성에 대한 표현에 비해 매우 감성적인 것으로 이를 읽는 독자들의 감정을 자극시키는 것이다. 결국 일본이 조선을 침략해서 조선에 많은 피해를 주었지만, 그에 못지않게 일본군 역시 침략전쟁의 기억은 '지옥'과 같은 것이었다는 점을 강조하고 있는 것이다.

4. 침략전쟁의 영향

침략전쟁의 영향에 대한 두 나라의 인식 정도는 분명하다. 한국 측 개설서의 경우 포지티브적인 영향으로서 상급 문화의 전달에 대한 영향을 공통적으로 기술하고 있으며, 이는 한국의 역사교육에 있어 중요한 대일인식 중의 하나이다.[14] 그러나 본고에서의 분석대상으로 삼은 개설

---

14) 임진왜란에 대한 한국측 개설서의 인식에 대해서는 손승철, 2005, 「중·근세 한일관계사 인식의 공통점과 차이점」『한일역사공동연구보고서』제2권

서 및 사전류에서 이러한 인식은 제한적이다. 『詳說 日本史硏究』등에는
그 영향에 대해,

> 전후 7년에 걸친 일본군의 조선침략은 조선에서는 壬辰·丁酉倭亂이
> 라 불리우고, 조선의 사람들을 戰火에 끌어넣어 많은 피해를 주었다. 또
> 국내적으로는 막대한 戰費와 병력을 쓸데없이 소비한 결과가 되어 豊臣
> 정권을 쇠퇴하게 한 원인이 되었다.

라 하여 조선 침략전쟁의 결과로 豊臣정권의 붕괴만을 기술하고 있으며,
『槪論 日本歷史』에는 그런 내용조차 설명되지 않고, "朝鮮出兵 사이에
兵農分離制에 기초한 국가는 완성되었다"고 하여 침략전쟁에 대한 영향
의 초점을 흐리고 있다.

반면, 『日本史事典』에서는

> 일본에 강제 연행된 조선인도 5만~6만 명에 달하였는데, 그 속에
> 는 도공도 포함되어, 唐津燒, 薩摩燒 등은 그들에 의해 시작되었다. 또
> 한 朝鮮儒學의 성과를 일본에 전한 姜沆과 같은 학자도 있었다. 게다가
> 많은 문화재(경주의 불국사, 한성의 경복궁 등의 건축물이나 미술품, 서
> 적 등)이 戰火로 소실되고, 의학·주자학 등의 朝鮮本이나 銅活字 등도
> 대량으로 일본에 약탈되었다.

고, 도예기술·유학·활자 등의 전달 등에 대해 설명하고 조선에 있는 문
화제의 소실에 대해서도 언급하고 있다. 『國史大辭典』역시 동일한 내용
을 서술한 뒤,

> 전후 7년에 걸친 조선침략은 일본·조선·명 삼국에 여러 영향을 주
> 었다. 일본에서는 豊臣정권이 쇠퇴의 길을 걷었다. 그와 함께 조선에서
> 싸웠던 諸大名은 御家의 전공을 후세에 남기기 위해 『征韓錄』등의 기

(한일역사공동연구위원회) 참조.

록을 모았다. 이들의 기록이 幕末에서 근대에 걸쳐 征韓論의 소재가 되었다. 또한 조선을 구원한 明은 국력이 쇠망하여, 女眞(淸朝)에 멸망되었다. 이것에 대해 조선에 있어서 이 전쟁은 대량 살육 행위나 포로연행 등 조선민족에게 알 수 없는 피해를 남겼다. 秀吉의 조선침략은 조선민족 사이에서 「壬辰의 惡夢」으로 후세에 전해져 잊으려 해도 잊을 수 없는 민족의식 속에 맥을 이어왔다.

라고 하여, 일본 내에서의 '정한론의 맥과 임진왜란에 대한 한국인의 민족의식에 대해 덧붙이고 있다.

이처럼 개설서류에는 침략전쟁에 의해 발생한 상급문화의 전수가 고등학교 교과서들에 기술된 정도도 서술되어 있지 않다.15)

III. 통신사 서술내용 분석

豊臣秀吉의 조선침략은 한국과 일본 두 나라 사이에 잊을 수 없는 역사적 사실로서 피해자와 가해자라는 대립개념으로서만 설명될 수 있는 것이라면, 조선후기의 통신사는 '誠信'과 '友好'의 상징으로서 일견 두 나라의 미래 지향적인 역사적 경험으로 이해할 수 있다. 이는 통신사행이 침략전쟁을 일으킨 豊臣政權이 무너지고 침략에 참여하지 않은 德川政權과 왕래한 정식의 외교사절이었다는 점에서 더욱 그렇다.

---

15) 2005, 『日本史 B』(東京書籍) "이 전후 7년에 걸친 일본군의 조선침략에 의해 많은 조선인들이 목숨을 잃었고, 귀중한 문화재에도 큰 피해가 있었다. 諸大名은 조선에서 활자 인쇄술이나 많은 서적을 가지고 돌아왔을 뿐 아니라 陶工 등도 데리고 왔다."; 2005, 『新日本史 B』(桐原書店) "전후 7년에 걸친 전쟁을 통해서 조선의 典籍, 활자인쇄, 窯業 등의 기술이 일본에 전해졌던 점은 간과할 수 없지만, 결국은 헛되이 조선민중을 괴롭혀서 원한을 샀다."

1. 국교재개에 대한 평가

비록 정권이 교체되기는 했다지만 피해자와 가해자라는 상반된 처지
에서, 7년이라는 긴 침략전쟁을 겪은 두 나라가 국교를 회복하기는 쉽지
않은 일이었다. 그렇지만 침략전쟁이 끝난 뒤 10년이 되지 않아 한국과
일본은 국교를 재개하였다. 조선후기 두 나라 관계에 대한 인식은 바로
국교재개에 대한 평가부터 살펴보도록 하자.

『詳說 日本史硏究』에는,

> 德川家康은 조선과의 講和를 실현하고, 1609년 對馬藩主 宗氏와 조
> 선의 사이에서는 己酉約條가 체결되었다. 이것은 근세 일본과 조선과의
> 관계의 기본이 된 條約으로, 부산에 왜관을 설치한 것이나, 宗씨의 외교
> 상의 특권적인 지위가 두 나라로부터 인정된 것이었다.

라 하여, 1609년 對馬島主 宗氏와 체결된 己酉約條를 두 나라의 기본
'조약'으로 평가하고 있다. 기유약조가 조선후기 한일관계의 외교관계를
규정하고 있는 '條約'이라는 설명이다. 이는

> 1609년 조선이 對馬의 대명, 宗義智에게 준 통교무역상의 제 규정.
> 그해가 기유년 이었기 때문에 이 이름이 붙여졌다. 己酉條約, 慶長條約
> 이라고도 한다. … 이것에 의해 對馬는 文祿·慶長의 役 이후 단절된 조
> 선과의 통교무역을 재개하고, 또한 宗氏만을 日朝외교의 창구로 하는
> 관행이 성립해 갔다. 이후 이 약조는 1872년까지 日朝관계의 기본적인
> 條約으로서 기능한다. (『日本史事典』)

> 慶長 14년 己酉에 對馬島領主 宗義智가 李氏朝鮮과 체결한 통교무
> 역에 관한 條約. 明治시대 이후 慶長條約이라고도 불리었다. (『國史大辭
> 典』)

는 『日本史事典』와 『國史大辭典』의 '己酉約條' 항목에서 분명하게 '條

約'으로 명시되어 있다. 즉 조선후기 한국과 일본의 국교재개에 대한 계
기로서 己酉約條를 거론하고 있는 점에 주목할 필요가 있다.

> 鎖國을 완성한 뒤 곧바로 중국에서는 滿洲 민족의 淸이 漢人의 明
> 을 대신하였지만, 무역이나 문화의 전래는 사실상 보장되었다. 1609년
> 의 條約으로 일단 國交를 회복한 朝鮮과의 사이에 그 후 國王의 칭호를
> 둘러싼 國書僞造事件이 발각되었다. (『槪論 日本歷史』).

1607년 제1차 회답겸쇄환사의 파견을 국교재개의 시점으로 보는 사
례도 있지만[16] 위에서 살펴본 것처럼 기유약조를 조선후기 양국관계의
기본 조약으로 평가하고 있다.

> 이 침략 전쟁은 豊臣政權의 무덤을 팠고, 그 붕괴를 촉진시켰다. 그
> 후 江戶幕府는 조선과의 국교회복에 노력하여, 1607년 조선과 復交하
> 고, 1609년에는 日朝通商條約(己酉約條)를 체결하였다.[17]

이러한 서술은 최근 기유약조를 對馬島와 朝鮮과의 사이에 체결된
통교무역의 약속 정도로 해석하려는 의견[18]과도 커다란 차이를 보이는
것이다.

> 일본과 조선 사이에서는 약조밖에 체결되지 않았습니다. 조약은 체
> 결되지 않았습니다. 조약이라는 것은 국가적인 맹약이며, 영어로 treaty
> 입니다. 약조라는 것은 사적인 방면, 約契, 영어로 agreement입니다. …
> 혹시 막부가 카운터 파트너였다면 이것은 조약이어야 합니다. 그리고

---

16) 京大日本史辭典編纂會,「朝鮮通信使」『日本史辭典』(東京創元社) 665쪽.
"德川家康이 (조선과의)修復에 노력하여 1607년 復交 …"
17) 『日本史事典』(平凡社)「朝鮮」항목 중 '倭寇에서 文祿·慶長의 役으로'
993쪽.
18) 한일역사공동연구위원회 제2분과 제2회 연구발표회 토론 녹취록(앞의 책,
253쪽) 중 田代和生의 의견 참조.

막부는 기유약조의 내용 또는 교섭하고 있다고 하는 이 현황을 모두 알고 있지 않으면 카운터파트너라고 할 수 없다고 생각합니다.

위의 의견에 따르면 기유약조는 對馬島와 조선과의 사이에 체결된 私的인 約束에 지나지 않는다고 평가하고 있다. 이러한 지적은 조약의 체결주체가 막부정권이 아닌 대마도였으며, 조약체결과정에 대한 막부의 지시와 인지는 없었다는 판단을 그 논리적 근거로 삼고 있다. 그렇지만 위의 서술에서 알 수 있듯이 대마도와 조선과의 사이에 체결된 기유약조를 두 나라 사이의 조약으로 서술하고 있는 것이 일반적인 일본 내의 평가이고, 조약 체결에 막부의 지시 및 인지 여부에 대해서는 막부가 알고 있었다는 구체적인 증거도 없지만, 모르고 있었다는 확실한 기록 역시 없다. 또한 조선시대 대일본 외교 관련 사료에 조약과 약조를 분명하게 나누어 사용한 사례는 보이지 않는다. 따라서 기유약조의 성격을 조선의 중앙정부와 일본의 일개 변방의 지방에 불과한 대마도 사이의 사적인 관계로 평가할 수는 없다. 조약이나 약조가 가지는 사전적 개념 이전에 당 시대의 상황을 고려해야만 한다. 조선정부가 대마도주와 기유약조를 체결한 것은 적어도 德川정권의 대변자로서 대마도의 위상을 파악했기 때문이고 다른 한편으로는 대마도를 통해 침략국이었던 일본의 상대하려는 전통적 외교체제가 반영된 결과이기도 하다.

2. 통신사행에 대한 평가

통신사에 대한 개설서와 사전류의 기술내용 중 가장 두드러지는 특징은 통신사를 조선후기 두 나라의 상징으로 서술하고 있다는 점이다. 이는 조선전기에 왕래한 '통신사행'과의 연결성을 부각하지 않고 있는 것으로 나타난다.

『詳說 日本史研究』에는,

> 조선으로부터는 사절이 전후 12회 來日했다. 1회째인 1607년부터 3회째인 1624년까지는 回答兼刷還使라 불렸으며, 4회째인 1636년부터 12회째인 1811년까지가 通信使라고 불려졌다. 회답겸쇄환사라는 것은 일본의 國書에 대해 조선국왕이 회답한다는 명목이었으며, 쇄환사라는 것은 文祿·慶長의 役에서 일본으로 연행된 조선인 捕虜의 반환을 목적으로 하고 있었다.

라 하여 통신사행이 12회 來日하였으며, 3회까지는 회답겸쇄환사, 4회 이후부터 통신사라 불렀다는 점을 분명하게 밝히고 있다. 이 책에는 조선전기 한일관계사의 서술 내용 중에 통신사의 왕래에 관한 내용은 전혀 언급되어 있지 않다.

『日本史事典』「朝鮮通信使」항목에는,

> 李氏朝鮮의 국왕이 일본국왕(일본의 외교권자)에게 國書를 手交하기 위해서 파견한 사절. 일본에서는 朝鮮來聘使라고 부른다. 1404년 足利義滿이 '日本國王'으로서 조선과 對等의 외교(交隣)관계를 열었기 때문에 明治維新에 이르기까지 양국은 기본적으로는 그 관계를 유지하였다. 그 관계에 기초해서 조선에서는 通信使(파견의 명목에 의해 回答使로 된 것도 있다)가 來日하고, 일본에서는 '國王使'가 파견되었다. 그러나 두 국왕사절의 빈번한 왕래는 文祿·慶長의 役까지였다.

라고 하여 국왕 간에 국서를 교환한 사절로서 파악하고 기본적으로 그런 관계가 메이지 유신까지 유지된 것으로 설명하고 있다. 그렇지만 足利幕府 때의 국왕사절인 통신사의 왕래가 豊臣秀吉의 침략 때까지만 있었다고 설명하였다. 그 이유에 대해서는,

> 德川家康 이후 역대 將軍은 對馬의 宗氏가 사칭한 경우를 제외하고 직접 사절을 보내지 않았기 때문에 조선에서 통신사가 來日하였을 뿐이고, 國書의 교환도 그 때에 모아 행해졌던 것이다.

즉, 국왕에 의해 직접 사절이 오고 간 사례가 조선후기에는 없었다는 것이다. 豊臣秀吉의 조선침략으로 단절된 뒤 재개된 德川幕府 때의 통신사행이 조선전기와는 달랐기 때문이다. 특히 회답겸쇄환사와 통신사를 구분하여 설명하고 있는 점은 긍정적인 면으로 평가된다.

　　　4회째 이후는 지금까지의 일본에 대한 경계심을 풀고 信義를 통한다는 의미의 通信을 使節의 목적으로 하게 되었다. 거기에는 큰 이유가 있었다. 明·淸교체기에 청이 명을 공격하기 위하여 남하할 때, 조선도 공격하였다. 조선의 李王朝는 명에 朝貢하는 것으로 明의 冊封을 받아오고 있었고, 청에 대해서 저항의 자세를 취하였다. 援明抗淸으로 일관한 조선은 북방에서 청과 싸우기 위해서도 남방의 일본과 우호관계를 맺을 필요가 급했던 것이었다. (『詳說 日本史硏究』)

『詳說 日本史硏究』에서는 통신사행으로의 명칭 변화에 대한 원인을 중국의 정세변화에서 찾고 있다. 이에 대해『日本史事典』에서는

　　　柳川事件으로 對馬에서 國書僞作 등의 부정이 밝혀지게 된 것을 계기로 사절의 명목은 '通信使'로 고쳐졌으며, 조선 측의 국서 대상도 '日本國大君'으로 고쳐졌다.

고 하여 회답겸쇄환사 파견과 관련된 對馬島의 국서위작으로 인해 通信使로 변경되었음을 밝히고 있어 약간의 차이를 보인다.
　　위의 설명과는 달리,『國史大辭典』「通信使」항목에는,

　　　室町時代에 來朝한 통신사는 세종조의 3회뿐이었고, 그 상세한 내용은 알 수 없지만, 幕府 외에 大內氏나 九州諸豪族과도 교섭하고 있고, 江戶時代에 있어서 幕府하고만 교섭하는 것과는 성격이 다르다. 이것은 室町幕府가 지방호족에 대한 절대적인 통제력이 결여하고 있던 政情에서 발생한 것이다. 來聘의 이유에 대해서는 室町時代는 왜구금지의 요청이나 將軍襲職祝賀가 많았고, 막부도 같은 인식으로 맞이하였다. 2회

에 걸친 豐臣정권 대에는 모두 일본군의 조선반도 침입과 관계가 있다.
江戶시대에는 12회에 걸쳐 來朝하였지만 최초 5회까지는 복잡한 이유를
가지고 있다.

조선전기와 조선후기의 차이를 일본의 室町幕府와 江戶幕府의 정치
환경에서 찾고 있다는 점을 서술한 것은 특징적이다. 그러나 通信使의
대가인 三宅英利가 쓴 이 항목은 그 자신의 연구를 요약 정리한 것이나,
'來朝'라는 단어를 빈번히 사용함으로써 역사적 사실 규명에 대한 접근
이외에 통신사를 來朝하는 朝貢使로 보려는 내면의 인식이 깔려있다.
아울러,

> 조선왕조에서는 幕府가 행한 日本國大君號의 제정, 以酊菴의 창설,
> 對馬藩 家老 柳川氏의 처분 등의 조선정책의 변경 의미를 둘러싸고, 게
> 다가 柳川氏와 대결한 對馬藩主(宗義成)을 옹호하기 위해서 이고 또한
> 북방 後金의 압력에 대항하여 '向明排金'의 방책을 견지하기 위해서 남
> 방 일본과의 화평을 유지할 필요에 강요된 파견이었다.

라고 한 것에 알 수 있듯이 조선이 '통신사'를 파견한 것이 일본의 일련
된 대조선 정책의 변화와 북방의 위험에 대비한 남방의 안전 때문에 강
요된 선택으로 설명하고 있다. 그렇지만 이러한 평가는 한국측의 많은
연구자들에 의해 지적되었듯이[19] 조선의 자주적 외교라는 측면을 간과
하고 있다.

끝으로 통신사행의 일본 정치 경제에 대한 영향에 대해서는 사전류
에서만,

> 江戶幕府는 대외관계를 중국, 오란다와의 '通商', 조선·유구와의 '通
> 信'이라는 협의의 범주로 한정하였다. 그 중 정식 외교관계를 맺은 독립

---

19) 한국 측의 연구동양에 대해서는 장순순, 2005, 「통신사 연구의 현황과 과제」
『한일역사공동연구보고서』 제2권 (한일역사공동연구위원회) 참조.

국은 조선뿐이었고, 통신사의 來日은 德川將軍의 국제적 지위를 검증하는 장으로써 큰 정치적 의의를 가졌다. (『日本史事典』「朝鮮通信使」)

通信使의 의의는 깊은데, 정치·외교 면에서 보면 동아시아 국제사회의 변화에 관련하고, 또한 일본에서는 정권의 성립과 전개, 조선에서는 관인지배의 안정과 발전에 밀착되어 있었던 것이다. 경제면에서 말하자면 설비·향응, 藩士民의 동원 등에 의해 沿路 諸藩은 막대한 경비 지출이 강요되었고, 扶持米의 대여, 藩札의 발행에 내 몰렸다. 유익한 것은 문화면으로 諸藩의 객관이나 江戶 本誓寺, 東本願寺에 쇄도한 학자, 문인, 의사 등에 의해 주자학을 비롯한 선진적인 조선 문화가 학습되었고, 간접적으로도 중국문화에 접촉할 기회도 되었다. (『國史大辭典』「通信使」)

라 하여 정치 문화적인 영향이 지대했음을 서술하고 있다.

IV. 맺음말

이상으로 일본역사 개설서와 『日本史事典』·『國史大辭典』등에 기술된 豊臣秀吉의 조선침략과 조선후기 通信使行의 내용에 대하여 살펴보았다. 먼저 秀吉의 조선침략에 대한 서술 내용을 정리하면 다음과 같다.

첫째, 豊臣秀吉의 조선침략에 대해서는 해당 전문연구자가 서술한 사전류 역시 '朝鮮出兵'의 인식을 완전히 배제하고 있지는 않았다. 항목은 文祿·慶長의 役으로 선정되어 있고, 내용의 타이틀이나 전체적인 지향은 '조선침략'이라는 개념으로 규정하고 있지만, 설명문 내에는 여전히 '朝鮮出兵'이라는 단어가 사용되고 있음을 알 수 있다.

둘째, 침략전쟁의 배경으로서 豊臣秀吉의 '대륙정복야망'을 '일본 중심의 국제질서'라는 완화된 표현으로 바꾸어 사용하고 있지만, 중국 중심의 책봉질서 약화에 따른 일본의 패권화가 조선을 침략한 배경으로 언급되고 있다. 豊臣秀吉의 야망을 과대망상적인 것으로 평가하는 것은 찾기 힘들다. 이는 조선 침략이 조선을 침범한 것이 아니라 일본 중심의 국제질서를 수립하는 과정에서 파생된 불가항력적인 것이라는 편견을 가질 수 있도록 하고 있다.

셋째, 조선의 피해상황에 대해서는 일반적인 서술에 머물러 있는 반면 일본의 고통에 대해서는 감성을 자극할 수 있는 서술방식을 도입함으로써 전쟁의 피해는 모두에게 있었다는 잘못된 인식을 갖도록 하고 있다. 일방적으로 침략을 받은 조선인과 조선의 상황에 대한 서술은 지극히 일반적인 것에 머물러 있었다.

넷째, 침략전쟁의 결과 영향에 대한 기술 역시 개설서에서는 적극적으로 서술하지 않고 있어 고등학교 교과서의 수준에도 이르지 못하고 있다. 사전류의 서술 역시 간단한 문화적 영향에 머물러 있다.

한편, 조선침략에 대한 서술에 비해 조선후기 통신사행에 대한 서술은 비교적 중립적이라 할 수 있는데, 통신사행에 대한 서술이 갖는 특징을 정리하면 다음과 같다.

첫째, 국교재개와 관련하여 특히 기유약조의 성격과 관련해서는 조선후기 메이지 유신 때까지의 기본적인 '條約'으로 평가하고 있다. 이는 기유약조를 對馬島의 자의적 행위로 한정지어 조선후기의 양국 관계를 폄하하려는 일련의 연구와는 상반되는 것이다. '조약'으로의 규정은 왜란 이후 국교를 재개해 나가는 과정에서 德川幕府의 영향력을 일정 정도 인정한 표현으로 해석할 수 있을 것이다.

둘째, 다만 통신사행의 언급과 관련해서는 모두가 조선후기, 즉 江戶幕府의 주요한 특징으로 한정지어서 서술하고 있으며, 조선전기와의 차이점에 대한 언급은 소략하다. 기본적으로 일본사적 관점에서 기술하고 있기 때문에, 조선에서 생각한 통신사행의 성격과는 약간 차이를 보이고 있다.

셋째, 회답겸쇄환사에서 통신사행으로의 변화에 대한 조선정부의 자주적 외교정책을 무시함으로써 국제환경 변화에 따른 불가피한 변화로

서술하는 데에 머물러 있다. 특히 통신사행 연구의 대가로 손꼽히는 三宅英利가 쓴 『國史大辭典』의 '通信使' 항목에 '來朝'하였다는 표현을 거리낌 없이 사용하고 있는 것은 통신사행에 대한 기본적일 일본 측 연구자들의 태도를 엿볼 수 있다. 이는 조선후기의 한일관계를 對馬島와 조선의 사적관계였다는 점을 기초로 하는 자기중심적 시각을 반영한 것이다.

　개설서와는 달리 사전류에는 조선후기 두 나라의 관계를 설명할 수 있는 항목이 많다. 이들 항목 하나하나에 대한 분석과 항목 간 상호 분석을 통해서 보면, 전체적으로 사전 편찬에 참여한 학자들이 해당 분야에 대한 일본의 최고 권위자들이라는 점에서 일반인들이나 학생들을 대상으로 하는 교양서적과 달리 전문적인 내용을 포함하고 있기 때문에 전문연구자들의 한일관계에 대한 편견과 오해, 그리고 되돌릴 수 없는 인식의 차이를 확인해 볼 수 있을 것이다. 이에 대해서는 후고를 기대한다.

개항기 서술의 문제점 분석

-1860년대에서 러일전쟁 전까지-

현 명 철*

Ⅰ. 연구의 의도와 방법

본 발표는 1860년에서 1900년에 이르는 시기 일본의 대표적인 개설서에서 나타나는 한일관계사의 기술 내용을 살펴보는 것을 목적으로 한다. 이 시기 기술에서 논점이 될 수 있는 테마는 1)정한론 관련, 2)강화도 사건과 강화도 조약관련, 3)임오군란, 4)청일전쟁, 5)을미사변의 다섯 항목으로 나누어 살펴볼 수 있다. 그런데, 개설서의 경우, 필자의 견해와 일치하지 않는다고 해서, 혹은 통설과 다르다고 해서 왜곡이라는 표현을 사용하는 것은 타당하지 않다. 따라서 본 연구는 앞으로 해결해야 할 문제점을 살펴보는 데에 중점을 두고 그 기술을 분석하고자 한다. 발표의 형식은 사학사의 정리 혹은 문제제기에 머물고자 한다.

분석하고자 하는 개설서와 사전류는 다음과 같다.[1]

경기고등학교 교사

[1] 많은 개설서 중에서 이 개설서를 선택한 이유는 특별히 없다. 다만 학회의 수중에 있어서 구하기 쉬웠다는 점이 큰 이유이다. 그리고 이러한 개설서의 분석은 첫 시도이며 앞으로도 다른 개설서를 분석할 기회가 있을 것이라 생각한다.

개설서류	『詳說 日本史研究』, 山川出版社, 2003년 제7刷. 『槪論 日本歷史』, 吉川弘文館, 2002년 6월 제4刷 『日本史槪說』, 東京大學出版會, 2000년 7월 제34刷 『要說 日本歷史』, 東京創元社, 2000년 (한국에서 번역『새로 쓴 일본사』, 창작과 비평사, 2003)
사 전 류	『角川日本史事典』, 角川書店, 1986년 제2판

II. 내용 분석

1. 정한론 관련(1873)

1)『詳說 日本史研究』의 내용 분석

내 용	번 역
332쪽 <초기의 국제관계> 幕末以來, 朝鮮は鎖國政策を取り續け, 明治政府の交涉態度に不滿を抱き, 日本の國交要求を再三拒否した.そのため日本國內では, 武力を背景に朝鮮に對し强硬方針をもってのぞむべきだとする征韓論が高まった. …この征韓論は同時に政府に强い不滿を抱き, 朝鮮への積極的進出に期待をかけ, それを望んでいる士族層をなだめ, 彼らの矛先を海外に向けさせるためでもあった.	332쪽 <초기의 국제관계> 막말이래, 조선은 쇄국정책을 유지하였으며 메이지 정부의 교섭태도에 불만을 품고, 일본의 국교 요구를 재삼 거부하였다. 그 때문에 일본 국내에서는 무력을 배경으로 조선에 대해 강경방침을 취해야 한다는 정한론이 높아졌다. … 이 정한론은 동시에 정부에 강한 불만을 품고, 조선에 적극 진출할 기대를 갖고 있는 사족 층을 달래고 그들의 창끝을 해외로 돌리기 위해서 이기도 하였다.

『詳說 日本史研究』의 기술 내용은 가장 일반적인 통설로 일본 역사교과서에도 많이 보이는 기술이라고 이해된다. 그러나 연구 성과가 잘 반영된 것이 아님은 물론이다. 현재의 연구 성과와 비교하여 문제가 되는 점을 살펴보면,

첫째, "막말이래, 조선은 쇄국정책을 유지하였으며"라는 기술이다. 막부말기 이래 조선은 일본에 대해 쇄국정책을 유지하였다고 말할 수 있을까? 조선은 중국(청)과 일본에 대해서는 쇄국을 하지 않았다. 일본은 1860년 安政5조약을 맺었음을 조선에 알리고 있으며, 조선도 이에 대해 두 나라 사이의 250여 년 간의 우호관계가 변함없이 지속될 것이라고 화답하고 있다. 또한, 1866년에는 병인양요를 겪은 조선이 일본에 이 사실을 알리고 일본을 걱정하는 서계를 보내고 있다. 또한 통신사 파견을 요청하는 사절이 동래부 왜관에 1866년까지 파견되고 있으며, 왜관에서의 외교·무역·표류민 송환 업무는 꾸준히 이루어지고 있었다. 1868년 메이지 정부의 성립까지 한일 양국의 교류는 우호적인 분위기에서 꾸준하게 이루어져 온 것이다.2) 따라서 이 부분은 오류이다. 이러한 기술은 조선의 완고한 쇄국을 강조하고 일본의 근대성을 찬미하는 식민지 사관과 맥을 같이한다고 비판할 수 있다.

둘째, "메이지 정부의 교섭 태도에 불만을 품고"라는 기술이다. 조선 정부의 서계 수리 거부 배경에 대한 설명으로는 너무 일면적이다. 교섭 태도에 불만이 있었을 뿐만 아니라 서계의 내용과 서계 수용이 초래할 외교관계의 변질을 받아들일 수 없었던 것이다. 우선, 국교가 존재하고 있었는데 국교 요구를 하였다는 것은 무엇을 의미하는가, 이 '국교요구'라는 것은 엄밀히 말하면 메이지 정부나 대마주가 말하는 '외교 개혁'3)이라고 칭하는 것이다. 메이지 정부가 추구한 일방적 외교 개혁에 조선은 동의할 수 없었던 것이다. 메이지 정부 성립 이후 일본은 어떠한 대조선 관계를 바라고 있었는가에 대한 연구가 이루어져야 한다.

셋째, "조선이 일본의 국교 요구를 거절한 것 때문에 정한론이 높아

---

2) 여기에 대해서는 졸고, 2005, 「통신사 단절과 서계문제」 『통신사·왜관과 한일관계』 (경인문화사) 참고.

3) 여기에 대해서는 졸고, 「메이지 초기의 한일관계의 변화」 『19세기 후반의 대마주와 한일관계』 제2부 제3장 참조.

졌다"는 내용의 기술이다. 정한론이 고양된 것을 조선의 책임으로 돌리고 있는 자세이다. 또한 '국교요구'란 말 자체의 사용에 신중할 필요가 있다. 메이지 정부와 대마주는 '외교 개혁'을 조선이 받아들일 것이라고 생각하였을까. 그렇지 않다. 그들은 거절당할 것으로 판단하였다.[4] 그렇다면 그들은 왜 거절당할 수밖에 없는 서계를 보내온 것일까? 당시 이 서계는 조선의 거절을 유도하여 위기를 조성하고 이러한 위기를 바탕으로 조선과의 전쟁을 위한 대마주의 경제 자립을 일거에 해결하려는 목적이 있었으며, 메이지 중앙정부도 전쟁의 위기를 통하여 친병을 양성하고 이를 통해 중앙집권화를 도모하려는 의도가 있었다. 뿐만 아니라 막부를 토벌하고 난 다음 무사들의 처리를 행할 필요도 있었다.

　다음으로는 조선은 일본의 국교 요구를 거절하였는가 하는 문제이다. 조선은 일본과의 국교를 당연한 것으로 생각했다. 따라서 조선이 "메이지 정부의 국교 요구를 거절했다"는 것은 오류이다. 260여 년 간이나 지속되어온 국교를 거절할 이유가 없기 때문이다. 다만 그들이 말하는 '외교개혁'에 동의하지 않고 서계를 고쳐올 것을 고집한 것에 불과하다.[5] 조선이 일본과의 국교를 거절하지 않았다면, 정한론의 발생을 국교 거절 때문에 일어난 일이라 할 수 없다. 정한론은 조선의 대응과는 전혀 관계가 없는 일본사의 흐름 속에서 나타나는 것이라는 데에 그 특징이 있다. 따라서 그 이전의 정한론과의 관계를 살펴볼 필요가 있다.

---

4) 앞의 책, 185~186쪽, 대마주는 1868년 11월 조선에 외교 개선을 위한 대수대차사 파견을 하면서 번사들을 모아 각오를 피력하고 있다. 이 직달의 내용 중에 조선이 받아들이지 않을 것이고 대마주가 곤란에 처하게 될 것임을 말하고 있다. 한편 메이지 정부의 고관 木戸孝允도 사절이 조선에 도착하기도 전에 조선이 거절할 것에 대비하여 친병을 양성하고 조선을 공격하자고 주장하고 있다(『木戸孝允日記』 1868년 12월 18일조, 1869년 2월 1일조).

5) 여기에 대해서는 졸고, 1996.1, 「개항 전 한일관계의 변화에 대한 고찰」『국사관논총』 72 참고.

크게 생각해 볼 때, 관동의 막부를 타도하고 성립된 관서지방 중심의 메이지 정부 성립 자체에 막부의 권위를 지원하였던 조선을 적대시하는 관념이 있었던 것은 아닐까. 그들 서남웅번은 豊臣秀吉의 후계를 자처하면서 이미 막부 말기부터 막부의 대조선 외교정책을 비판하고 '정한(침한)'을 주장하고 있었다.6) 막부 말기의 정한론이나, 서계를 보내기 전부터 정한론이라는 것이 메이지 정부 지도자에 의해 언급되고 있음은 중시할 필요가 있다.

결국, 정한론(침한론)은 조선의 대응 여부와 관계없이 존재하고 있었던 것이다. 따라서 이를 조선의 거절로 귀일시키는 것은 책임전가라는 비판이 가능할 것이다.

2) 『概論 日本歷史』와 『새로 쓴 일본사』의 내용분석

192쪽	192쪽
朝鮮外交がうまくすすまず, 釜山の朝鮮官憲による布告文での日本攻撃の文言を契機とする征韓論が高揚したことである.	조선과의 외교가 잘 진행되지 않고, 부산의 조선 관헌에 의한 포고문에서 일본 공격이라는 문구를 계기로 정한론이 고양된 것이다.(1873년 3월의 포고문)

여기서의 문제점은 "부산의 조선 관헌에 의한 포고문에서 일본공격이라는 문구를 계기로"라는 부분이다. 과연 정한론이 고양된 것이 조선의 포고문에 의해 촉발된 것일까.

---

6) 여기에 대해서는 김광옥, 2006, 「일본 에도시대 임진왜란 기록물에 대한 연구 – 島津씨의 사례를 중심으로 –」 『한국민족문화』 27 (부산대학교 한국민족문화연구소)에서 『朝鮮征伐記』(1659년)와 『征韓錄』(1671년), 『征韓實記』(1814년), 『征韓武録』(1856년) 등의 책을 소개하여, 서남 웅번에서는 막부의 인식과는 달리 임진왜란시의 활약을 자부하는 경향이 강하였음을 알게 된다.

『새로 쓴 일본사』(382쪽)에서도

> 1873년 6~7월 부산의 일본공관에서 조선정부가 일본인의 밀무역 단속을 강화하였다는 보고가 도착했다. 보고의 내용 자체는 큰 문제가 아니었으나, 이는 사회적 긴장이 격화되는 가운데 잔류정부 내에서 고조되고 있었던 대외강경 지향성을 분출하게 하는 계기가 되었고, 결국 잔류정부는 정한론으로 기울어졌다.

고 평가하여 조선의 포고문에 의해 정한론이 고양된 것이라고 한다.

이 두 개설서는 왜관 수문에 잠상과 통상하지 말도록 조선 상인에게 고시한 내용이 정한론의 원인이 되었다고 설명하고 있다. 그러나 국내용 포고문을 가지고 전쟁을 주장하는 것은 책임 전가로는 납득이 가지 않는다. 과연 국내용 포고문이 전쟁을 초래할 정도의 이유가 될 수 있었던 상황이었는가. 이를 검토하기 위해 당시 전후의 상황에 대해 잠시 살펴보기로 하자.

1872년 7월1일에서 11일까지 왜관 난출이 있었다.[7] 이는 서계 접수를 거절하는 조선정부에 대한 항의뿐만 아니라 왜관을 접수하고자 하는 외무성에 대하여 대마주의 특수권익을 인식시키고자 하는 행동이기도하였다. 그러나 이 난출은 아무런 효과를 볼 수 없었다. 7월10일 동래부사는 차비관을 통해 기존의 조약을 준수하는 것이 이 모든 문제 해결의 시작이라는 내용의 각서를 교부하였다.

대마주의 왜관난출이 아무런 효과를 얻지 못한 상황에서 일본 외무성은 하나부사에게 왜관 접수를 명하였고 10월 하나부사는 모리야마 게루, 히로츠, 사이토 등을 수행하여 부산에 도착하였다. 그리고 10월 18일 초량공관을 접수하였다. 관사로 외무성 7등출사 廣津을 임명하였다.

하나부사는 귀국한 직후(1872년 11월) 태정관에 제출한 보고서(『조선외교사무서』 권18)에서, 일조 국교의 성부를 결정하는 3요건을 설정

---

7) 졸고, 앞의 논문.

하여 각각에 대한 자신의 관찰을 다음과 같이 보고하였다.

첫째, 조선정부는 우리를 거절하고 배척할 결심을 하고 있는지 여부 – 추호도 거절이라는 표현이 없고, 결코 거절 배척한다는 뜻이 아니다.

둘째, 조선인은 일본인의 왕래 교통을 싫어하는가 여부 – 조선인 아직 한 사람도 양국의 화평을 싫어하는 사람이 있다고 듣지 못하였다.

셋째, 조선인이 일본인을 경멸하는가 여부 – 예로부터 조선인은 우리 일본인을 두려워하였다. 일본이라면 두려워하는 바가 지금도 있다.[8]

이를 보면 결코 객관적인 전쟁의 위기가 존재하였던 것이 아님을 명확히 살펴볼 수 있다. 또한 일본이 의도한 전쟁의 핑계를 조선이 주고 있지 않음도 알 수 있다.

그러나 대마주의 무역독점이 폐지됨에 따라 1873년에 들어 다른 상인들이 점차 활발히 조선에 진출하기 시작하였다. 메이지 정부도 이를 장려하였다. 특히 1월 조선산 소가죽 수입을 위해 육군성이 미츠이 상인이 조선에서 활동할 수 있도록 외무성에 협력을 요청하고 외무성이 왜관 관사 廣津에게 이를 전달하자, 이 소식은 대마주의 특권상인과 조선의 특권상인에게 심각한 위협으로 받아들이게 되었다. 이들은 더욱 결속을 다지는 행동을 취하였을 것이다.[9]

한편 동래부로서도 이러한 상황은 조약위반이며 더 나아가서는 주권 침해라 판단하였을 것이다. 이러한 분위기를 감지한 관사 廣津弘信은 이들이 조선에 오게 되면 영업성과를 얻을 수 없을 뿐만 아니라 오히려 조선의 통상제한을 강화하게 된다고 우려를 전하고 허가해 주지 말 것을 요청하고 있다.[10] 이러한 상황에서 4월 21일 三越(미츠코시) 일행이 부산에 도착하였다. 이 사건은 동래부사에게 충격을 주었음이 틀림없다. 그리하여 동래부는 5월 3일부터 통상제한 조치를 시작한다는 내용의 고

---

8) 『조선외교사무서』권18.

9) 강범석, 1990, 『征韓論政變 – 明治6年の權力鬪爭』(サイマル出版會).

10) 『대일본외교문서』제6권, 246항, 1873년 4월 6일.

시를 수문에 붙였다.[11] 이 告示의 내용은

> 대마주 상인 이외의 잠상을 엄금하는 것이 두 나라사이의 조약이었
> 는데 조약을 무시하고 다른 상인을 보내는 것은 양국이 서로 금하는 것
> 인데, 요즘 그들의 행위는 가히 무법의 나라와 같다. 우리의 법이 우리
> 영내에서 행해지므로 그들의 뜻이 이루어지지 못할 것이다.

라는 내용이다. 여기에서 '일본공격'이라는 문구는 나타나지 않는다. 따
라서 『概論 日本歷史』에서 말하는 "일본공격이라는 문구를 계기로"라는
표현은 근거가 없는 잘못된 것이다.

한편 廣津의 4월 6일자 건의를 하나부사는 받아들여 6월 9일 당분간
일반인의 조선 도항을 허락하지 않겠다고 하였다.[12] 또한 조선정부와
상인들의 요구로 三越 일행도 철수하였다. 廣津는 6월 20일의 보고서에
서 지난 14일 통상활동이 회복되었다는 사실을 보고하였다.[13] 그렇다면,
조선의 통상제한 조치는 5월3일부터 6월 14일까지 1개월 반에 이르는
짧은 기간이었으며, 비교적 단기간에 수습이 되어 외교적인 문제로 확대

---

11) "近日彼我人相持, 可以一言打破, 我則依三百年條約, 而彼之變不易之法, 抑
　　獨何心乎, 事若違例, 則雖行之本國, 亦所難强, 而況可行於隣國, 而唯意行
　　之乎, 彼强受制於人不恥, 其變形易俗, 此則不可謂日本之人, 不可許其來往
　　於我境, 所騎船隻, 若非日本舊樣, 則亦不可許入我境, 馬州人與我和賣, 本
　　是一定不易之法, 則他島人亦易, 又我國之法決不許者也, 潛貨冒犯, 又兩國
　　之所同禁也, 近見彼人所爲, 可謂無法之國, 亦不以此爲羞, 我國則法令自在,
　　行之我境之內, 留館諸人, 欲行條約中事, 則皆當聽施, 而欲行法外之事, 則
　　永無可成之日 雖欲潛賣一物, 此路終不開, 我之守經奉法, 彼亦想無他說矣,
　　須以此意, 洞諭於彼中頭領之人, 使不至妄錯生事, 以有後悔, 而汝矣則與譏
　　察諸校, 晝則秘密廉探, 夜則水陸諸處巡行, 守直更無如前解弛之弊是矣, 若
　　不恪勤擧行, 至於現露, 則堂堂三尺之法, 先施於汝輩, 苟欲保汝首領, 各別
　　惕念向事."
12) 『대일본외교문서』 제6권, 285항, 1873년 6월 9일.
13) 앞의 사료, 287항, 1873년 6월 20일.

되지는 않았다. 따라서 정한론을 양성할 정도의 중대한 문제로 커지지는 않았다고 판단된다. 더군다나 그 전후의 보고서를 보면, 廣津는 당시 일본정부가 표류조선인을 송환한 것에 대해 조선 정부 당국자가 찾아와 표류민을 인도할 때마다 매우 기뻐하며 깊이 감사하였다고 보고하고 있으니,14) 잠상문제 해결 이후 표류민 송환이 우호적 분위기에서 이루어지고 있음을 알 수 있다. 결코 당시의 왜관의 분위기로 보아서 결코 단교가 된 것도 아니며 전쟁이 일어날 상황은 더더욱 아니었다.

그렇다면, 『槪論 日本歷史』와 『새로 쓴 일본사』가 왜관의 포고문으로 인하여 정한론이 고양되었다는 기술은 오류라고 말할 수 있겠다.

그렇다면 『槪論 日本歷史』와 『새로 쓴 일본사』의 이러한 내용은 어떠한 근거를 가지고 논의되어온 것인지 살펴볼 필요가 있다. 이는 조선의 고시 내용을 문제 삼아 정한을 주장하는 내용의 「朝鮮議案」의 존재15)이다.

즉, 「朝鮮議案」에는 이 포고문의 구절에 대해

> 이는 실로 가증스러운 일이며, 폭거이다. 이는 조정의 위신과 國辱에 관계되는 것이므로 그대로 둘 수는 없고 병력을 보내야 한다. 그러나 전쟁은 중대한 일이므로 경솔하게 일으킬 수는 없고, 우선은 인민을 보호하기 위한 육군과 군함 몇 척을 파견하여 유사시에 큐슈 진대의 신속한 응원이 있도록 명령하고, 거기에 사절을 파견하여 담판을 해야 한다.16)

---

14) 앞의 사료, 255항, 268항, 279항.
15) 이 사료는 동래부사의 포고문을 접하고 잔류정부에서 응징을 결정하는 내용을 담고 있으며, 이 사료의 존재로 말미암아 '메이지6년의 정변'을 정한론정변이라고 부르게 된다. 그러나 이 사료는 출처와 만들어진 시기 등 불명한 점이 많고, 사료 비판이 필요하다.
16) 이 사료는 원본은 소재 불명이며, 초출은 『岩倉公實記』하권이다. 이 책은 정변에서 승리한 주역인 岩倉의 사적을 뒷날 편집한 것이다.

고 기록되어 있다. 즉 조선의 포고문에 정한론이 촉발된 것으로 이해할 수밖에 없는 부분이다. 이 「조선의안」의 존재를 무시하지 않는 한, 『槪論 日本歷史』와 『새로 쓴 일본사』와 같이 정한론이 동래부사의 포고문을 계기로 고양되었다고 보는 것도 무리는 아니다. 그런데, 동래부사의 포고문에 이렇게 일본을 자극하는 내용이 없었음은 앞서 소개하였다. 어떤 내용이 전해졌다는 것일까?

이렇게 분노하는 자료로서 1873년 10월29일(?) 동래부사의 고시라고 소개된 告示가 있다,[17) 여기서는

"而近聞來接館中, 其形貌衣服, 多非日本人, 彼之變形易俗, 非我所管, 而夫以千百年自大之國, 一朝受制於人, 以至於此, 而爲天下所笑, 恬不知恥, 出而示我人, 亦足可慨."

요즘 들기를 왜관에 오는 사람들 중에는 그 모양이나 의복이 일본인이 아닌 사람이 많다. 그들이 풍속을 바꾸는 것은 우리가 관여할 바가

---

17) "邊上設館, 專爲兩國永好之意, 而其所應行之事, 不有條約先定, 難保其無과, 故原有金石不易之文, 諸凡交聘通商, 必由倭館, 而往來留接, 止於馬州之人, 設有暫時依附而來者, 苟非日本人則不可, 而近聞來接館中, 其形貌衣服, 多非日本人, 彼之變形易俗, 非我所管, 而夫以千百年自大之國, 一朝受制於人, 以至於此, 而爲天下所笑, 恬不知恥, 出而示我人, 亦足可慨, 而況我堂堂禮儀之邦, 彼乃冪冪爲而至乎, 於彼彼人, 本欲信義相交, 一遵成約, 則其於原約之外, 猝有洋船洋服之至者, 不可謂日本人也, 雖暑刻迫逐, 彼固無辭, 而反囂囂不已乎. 自作當屈之事, 氣何從出, 而欲伸其志於守正之國, 不亦愚且妄乎, 彼旣無然生事, 今至使价絶而饋宴不行, 則其曰墓祭野獵等事, 亦當同歸一例, 可以不禁而自止也. 日昨彼人之對詰通事, 又何跳踉之甚也, 彼於三百年講好之餘, 忽以斷然不行之事, 出而相持, 亦甚無謂, 而前後數三人, 擔當此事, 迭相來鬧, 亦足一笑, 彼謂如是不已, 足以逞志, 則將無其日矣. 雖以交易一事言之, 館市出入之外, 潛商和賣, 毋論彼我人, 在法當死, 近年以來, 其弊滋甚, 故我則隨其所現, 或誅或殺, 不少饒貸, 而彼人之不治同罪諸人, 可見其國之無法, 然而斷自今日, 當倍加譏捕一例刑殺, 汝矣門將通事輩, 亦不得保其首領, 一番令飭之後, 第觀下回向事. 계유 10월 29일."

아니지만, 스스로 1100년의 대국이라고 자부하는 그들이 하루아침에 다른 사람의 통제를 받아 이에 이르니 천하에 우스운 일이다. 부끄러운 줄 알지 못하고 우리에게 보이니 어찌 개탄스럽지 않은가.

라는 구절이 있다. 위 「조선의안」에서 분노의 표적이 되는 내용이 들어 있다. 그런데, 강범석은 『征韓論政變 – 明治6年の權力鬪爭』(サイマル출판회, 1990년 7월)에서 이 10월의 고시는 이미 잠상 문제가 해결된 다음이므로 고시할 필요가 없는 상황이었음을 실증하고, 이 내용은 위작이라고 추정하고 있다.

그렇다면 위 포고문 자체가 존재가 의심스러운 것이라면, 「朝鮮議案」은 어떠한 상황에서 나온 것일까. 강범석은 위 책에서 「조선의안」에 대해 사료 비판을 하면서 이는 뒷날의 위작이라고 주장하고 그 과정을 추적하였다. 필자 역시 이 「조선의안」은 사료 비판이 필요하다고 생각한다.

당시 객관적이 상황에서 역사적 사실로 전쟁을 일으켜야 할 특별한 상황이 존재하지 않았음은 분명하고, 따라서 조선의 포고문과 정한론 사이에는 별 관계가 없다는 강범석의 결론은 타당하다. '메이지 6년의 정변(정한론정변)'이 조선의 대응과는 관계가 없이 발생했을 가능성을 보여준다. 그렇다면 일본사 연구에서 '정한론 정변'은 다시 검토되어야 한다.

또한 한일관계사의 기술을 분석할 때에 『개론 일본역사』나 『새로 쓴 일본사』에서 포고문이 정한론의 이유가 되었다는 설명은 재검토되어야 한다. 아무리 책임을 전가한다고 해도 왜관 수문에 걸린 국내용 포고문 한 장으로 전쟁을 주장하고 그 때문에 일본의 정권이 뒤집히는 정변이 일어났다는 것은 역사가의 설명으로는 납득하기 어렵기 때문이다.

정한론은 이미 서계 전달 이전부터 메이지 정부 지도자들에 의해 언급되고 있음이 주목된다.

3) 『日本史槪說』와 『角川日本史事典』기술 분석

日本史槪說	205쪽 右のような歐米諸國に對する屈從外交の代償として, 政府は朝鮮・中國にたいしては, 高壓的態度をとった.西鄕・板垣らによって企てられた明治六年(1873)の征韓論はその一つである.	205쪽 위와 같은 구미제국에 대한 굴종외교의 대상으로 정부는 조선・중국에 대해서는 고압적인 태도를 취하였다. 사이고・이타가키 등에 의해 기도된 1873년의 정한론은 그 하나이다.
角川日本史事典	막말・메이지 초년의 조선 침략론. 특히 1873년 10월 정변의 원인이 된 西鄕隆盛・板垣退助 등의 주장을 말한다. 에도후기 국학의 보급과 함께 조선멸시론이 일어나, 존왕론・양이론의 일환을 이루고, 막부도 정한 계획을 도모한 바가 있다. 메이지 초년 기도다카요시 등이 무진전쟁에 동원하였던 군병의 전용책으로 주장, 조선과의 국교교섭의 난항으로 점차 클로즈업되어 73년 정부는 사이고등의 주장을 받아들여 일단 채용하였으나, 귀국한 이와쿠라사절단 일행은 내치선결을 주장하여 묘의를 뒤집고 사이고 등은 하야하였다. 정부도 대외침략정책을 추진하여 74년 타이완출병을 일으키고 75년 강화도사건을 도발하여, 76년 일방적인 영사재판권을 규정한 일조수호조규를 맺었으며, 그 후에도 청국과 대항하면서 조선에의 침략을 계속하였다.	

이 개설서의 내용은 현재까지의 연구 성과를 잘 반영하고 있으며 내용이 간략하므로 비판할 내용이 없다.

4) 정한론(침한론)에 대한 종합의견

이상 정한론(침한론)에 관련된 일본의 개설서와 사전을 검토해 보았다. 『詳說 日本史硏究』의 내용은

조선이 쇄국정책을 유지하고 있었고 이를 타파하기 위해 메이지 정부가 국교를 요구하였으나 조선은 교섭태도에 불만을 품고 이를 거절하였다. 그 때문에 정한론이 고양되었다.

는 구도를 갖고 있다. 이를 비판해 보면, 다음과 같다.

① 조선은 중국과 일본에 대해서는 쇄국을 하지 않았으며 한일 양국 사
   이에 꾸준한 교류가 있었다.
② 메이지 정부가 요구한 것은 국교가 아니라 '외교개혁'이었고, 조선이
   거부한 것도 일본과의 국교를 거부한 것이 아니라 메이지 정부의 일
   방적인 '외교개혁'이었다.
③ 조선은 국교를 당연한 것으로 생각하고 있었고, 조선이 거절한 것은
   일방적인 '외교개혁'에 불과하다.'국교요구'의 거절로 인하여 정한론
   이 생겼다는 것은 사실과 다르다.

다음으로,『槪論 日本歷史』와『새로 쓴 일본사』의 내용을 보면,

　　　부산의 일본공관에서 조선정부가 일본인의 밀무역 단속을 강화한다
　　는 포고문의 내용이 잔류정부 내에서 고조되고 있었던 대외강경 지향성
　　을 분출하게 하는 계기가 되었고, 결국 잔류정부는 정한론으로 기울어
　　졌다.

고 하여, 정한(침한)론의 원인을 포고문의 내용에 돌리고 있다. 이는「조
선의안」을 근거로 메이지6년의 정변을 '정한론 정변'으로 간주하는 연
구 성과와 맥을 같이하고 있다. 여기에 대한 비판으로는 다음과 같다.

① 포고문의 내용에 '일본공격'이라는 용어는 없다.
② 밀무역 단속은 일본이 이미 예상하고 있는 바였고, 관수 廣津의 건의
   에 의해 三越 상인이 철수함에 따라 1개월 반 만에 해결되었다. 그
   후, 표류민 송환도 우호적 분위기에서 이루어지고 있음을 볼 때, 정
   한이 필요한 상황은 아니었다.
③ 왜관 수문에 걸린 국내용 포고문 한 장으로 말미암아 일본의 정권이
   뒤집히는 정변이 일어났다고 설명하는 것은 납득하기 어렵다.

한편,『日本史槪說』과『角川日本史事典』의 기술은 함축적이며 역사

적으로 설명하고 있다고 평할 수 있다.

2. 강화도 사건과 강화도 조약관련(1875~6)

1) 『詳說 日本史研究』와 『새로 쓴 일본사』의 내용 분석

개설서	내 용	번 역
	333쪽 朝鮮を開國させるきっかけをつかもうとした日本政府は, 1875(明治8)年軍艦雲揚を派遣し, 朝鮮の沿岸で測量を行うなど示威の行動をとった.同艦の艦長が飲料水を得ようと … 江華島にボートで近づくと, 同島の砲台から砲撃を受けた.そこで雲揚は砲撃して砲台を破壞し, … 永宗城を占領した.これが江華島事件である. … こうして日本は朝鮮に不平等條約を押しつけたが, 同時に朝鮮を一つの獨立國として淸國の宗主權を否定する立場に立ったのである.	조선을 개국시킬 기회를 노리고 있었던 일본정부는 1875년 군함 운요호를 파견하여, 조선 연안을 측량하는 등 시위 행동을 취하였다. 동함의 함장이 음료수를 얻기 위해 … 강화도에 보트로 접근하자, 강화도의 포대에서 포격을 받았다. 그리하여 운요호는 포격하여 포대를 파괴하고, … 영종성을 점령하였다. 이것이 강화도 사건이다. (… 이리하여 일본은 조선에 불평등조약을 강요하였으며, 동시에 조선을 하나의 독립국으로서 청국의 종주권을 부정하는 입장에 선 것이었다.)

여기서 문제가 되는 것은 "조선을 개국시킬 기회를 노리고 있었던"이라는 부분과 "동시에 조선을 하나의 독립국으로서 청국의 종주권을 부정하는 입장에 선 것 이었다"라는 부분이다.

이미 부산의 초량에는 일본국 공관이 있었다. 또한 당시는 대원군이 하야하고 일본과의 관계회복을 모색하고 있었던 민씨 정권과 모리야마 사이에는 타협안이 성립되어 있었다. 충분히 외교적으로 문제를 해결할 수 있었던 상황이었다. 그럼에도 불구하고 "조선을 개국시킬 기회를 노리고 있었던"이라는 기술은 강화도 사건이 마치 최후의 방법이었던 것처럼 인식하게 하는 기술이다. '개국'이라는 표현도 그 타당성을 검토해야 한다. 『새로 쓴 일본사』(387쪽)의 기술과 비교해 보자.

> 1874년 5월, 외무성관리 모리야마시게루와 민씨 정권 사이에 비공식적 외교교섭이 시작되었다. 그 결과 9월에는 국교재개를 위한 타협안이 정리되었고 모리야마는 이것을 갖고 귀국하였다. … 1875년 2월 모리야마는 타협안에 따라 교섭한다는 임무를 띠고 조선으로 다시 건너갔다. 조선국내의 반발과 모리야마의 유연하지 못한 대응으로 말미암아 교섭은 난관에 봉착하였다. … 이에 일본정부는 조선 측에 압력을 가하기 위해 5월부터 군함 운요호를 조선 근해에 출몰시켰다. 이 시위정책이 강화도 사건으로 이어졌다. … 1876년 1월 정부는 조선 측이 요구사항에 응하지 않을 경우 개전하기로 결의하고 있었다. … 이에 따라 2월 26일 강화도 조약이 조인되었다. 이 조약에 의해서 일본과 조선의 국교는 회복되었지만 그것은 일본이 일방적으로 치외법권을 획득하는 등 불평등한 관계였다.

따라서 "조선을 개국시킬 기회를 노리고 있었던"이라는 표현은 강화도 사건이 마치 최후의 방법이었다는 인식을 주기 때문에 객관적이지 못하다. 대원군 정권에서 고종 친정으로 넘어간 직후의 교섭 전말에 대한 연구가 필요하다. 필자는 교섭이 난관에 봉착하였기 때문에 강화도사건을 일으킨 것이라기보다는 정권교체기의 약점을 찌르는 행위였으며, 실질적으로 정한론(침한론) 실행의 행위였다고 전략적으로 이해하고 싶다. 중요한 것은 일본이 갖고 있었던 대아시아 외교관이 무엇이었는지 정리를 할 필요가 있다. 강화도 사건 이후 일본이 서양열강에 대한 퍼포먼스나 중국에 대한 외교활동에 대해서도 종합적으로 검토해야 한다. 중국의 불간섭 약속을 받아내기 위해 청나라에서 활동하였던 모리아리노리(森有禮)의 논리도 검토해야 한다.

또한 "동시에 조선을 하나의 독립국으로서 청국의 종주권을 부정하는 입장에 선 것 이었다"라는 기술도 문제가 된다. 왜냐하면 에도막부 시절부터 일본은 조선을 독립국으로 인정하고 있었음은 주지의 사실이다. 이 문제는 유사시 즉 조선과 일본 간에 전쟁이 발생하였을 때에 임진왜란 때와 비슷하게 청의 자동 개입할 우려는 막기 위한 외교적 표현이었다는 점에 중점이 두어져야 한다. 청이 조선에 대한 종주권을 주장하는 것은 1882년 임오군란 이후였다는 연구 성과를 무시할 수 없다.

『詳說 日本史研究』는 『새로 쓴 일본사』와는 달리 많은 문제점을 가지고 있음을 알 수 있다. 마치 방법은 나빴지만 목표는 조선을 개국시키는 선한 것이었다는 뉘앙스가 아직도 남아있다는 느낌이다. 그에 비해 『새로 쓴 일본사』는 진일보한 기술을 하고 있다.

2) 『槪論 日本歷史』와 『日本史槪說』의 내용 분석

槪論日本歷史	211쪽 日淸戰爭の勃發 しかし淸國は朝貢國として琉球と朝鮮を從えていたため, これをめぐって日淸關係は對立し, とくに朝鮮をめぐる對立が, 戰爭にまで發展したのが日淸戰爭である.明治政府の朝鮮に對する積極政策は征韓論に始まるが, 75年江華島事件で具體化され, 日朝修好條規を結び朝鮮を獨立國として認め, 淸國との宗屬關係を否定した.	211쪽 청일전쟁의 발발 그러나 청나라는 조공국으로 유구와 조선을 갖고 있었으므로, 이를 둘러싼 청일 양국관계는 대립하였고, 특히 조선을 둘러싼 대립이 전쟁으로 발전한 것이 청일전쟁이다. 메이지 정부의 조선에 대한 적극정책은 정한론에서 시작되며 75년 강화도사건으로 구체화되어, 조일수호조규를 맺고 조선을 독립국으로 인정하며, 청나라와의 종속관계를 부정하였다.
日本史槪說	206쪽 朝鮮に對しては, 江華島事件での武力行事を背景に明治九年日朝修好通商條約を結んだ.朝鮮を獨立國として淸國との從屬關係を否認し, 日本の一方的な領事裁判權を規定したこの條約は, 日本が外國に强制した最初の不平等條約であり, 大陸進出の第一步を意味した.	206쪽 조선에 대해서는 강화도 사건에서 무력행사를 배경으로 1876년 조일수호통상조약을 맺었다. 조선을 독립국으로써 청국과의 종속관계를 부인하고, 일본의 일방적인 영사재판권을 규정한 이 조약은, 일본이 외국에 강제하였던 최초의 불평등조약이며, 대륙진출의 제1보를 의미하였다.

여기서도 "조일수호조규를 맺고 조선을 독립국으로 인정하며, 청나

라와의 종속관계를 부정하였다"는 기술이 문제가 된다. 왜냐하면 에도 막부 시절부터 일본은 조선을 독립국으로 인정하고 있었음은 주지의 사실이다. 마치 그 이전에는 조선을 독립국으로 인정하지 않았다는 인식을 줄 우려가 있다. 이 문제는 유사시 즉 조선과 일본 간에 전쟁이 발생하였을 때에 임진왜란 때와 비슷하게 청의 자동 개입할 우려는 막기 위한 외교적 표현이었다는 점에 중점이 두어져야 한다. 청이 조선에 대한 종주권을 주장하는 것은 1882년 임오군란 이후였다는 연구 성과를 무시할 수 없다.

그 외에는 강화도 사건에 대한 내용은 간략하거나 현재까지의 연구 성과를 잘 반영하고 있어서 비판할 내용이 없다고 사료된다. 적어도 이 두 개설서에서는 강화도 사건을 조선 측에 책임을 전가하는 기술은 없다.

3) 『角川日本史事典』

한편 『角川日本史事典』의 기술을 살펴보면

> 1875년 일본군함 운요호가 조선 한강하구 강화도 부근에서 도발행위를 하고, 포격을 받은 사건. 정한론 정변으로 분열된 후의 메이지 정부는 개국을 거절하는 조선에 대한 시위로 조선연안에서 해군연습이나 해로측량을 행하여 강화도 부근에서 조선 측의 포격을 받았다. 일본 측은 이를 이용하여 초지진과 영종도를 공격한 위에 전권대사 구로다키요다카·이노우에가오루를 조선에 보내어 군사적 압력을 가하고 결국 76년 일조수호조규를 체결하여 조선의 개국을 강요하였다.

라고 되어있다. 여기서도 '개국을 거절하는 조선에 대한' 시위라고 규정하고 있어서, 재검토가 필요하다.

4) 종합의견

『詳說 日本史研究』는 일본이 조선을 개국시키기 위해 강화도 사건을 일으켰고 조약을 맺어 조선을 독립국으로 인정하였다는 기술을 하고 있다. 또한『角川 日本史事典』에는 "개국을 거절하는 조선에 대한 시위로" 라는 표현이 있다. 그러나 필자는 다음의 두 가지 점을 들어 이러한 기술을 부당성을 지적하고자 하였다. ①이미 부산 초량에는 일본국공관이 있어서 외교 교섭이 이루어지고 있었다는 점, ② 조선에서는 정권이 바뀌어 일본과의 관계 회복을 도모하고 있어서 충분히 외교적으로 해결할 수 있는 상황이었다는 점이다. 따라서 이 부분에서는 다음과 같은 연구가 요망된다.

① 정권이 바뀐 이후 교섭과정의 변화를 통해 강화도사건이 조일 양국 교섭 최후의 수단이 아니었음을 실증.
② 운요호 파견의 과정과 국제적 상황을 통해 일본정부의 기본적 태도 이해
③ 강화도 조약에 관한 청나라의 태도를 검토.
④ 강화도조약의 재검토 – 자리매김. 조선의 입장에서는 일본과의 관계 회복에 불과한 것이고, 일본의 입장에서는 정한의 실마리를 잡은 것이며 '개국'이라는 표현을 사용하는 것은 과대평가.

3. 임오군란 관련 기술

1)『詳說 日本史研究』와
『새로 쓴 일본사』,『角川日本史事典』의 내용 분석

詳說日本	356쪽 1880年代初め, 朝鮮國內では … 國內改革を進めていたが, これと對立していた	1880년대 초, 조선국내에서는 … 국내개혁을 추진하고 있었으나, 이와 대립하

史研究	保守的な大院君は、1882年にクーデタを企て、ソウルの日本公使館が燒き討ちされ、日本人軍事顧問などが殺された.これがいわゆる壬午軍亂である.	고 있던 보수적인 대원군은, 1882년에 쿠데타를 기획하여, 서울의 일본공사관이 불타고 일본인 군사 고문 등이 살해당하였다. 이것이 이른바 임오군란이다.
새로 쓴 일본사	404쪽 강화도조약 이후 일본은 조선에서 세력을 확대하고자 했다. 한편 조선 정계에서는 민씨 일파가 정권을 장악해 개화노선을 취하면서 대원군 등의 양이파와 대립하고 있었다. 1880년 이후 일본은 민씨 정권을 지원함으로써 정권의 친일화를 도모하고자 하였고, 민씨 정권도 이에 호응하여 일본군인을 교관으로 한 신식군대를 창설하였다. 그러나 1882년 7월에 홀대받던 구식군대가 봉기를 일으키자 일본과 민씨 정권에 반대하는 폭동으로 발전하였다. 공사관을 습격당한 하나부사 공사는 한성에서 도망쳐 귀국하였고 민씨정권은 붕괴되어 대원군이 복귀하였다. 이른바 임오군란이다.	
角川日本史事典	메이지시대 조선에서 일어난 반일적 쿠데타. 당시 민비정권은 일본을 배워서 군제개혁에 착수하였으나 1882년 7월, 이로 말미암아 정리된 구군이 반란을 일으켜서 일본인 군사교관을 살해하고 공사관을 불태우고 민비파의 주요인물을 살해하였다. 이를 계기로 대원군이 정권을 얻어 개혁의 중지를 선언하였다. 일청 양국이 파병하였으나 이홍장은 전쟁을 회피하기 위해 대원군을 텐진으로 引致하여 8월 일간에 제물포조약을 성립시켰다. 청국은 이후 민비파를 친청정권으로 재건시켜서 종주권의 조문화, 원세개의 파견등으로 조선에 대한 지배권을 강화하였다. 크게 후퇴한 일본세력은 84년에 갑신정변을 일으켰다.	

위의 기술에 대해 살펴보면, 임오군란을 단순히 개화파와 보수파의 대립으로 혹은 친일파와 보수파의 대립으로, 나아가 민비파와 대원군파의 대립으로 보는 식민지 사관의 틀에서 크게 벗어나지 못하였다고 할 수 있다.

2) 종합평가

『詳說 日本史研究』와 『새로 쓴 일본사』는 임오군란을 단순히 개화파와 보수파의 대립으로 혹은 친일파와 보수파의 대립으로, 나아가 민비파와 대원군파의 대립으로 보는 식민지 사관의 틀에서 크게 벗어나지 못하였다고 할 수 있다. 임오군란에 대한 연구사 정리가 필요함을 알 수 있다. 임오군란은 강화도 사건 이후 일본의 군사기밀 유출에 대한 군부의 불만과 상인들의 위기의식에서 유래한 군사쿠데타며 민중 봉기의 성격을 갖고 있다. 가장 정예부대인 도감군이 주도하였음을 중시할 필요가 있다. 또한 별기군의 군사고문이 어떠한 행동을 하였는지 검토할 필요도 있다. 대원군 등장의 배경에 대한 연구가 필요하다.

4. 청일전쟁(1894)에 대하여

1) 『詳說 日本史研究』의 내용 분석

내 용	번 역
355쪽 <朝鮮問題> 歐米列强の東アジア進出に强い危機感を抱いていた日本政府は, 朝鮮が列强, とくにロシアの勢力下に入れば日本の國家的獨立も危うくなると恐れた.そして, それ以前に日本の主導權で朝鮮を獨立させて日本の影響下におき, 列强と對抗しようと考えていた.-しかし, こうした日本の朝鮮政策は, 朝鮮を屬國とみなして宗主權を主張する淸國と次第に對立を深めることになった.日淸戰爭の主要原因は, 朝鮮問題をめぐる日淸間のこのような政治的軍事的對立であった.	355쪽 <조선문제> 구미열강의 동아시아 진출에 강한 위기감을 갖고 있었던 일본정부는, 조선이 열강 특히 러시아의 세력 하에 들어간다면 일본의 국가적 독립도 위험하게 된다고 생각하였다. 그리하여 그전에 일본의 주도권으로 조선을 독립시켜서 일본의 영향 하에 두고, 열강과 대항하려고 생각하였다. 그러나 이러한 일본의 조선정책은 조선을 종속국으로 간주하여 종주권을 주장하는 청국과 점차 대립을 깊게 하였다. 일청전쟁의 주요 원인은, 조선문제를 둘러싼 일청간의 이러한 정치적·군사적 대립이었다.

이웃나라의 주권을 완전히 무시하는 기술이다. 이미 조선은 독립국이었음을 완전히 무시하고 있다. 그냥 두면 조선은 당연히 러시아의 세력 하에 들어갈 것이라고 단정 짓고 논리를 전개하고 있음은 잘못이다. 설령 당시 일본 정치가들에게 이런 생각이 있었다고 해도 이는 객관적 상황이 아니다. 따라서 역사적 서술은 달라져야 한다. 또한 당시 일본은 불평등조약 관계에 있어서 열강과 드러내놓고 대항할 수 있는 입장이

아니었다. 오히려 열강의 간섭을 우려하고 협조를 구해야 할 입장이었음
은 말할 나위도 없다. 지나치게 일본 중심의 기술이라고 말할 수 있다.

2) 『槪論 日本歷史』의 내용 분석

212쪽	212쪽
日淸戰爭は日本の場合,　國內の反体制勢力を外戰にそらす必要があったのではない. また日朝貿易も貿易全体に占める割合は小さく，日本の經濟的發展が植民地を必要とする段階ではなかった.むしろロシアの南下に對応した軍事的危機感からする戰爭であり，經濟的理由は戰爭の原因としては從屬的であった.	일청전쟁은 일본의 경우, 국내의 반체제세력을 외전으로 돌릴 필요가 있었던 것은 아니었다. 또 조일무역도 무역전체에서 차지하는 비중이 적었으며, 일본의 경제적 발전이 식민지를 필요로 하는 단계도 아니었다. 오히려 러시아의 남하에 대응한 군사적 위기감에서 오는 전쟁이었으며, 경제적 이유는 전쟁의 원인으로서는 종속적이었다.

다양한 학설이 나타나고 있다.

　과연 러시아에 대한 위기의식이 1894년 당시 얼마나 있었는지. 당시
일본이 러시아를 가상적국으로 생각했었는지에 대한 검토가 필요하다.
일반적으로는 삼국간섭 이후에 러시아를 가상적국으로 생각하였다고 보
인다. '러시아의 남하에 대응한 군사적 위기감'이 청일전쟁의 이유라는
분석은 비약이 심하므로 납득하기 어렵다. 청일전쟁의 주요 원인은 조선
문제를 둘러싼 청일간의 대립으로 보는 것이 타당하다.

3) 『日本史槪說』과 『새로 쓴 일본사』,
　　『角川日本史事典』의 내용 분석

	222쪽	222쪽
日本史 槪說	この朝鮮をめぐる日淸間の抗爭は1885年淸國駐在官として着任した	이 조선을 둘러싼 일청간의 항쟁은 1885년 청국주재관으로 착임한 위안

日本史 槪說	袁世凱の淸國の宗主權確立政策以來, 日本は次第に政治的·商業的に後退させられ, その勢力回復のために政府は淸國排除を企圖した.また, 國內でも條約改正問題をめぐって反政府陣營の「對外硬」を要求する聲が强く, それを對外進出によってそらせる必要があった. なお, 日淸戰爭の評価については, … 國民戰爭說, … 封建的領土擴張說, 帝國主義侵略說などの對立がある.	스카이의 종주권확립정책 이래, 일본은 점차 정치적·상업적으로 후퇴하였으며, 그 세력회복을 위해 정부는 청국배제를 기도하였다. 또 국내에서도 조약개정문제를 둘러싼 반정부진영의 「대외강경」을 요구하는 소리가 높았고, 이를 대외진출로 돌릴 필요가 있었다. 한편, 청일전쟁에 대한 평가로서는 … 국민전쟁설, … 봉건적 영토 확장설, … 제국주의 침략설 등의 대립이 있다.

새로 쓴 일본사	426쪽 그런 의미에서 일본이 청나라의 속국상태에서 분리해 자신의 영향권 안으로 편입시키고 싶어 하던 조선을 둘러싸고 청일양국이 전쟁을 벌일 만한 외적 조건은 1893년 이전에 이미 마련되어 있었다고 할 수 있다. … 이미 이토 내각은 청일전쟁 중 조선에 파견한 일본의 군사력을 배경으로 조선을 실질적인 보호국으로 만들어 전후에 이권을 확대할 기초를 구축하고자 두 차례에 걸친 조선의 내정개혁을 단행하였다.
角川日本史 事典	조선을 둘러싼 일본과 청의 전쟁. 메이지 정부의 조선에 대한 침략정책은 유신직후의 정한론에서 시작되지만, 1875년 강화도사건으로 구체화되어 일조수호조규에 의해 조선을 독립국으로 인정하고 청국의 종속관계를 부인하여 이후 정치적·경제적 진출을 하여 조선에 대해 종주권을 주장하는 청국과 대립하게 되었다. 84년 갑신정변은 친일파의 패퇴로 끝났고, 85년 톈진조약을 맺어 일청양군의 철수, 출병시에는 상호 사전통고 등을 정하였다. 94년 2월 전라도에서 일어난 농민봉기를 발단으로 하는 동학당의 난(갑오농민전쟁)은 충청·경상 양도에 파급되어 남조선 전체에 확대되었기 때문에 6월 1일 조선정부는 청국에 출병을 의뢰하였고, 다음날 일본정부도 청국이 파병할 경우 출병할 것을 결정하여 일청 양군은 경성·아산 사이에서 대립하기에 이르렀다. 러시아와 영국의 조정도 성공하지 못하고, 7월 25일 풍도 앞바다의 해전에서 전쟁이 개시되었다. 9월 육군은 평양을 점령하였고, 해군도 황해해전에서 승리하여 제해권을 장악하였다. 육군은 압록강을 건너 11월에는 요동반도를 제압하였으며, 95년에는 산동반도의 위해위를 공격하여 북양함대를 전멸시켰다. 나아가 3월에는 타이완과 팽호도에도 진격을 개시하였다. 3월 20일 시모노세키에서 강화회의가 시작되어 30일 휴전조약을 체결하여 4월 17일 강화조약(시모노세키조약)이 조인되었다.

다양한 학설이 나타나고 있다.

현재까지의 연구 성과를 잘 반영하고 있어서 비판할 내용이 없다고 사료된다.

4) 종합의견

『詳說 日本史硏究』의 내용 분석에서 나타난 부분이 사실은 『새로운 역사교과서』의 내용과 거의 일치하고 있음이 주목된다. 조선을 독립국 이라고 생각하고 있지 않는 기술이며, 러시아의 세력 하에 들어가기 전 에 일본이 손을 써야 한다는 당시의 인식으로 기술하고 있다. 또한 열강 과 대결한다는 기술도 객관적인 역사 서술이 아니라 당시 일부 정치가 의 인식을 통한 기술이다.

한편 『槪論 日本歷史』에서도 불언 중에 일본의 조선 침략이 러시아 의 남하정책을 막기 위한 것이라고 합리화하고 있다. 나머지 두 개설서 는 일본의 야욕을 인정하고 있다.

5. 을미사변(1895)에 관한 기술

1) 『詳說 日本史硏究』의 내용 분석

내 용	번 역
361쪽 <列强の中國分割> 1895年 7月, 親露派政權がつくられた. 同年 10月, 日本公使三浦梧樓や日本の軍人·壯士らが中心となり, 大院君を擁立してクーデタを强行し, 閔妃政權を打倒して親日派政權を樹立させた.	361쪽 <열강의 중국분할> 1895년 7월, 친러파정권이 성립하였다. 동년 10월 일본공사 미우라고로와 일본의 군인·낭인들이 중심이 되어, 대원군을 옹립하여 쿠데타를 강행하고, 민비정권을 타도하여 친일파 정권을 수립시켰다.

"대원군을 옹립하여"라는 말을 통해 임오군란과 마찬가지로 왕비와 시아버지의 대립으로 파악하는 구태를 벗어나지 못하고 있다.

2) 『槪論 日本歷史』와 『새로 쓴 일본사』의 내용 분석

213쪽	213쪽
王妃と結んだロシアの影響力が擴大した.事態の打開にあせった公使三浦梧樓は, 1895年日本軍守備隊·大陸浪人らによる王妃殺害事件を引き起こす.こうした事態の處置として, 日露間では … 協定が結ばれた.日本の政策目的は, 兩國による分割支配の可能性も含めて, 朝鮮を勢力圈として維持することであった.	왕비와 결탁한 러시아의 영향력이 확대하였다. 사태의 타결을 조급히 하려 한 공사 미우라로는 1895년 일본군수비대·대륙낭인 등에 의한 왕비살해사건을 일으킨다. 이러한 사태의 처치로서 일·러 간에는 … 협정이 맺어졌다. 일본의 정책목적은, 양국에 의한 분할지배의 가능성을 포함하여, 조선을 세력권으로 유지하는 것이었다.
1895년 일본군들이 정체를 감춘 채 친러파 조선의 왕비 명성왕후를 살해했다.	

간략하여 특별히 비판할 내용이 없다.

3)종합평가

『詳說 日本史硏究』는 을미사변을 임오군란과 마찬가지로 왕비와 시아버지의 대립으로 파악하는 구태를 벗어나지 못하고 있다. 나머지 개설서는 일본의 책임을 전가하고 있지는 않다.

Ⅲ. 맺음말

이상『詳說 日本史硏究』, 『槪論 日本歷史』, 『日本史槪說』, 『새로 쓴 일본사』등 네 권의 개설서를 1)정한론 관련, 2)강화도 사건과 강화도 조약관련, 3)임오군란, 4)청일전쟁, 5)을미사변의 다섯 항목으로 나누어 살펴보았다.

결과, 한국사 관련 기술 중 가장 문제가 심한 것은 『詳說 日本史研究』임을 알 수 있다. 필자의 역량의 문제로 1)과 2)에 관하여는 새로운 견해를 피력하는 것이 가능하였으나 나머지 부분에 대해서는 의심이 가는 문제점을 지적하는 데에 머물렀다. 앞으로의 연구 과제로 삼고자 한다.

각각의 항목에 대한 분석을 표로 정리해 보면 다음과 같다.

(1) 침한론(정한론)관련

개설서	내 용	내용비판
詳說 日本史 研究	「조선이 쇄국정책을 유지하고 있었고 이를 타파하기 위해 메이지 정부가 국교를 요구하였으나 조선은 교섭태도에 불만을 품고 이를 거절하였다. 그 때문에 정한론이 고양되었다.」	① 조선은 중국과 일본에 대해서는 쇄국을 하지 않았으며 한일 양국 사이에 꾸준한 교류가 있었다. ② 메이지 정부가 요구한 것은 국교가 아니라 '외교개혁'이었고, 조선이 거부한 것도 일본과의 국교를 거부한 것이 아니라 메이지 정부의 일방적인 '외교개혁'이었다. ③ 조선은 국교를 당연한 것으로 생각하고 있었고, 조선이 거절한 것은 일방적인 '외교개혁'에 불과하다. '국교요구'의 거절로 인하여 정한론이 생겼다는 것은 사실과 다르다.
槪論 日本 歷史와 새로쓴 일본사	「부산의 일본공관에서 조선정부가 일본인의 밀무역 단속을 강화한다는 포고문의 내용이 원인이 되어, 결국 잔류정부는 정한론으로 기울어졌다.」	① 포고문의 내용에 '일본공격'이라는 용어는 없다. ② 밀무역 단속은 일본이 이미 예상하고 있는 바였고, 관수 廣津의 건의에 의해 三越 상인이 철수함에 따라 밀무역 단속도 1개월 반 만에 해결되었다. 그 후, 표류민 송환도 우호적 분위기에서 이루어지고 있음을 볼 때, 정한이 필요한 상황은 아니었다. ③ 왜관 수문에 걸린 국내용 포고문 한 장으로 말미암아 일본의 정권이 뒤집히는 정변이 일어났다고 설명하는 것은 납득하기 어렵다.

한편, 『日本史槪說』과 『角川日本史事典』의 기술은 함축적이며 역사적으로 설명하고 있다고 평할 수 있다.

(2) 강화도 사건과 강화도 조약 관련

개설서	내 용	내용비판
詳說 日本史 研究	일본이 조선을 개국시키기 위해 강화도 사건을 일으켰고 조약을 맺어 조선을 독립국으로 인정하였다	결국 일본이 쇄국 조선을 근대적인 나라로 이끌기 위한 최후의 수단이었다는 뉘앙스를 주고 있으나, ①이미 부산 초량에는 일본국 공관이 있어서 외교 교섭이 이루어지고 있었다는 점, ② 조선에서는 정권이 바뀌어 일본과의 관계 회복을 도모하고 있어서 충분히 외교적으로 해결할 수 있는 상황이었다
角川 日本史 事典	'개국을 거절하는 조선에 대한 시위로'	

따라서 이 부분에서는 다음과 같은 연구가 요망된다.

① 정권이 바뀐 이후 교섭과정의 변화를 통해 강화도사건이 조일 양국 교섭 최후의 수단이 아니었음을 실증.

② 운요호 파견의 과정과 국제적 상황을 통해 일본정부의 기본적 태도 이해

③ 강화도 조약에 관한 청나라의 태도를 검토.

④ 강화도조약의 재검토 - 자리매김. 조선의 입장에서는 일본과의 관계회복에 불과한 것이고, 일본의 입장에서는 정한의 실마리를 잡은 것이며 '개국'이라는 표현을 사용하는 것은 과대평가.

한편, 나머지 개설서들은 적어도 강화도 사건이 일어나게 된 책임을 조선에 전가하는 기술이 없다.

(3) 임오군란에 관하여

개 설 서	내 용	내용비판
詳說 日本史 研究 · 새로 쓴 일본사	개화파와 보수파의 대립 혹은 왕비파와 대원군파의 대립으로 파악하여 정권다툼의 모습으로 단순화	임진왜란 이후 조선의 국방의식과 연결 지어 생각해 보면, 임오군란은 강화도 사건 이후 일본의 군사기밀 유출에 대한 군부의 불만과 상인들의 위기의식에서 유래한 군사쿠데타며 민중 봉기의 성격을 갖고 있다. 가장 정예부대인 도감군이 이를 주도하였음은 중시할 필요가 있다.

임오군란을 단순히 개화파와 보수파의 대립으로 단순화하는 것은 위험하다. 또한 별기군의 군사고문이 어떠한 행동을 하였는지 검토할 필요도 있다.

한편, 나머지 개설서와 사전에서는 특별히 비판할 내용은 없다.

(4) 청일전쟁에 대해

개설서	내 용	내 용 비 판
詳說 日本史 研究	조선이 열강 특히 러시아의 세력 하에 들어간다면 일본의 국가적 독립도 위험하게 된다고 생각하였다. 그리하여 그전에 일본의 주도권으로 조선을 독립시켜서 일본의 영향 하에 두고, 열강과 대항하려고 생각하였다.	『새로운 역사교과서』의 내용과 거의 일치하고 있음이 주목된다. 조선을 독립국이라고 생각하고 있지 않는 기술이며, 러시아의 세력 하에 들어가기 전에 일본이 손을 써야 한다는 당시의 인식으로 기술하고 있다. 또한 열강과 대결한다는 기술도 객관적인 역사 서술이 아니라 당시 일부 정치가의 인식을 통한 기술이다.
槪論 日本歷史	러시아의 남하정책을 막기 위한 것	

나머지 두 개설서는 일본의 야욕을 인정하고 있다.

(5) 을미사변에 대해

개설서	내 용	내용비판
詳說 日本史 研究	일본공사 미우라고로와 일본의 군인·낭인들이 중심이 되어, 대원군을 옹립하여 쿠데타를 강행하고, 민비정권을 타도하여 친일파 정권을 수립시켰다.	왕비와 시아버지의 대립으로 파악하는 구태를 벗어나지 못하고 있다.

한편, 나머지 개설서는 일본의 책임을 전가하고 있지는 않다.

일제강점기 서술의 문제점 분석
- 러일전쟁에서 제2차 세계대전 종결까지 -

김 동 명*

Ⅰ. 서 론

2000년 4월, 일본의 '새로운 역사 교과서를 만드는 모임'(이하 새역모)이 편찬한 『새로운 역사교과서(新しい歷史敎科書)』[1](이하 『새로운 교과서』)가 일본 정부의 검정을 통과하자 한국정부는 즉각 '일본역사교과서 왜곡대책반'을 구성하여 『새로운 교과서』의 내용을 검토하고, 그 중 25개 사항이 왜곡 기술되었음을 지적하며 수정을 요구했다. 그러나 일본정부는 모든 조항에 대해, "주로 학설 상황에 비추어 명백한 오류라고 볼 수 없으며 제도상 정정을 요구할 수 없다"는 이유를 들어 한국정부의 요구를 받아들이지 않았다.[2] 결국 『새로운 교과서』는 0.039%의 낮은 채택에 그치고 한일 양국 정부가 '한일역사공동위원회'를 출범시킴으로

---

* 국민대학교 정치외교학과 교수

1) 西尾幹二ほか 13名, 2005, 『新しい歷史敎科書』(扶桑社).
2) 한국정부의 수정 요구에 관해서는, 일본역사교과서 왜곡대책반, 2001, 「일본 중학교 역사 교과서 한국 관련 내용 수정 요구 자료」, 6~16쪽, 일본의 검토 결과에 관해서는, 일본역사교과서왜곡대책반, 『후소샤 일본 중학교 역사교과서』(출판연도 불명) 및 『동아일보』 2001년 7월 10일, A8 등 당시의 신문을 참조.

서 교과서 파동은 수그러드는 듯했다. 그러나 2005년 '새로운 교과서' 개정판이 검정 통과되면서 또 다시 교과서 파동이 재연되었으나 채택율은 0.44%에 머물렀다.

이러한 최근 두 차례의 교과서 파동을 겪으면서『새로운 교과서』서술의 문제점에 대해서 활발한 분석과 논의가 이루어졌다. 그러나『새로운 교과서』의 경우 대표 집필자인 니시오 간지(西尾幹二)를 비롯해서 주요 집필진이 전문역사학가가 아님을 상기한다면, 그들을 상대로 전문역사학자들이 학문적인 입장에서 논의하는 것의 의미는 반감될 수밖에 없다. 오히려 다음 두 가지 이유에서『새로운 교과서』외의 기존 연구의 문제점을 검토하는 것이 필요하다. 하나는 그들이 비전문학자임에도 불구하고 전혀 근거 없이 완전히 허구로 기술하기 보다는 전문적인 학자들의 연구에서 시사를 얻어 그것을 기반으로 기술하기 때문이다. 다른 하나는 일본의 일반인들이 새역모에 대해 공감하거나 적극적으로 반대하지 않는 이면에는 기존 연구에서 얻은 지식이 그 밑바탕에 깔려 있다고 생각하기 때문이다.

이러한 문제의식을 갖고 본고는 현재 일본에서 가장 대중적으로 읽혀지고 있는 일본사 개설서 및 사전류의 내용 중 1904년 러일전쟁에서 1945년 제2차 세계대전 종결까지의 시기의 한일관계에 관련된 기술을 분석, 그 문제점을 밝혀보려 한다.

그러면 어떠한 서술이 문제가 된다고 할 때 그 판단의 근거는 무엇인가. 그것은 양국 간의 관계에 관한 서술이므로 양국 간의 관계를 갈등과 분열로 몰고 갈 소지가 있는 내용에 다름 아니다. 말하자면 역사 인식을 공유할 수 없는 경우이다. 여기서 역사인식을 공유한다는 것은 한국과 일본이 반드시 동일한 역사 인식을 가져야 한다는 것을 의미하지는 않는다.

다양한 형태의 삶이 존재하는 오늘날, 개별 국가 또는 양국 간에 서로 다른 역사 인식이 존재하는 것은 당연하다. 그러나 한일 양국이 서로 관련된 역사적 사실에 대해서 갈등을 초래하지 않고 우호 협력을 유지할 정도의 최소한의 역사인식의 공유는 필요하다는 것이다.

한편 본고에서 다루는 시기는 일본제국주의가 한국에 대한 지배를 관철하기 위해서 러시아와의 전쟁에서 승리하고 한국을 강제로 보호국·식민지화를 단행해 36년간에 걸친 식민지 지배를 행한 기간이다. 따라서 이 시기의 한일관계에 관한 기술은 다음과 같은 역사인식을 바탕으로 서술되어야 한다.

우선 일본제국주의의 팽창(침략) 및 지배 과정을 설명해야 하며 그 과정에서 일본제국주의가 행한 비인간적인 행위에 대해 성찰해야 할 것이다. 다음에 일본제국주의의 지배에 대한 한국인의 저항을 정당한 것으로 평가하고 그 과정에서 일본제국주의의의 탄압에 의해 한국인이 겪은 참상에 대해 객관적으로 서술해야 할 것이다. 이는 과거의 불행한 양국 관계의 실상을 직시함으로써 일본제국주의에 대한 비판과 한국인의 독립운동의 정당함을 인정하는 것이며 양국 간의 화해와 협력의 미래를 여는 공동의 역사인식의 기초가 되기 때문이다.[3]

본고에서는 다음과 같은 개설서 및 사전류의 내용을 분석대상으로 삼았다. 우선 개설서로서는, 佐々木潤之介の他編 『槪論 日本歷史』(吉川弘文館, 2000年, 이하 吉川弘文館本), 五味文彦の他編 『詳說 日本史硏究』(山川出版社, 1998年, 이하 山川出版社本), 朝尾直弘[ほか]編 『要說 日本歷史』(東京創元社, 2000年 『새로 쓴 일본사』로 번역, 이하 東京創元社本), 東京大學敎養學部日本史硏究室編 『日本史槪說』(東京大學出版會, 1961年, 이하 東京大學出版

---

3) 한국병합과 식민지 지배를 둘러싼 한일 간의 역사인식의 괴리와 공유해야 할 역사인식에 관해서는 김동명, 2005, 「한일 역사 인식의 공유는 가능한가」『일본연구논총』Vol.22 참조. 또한 독일과 폴란드의 역사 인식 공유에 관해서는 김유경, 2002, 「기억을 둘러싼 화해와 갈등 – 독일·프랑스 및 폴란드의 역사교과서 협의」『역사비평』59 및 한운석, 2002, 「역사교과서 수정을 통한 독일 – 폴란드 간의 화해노력」『서양사론』75 (한국서양사학회)를 참조 바람.

會本)등이다. 이 중 東京大學出版會本의 경우는 발간 시기가 이르고 분량
도 적어 매우 단편적으로 기술하고 있으나, 2000년 7월 현재 33판을 거
듭하고 있어 아직도 작지 않은 영향력이 있으며 그간의 변화를 보는 데
참고가 되어 분석의 대상으로 삼았음을 밝혀 둔다.

다음에 사전류는 朝尾直弘(ほか) 編 『日本史辭典』(角川書店, 1996年,
이하 角川書店版), 石上英一(ほか) 編 『日本史辭典』(岩波書店, 1999年,
이하 岩波書店版), 京大日本史辭典編纂會編 『日本史辭典』(東京創元社,
2000年, 이하 東京創元社版), 平凡社編 『日本史事典』(平凡社, 2001年,
이하 平凡社版) 등이다. 여기서는 러일전쟁, 한국병합, (조선인)강제연행,
황민화정책, 3·1(독립)운동, 종군위안부, 조선 산미증식계획, 조선총독부,
조선독립운동, 조선토지조사사업 등의 항목을 검토했다.

구체적으로 문제점을 찾아내는 방법은, 관련사항을 읽으며 ①객관적
인 사실을 완전히 왜곡한 경우, ②다양한 해석을 하게끔 우회적으로 왜
곡한 경우, ③기술을 소극적으로 하는 경우, ④기술을 일부러 아예 회피
하는 경우에 초점을 맞추는 것이다. 새역모의 경우 ①의 경우를 종종 지
적할 수 있으나, 본고에서 분석한 자료에서 ①을 찾기는 어려웠다. 그
이유는 반론이 거세게 일 경우 역풍을 맞을 수 있다는 계산에 기초해서
필자들이 서술했기 때문이라고 생각한다. 따라서 ②, ③, ④의 경우에
더욱 관심을 갖고 분석했다.

II. 러일전쟁

러일전쟁에서는 전쟁의 성격이 일본제국주의의 한국 지배(침략)에 있
었음을 명확히 하고, 전쟁의 결과 한국에 대한 일본제국주의의 본격적인
간섭과 실질적인 지배가 시작되었음을 명기해야 할 것이다.

대부분의 개설서 및 사전류는 러일전쟁의 성격은 한국과 만주의 지

배를 둘러싼 러시아와의 전쟁이라고 규정하고 있다. 그리고 전쟁의 원인은 주로 러시아가 협상에 응하지 않은 데에서 찾고 있다. 즉 일본은 평화적으로 러시아와 협상해서 한국에서 우월한 지배권을 획득하려고 했는데 러시아가 이에 응하지 않았기 때문에 일본이 할 수 없이 전쟁에 나섰다는 식의 설명이다.[4]

여기서 발견되는 문제점은 일본의 한국 지배(침략) 의도를 명확히 밝히고 있지 않다는 것이다. 개설서 중 山川出版社本만이 러시아와의 교섭에서 일본의 목적이 "만주를 일본의 이익범주 외로 인정하는 대신에 한국에서의 일본의 군사적·정치적 우월권을 확립하는 데에 있었다"고 구체적으로 명시하고 있고(364), 사전의 경우 東京創元社版만이 "조선지배는 이미 일청전쟁의 목표가 되고 있었다"고 다소 소극적으로 기술하고 있을 뿐이다. (770)

또한 전쟁의 결과에 대해서도 포츠머스조약의 조인 결과만을 간략히 소개하는 데 머물고 있고 한국에 대한 노골적인 침략 과정을 거의 보여주지 못하고 있다. 즉, 러일전쟁의 발발과 종결 과정을 통해 일본제국주의가 한국의 지배를 확보하려는 세력 확대의 모습을 그려내기 보다는, 러시아의 팽창 야욕을 지나치게 강조함으로써 일본제국주의의 침략 의도를 소극적으로 기술하고 있다. 특히 전쟁 후의 한국에 대한 노골적인 지배 의도를 의도적으로 배제하고 있다.[5]

III. 한국병합

한국병합에 관해서는 1905년 을사조약 이후 1910년 한국병합에 이

---

4) 山川出版社本, 364쪽 ; 吉川弘文館本, 219~220쪽 ; 岩波書店版, 889쪽 ;
  角川書店版, 809쪽 등.
5) 위와 같음.

르는 기간에 계속된 일본제국주의의 강압적인 주권 침탈 행위를 드러내고 이에 반대하는 한국인의 의병운동 등 반일운동에 관해 기술해야 하며 나아가 일본제국주의가 이를 무력으로 진압하고 강제로 식민지화했음을 밝혀야 할 것이다.

한국병합에 관해서, 우선 개설서 중 東京大學出版會本은 '일로전쟁' 항목에서 간단하게 "1910년 일한병합이 이루어져 조선은 일본의 식민지가 되었다"(226)고 서술하고 있다. 또한 東京創元社本의 경우는 한국병합의 항을 따로 설정하지 않고 '국방방침안과 만·한 경영'과 '제2차 카츠라 내각의 곡절' 항목에서 비교적 간단하게 러일전쟁 이후의 보호국화 및 식민지화의 과정을 한일외교관계를 중심으로 간단하게 서술하고 있다. (458, 463) 한국인의 저항에 대해서는 통감부가 설치되어 초대통감에 이토 히로부미(伊藤博文)가 부임하자 "반일운동이 일어났다고" 간단히 서술하고 있을 뿐이다. (458)

吉川弘文館本의 경우는 '한국병합과 국내지배체제의 재편'이라는 항목에서 의병운동 등 반일운동에 대한 간단한 언급이 있으며 보호국화와 병합에 이르는 일련의 조약이 강제 체결되었음을 간략히 언급하고 있다. (222) 이에 대해 山川出版社本의 경우는 유일하게 '한국병합' 항목을 설정하고 있고 반일무장투쟁 및 의병운동과 그에 대한 일본의 진압에 대해 언급하고 있다. 하지만 일련의 조약의 강제성은 직접 표현하고 있지 않다. (367~8)

이와 같이 한국병합의 독자적인 항목조차 두고 있지 않으며 조약의 강제성과 그에 대한 반일운동에 대해서도 거의 언급하고 있지 않음을 우선 문제점으로 지적하지 않을 수 없다. 그러나 이보다도 더욱 심각한 문제는 일본제국주의의 한국에 대한 식민지 지배가 한국의 근대화 내지는 경제발전에 이바지했다는 소위 시혜론적 식민지 근대화론을 엿볼 수 있게 하는 다음의 서술이다.

경제개발을 위해 동양척식회사와 조선은행이 설립되었다.6)

> 1908년에 한국의 척식사업을 추진하기 위한 국책회사로서 동양척식
> 회사가 설립되어 농업경영과 관개·금융사업을 벌였다. 또한 일청전쟁
> 후부터 일본의 손에 의해 건설이 추진되고 있던 경부철도(경성·부산간)
> 가 1905년에 완성되어 산업의 발전과 군사수송에 큰 역할을 하였다.7)

전자의 경우 누구를 위한 '경제개발'인지 후자의 경우도 어디의 '산
업의 발전'인지 명확하지 않으며, 동양척식회사의 경우도 "농업경영과
관개·금융사업"의 전개라는 표현으로 정치적 침략성과 일본제국주의의
지배 야욕을 배제한 채 마치 한국의 경제개발과 사업발전에 일조한 것
같은 뉘앙스의 표현을 쓰고 있다.

이에 비해 사전류는 모두 한국병합 항목을 두고 있다. 우선 岩波書
店版의 경우 메이지유신 이후 일본이 한국 지배를 기도해 정한론을 거
쳐 강화도조약에 의해 한국을 개국시키고, 청일전쟁과 러일전쟁에서 승
리하고 보호조약에 의해 통감부를 설치했으며 한국병합을 강요했음을
간단히 서술하고 있다. 특히 눈에 띄는 것은 한국이 중국의 책봉국이었
음을 밝히고 청일전쟁 후 한국 내에서의 '반일·친로파'의 대두만을 언급
하고 있을 뿐 한국인의 저항운동에 대해서 전혀 소개하고 있지 않다. 또
한 열강의 승인을 얻어서 병합을 강요했음을 명시하고 있다. (267)

다음에 角川書店版은 러일전쟁 후 '침략을 강화한 일본'이 한국을
보호국으로 하고 헤이그밀사사건에 이은 국왕의 퇴위와 군대해산, 그에
대한 의병운동과 애국계몽운동의 전개, 안중근의 암살, 병합의 강요 등
한국인의 강한 저항에 관해 간단히 서술하고 있다. 岩波書店版보다 한
국인의 저항을 좀 더 구체적으로 그리고 있다. 하지만 '친일단체 일진회는
합방촉진의 성명을 발표'했다는 내용을 아무 설명 없이 삽입함으로써 그

---

6) 東京創元社本, 463쪽.
7) 山川出版社本, 368쪽.

의도를 의심케 하고 있다. (242) 이는 다음의 東京創元社版과 비교하면 명확하다.

東京創元社版은 메이지 정부가 강화도사건과 조일수호조기에 의해 개국을 강요한 이래 한국침략을 추진해 임오군란과 갑신정변 등을 계기로 그것을 진전시키고 청일전쟁과 러일전쟁을 통해 한층 구체화시켰음을 밝히고 있다. 이어 카츠라·태프트 협정, 제2차 영일동맹, 러·일강화조약 등으로 열강의 승인을 얻어 보호국화하고 한국통감부를 설치해서 내정에 노골적으로 간섭했으며, 초대통감인 이토가 괴뢰적인 이완용 내각을 성립시켜 헤이그 밀사사건을 구실로 국왕을 퇴위시키고 내정권도 장악해서 병합에 이르는 정책들을 수행했고, 한국을 완전히 병합할 방침을 각의 결정했음을 명확히 하고 있다. (214～215)

또한 이러한 일본의 침략에 대해서 한국에서는 갑신정변·독립협회의 운동 등 개화파의 흐름을 이어받은 부르주아개혁운동과 갑오농민전쟁과 의병운동 등의 농민을 주력으로 하는 반봉건·반침략운동도 일어나고, 특히 보호국이 되자 대규모의 반일의병운동이 발전하고 또한 애국주의를 호소하는 애국문화 계몽운동 등이 전개되었음을 지적하고 있다. 이에 대해 일본은 군사력으로 탄압하는 한편 일진회 등의 친일단체를 위로부터 조직해 마치 한국측으로부터의 요망에 기초해서 병합한 것 같은 형태를 취해서 이토가 안중근에게 암살당하자 이를 계기로 단숨에 병합을 강행하고 조선총독부를 개설했다고 병합과정을 밝히고 있다. (215)

東京創元社版은 다른 사전에 비해 매우 자세하고 풍부하게 병합과정을 밝히고 있다. 특히 일본제국주의의 침략의도를 명확히 하고 그것이 일본정부의 정책으로 일관되게 추진되었으며 그 과정에서 한국인의 강한 저항이 있었는데 일본이 군사력을 사용해 진압하고 친일단체를 이용해 병합을 강행했음을 밝히고 있다. 이는 한국병합에 대한 개설서와 사전류를 통틀어 가장 충실한 서술을 보여 주는 것으로 나머지 개설서와 사전류의 문제점을 비추는 하나의 거울이 된다고 할 수 있다.

IV. 일본제국주의의 지배정책

일본제국주의의 지배정책에서는 일본제국주의가 동화주의를 지배이념으로 표방하고 그를 실현하기 위해서 여러 정책을 실시했으나 한국인의 강한 저항에 직면하자 그것을 가혹하게 탄압하였음을 명기해야 할 것이다. 특히 중일전쟁 이후 일본제국주의는 한국인을 전쟁에 강제 동원했으며 극단적인 동화정책을 실시해 한국인에게 가혹한 희생을 가져왔고, 결국 한국은 지속적인 독립운동의 결과 일본제국주의의 패전을 계기로 해방을 맞이했음을 서술해야 할 것이다.

1. 조선총독부

먼저 지배정책을 실행했던 총독부에 대해서는 총독의 강대한 권한과 1910년대의 '무단정치', 그리고 3·1운동 이후의 '문화정치'로의 변화, 전시하의 동원 등을 골자로 하고 있다. 개설서의 경우 별도의 항목 없이 한국병합 부분에서 간단히 언급하고 있는 데 반해 사전류는 별도의 항목을 설정하고 있다. 따라서 여기서는 사전류를 중심으로 살펴본다.

角川書店版과 東京創元社版은 총독부의 조직에 관해 비교적 자세히 설명하고 있다. 平凡社版은 3·1운동을 경계로 전반을 '무단정치기' 후반을 '문화정치기'로 구분하는 견해가 있음을 소개하고, 총독부 지배의 성격이 '군사적 지배'로 일관하였음을 밝히고 있다. 그런데 문제가 되는 것은 아래의 岩波書店版의 서술이다.

> 1910년부터 45년까지 일본이 조선에 설치한 식민지통치기관. 10년 8월의 한일병합 직후에 설치. 10월에 조선총독부 관제 등을 시행해서 총독과 그 보좌역인 정무통감 아래 총독관방과 5부, 경무통감부·철도

국·재판소 등의 소속관서, 도·부·군 등의 지방행정기관으로 구성된 기구를 정비했다. 기구는 수차례의 관제개혁에 의해 변동했는데 중요관직은 일본인관료가 계속 차지했다. 총독은 육해군대장에서 선임되어 법률에 대신하는 명령(제령이라고 한다)의 발포권 등 절대적인 권한이 주어졌다. 일본의 패전 후 미군은 기구의 이용을 꾀했는데 45년 9월에 총독·총감을 해임하고 총독부는 소멸했다.[8]

여기서는 우선 무력을 바탕으로 한 총독부 조직의 특징보다는 조직 자체만이 소개되고 있다. 다음에 주요 관직을 일본인이 차지하고 육해공군으로부터 선임되는 총독에게 제령 등 '절대적'권한이 주어졌다고 서술하고 있지만, 역시 초기의 무단정치를 비롯한 억압적이고 군사적인 성격에 관해서는 기술을 극도로 자제하고 있다. 그리고 총독부 지배의 성격이 한국인의 대응에 의해 변용된 사실을 전혀 언급하고 있지 않다.

다음에 대표적인 정책으로 1910년대의 조선토지조사사업과 1920년대의 조선 산미증식계획, 그리고 전시체제 하에서 전개된 황민화정책 및 종국위안부 문제를 살펴보고자 한다.

2. 토지조사사업

토지조사사업에 관해서 먼저 東京創元社版은 '토지조사사업'이라는 항목에서 "일본이 식민지 지배의 일환으로서 대만·한국에서 실시한 토지정책"이라고 규정하고, 대만과 한국을 분리해서 서술하고 있다. 한국에서 토지소유권을 확립하고 지세부과를 정리할 것을 목표로 했으며 신고에 의해 토지소유권을 확정했다고 쓰고 있다. 또한 일본어로 된 복잡한 신고절차가 농민에게 침투되지 않은 가운데 실시되어 신고되지 않은 토지는 국유지에 편입되었다가 동양척식회사를 비롯한 일본인 지주 등에게 불하되었으며, 그 결과 대다수의 농민이 소작농으로 전락하였다고

---

8) 岩波書店版, 298쪽.

서술하고 있다. 사실을 간결하게 설명하고 있으나 식민지 지배 정책의 일환이라고 규정하면서도 식민지 정책으로서 갖는 역사적 성격에 대해서는 아무런 언급이 없다.

이에 대해 平凡社版은 간략하면서도 비교적 정책적 의미에 대해 잘 서술하고 있다. 우선 토지조사와 측량사업으로서 식민지 직전에 실시되었던 토지조사사업을 조선총독부가 계승한 것으로 1918년 완료 결과 총독부 재정이 확립되고 국유지가 창출되었다고 사업의 전체상을 제시하고 있다. 이어 토지를 수탈당한 농민이 소작농으로 전락하고 지주적 토지소유가 재편·강화되었으며, 또한 국유지의 불하로 일본인 지주의 진출이 용이하게 되어 사업 완료 후 수 개월 후에 발발한 3·1운동은 농촌부에서 가장 격렬하게 전개되었다고 3·1운동의 배경으로 설명하고 있다.

이와 같이 토지조사사업을 3·1운동 발발의 배경으로 설명하는 것은 개설서에서도 확인된다. 山川出版社本은 3·1운동이 "무단정치와 토지조사사업 등에의 민중의 불만을 배경으로 전국에 확대"되었으며, 총독부는 지세의 정리와 토지조사사업을 실시해 1918년에 완료했는데, 그 결과 일본인 지주의 토지소유가 확대한 반면 한국인은 소농민으로서 몰락하는 자가 많아져 그 일부는 일을 찾아 일본에 이주했다고 쓰고 있다. (367~8)

그러나 岩波書店版은 토지조사사업에서의 한국인과 일본인 간의 차이를 숨긴 채 일본 농법의 도입을 강조해서 다음과 같이 서술하고 있다.

1910년에서 18년에 조선총독부가 실시한 토지제도·지세제도 개변의 사업. 전국의 토지를 1필별로 측량해서 토지소유권을 확정하고 지가를 정해서 지세징수의 기초를 확립했다. 측량은 모두 관측에서 하고 과세지면적은 당초 예상의 1.5배에 해당하는 약 437만 정보가 되었다. 지가·지세는 지주 몫을 보장하는 정도의 가격에 설정되어 지주의 이익을 주로 고려하고 개량품종·개량농법 도입구역의 지가를 상대적으로 낮게 설정하여 일본식 농법의 도입을 촉진하는 조치도 포함되어 있었다. 또

한 27만 정보를 넘는 국유지가 창출되었다.9)

토지조사사업에 의해 이익을 향유한 계층이 주로 일본인 지주였음에
도 그것을 드러내지 않고 일반 지주로 표현하고 있으며 한국인 농민들
이 소작농으로 전락한 부정적인 측면에 관해 전혀 언급하고 있지 않다.
오히려 토지조사사업이 일본식 농법의 도입을 용이하게 한 것을 강조함
으로써 마치 발달된 근대적인 농법의 도입이 이루어진 것 같은 분위기
를 자아내고 있다.

3. 산미증식계획

다음에 산미증식계획은 1918년 일본에서의 쌀 소동을 계기로 발생
한 쌀 부족에 대처하기 위해 1920년부터 일본으로의 쌀의 안정공급을
목적으로 식민지 한국에서 행해진 쌀의 증산계획으로 경종개선과 토지
개량을 위해서 거액의 저리자금의 정부알선을 했다는 데에 대해서는 대
체로 일치된 서술을 하고 있다. 그러나 그 결과에 대해 "일본의 자본가
나 지주의 이해를 우선했기 때문에 사업은 예정대로 진행되지 않아 계
획이 수정된 후 34년에 중지되었으며, 산미증수는 이루어졌지만 기아적
인 대일수출형의 미곡단작화와 많은 농민층의 몰락, 대지주에의 토지집
적 등이 진전되었다"(695)는 부정적인 결과를 角川書店版이 서술하고
있는 데 대해, 岩波書店版은 다음과 같이 주로 사업의 긍정적인 시행을
강조하고 있다.

> 토지개량사업은 30년 계획으로 관개개선 40만 정보, 개간·간척 20
> 만 정보, 지목변환 20만 정보, 합계 80만 정보에 이르고 관개사업의 주
> 체로서 수리조합의 설립을 장려. 경종경작법의 개선에서는 우량품종의

9) 岩波書店版, 768쪽.

보급, 시비·건조조정의 개선, 병충해의 구제예방이었다. 계획은 쇼와(昭和)공황에 의한 국내의 쌀 과잉으로 34년에 중단되었다.[10]

즉 산미증산계획 자체가 마치 계획대로 실시되어 근대적인 농업시설과 경작법의 발전을 가져온 것 같이 서술하고 있으며, 角川書店版이 지적한 산미증식계획의 문제점 등에 관해서는 전혀 언급하고 있지 않다.

4. 황민화정책

황민화정책에 대해 대체로 개설서와 사전류 모두 일치된 견해를 서술하고 있다. 단 시기에 관해 개설서 및 岩波書店版 사전이 전시기에 시작된 것으로 파악하고 있는 데 비해, 角川書店版과 平凡社版 사전은 메이지 이후 실시된 것으로 오키나와에서 그 기원을 찾고 있다. 개설서의 東京大學出版會本과 사전류의 東京創元社版은 서술자체가 없다는 것이 문제라면 문제이다.

서술의 내용은 황민화정책을 극단적인 동화정책으로 규정하고 식민지 인민을 일본인과 마찬가지로 천황의 충량한 신민으로 삼기 위해 신사참배, 궁성요배, 히노마루 게양, 기미가요 제창, 일본어의 상용, '황국신민의 서사'제창 등이 강제되고 각각의 고유문화와 언어를 부정했으며, 한국에서는 1938년 2월에 육군특별지원병제도를 시행하여 천황의 군대에 한국인을 군인으로서 편입했다고 쓰고 있다. 나아가 같은 해 3월 조선교육령 제3차 개정에 의해 조선어 교과를 폐지하고 40년 2월부터는 한국인에게 일본식의 '씨'를 강제하는 창씨개명이 실시되었으며, '내선일체'의 슬로건 하에 식민지 정책이 추진되었으나 일본의 패전으로 붕괴했다고 서술하고 있다.

단 지금까지 주로 문제점으로 지적되어 온 岩波書店版 사전만이 "조

---

10) 岩波書店版, 298쪽.

선인·대만인의 민족적 독자성을 부정하고 일상생활면에서도 정신면에서도 현저한 번잡함과 고통을 강요했다"(419)고 그 폐해를 지적하고 있는 점이 이채롭다. 이는 나머지 사전류의 문제점이라고도 할 수 있다.

5. 강제동원

마지막으로 전시기 한국인 동원과 관련해서 山川出版社本은 일본인의 전시동원과 함께 "다수의 중국인·조선인이 강제적으로 일본에 연행되어 광산이나 토목공사장 등에서 일하게 되었다"고, 구체적인 수치의 제시 없이 중국인과 한국인을 대등한 관계로 설명하고 있다. (453) 또한 항목이 '서전의 승리'라는 제목 하에서 서술되고 있어 매우 소극적으로 소개하고 있음을 알 수 있다.

東京創元社本은 '대동아공영권하의 아시아' 라는 항목을 두고 다음과 같이 서술하고 있다. 즉 일본은 조선과 타이완을 전쟁 수행의 후방기지로 이용하기 위하여 황민화정책과 경제개발을 추진했으며 군수사업만이 발전하고 현지 주민노동력의 임금은 일본인 노동자의 절반 이하에서 많아야 3/4정도였고 농촌에서는 가혹한 쌀 강제 공출이 시행되었다. 이로 인해 현지 주민의 불만은 뿌리 깊었고 특히 한국 무장투쟁을 포함한 각종 항일운동이 끊이질 않았다. (527~8) 또한 정부는 노동력 부족을 보충할 목적으로 한국인 약 70만 명과 중국인 약 4만 명을 일본 본토와 사할린 등지로 강제 연행하여 광산 등지에서 혹사시켰기 때문에 다수의 희생자가 나왔다. (528)

이와 같이 후반부에서 구체적인 수치를 밝히며 한국인의 저항을 밝히고 가혹한 쌀 공출 등 한국인의 희생을 언급하고 있는 데에는 크게 문제가 없다고 할 수 있다. 그러나 '대동아공영권'에 대한 비판적인 소개 없이 항목의 제목으로 끌어들이고 초반부에서 '경제개발'을 추진했다고 내세운 것은 문제의 소지를 안고 있는 대목이다.

이에 비해 吉川弘文館本은 '식민지·중국 점령지·남양 지역에서의 동원 강화'라는 명확한 항목 하에 다음과 같이 서술하고 있다.

> 구미의 식민지 지배로부터의 해방을 부르짖은 대동아공영권의 슬로 건은 전국의 악화와 함께 그 내실을 노정하지 않을 수 없게 되었다. 대 만·조선은 중국대륙·동남아시아로의 침략거점·병참기지로서 전략적 가 치가 높아져 인적 물적 자원의 공급지로서 인식되었다. 대만으로부터는 설탕과 쌀이, 조선으로부터는 철광석·쌀 등이 내지에 운반되었다. 중국 의 점령지로부터는 철광석·석탄·텅스텐·면화가 운반되었다. 한편 정치 적으로는 식민지 사람들의 자발적인 전쟁협력을 끌어내기 위해서 다양 한 황민화정책이 추진되었다. 창씨개명, 국어의 상용 등 내지화가 의도 되었다. 조선에서는 1944년부터 대만에서는 45년부터 징병제도 적용되 었다.11)

비교적 일본제국주의의 황민화정책을 추진하면서 행한 인적·물적 동원에 대해 사실을 담담하게 그려내고 있다. 그러나 황민화정책이 한국 인에게 안겨준 고통에 대해서는 아무런 언급이 보이지 않는다.

또한 吉川弘文館本은 '조선'에 각주를 달아, 한국으로부터의 광산물 은 일본의 군수물자의 상당부분을 지탱하고 있었다며, 외화부족에 허덕 이고 있던 일본에게 한국에서의 금 증산은 중요했다고 하면서, "대규모의 수력발전과 화학공업의 개발이 추진되어 대자본은 카르텔통제가 미치지 않는 조선에서 막대한 이익을 얻었다"(259)고 서술하고 있다. 이 부분 역시 시혜적인 근대적 산업발전으로 활용될 소지를 안고 있다.

東京大學出版會本의 경우는 「일미개전」이라는 항목에서 군수중심의 산업개편과 징용 및 학도동원이 행해졌고, 식민지민과 포로도 가혹한 조 건하에서 강제노동에 처해졌다고 매우 간략히 서술하는 데 머물고 있다.

---

11) 吉川弘文館本, 258~259쪽.

6. 종군위안부

종군위안부에 대해서 개설서 중에는 山川出版社本과 東京創元社本이 서술하고 있으며, 전자는 다수의 중국인과 한국인이 강제 연행되었는데 그 중에 종군위안부가 전지(戰地)의 일본군의 위안시설에서 일하게 되었다고 간단히 서술하고 있다. (453) 東京創元社本은 일본이 다수의 한국인 여성과 점령지 여성에게 군 관리하의 위안부생활을 강요했는데 그 중에는 강제 연행되거나 속임수로 끌려온 사람들도 많았다고 기술하고 있다. (528)

사전류는 岩波書店版와 角川書店版이 기술하고 있고 東京創元社版과 平凡社版은 서술하고 있지 않다. 우선 角川書店版은 종군위안부란 일본군이 병사의 성적 처리를 위해서 개설한 위안소에서 일하게 된 여성인 '군대위안부'를 말하며, 중일전쟁 이후 본격화되어 점령지 전역에 보내졌는데, 대개는 한국인으로 8만 명이라고도 20만 명이라고도 한다며 대만인이나 점령지의 여성도 있었다고 밝히고 있다. (503)

이에 대해서 岩波書店版은 「일중·아시아 태평양 전쟁기」에 군 전속으로 장교에 성적 봉사를 강요당한 여성으로 1932년 '샹하이사변' 때 군인에 의한 강간 방지를 이유로 육해군이 위안소를 설치했으며 전쟁확대에 따라 중국대륙으로부터 필리핀, 인도네시아 등 각지에 설치되었다고 쓰고 있다. 그리고 일본인 예창기(藝娼妓)·작부(酌婦) 등 외에 한국, 중국의 일반여성이 연행되거나 포로가 이에 동원되었다고 기술하고 있다. (562)

종군위안부에 대해 개설서와 사전류 모두 절반이 언급하고 있지 않는 것과, 모든 서술 내용이 종군위안부의 고통에 관해 전혀 언급을 회피하고 있는 것을 문제로 지적할 수 있다.

그런데 특히 눈에 띄는 것은 岩波書店版 사전의 최근 종군위안부에 관한 다음과 같은 장황한 소개이다.

91년 이후 최근의 한국의 위안부들이 일본정부에 사죄와 개인보상
을 요구하며 도쿄지방법원에 제소. 정부는 처음에는 국가의 관여를 부
정했으나 92년 구일본군의 직접관여를 뒷받침하는 공문서 등이 역사학
자에 의해 발견되었기 때문에 미야자와(宮澤)내각은 이를 인정해 93년
에는 강제연행의 사실을 인정하고 사죄했다. 95년 무라야마(村山)내각은
민간모금에 의한 '여성을 위한 아시아평화기금'을 발족시켰으나 국가배
상을 하지 않았기 때문에 이를 요구하는 운동이 계속되고 있다. 96년 국
제연합 인권위원회에서는 종군위안부를 '군사적 성노예'로 규정하는 특
별보고서가 채택되었다. 또한 97년부터 거의 모든 중학교역사교과서에
종군위안부문제가 거론되었다.12)

이는 다른 항목에 대한 岩波書店版의 서술 경향으로 볼 때 약간 당황
스러울 정도로 상세한 내용이다. 아마도 일본이 이미 종군위안부 문제를 해
결하기 위해 충분히 노력했다는 것을 강조하려 하고 있다고 판단된다.

V. 한국인의 독립운동

한국인의 독립운동에 관해 개설서는 별도의 항목을 두지 않고 3·1운
동을 주요 내용으로 다루고 있다. 이에 비해 사전류는 모든 판이 '조선
독립운동'과 '3·1독립운동(岩波書店版은 3·1운동)' 항목을 두고 있다.

1. 3·1독립운동

먼저 개설서의 경우 독립운동을 3·1운동에 대한 기술을 중심으로 하
고 있는데(東京大學出版會本은 서술하고 있지 않음), 우선 3·1독립운동
이라는 별도의 항목을 두고 있지 않다는 것을 문제점으로 지적하지 않

---

12) 岩波書店版, 562쪽.

을 수 없다. 山川出版社本와 東京創元社本은 '파리강화회의'에서 吉川弘文館本은 '하라 내각과 워싱턴체제'에서 각각 다루고 있다. 단지 山川出版社本은 보충설명의 형식으로 '3·1운동과 문화정치'를 자세하게 소개하고 있으며 사진으로 '3·1독립운동의 정경을 새긴 부조'를 싣고 있어 양적으로 상당히 많다. 사진은 유관순으로 보이는 한복을 입은 젊은 여성이 선두에 서서 태극기를 들고 만세를 부르고 뒤를 따르는 군중들을 향해 일본의 헌병이 총을 겨누는 가운데 일부 군중이 쓰러져가는 모습을 담고 있다. (406)

구체적인 내용을 살펴보면 다음과 같다. 우선 東京創元社本의 경우 3·1운동의 원인을 "민족자결을 요구하는 여론이 세계 각지에서 높아지는 가운데 한국과 중국의 반식민주의 내셔널리즘이 고양된 것"이라며 주로 외부의 영향을 강조하고 있다. 일본제국주의 지배 및 정책에 대한 한국인의 반대를 홀시하고 있다. 또한 "독립운동을 혹독하게 탄압" 했다며 매우 간단히 추상적으로 서술하고 이를 빌미로 '무단통치'로 변경했다고 간단히 서술하고 있다. 특히 3·1운동 이후에는 "독립을 요구하는 목소리와 운동은 뿌리 깊게 잔존했지만 3·1운동 같은 거족적 운동은 제2차 세계대전 패전 때까지 조선에서 발생하지 않았다"며, 마치 3·1운동 이후 정책의 변화로 한국인의 저항이 국지적이었을 뿐 대대적인 저항은 없었던 것처럼, 한국인의 독립운동을 왜소화하는 듯한 인상이다. (487)

吉川弘文館本은 막연히 "조선 독립에의 요구가 고양되어 3·1운동으로 알려진 시위운동이 조선 전토에서 전개되었다"고 하면서, 식민지 통치방식의 수정은 불가결하여 총독에의 문관임용을 가능하게 하는 등 '문화정치'로 방향을 바꾸었다고 서술하고 있다. 단 각주에서 3·1운동의 기간과 참가자, 그리고 일본이 군대를 파견해 8000명 이상이 사망하고, 5만 명의 체포자를 낳은 '대 탄압'에 의해 진압되었음을 밝히고 있다. (232)

山川出版社는 보충설명을 통해 3·1운동의 원인이 조선총독부에 의

한 '무단적인 통치와 동화정책에 대한 강한 반발'과, 제1차 세계대전 후 '민족자결이라는 국제여론의 고조' 등에 영향을 받아 일어났음을 명기하고 있다. '33명의 종교가'가 서명한 독립선언 낭독이 계기가 되어 한국 각지로 확대되어 갔음을 지적하면서도 '민족대표'라는 표현을 쓰고 있지 않다. 또한 무력진압에 의해 700명 이상이 사망했으며, 이후 일본 정부는 총독임용 자격을 문관으로 확대하고 헌병경찰을 폐지했으며, 사이토 마코토 신임 총독 하에서 '문화정치'를 실시해서 관개시설의 확충·경지정리 등에 의한 산미증식계획을 추진하는 등 한국통치의 유화적인 자세를 취했다고 서술하고 있다. (406~7) 여기서는 소위 '문화정치'가 마치 근대적 시설을 확충하고 한국 농업의 발전을 가져온 것 같이 표현하고 있는 것이 문제이다. 앞에서 말한 바와 같이 산미증식계획은 일본 내에서의 쌀 부족을 계기로 한국에서 쌀을 반출하기 위해서 시작된 것임에도 불구하고, 이것을 문화정치의 핵심으로 지적한 것은 앞에서 말한 3·1운동의 원인과는 동떨어진 감이 든다.

다음 사전류의 경우 우선 岩波書店版과 平凡社版은 서술 분량이 너무 짧으며, 운동의 배경과 원인에 대해 전혀 설명하고 있지 않다. 또한 진압에 대해서도 "군대를 파견해",[13] "관헌의 엄한 탄압"[14]이라고 추상적으로 간략히 쓰고 있으며 구체적인 한국인의 피해 상황에 대해서도 전혀 언급하고 있지 않다.

이에 대해 角川書店版은 러시아혁명과 민족자결의 영향으로 종교 3파의 민족대표 33명에 의한 독립선언을 기폭제로 "무단정치와 토지조사사업 등에의 민중의 불만"을 배경으로 전국에 확대되었음을 밝히고, 일본은 군경을 파견해서 철저하게 무력 진압해 사망자 7500명, 부상자 1만 6000명, 검속자 4만 7000명의 희생자를 내고 운동은 끝났다고 서술하고 있다. (448) 여기서도 역시 탄압에 대해서 매우 추상적으로 기술하고 있

---

13) 岩波書店版, 501쪽.
14) 平凡社版, 371쪽.

음을 알 수 있다.

東京創元社版은 角川書店版의 내용에 상당하는 대내외적인 원인과 한국인의 희생에 관해 언급하고 있으며 특히 일본제국주의의 탄압에 대해, "일본은 군대를 파견해서 이를 진압. 맨손의 남녀노소를 총검으로 찌르고 또한 마을사람 전체를 태워 죽이고 총살하는 등의 만행을 저질렀다"고 구체적으로 서술하고 있다. (419)

마지막으로 3·1운동의 영향에 대해서는 일본제국주의의 지배정책과 독립운동에의 그것을 들 수 있다. 우선 岩波書店版과 平凡社版은 후자에 관한 언급 없이 전자에 한해서 간단히 서술하고 있으며, 東京創元社版은 반대로 후자에 대해서만 서술하고 있다.

우선 전자에 대한 기술을 보면, 岩波書店版은 3·1운동이 일본의 식민지 지배를 동요시켜 무단정치로부터 '문화정치'로의 전환의 계기가 되었다고 '문화정치'에 대한 설명 없이 간략히 기술하고 있다. (501) 角川書店版은 한국인의 독립운동이 활발해져서 '문화정치'로 이행하지 않을 수 없었다고 역시 매우 간결하게 쓰고 있다. (448~9) 그리고 平凡社版은 일부 집회나 언론의 통제를 해제하는 등 '문화정치'로의 전환이 불가피했다고 약간의 설명을 곁들이고 있다. (371) 문화정치의 구체적인 내실에 대해 설명함으로써 3·1운동의 의의를 좀 더 부각시키지 못하고 있는 점이 문제이다.

다음에 이후 한국인 독립운동에의 영향에 대해 우선 角川書店版은 상하이에서 대한민국임시정부가 조직되고 간도지방에서는 독립무장투쟁이 활발해졌다며 간략히 기술하고 아시아민족운동의 선구가 되어 중국의 5·4운동에도 영향을 끼쳤다고 서술하고 있다. (448~449) 그리고 東京創元社版은 3·1운동을 전기로 해서 이후 노동자 계급을 지도부대로 하는 민족해방운동이 발전해가며, 부로주아민족주의자들에 의해 상하이에 대한민국임시정부의 수립이 선언되어 이승만을 대통령으로 해서 정부조직을 형성하였는데 한국 내에는 기반을 갖지 못했다고 서술하고 있다. (418~9) 3·1운동 이후 국내외에서 전개된 다양한 독립운동의 양상을 소개하고 운동의 구체적인 전개에 대해 언급할 필요가 있다.

한편 東京創元社版은 운동의 실패에 관해 언급해 3·1운동은 "혁명적 지도부를 갖지 않고 자연발생적인 범주를 벗어나지 못해 실패로 끝났다"고 단정하고 있다. (419) 운동 실패의 기준을 어디에 둘 것이냐를 제쳐두고라도 앞에서 소개한 일본제국주의의 구체적인 탄압을 상기한다면 경솔하다고 하지 않을 수 없다.

2. 독립운동

먼저 독립운동에 대한 탄압에 관해서 소극적으로 기술하고 있다는 것을 문제점으로 지적하지 않을 수 없다. 岩波書店版은 운동에 대한 소개로 일관하고 탄압에 대한 내용이 없다. (768) 또한 나머지 사전들도 3·1운동의 무력진압을 언급했을 뿐 이후의 독립운동에 대한 탄압에 대해서는 平凡社版이 전혀 언급하고 있지 않으며, (497~8) 角川書店版은 "황민화정책 하에서 전쟁협력을 강요당했다"는 정도로, (696) 東京創元社版은 "민족말살정책은 점점 강해졌다"고 간단히 언급하는 데 그치고 있다. (665)

다음에 독립운동과 해방과의 관련을 소홀히 서술하고 있다는 점이다. 岩波書店版은 운동의 전개만을 간단히 나열하고 있을 뿐 해방에 관해서는 전혀 언급하고 있지 않다. 角川書店版은 운동과 관련시키지 않고, "일본의 패전 후 연합군의 점령과 함께 조선은 식민지 지배로부터 해방되었다" (696)고 서술하고 있다. 마지막으로 東京創元社版은 "여러 많은 독립운동이 태평양전쟁 하에서도 계속되어 일본의 패전조선의 해방을 맞이했다 (665)"고 서술하여, 명확하지는 않지만 지속적인 독립운동의 결과 일본의 패전을 계기로 해방을 맞이했다는 식의 서술을 하고 있다.

한편 운동의 양상에 대해서는 민족주의 진영과 사회주의진영의 운동, 국내에서의 운동 등을 모두 소개하고 있으며, 김일성의 항일운동에 관해서도 岩波書店版을 제외하고 모두 언급하고 있다.

VI. 결 론

이상 살펴본 바와 같이, 일본의 역사 개설서 및 사전류의 한일관계 서술을 러일전쟁과 한국병합, 그리고 일본제국주의의 지배정책, 한국인의 독립운동을 중심으로 검토해 본 결과, 한일 양국이 공유해야 할 역사인식 – 일본제국주의의 한국에 대한 침략·지배에 대한 비판과 반성, 한국인의 저항운동에 대한 설명과 평가 등을 부정할 소지를 가진 내용이 다수 발견된다. 또한 서술 형태는 완전한 사실 왜곡보다는 다양한 해석을 가능하게 우회적으로 표현하고, 소극적으로 기술하거나 아예 기술을 회피하는 등 다양했다.

구체적으로 주요 문제점을 지적하면 다음과 같다. 첫째로 러일전쟁에 관해서는, 러시아의 팽창 욕구와 그에 따른 위협을 지나치게 강조한 나머지 일본제국주의의 한국에 대한 지배 의도를 명확히 밝히지 않고 소극적으로 기술하고 있다.

둘째로 한국병합에 관해서는, 대부분의 개설서가 별도 항목을 설정하지 않고 소극적으로 기술하고 있으며, 시혜론적 식민지 근대화론의 기초가 될 소지의 표현이 다수 발견된다. 또한 한국병합에 대한 의병운동 등 한국인의 저항에 대해 충분히 서술하고 있지 않다.

셋째로 일본제국주의의 지배정책에서는, 총독부의 군사적 억압적 성격에 대해 거의 기술하고 있지 않다. 토지조사사업 및 산미증식계획의 부정적인 결과에 관해서도 대부분 언급을 회피한 채 근대적인 농법과 농업시설 및 경작법이 도입된 것을 강조하려는 경향이 있다. 황민화정책과 강제동원 그리고 종군위안부 등으로 인한 한국인의 고통에 대해서 적극 서술하고 있지 않다.

넷째로 한국인의 독립운동에 대해 소개하고 그 정당성을 적극 평가하는 것에 인색하여 개설서의 경우 본문에 별도 항목을 두지 않고 매우 소극적으로 다루고 있다. 또한 한국인의 저항운동에 대한 일본제국주의의 탄압에 대해서도 대부분 구체성을 결하고 있다. 그리고 한국인의 독립운동과 해방과의 관련을 홀시하고 있다.

이러한 문제점을 안은 서술은 바로 새역모와 같이 역사 왜곡을 가능하게 할 수 있는 여지를 만들어 주고, 일반인들이 그와 같은 활동에 대해 강하게 저항하지 못하거나 심지어 지지하게 하는 토양으로 작용한다. 나아가 한일 양국의 역사인식의 공유를 저해하는 요인으로서 양국 간 관계를 갈등과 대립으로 몰고 가는 것이다. 따라서 이러한 문제점을 내포한 개설서 및 사전류의 서술은 양국 간의 우호와 친선을 위해 반드시 개선되어야 할 것이다. 이에 대한 구체적인 역사인식 공유 방안 및 바람직한 서술 내용에 관해서는 앞으로의 과제로 남겨 둔다.

전후 현대사 서술에서 나타나는 문제점

최 영 호*

Ⅰ. 머리말

본고는 일본사 사전 가운데에서 사전㉮ 『角川新版日本史辭典』(角川書店, 1997년판), 사전㉯ 『岩波日本史辭典』(岩波書店, 1999년판), 사전㉰ 『日本史事典』(朝倉書店, 2001년판), 사전㉱ 『戰後史大事典 增補新版』(三省堂, 2005년판)을 검토대상 사전으로 선정하고, 또한 일본사 개설서 가운데에서는 개설서① 『槪論日本歷史』(吉川弘文館, 2000년판), 개설서② 『詳說日本史硏究』(山川出版社, 1998년판), 개설서③ 『日本史槪說』(東京大學出版會, 1961년판), 개설서④ 『要說日本歷史』『새로 쓴 일본사』(창작과비평사, 2003년판)를 검토대상 도서로 선정하여, 일본 대중을 위한 역사 사전과 역사 개설서에서 패전 이후 일본의 현대사에 관한 서술이 어떻게 이루어지고 있는지를 살펴보고자 한다. 본 논문의 과제는 한반도와 한일관계에 관련한 서술을 중심으로 하여 일본의 역사 사전과 역사 개설서에 나타난 내용과 한계를 검토하는 일이다.

일본사 사전 가운데 위의 4권을 검토 대상으로 하면서 사전의 성격이나 서술 내용에 있어서 분명한 선정 기준을 가지고 선정한 것은 아니

* 영산대학교 일어학과 교수

다. 다만 2006년 8월에 필자가 큐슈(九州) 대학에 방문연구원으로 있으면서 이 대학 학생들이 가장 많이 이용하고 있는 것으로 생각되는 중앙도서관 참고도서실에 비치된 사전을 검토 대상으로 했다. 그 가운데에서도 역사인식문제에 관한 일본정부의 공식 담화인 1995년의 무라야마 수상 담화를 중시하며, 그 이후에 발행된 사전만을 대상으로 했다.

대상으로 삼은 사전들은 서술 형식에서 약간의 차이를 보이고 있다. 사전㉮㉯㉰가 알파벳 순서에 따라 단어를 해설하는 일반적인 사전의 형태를 갖추고 있는데 반하여, 사전㉱는 시대를 원시, 고대, 중세, 근세, 근대, 현대로 나누어 중요한 사건을 해설하고 있어 그 형식에 있어서 일본사 개설서와 유사점을 많이 보이고 있다. 또한 역사 전반을 서술 내용으로 하는 다른 사전에 비해 사전㉲는 전후 현대사만을 서술하고 있는 점에서 특이하지만, 상대적으로 전후 현대사에 대한 보다 상세한 서술이 보이기 때문에 이 사전을 검토 대상으로 했다.

또한 위의 역사개설서 4권을 검토대상으로 삼은 것도 필자 나름대로의 특정한 선정 기준이 있었기 때문은 아니며, 단순히 한일관계사학회의 관련 발표회 준비위원으로부터 추천을 받았기 때문이다. 따라서 개설서가 갖는 특징에 대해서는 전반적인 특징보다는 전후 현대사 부분에서 발견되는 개별적인 특징에 대해 본문의 서술 가운데에서 사안에 따라 간접적으로 언급하는 것으로 그친다. 이들 개설서는 공통적으로 서술 형식에 있어서 과거에서 현재로 이르는 시간적 흐름을 시대적으로 구분하여 서술하는 일반적인 역사 서술방법을 벗어나고 있지 않다. 전체적인 내용에서 전후 현대사가 차지하는 비중과 현대사 내용을 구성하고 있는 목차를 살펴보면 다음과 같다.

개설서①은 5장의 '현대'부분에서 전후사를 서술하고 있으며, 본문의 경우 전체 309쪽 가운데 '현대'에는 49쪽(261~309)으로 15.9%의 비중을 두고 있어, 다른 책에 비해 상대적으로 전후 현대사에 대한 서술이 많은 편이다. 이 책 5장의 목차는 다음과 같다.

一. 전후개혁
1. 패전의 타격 / 2. 점령과 전후개혁 / 3. 경제재건의 노력 / 4. 전후개혁 정치의 형성

二. 부흥과 고도경제성장
1. 조선전쟁과 경제부흥 / 2. 고도경제성장 / 3. 통화위기와 석유위기

三. 현대의 세계와 일본
1. 경제대국으로의 발걸음 / 2. 정치대국으로의 발걸음 : 전후 정치의 총결산 / 3. 「55년 체제」의 붕괴 / 4. 국민의 생활과 의식

　개설서②는 11장에서 13장에 걸쳐 전후사를 서술하고 있으며, 본문의 경우 전체 506쪽 가운데 전후사에는 48쪽(459~506)으로 9.5%의 비중을 두고 있다. 이 책 전후 현대사 내용의 목차는 다음과 같다.

11장 전후 일본의 출발
1. 점령하의 개혁
　개혁과 전후처리 / 정치적 민주화·비군사화의 개혁 / 일본국 헌법의 제정 / 일본국 헌법 / 경제의 민주화 / 재벌해체 / 농지개혁 / 노동개혁 / 교육개혁 / 점령초기의 사회와 정치
2. 냉전의 개시와 강화
　냉전의 개시 / 미국 대일정책의 전환 / 한반도전쟁의 발발과 특수 / 강화조약의 체결

제12장 55년 체제와 고도성장
1. 55년 체제의 확립
　양극구조의 세계 / 요시다 정권의 퇴진 / 55년 체제 / 경제의 부흥
2. 장기 보수 정권과 경제성장
　미일안보조약의 개정 / 정치의 계절에서 경제의 계절로 / 오키나와 반환 / 고도경제성장

제13장 격동하는 세계와 일본
1. 중일 국교회복과 달러 쇼크
　닉슨 쇼크와 중일 국교정상화 / 고도경제성장의 종언
2. 경제대국으로의 길
　불황으로부터의 탈출 / 경제대국화로

　3. 전후의 문화
　　점령기로부터 강화까지의 문화 / 현대의 문화
　4. 냉전의 종결과 일본
　　미소관계의 변화 / 변용하는 미일관계 / 국내정치의 변용

　개설서③은 5장의 '현대'부분에서 전후사를 서술하고 있으며, 본문의 경우 전체 297쪽 가운데 전후 현대사에는 25쪽(273～297)으로 8.4%의 비중을 두고 있다. 이 책 5장의 목차는 다음과 같다.

　　一. 점령하의 일본
　1.「민주정치」로의 발걸음 / 2.「민주화」와 재건 / 3. 두개의 세계 / 4. 전후의 문화

　　二. 독립 후의 일본
　1. 국제사회로의 복귀 / 2. 새로운 세계 정체와 일본

　개설서④는 제4부 7장에서 전후사를 서술하고 있으며, 본문의 경우 전체 584쪽 가운데 전후 현대사에는 49쪽(536～584)으로 8.4%의 비중을 두고 있다. 이 책 전후 현대사 내용의 목차는 다음과 같다.

　　一. 점령과 신생 일본
　1. 점령과 비군국주의화 / 2. 일본국 헌법의 성립 / 3. 전후개혁과 도쿄재판 / 4. 전후 부흥과 국민생활

　　二. 미일안보체제와 55년체제
　1. 냉전과 점령정책의 전환 / 2. 한국전쟁과 대일평화조약 / 3. 사회당의 통일과 보수합동 / 4. 안보개정과 안보투쟁

　　三. 경제대국
　1. 고도경제성장 / 2. 공해와 도시문제 / 3. 오키나와 반환과 중일 국교회복 / 4. 저성장으로 전환

　　四. 국민생활의 변모와 연립정권으로의 이행
　1. 생활의 변화 / 2. 교육·대중문화의 발전과 인권·복지 / 3. 쇼와에서 헤

　　흔히 한국과 일본의 역사학계에서 일본사 서술 내용 전반에 있어서 대체로 다음 두 가지 큰 문제점이 있는 것이 지적되고 있다. 첫째는, 대체로 현대사 서술 전반에 걸쳐서 공통적으로 그 이전의 역사에 관한 서술에 비해 일본의 국제적 시야를 넓히고 다양한 국제관계를 묘사하고 있으면서도, 여전히 강대국 중심의 국제관계에 치중하고 있다는 특징을 갖고 있다는 점이다. 일찍부터 한국의 역사학계 전반으로부터, 또는 보수적 성향의 역사학자를 제외한 일본의 역사학계로부터 비판을 받아오고 있는 '서구 중심적' 세계사관과 '중국 중심적' 동양사관이 개설서와 사전에서도 나타나고 있는 것이다.[1] 한일관계를 중시하는 관점에서 바라볼 때, 일본의 전후사는 근대사와 밀접한 관계를 가질 뿐 아니라 새로운 국제관계의 형성이라고 하는 중요한 의미를 가진다. 역사적 맥락에서 상호관련성이 높은 주변국과의 관계는 아무리 중요하다고 해도 과언이 아니다. 그러나 위의 개설서 목차들이 나타내는 바와 같이, 미국과의 관계를 중심으로 하여 기술한 것 이외에는 일부 중국과의 관계를 중시하는 서술이 보이고 있을 뿐이며, 한반도에 관해서는 대체로 한반도 전쟁과 일본의 경제와의 관계를 공통적으로 다루는 것에 한정되어 있음을

---

1) 예를 들어 石渡延男은 '단순형 일본사의 문제점'이라는 글에서 '구미중심사관'을 비판하고 있다. 石渡延男·越田稜 編, 2002,『世界の歷史敎科書 : 11ヵ國の比較硏究』(明石書店) 258쪽. 또한 이원순은 "대체로 일본의 역사교육은 脫亞入歐 蔑亞尊歐의 역사인식에 기초한 것이며, 尊華의식에 의한 중국사 중심의 동양사 서술이며 遠交近攻의 정치의식을 갖는 특징이 있다"고 비판한 바 있다. 李元淳,『韓國から見た日本の歷史敎育』(靑木書店) 151쪽.

알 수 있다.

둘째는, 현대사 서술에 있어서 개설서와 사전들이 국민국가 중심의 서술에 치우쳐 주변국, 소수자, 경계인에 대한 언급이 부족하다는 점이다. 조선이나 대만과 같은 전전 일본 제국의 식민지와의 새로운 관계 구축, 그리고 중국과 동남아시아 국가 등의 일본군 점령지에 대한 전후 처리에 대해서는 서술이 미흡하거나 전무하다. 이와 함께 일본의 경제발전의 축을 국제경제 '중심'에 대한 일본의 대응이라는 관점에서 서술된 점이 많다. 따라서 한국이나 동남아시아와 같이 일본에게 있어서 상품의 시장으로서의 역할을 담당했던 국가와 지역에 관한 서술이 미흡하다. 또한 국가의 정치체제 변동을 중심으로 현대사를 서술하다보니 사람들의 움직임, 즉 '민족 변동'에 대해서는 서술이 지극히 부족할 뿐 아니라, 일본 국내에 있어서 사회적 소수자들이 처한 정치적 상황에 관한 서술도 극히 부족하다. 이 점에 대해서는 일본의 역사학계에서도 기존의 근대국가 중심 사관에 대한 비판 가운데 자주 지적되고 있다.[2]

이 두 가지 문제점은 모두 한일 양국의 역사인식 차이를 발생시키고 있는 문제의 바탕이 되고 있다고 할 수 있다. 본문에서는 두 가지 문제점을 보다 구체화 하는 방법으로 필자 임의대로 7가지 쟁점을 제시했으

---

2) 예를 들어 小谷汪之는 서구근대 중심적 세계사관을 비판하는 가운데, 이러한 사관에 비서구 세계의 역사, 특히 민중의 역사를 집어넣음으로써 서구근대 중심적 성격을 상대화해야 한다고 주장했다. 歷史學硏究會 編, 2002, 『戰後歷史學再考:「國民學」を越えて』(靑木書店) 18쪽. 또한 二宮宏之는 '전후 역사학과 사회학'이라는 글에서 일본의 전후 역사학이 'nation 이야기'에 치중하고 있는 점을 비판하면서, "모든 것을 국민국가, 국민경제, 국민문화, 즉 nation의 틀에 수렴시켜버리는 역사의식에서 탈피하지 못했을 뿐 아니라, 오히려 그것을 훨씬 강화하는 결과를 낳았다. 일본사회, 일본민족, 일본문화, 일본인 등 언제나 '일본'을 주어로 논하고 그 내부에 있는 다양성과 외부와의 연관성에 눈을 돌리는 일이 거의 없다"라고 했다. 歷史學硏究會 編, 2000, 『戰後歷史學再考:「國民學」を越えて』(靑木書店) 128쪽.

며 각각의 쟁점에 관한 서술을 분석해 나가고자 한다. 쟁점으로서는,①
식민지 종결을 위한 국제관계, ② 패전에 의한 해외 일본인의 귀환, ③
재일조선인의 '잔류'와 외국인 등록 문제, ④ 한반도 전쟁에 대한 일본
의 관여, ⑤ 샌프란시스코 강화회의에 한국의 불참, ⑥「평화선」에 대한
인식 문제, ⑦ 전후 처리 및 역사인식 외교 등, 7가지를 들고, 이들 쟁점
의 내용을 개설하고 이들 쟁점에 관한 일본사 사전과 개설서의 내용과
한계들을 각각 검토하고자 한다.

II. 쟁점을 통해 보는 역사서술의 문제점

1. 식민지 종결을 위한 국제관계

일본이 진보적인 입장에서 남북한의 민족주의 사관에 따른 '조선인
의 독립투쟁에 따른 해방'은 인정하지 않는다고 하더라도, 적어도 전쟁
종결과 함께 식민지 종결을 위한 국제적 약속이 일찍이 1943년 11월에
발표된 '카이로 선언'으로부터 시작되었다는 것까지 인정하지 않으려고
한다면 이것은 문제라고 지적하지 않을 수 없다. 주지하는 바와 같이 미
국, 영국, 중화민국 3국 정상은 공동성명을 통해 다음과 같이 일본제국
에 대한 전쟁 종결과 식민지 해방을 촉구했다.3)

> 연합국의 목적은 1914년의 제1차 세계대전 개시 이후 일본국이 탈
> 취하고 또는 점령한 태평양에 있어서의 모든 섬들을 일본국으로부터 박
> 탈하는 것에 있다. 또한 만주, 대만 및 팽호섬과 같은 일본국이 중국인
> 으로부터 탈취한 모든 지역을 중화민국에 회복시키는데 있다. 일본국은
> 또한 폭력과 탐욕으로 일본국이 탈취한 다른 모든 지역으로부터 구축되
> 어야 한다. 연합 3국은 조선 인민의 노예상태에 유의하고 오래지 않아

---

3) 神谷不二, 1976,『朝鮮問題戰後資料』一 (日本國際問題硏究所) 243쪽.

조선을 자유롭게 독립시킬 결의를 갖는다. 이러한 목적을 가지고 연합 3국은 연합국 가운데 일본국과 교전중인 국가들과 협조하여 일본국의 무조건 항복을 초래할 필요가 있는 중대하고 장기적인 행동을 계속할 것이다.

또한 일본의 모든 역사 사전과 개설서가 예외 없이 전쟁 종결의 조건으로 받아들이고 있는 포츠담 선언에서도 그 제8조에 '카이로 선언'의 조항은 이행되어야만 하며, 또한 일본국의 주권은 혼슈(本州), 홋가이도(北海道), 규슈(九州) 및 시코쿠(四國)과 우리들이 결정하는 작은 섬들에 국한되어야 한다"라고 규정했다.[4] 즉 '카이로 선언' 없는 포츠담 선언은 존재할 수 없는 것이다.

그럼 '카이로 선언'과 관련한 일본사 사전과 개설서의 서술 내용을 살펴보자. 먼저 일본사 사전㉮는 '카이로 선언'에 대해 "이로써 처음으로 일본 영토문제의 처리 방침을 결정, 1차 대전 이후에 일본이 빼앗은 영토의 박탈, 만주 대만의 중국으로의 반환, 조선 독립 등을 결정"[5]했다고 해설하고 있다. 사전㉯에는 "1차 대전 개시 이후 일본이 탈취 점령한 태평양 도서의 박탈, 대만 만주 澎湖제도의 중국 반환, 조선의 독립 등을 표명, 2차 대전 중 대일 영토처리에 관한 유일한 공동 선언으로 포츠담 선언에도 그 이행이 명기되었다"[6]라고 되어 있다. 사전㉰에는 '카이로 선언'에 대한 설명이 없으며, 사전㉱에는 오키나와 '분리'와 관련하여 '카이로 선언'에 대한 부분적인 언급이 있을 뿐이다.[7] 이처럼 일부 일본사 사전에서 '카이로 선언'과 식민지 조선의 해방과의 관계가 소개되어 있지 않은 것은 문제라고 할 수 있다.

한편 개설서에 나타난 '카이로 선언'관련 서술을 살펴보면 다음과

---

4) 위의 자료, 244~245쪽.
5) 사전㉮, 190쪽.
6) 사전㉯, 189쪽.
7) 사전㉱, 81쪽.

같다. 개설서①과 개설서③에는 '카이로 선언'은 물론 포츠담 선언에 규정되어 있는 식민지 해방의 내용과 의미조차 서술되어 있지 않다. 일본 패전을 오로지 일본인과 일본국내에 대한 영향과 대응이라는 좁은 시각에서 서술하고 있으며, 따라서 연합국과 일본 패전과의 국제관계성이나 일본 패전과 식민지 해방과의 관계성에 관한 서술이 전혀 없다는 점을 지적하지 않을 수 없다.

개설서②는 전쟁국면의 악화 상황을 서술하는 부분에서 '카이로 선언'을 일부 소개하고 있다. 그러나 이것이 일본제국의 점령지와 식민지를 상실하게 하는 국제조약이라는 점에 대해서는 언급이 없으며, 다만 "1943년 11월에 미국영국 중국 정상이 카이로에서 만나 일본의 무조건 항복까지 계속 전투해 갈 것 등을 선언했다"[8]라고만 언급하고 있다. 이 책에도 '카이로 선언'은 물론 포츠담 선언에 규정되어 있는 점령지 및 식민지의 반환과 해방에 관한 내용과 의미가 서술되어 있지 않다. 나아가 식민지 조선의 해방에 대한 언급이 없으며, 다만 "조선반도는 전후 북위 38도를 경계로 소련과 미국에 의해 분할 점령되어 있었다. 전후 초기에 있었던 통일 독립안은 포기되었으며, 1948년 8월 북위 38도선 이남에 대한민국이 성립하고, 같은 해 9월에 북위 38도선 이북에 조선민주주의인민공화국이 수립되었다"[9]라고 하여, 곧바로 신생 국가 건설에 관한 언급으로 건너뛰었다.

개설서④에는 위의 개설서에 비하면 식민지 해방과 '카이로 선언'과의 관계가 나타나 있는 편이다. 다만 다음 인용하는 바와 같이 대일본제국의 붕괴와 관련하여 '카이로 선언'을 언급하고는 있으나, 식민지 조선의 해방의 의미에 크게 비중을 두지 않고 사전㉠와 사전㉡에서와 같이 담백하게 하나의 문구로 처리하고 있을 뿐이다.[10]

---

8) 개설서②, 456쪽.
9) 개설서②, 475쪽.
10) 개설서④, 530쪽.

마침내 1943년 11월 27일 루즈벨트, 처칠, 장제스 등 세 정상이 '카 이로 선언'에 서명하여, 일본의 침략 제지, 일본의 위임통치령이 된 태평양제도의 박탈, 중국 동북부·대만·팽호열도의 중국 반환, 조선의 독립 등의 방침을 결정했다.

2. 패전에 의한 해외 일본인의 귀환

패전 직후 한반도에 거주하던 일본인이 남한 지역에서 571,765명, 북한 지역에서 304,469명이 일본으로 돌아갔다. 여기에 만주지역에서 한반도를 경유하여 귀환한 일본인 민간인과 군인들을 포함하면 100만명이 훨씬 넘는 일본인들이 한반도를 거쳐 일본으로 귀환했다. 이처럼 일본인의 본국귀환 문제는 세계사에서 유래를 찾기 힘든 단기간에 걸친 대규모 민족 이동이며, 현대의 한일관계 역사를 이해하는데 있어서 빼놓을 수 없는 중요한 사건이다. 특히 재조 일본인 귀환자들은 귀환 과정과 귀환 이후에 자생단체를 결성하여 일본 정부에 대해 압력단체로 활동했으며 한일국교정상화 교섭과정에도 영향을 끼친다.

패전 직후에 설립된 경성일본인세화회는 조선총독부와 조선군의 요구에 의해 설립되어 자금지원을 받으면서 귀환자 원호활동을 전개했다. 조직 활동에 있어서 조선총독부 종전사무처리본부나 남한 미군정과 밀접한 관계를 유지해 왔다. 스스로 귀환자이면서 귀환사업의 주체로 등장한 재조일본인 유력인사들이 조선총독부의 행정력 공백을 보충하는 역할을 담당했다. 그 가운데 주도적인 세력은 일본 귀국 후, 귀환자의 원호, 정착지원, 재외재산문제에 대해 정부와 교섭을 담당한 것은 물론, 귀환사업에 대한 이해를 구하기 위한 귀환자 계몽 활동 등을 담당했다.11)

일본사 사전에 나타난 관련 부분에 관한 언급을 살펴보자. 사전㉮는 조선총독부에 대해 "일본 패전에도 불구하고 45년 10월까지 그 기구를

---

11) 최영호, 2002, 『현대한일관계사』(국학자료원) 80~92쪽.

유지했다"12)라고 하고 있으며, 조선으로부터의 일본인 귀환에 관해서는 언급이 없고, 다만 引揚을 해설하는 부분에서 "패전시 해외에 있던 군인 군속 일반인 도합 약 660만명이 귀국했다고 한다"13)라는 포괄적으로 언급하고 있을 뿐이다. 사전ⓓ는 "일본 패전 후 미군이 기구의 이용하려 했지만 45년 9월에 총독과 국장을 해임하여 총독부는 解滅되었다"14)라고 하고 있으며, 재조일본인의 귀환에 관한 특정 소개는 없고 일본인 귀환을 둘러싼 환경을 포괄적으로 소개했다. 사전ⓓ에는 관련 서술이 전혀 없으며, 사전ⓡ에도 총독부에 관한 언급은 전혀 없으며 일본인 귀환에 관한 일반적 포괄적인 언급이 보일 뿐이다.

한편 일본사 개설서에는 패전 후 일본인의 귀환에 관하여 다음과 같은 서술이 나타나 있다. 먼저 개설서①에는 패전 후 일본인의 귀환이 부당한 식민지 지배와 침략적인 전쟁의 소산이며 전후 국제관계의 재편과정의 일환이었다는 것에는 전혀 언급이 없으며, '귀환=고난'이라고 하는 점을 강조한 것이 두드러지게 나타나고 있다. 또한 시베리아 억류 문제나 전시 일본군의 포로 학대로 인한 연합군 포로의 대일 적개심을 서술하면서도 조선인 군속에 관한 언급이 없다. 관련 서술을 그대로 인용하면 다음과 같다.15)

> 패전 시에 해외에는 660만 명 이상의 일본인들이 있었는데, 그들의 귀환은 고난에 가득한 것이었으며, 중국 동북부(구 만주) 등에서는 다수가 귀환 도중에 죽기도 했고, 수천 명의 중국잔류 고아들이 발생했다. 또한 2차대전에서 2천만 정도의 사망자를 낸 소련은 침략국 병사들을 단순 노동력으로 사역시키는 방침을 취했기 때문에, 중국동북부, 사할린, 치시마로부터 일본인 86만 명이 시베리아에 억류되었으며, 7만 명에 가까운 사망자를 낸 것으로 알려지고 있다. 동시에 일본이 침략한 아시

---

12) 사전ⓐ, 695쪽.
13) 사전ⓐ, 874쪽.
14) 사전ⓑ, 767쪽.
15) 개설서①, 263~264쪽.

아 국가들에서는 살육과 일본군에 의한 식량조달 결과 발생한 기아를 포함하여 일본군인 사망자 수를 훨씬 웃도는 사람들이 죽임을 당한 것으로 알려지고 있어, 일본에 대한 격심한 적개심이 정착되어 있었다. 전전에 포로에 대한 인도적 대우를 규정한 '포로 대우에 관한 제네바 조약'을 비준하지 않은 일본은, 포로를 학대하는 경향이 강했으며, 영국인과 미국인으로 일본군 포로가 된 사람들 다수가 살해되고 또한 사망했기 때문에, 서구의 여론도 일본에 대해서 지극히 악화되어 있었다.

개설서②, ③, ④에는 아예 패전에 따른 해외 일본인의 본국귀환에 관한 언급이 없다. 국가체제의 변화만을 포착한 나머지 일본제국 신민이 전후 재편되는 국가의 국민으로 어떻게 재편되어 가는가에 대해서 이를 도외시하고 있는 점은 이 책들의 중대한 한계라고 지적하지 않을 수 없다. 이 책에는 국가체제의 변화에 대해서도 점령 하에서 일본 본토의 정치체제가 어떻게 변화해 가는지에 관한 언급만 있을 뿐, 해외 식민지의 총독부 체제의 변화에 대해서는 언급이 전혀 없다.

3. 재일조선인의 '잔류'와 외국인 등록 문제

일본 패전직후 원호체계가 갖추어지지 않은 가운데 일본에서 한반도로 140만 명이 넘는 대거 귀환이 전개되었던 것은 한국인의 민족 이동뿐 아니라 한반도와 일본간에 있어서의 사람들의 관계사를 이해하는데 있어서 빼놓을 수 없는 중요한 사건이다. 이들 귀환자들 대부분은 '戰災民'으로 호칭되었던 것처럼 일본에 강제로 연행되어 전쟁수행을 위한 노동자로 이용되어 피해를 받았으며 일본의 패전과 함께 직장을 잃거나 버리고 고국으로 돌아온 사람들이었다. 이들 중 대부분은 고국에 돌아와서도 사회에 적응하지 못하고 절대빈곤 상황 속에서 불안정한 생활을 보내게 되었다. 이들에 대한 일본 기업의 보상 문제는 일본의 전후보상 문제에서 중심 되는 문제가 되고 있다.

해방 후 재일조선인의 법적 지위가 처음으로 언급된 것은 연합국군 총사령부(GHQSCAP)가 1945년 11월에 발표한 '일본점령 및 관리를 위한 연합국최고사령관에 대한 항복 후에 있어 초기의 기본지령'에서부터였다. 이 지령은 재일조선인의 지위에 대해 해방된 '해방민'이지만, 여전히 계속 일본국민이기 때문에 연합국에 대해서는 '적국인'이라고 했으며 그러면서도 '일본인'은 아니라고 규정하였다.16) 1947년에는 이들에게 '외국인등록령'이 시행되었다. 이러한 재일조선인들의 애매한 법적 지위는 점령기간 내내 유지되었다. 그러다가 1952년 4월 샌프란시스코 강화조약의 발효를 하루 앞두고 일본정부는 이들의 법적지위를 일방적으로 외국인화 했다. 이들에게 국적 선택의 자유를 인정하지 않고 강제로 일괄적으로 일본국적을 박탈해 버린 것이다.

그 후 많은 수의 재일조선인이 북한에 들어가는 배경에는 법적 지위의 불안정성과 함께 일본 사회로부터의 차별이 있었다. 1959년부터 1982년까지 23년간에 걸쳐 도합 93,412명이 북송길에 올랐다. 이 가운데에는 2,400명에 달하는 일본인 배우자도 포함되어 있었다. 일본정부는 한일회담의 파탄을 무릅쓰면서까지 북송 추진을 결정했다. 당시 일본국민의 전반적인 사고방식은 재일동포가 대부분 실업자였던 것이 비추어 생활보조금 지급면에서 일본국민의 재정적 부담이 되며 사회적으로도 성가신 존재로 인식하고 있었던 만큼 "돌아가고 싶어 하는 자들을 돌아가게 하라"는 주장이 많았다.

일본사 사전의 관련 서술 내용을 살펴보자. 사전㉮에는 재일조선인의 해방 직후 움직임에 대해, "45년 일본 패전시 조선인 인구가 약 250만명. 조국의 독립과 함께 많은 조선인이 귀국했는데, 일본에 남은 조선인은 52년의 샌프란시스코 평화조약 발효 후 국적 선택의 자유를 일체

---

16) 「日本占領及び管理のための連合國最高司令官に對する降伏後における初期の基本的指令(1945.11.1)」『在日朝鮮人管理重要文書集』(1945～1950年),『現代日本・朝鮮關係史資料』第6輯, 10쪽.

인정받지 못하고 일률적으로 일본 국적을 상실했다"17)라고 언급되어 있
다. 사전㉯에는 조선인의 귀국에 관한 언급은 없으며 재일조선인인에
대해 "종전 후에도 재류한 조선인은 47년 5월의 외국인등록령에 의해
외국인등록 의무가 부과되었으며 52년 4월의 외국인등록법에서 일본국
적을 이탈한 외국인으로 되었다"18)라고 언급되어 있다. 이러한 사전에
비해 사전㉱에는 재일조선인에 관한 언급이 많이 보인다. 재일조선인
형성의 배경, 차별과 박해, 전후의 법적 지위 등에 대해 비교적 상세한
언급을 하고 있는 편이다.19)

한편 개설서 내용을 살펴보자. 개설서①에는 다음 인용하는 바와 같
이 '강제연행' 노동자의 해방이라는 서술을 하면서도 그들에 대한 정당
한 보상과 미불 임금 지불에 관한 문제점을 언급하고 있지 않으며, '잔
류 조선인'의 잔류 '선택을 서술함'으로써, 일본의 식민지 유산에 의해
해방 직후 조선인들이 짊어지고 있던 경제적 고통을 간과하는 표현으로
해석되기 쉬운 서술을 하고 있다. 따라서 패전 직후 일본인에게는 고통
과 인내가, 조선인에게는 해방과 자유가 주어진 것으로 대별시키는 듯한
뉘앙스를 풍기고 있다.20)

이렇게 일본은 외지자산의 모든 것을 잃었으며 다수의 귀환자들을
끌어안게 되었고, 군수생산은 정지되고 수입이 모두 끊어져 경제가 파탄
되었으며, 게다가 국제적 지원을 받을 수 없는 상황에서 국토 재건을 지
향해야 했다. 이에 대해 취업의 자유도 없이 탄광 등에서 일하게 된 강
제연행 된 조선인 등은 일본 패전에 의해 강제노동으로부터 해방되었으
며, 귀국의 자유를 얻었다. 동시에 전전에 일본에 일하러 와서 세대를
꾸리고 출신지에서의 생활기반을 이미 가질 수 없게 된 조선 출신자 등

---

17) 사전㉮, 428쪽.
18) 사전㉯, 479쪽.
19) 사전㉱, 329~330쪽 ; 339쪽; 608~611쪽.
20) 개설서①, 264쪽.

가운데에는 계속해서 일본에 거주하는 길을 선택한 자들도 많았다.

개설서②, ③, ④는 모두 국가체제의 변용에 관한 서술에 치중한 나머지, 기껏해야 국가체제를 둘러싼 이념적인 정당의 운동과 노동운동에 대해서 언급이 있을 뿐이며, 국민 혹은 사회변화에 관한 서술에는 매우 인색하다. 따라서 재일조선인을 포함한 재일외국인에 관한 언급은 전혀 찾아볼 수 없다. 마찬가지로 이 책들은 일본인이건 조선인이건 패전으로 인한 본국귀환의 움직임 혹은 일본 '잔류'의 움직임에 대해서도 전혀 언급을 하고 있지 않다.

4. 한반도 전쟁에 대한 일본의 관여

일반적으로 한반도 전쟁과 일본의 관계에 대해서는 전쟁특수라고 하는 점에 포커스를 집중하고 있으면서, 일본 정부가 한반도 전쟁을 계기로 안보체제를 확립하고 일본 사회 내에서 반전 운동이 격렬하게 전개되었던 점은 간과하고 있다. 한반도 전쟁이 발발하자 점령 하에 있던 일본정부는 맥아더사령부의 요구를 적극 받아들여 전쟁에 협력하는 노선을 취했다. 일찍이 요시다(吉田茂) 수상은 "북조선 공산군의 침략을 방관하는 것은 민주주의의 자살이나 다름없다"라고 하는 견해를 밝히고, 1950년 8월에 국회 심의를 거치지 않는 政令의 형태로 경찰예비대를 창설했다. 요시다는 미국이 요구하는 일본의 독자적인 재군비에는 반대했으나, 샌프란시스코 강화조약과 함께 미국과 안보조약을 체결함으로서 안보태세를 확립했다.[21]

또한 한반도 전쟁 발발을 전후하여 일본에서 재일동포의 민족교육과 민족단체에 대한 정치적 압력이 강화되었으며, 일본공산당과 깊은 관계를 가진 재일동포 운동가들은 단체 활동이 정지되었다. 점령당국에 의해

---

21) 和田春樹, 1995, 『朝鮮戰爭』(岩波書店) 227〜230쪽.

비합법 단체로 몰릴 위기에 처한 일본공산당은 비록 당내에 노선을 둘러싼 갈등이 있었지만 전반적으로 전쟁에 대한 반대 입장을 분명히 했다. 당내 주류파들은 한반도 내전에 관여하지 않는다는 소극적인 노선을 채택했으며, 이에 대해 당내 '국제파'는 북한의 '해방전쟁'과 결탁하여 반제국주의 공동투쟁을 주장함으로써 점령당국과 대치하는 양상을 보였다. 한반도 전쟁에는 재일동포 의용군이 참전하기도 했으며, 일본인 군사기술자가 연합국의 작전 하에 전쟁에 관여하기도 했다.

일본사 사전에 나타난 관련 서술 내용을 살펴보자. 사전에서는 일본의 한반도 전쟁에 대한 태도나 일본사회의 반전 움직임에 대해서는 직접적인 언급을 찾아보기가 어렵다. 전후사만을 다루면서 여러 방면에서 한반도전쟁에 관한 언급을 하고 있는 사전㉱에서 조차, 위에서 지적한 문제에 관한 직접적인 언급은 찾아보기 어렵다.

한편 개설서에 나타난 관련 서술을 살펴보자. 개설서①은 일본경제의 전쟁특수에 대해 비교적 많은 서술을 하고 있음에 반하여, 일본의 한반도 전쟁에 대한 태도나 일본사회의 반전 움직임에 대해서는 전혀 언급이 없다. 관련 서술을 일부 인용하자.

> 1949년 덧지라인은 소위 덧지 디플레이션을 초래하여 일본경제는 전후 인플레 하의 경제부흥에서 뒤바뀌어 불황에 신음하게 되었다. 그런데 이때 갑자기 조선전쟁이 발발했다. 이 특수에 의해 일본경제는 불황을 탈피하고 전후 최초로 본격적인 호경기를 나타냈다.[22]
> 전쟁발발과 함께 일본은 미군의 군수물자와 서비스 보급을 위한 기지가 되었다. 이것이 '조선특수'로 불리는 것이다. 특수는 휴전협정 체결 후에도 계속되었으며, 1950년에서 56년까지 7년간에 40억 달러에 달하는 것이었다. 특수는 조달 대상이 된 산업부문을 윤택하게 하고, '쇠금변 경기' '실사변 경기'를 불러일으켰을 뿐 아니라 국내산업에도 파급되어 광공업생산액, 실질 GNP, 1인당 국민소득, 민간소비 등 주요 경제지표가 이 과정에서 거의 전전 수준을 돌파했다.[23]

---

22) 개설서①, 279쪽.

개설서②의 경우에도 일본경제의 전쟁특수에 대해 비교적 많은 서술을 하고 있음에 반하여, 일본의 한반도 전쟁에 대한 태도나 일본사회의 반전 움직임에 대해서는 언급이 적다. 다만 "미군을 주체로 하는 유엔군이 일본으로부터 출동할 때에 많은 물자와 서비스를 달러로 조달했다"[24]라고 하는 서술에서 극히 부분적으로 일본의 후방기지로서의 성격을 언급하고 있을 뿐이다. 또한 일본공산당의 반전 움직임에 대해서는 직접 서술하지 않고, 다만 다음과 같이 공산당원 추방 움직임을 소개함으로써 간접적으로 한반도 전쟁과 반공정책 강화와의 관계를 전하고 있을 뿐이다.[25]

총사령부는 전쟁 직전인 1950년 6월에 일본공산당 중앙위원 24명을 추방했으며, 기관지 「아카하타(赤旗)」의 발행을 정지시킴과 함께, 같은 해 7월 관공서를 비롯한 여러 직장에서 공산주의자들을 추방했다. 반대로 11월에는 구군인 3,250명의 공직추방 해제가 이루어졌으며, 경찰예비대에 구 군인들이 응모하는 일도 허용되었다.

개설서③의 경우에는 한반도 전쟁을 '조선동란'이라고 표현하고 있다. 한반도 전쟁과 일본과의 관계에서 일본의 전쟁특수와 재군비에 대해 어느 정도 언급이 있는 반면에, 일본의 한반도 전쟁에 대한 태도나 일본사회의 반전 움직임에 대해서는 언급이 전혀 없다. 다만 개설서②와 마찬가지로 공산당에 대한 탄압 정책을 소개함으로써 간접적으로 한반도 전쟁과 반공정책 강화와의 관계를 전하고 있을 뿐이다. 관련 부분을 인용하면 다음과 같다.[26]

공산당에 대한 탄압도 심해졌다. 조선동란 발발 직전 맥아더는 공산

23) 개설서①, 279~280쪽.
24) 개설서②, 478쪽.
25) 개설서②, 478쪽.
26) 개설서③, 285쪽.

주의자는 일본의 민주적 제도들을 위태롭게 하는 자라고 하고 공산당 중앙위원회 전원의 공직추방을 지령했으며, 이어 '아카하타' 편집국 간부의 추방을 지령했다. 개전 다음날 '아카하타'는 1개월 정간 (후에 무기 정간) 당했으며 추방된 공산당 간부의 지하운동은 '단체등 규제령' 위반 혐의로 체포장을 받았다. 8월에는 전국노동조합 연락협의회의 해산이 지령되었다. 이어 신문, 방송의 보도부문, 정부기관, 중요 산업부문에서 공산당원과 진보적인 인사 1만 2천명을 직장에서 추방하는 Red Purge가 강행되었다. 이것은 점령군의 지시나 지도라고 하는 형태로 경영담당자에 의해 강행되었으며, 법원도 이것을 헌법 기타 일체의 국내법에 우선하는 점령군의 명령이라고 하여 추방당한 자들의 고소를 각하시켰다.

개설서④의 경우에도 한반도 전쟁과 일본과의 관계에서 일본의 전쟁특수와 재군비에 대해 어느 정도 언급이 있는 반면에, 일본의 한반도 전쟁에 대한 태도나 일본사회의 반전 움직임에 대해서는 직접적인 언급이 전혀 없다. 다만 대일강화의 요인을 설명하는 가운데, "미국은 일본 국내의 반미운동을 진정시키는 동시에 일본을 자기 진영으로 끌어들이기 위해 대일강화를 속히 성립시키려 했다"[27]라고 하는 문장에서, 일본 사회의 반전 움직임에 대한 간접적인 언급을 엿볼 수 있다.

5. 샌프란시스코 강화회의에 한국의 불참

일본의 연합국 점령을 종결시키기 위한 강화조약이 1951년 9월 샌프란시스코에서 조인되었으며 이듬해 4월에 발효되었다. 미 국무부는 47년 7월 11일 극동위원회를 구성하는 11개국 대표에게 대일강화의 예비회의를 제창했으나 강화회의의 방식에 대한 미·소의 근본적인 대립으로 이루어지지 못했다. 냉전이 절정기에 달했던 49년 9월 미국과 영국 외상의 워싱턴 극동회의에서 대일강화의 방침이 협의되었고, 소련을 중심

---

27) 개설서④, 544쪽.

으로 하는 사회주의 진영에서도 50년 2월 중국과 소련의 우호동맹 상호
원조조약을 통해 일본과의 강화를 촉진하기로 협약했다. 그러나 같은 해
6월에 발발한 한반도 전쟁은 전면적인 강화보다는 미국을 중심으로 하는
부분적인 강화가 이루어지도록 하는데 결정적인 계기가 되었다. 강화조
약 체결을 위한 개별접촉에서 중국의 대표권 문제가 주요 문제로 대두되
어 결국 대륙의 중국과 臺灣의 중화민국은 강화회의에서 제외되었다.

마찬가지로 한국도 이승만 정부의 의도와는 달리 일본의 강화회의에
서 배제되었으며, 결과적으로 독도 영유권 문제나 전후 처리 문제 등을
국제적으로 해결하는 기회를 얻지 못하고 일본과 개별적으로 힘겹게 국
교정상화 교섭을 추진해야 했다. 한국정부는 태평양전쟁 말기에 상해임
시정부가 선전포고를 하고 광복군을 통해 일본제국과 전쟁을 했다고 하
는 전쟁당사자로서의 논리를 세워 강화조약에 서명국으로서 참여하려
했다. 그러나 한국의 주장은 요시다(吉田茂) 수상과 덜레스(J. F. Dulles)
특사에 의해 무시되었으며, 그 대신에 대일 강화조약의 발효를 앞두고
미국측의 주선으로 일본과 단독으로 수교교섭을 진행하게 되었다.[28] 이
렇게 볼 때, 대일 강화를 '부분 강화'라고 표현하는 경우, 그것은 소련과
중국을 제외한 것과 함께, 조선과 대만이라는 식민지에서 새로 태어난
국가도 제외했다는 점을 나타내는 표현으로 사용해야 한다.

일본사 사전에 나타난 관련 언급을 살펴보면, 사전㉮㉯㉰의 샌프란
시스코 강화회의 관련 언급에서 대한민국에 관한 언급은 전혀 찾아볼
수 없다. 사전㉱의 경우에도 강화회의에 초청받지 못한 국가로서 중화
인민공화국을 언급하고 있으면서,[29] 대한민국에 대해서는 전혀 언급을
하고 있지 않다.

각각의 개설서 내용을 살펴보면 다음과 같다. 개설서①에는 다음 인
용하는 바와 같이 대일 강화 부분에 '남북조선'을 명시하고 '일본이 지

28) 최영호, 2002, 『현대한일관계사』(국학자료원) 128~129쪽.
29) 사전㉱, 355쪽.

배했던 국가'라는 표현을 사용했다. 그러나 다음과 같이 이들 국가가 '참가하지 않았다'든지 '조인하지 않았다'라고 서술함으로써, 마치 한국이 의도적으로 불참한 것과 같은 뉘앙스를 풍기고 있다.[30]

> 이러한 일본의 국제사회 복귀에는 몇 가지 특징이 있었다. 첫째는, 강화가 '전면 강화'가 아니라 '부분 강화'였다. 1951년 9월의 강화회의는 51개국이 참가하여 개최되었으나, 참가국 가운데 소련, 체코, 폴란드는 조인을 거부했다. 중국, 인도, 버마, 남북 조선은 회의 자체에 참가하지 않았다. 조약에 조인한 국가는 48개국으로 많았지만 일본이 직접 교전하고 지배했던 국가의 대부분은 조인하지 않았다.

개설서②에는 다음 인용하는 바와 같이 분규를 피하기 위해 초청하지 않은 국가로서 중화인민공화국과 중화민국만을 언급하고 있을 뿐, 대한민국에 대해서는 언급을 전혀 하지 않고 있다.[31]

> 당시는 일본에 대한 유화적인 강화에 반대하는 목소리가 높았고 일본의 경제부활을 두려워하는 국가들도 많았기 때문에, 미국이 중심이 되어 유엔총회에 모인 각국대표들을 설득했으며 강화조약 조인의 준비를 추진했다. 이리하여 1951년 9월 4일부터 개최된 샌프란시스코 강화회의에는 52개국이 참가했는데, 분규를 회피하기 위하여 중화인민공화국과 중화민국은 초청을 받지 못했다. 인도와 버마는 조약안에 대한 불만으로 인해 출석하지 않았다.

개설서③에서는 대일 강화조약에서 '조선의 독립승인'이 규정되었다는 문장만이 유일하게 강화조약과 한국과의 관계를 나타내고 있다.[32] 이 책에서는 샌프란시스코 강화회의를 둘러싸고 '전면강화'를 주장하며 요시다의 부분강화 추진에 반대했던 움직임을 비교적 상세하게 언급하

---

30) 개설서①, 281쪽.
31) 개설서②, 478쪽.
32) 개설서③, 286쪽.

고 있으며, 강화회의에 초청받지 않은 국가로서는 "대표 정권에 관한 미국과 영국 사이의 의견 불일치" 때문에 초청받지 않은 중국만을 언급하고 있다.[33]

개설서④에는 대일 강화회의에 미국이 초청하지 않은 국가로서 중화인민공화국과 중화민국만을 언급하고 있는데, 초청받지 않은 이유에 관하여 설명되어 있지 않다. 그러면서도 중일관계에 대해서는 그런대로 부연 설명을 하고 있다. 즉 강화조약 체결 이후 일본정부가 중화민국을 유일 정통정부로 인정하여 1952년에 평화조약을 맺었기 때문에 중국과의 관계가 그 후 오랫동안 냉각되어 1972년까지 국교를 회복하지 못했다는 것을 설명하고 있는 것이다.[34] 이에 반하여 초청받지 않은 국가로서 대한민국에 대해서는 언급이 전혀 없으며, 따라서 국교정상화에 이르는 과정의 문제점에 대해서도 아무런 언급이 보이지 않는다.

6. 어족자원 보호를 위한 한국의 '평화선'

이승만 정부의 '평화선'문제는 50년대 전반에 걸쳐 가장 중요한 한일관계의 이슈가 되었으며 한일국교정상화 교섭을 중단시키기도 하며 촉진시키기도 한 쟁점이 되었다. 오늘날의 어업협정과 독도영유권문제와 관련하여 신생 한국정부가 독립국가로서 일본에 대해 해양법 규범과 영유권 주장을 내세운 것으로 전후보상 문제와 함께 일본과의 사이에서 의견차이가 심한 중요한 쟁점이었다. '평화선'문제에 대해서는 50년대 당시 및 오늘날의 국제법적 의미에 관한 재해석이 필요하며 정치적으로도 재일동포 북송문제와 청구권협상 문제와의 관계 속에 국교정상화과정에서 침전되는 경향을 보였다.

---

33) 개설서③, 286쪽.
34) 개설서④, 545쪽.

한국정부는 1951년 9월 독도를 포함하여 기존의 맥아더선과 거의 유사하게 '어업보호수역'을 위한 경계선을 국무회의를 통해 결정했다. 일본의 어족자원 남획에 대해 어족자원 보호를 위한 자구책으로서 경계 설정이 필요했기 때문이다. 일제 강점기 일본인들이 그어놓은 트롤어업 금지선을 기준으로 작성된 어업관할수역안을 참고하면서 독도를 포함시켰다. 국무회의에서는 어업보호수역의 설정은 일본과 어업협정을 체결할 때 한국의 입장을 분명히 밝힐 수 있는 계기가 될 것이며, 샌프란시스코평화조약 발효로 맥아더선이 자동 철폐되면 일본 어선의 무분별한 대거 침범이 예상되므로 맥아더선 철폐 전에 보호수역안이 선포되어야 한다고 의결하였다. 이 어업 보호수역안은 미국과 중남미 각국의 영해와 대륙붕에 관한 각종 주권선언 등의 자료와 함께 대통령에게 상신되었다. 그 결과, 어업 보호수역안에 대륙붕 이론이 가미되고 국방상의 안보 의미까지 포함되어 '평화선'이라는 이름으로 설정되기에 이르렀다.35)

'평화선'문제에 관한 일본사 사전의 서술 내용을 살펴보자. 사전㉮와 사전㉯는 담담한 표현으로 한국측이 이 선 안으로 들어오는 일본 어선을 포획하고 어민을 억류했으며, 1965년 한일어업협정이 체결되면서 이 선이 폐지되었다고 서술하고 있다.36) 사전㉰에는 '평화선'문제에 관한 언급이 아예 없다. 사전㉱는 이 문제를 둘러싼 한일 양국의 의견 대립에 관하여 다음과 같이 짧게 언급하고 있다.37)

> 이승만 선언에 의해 그 수역에 일본 어선이 출입하는 것이 금지되었다. 일본정부는 해양자유의 원칙, 국제어업협력에 반한다고 하여 강하게 반발했지만, 한국정부는 국제선례에 따른 조치라고 항변하고 이를 거부했다. 이승만 정부에 이어 장면 박정희 정부도 '이승만라인'을 고집하고 국교정상화 교섭과정에서 중요의제 하나가 되었다.

---

35) 지철근, 1979, 『평화선』(범우사) 109~129쪽.
36) 사전㉮, 1089쪽 ; 사전㉯, 1182쪽.
37) 사전㉱, 921쪽.

각각의 일본사 개설서에 나타난 관련 서술 내용을 살펴보면, 개설서 ①, ③, ④에는 '평화선'을 비롯하여 50년대 한일관계에 관한 서술이 전혀 없다. 반면에 개설서②에는 한일기본조약에 관한 부연 설명에서 '평화선'에 관한 부분적인 언급이 발견된다. 그러나 이때에도 다음과 같이 이승만 대통령의 철저한 반일 성향에 초점을 맞추어 기술하고 있으며, 신생 한국의 고뇌에 대해서는 전혀 언급을 하고 있지 않다.[38]

> 한일 국교정상화는 순조롭게 진행된 것이 아니다. 한국의 초대 대통령 이승만은 철저한 반일정책을 취하고 조선반도 주변의 공해상에 한국의 주권을 주장하며 그 영역에 대한 일본 어선의 진입을 금지하는, 소위 이승만 라인을 설정했다.

7. 전후 처리 및 역사인식 외교

한국과 중국 나아가서는 북한과의 국교정상화 교섭과정에서 일본정부가 식민지 지배와 군사적 점령에 관한 불법성을 인정하지 않고 있다. 이런 가운데 한국정부는 일본으로부터 많은 액수의 청구권자금을 얻어내기 위하여 민간피해자들에 대한 국가보상을 요구했다. 1961과 1962년의 6차 회담 과정에서 한국 측은 일제 강제동원 피해자를 103만명 정도로 추산하고 일본 측에 이에 상응하는 보상액을 요구하기까지 했다. 그러나 1965년에 체결된 기본조약에서 양국은 식민지 지배에 관한 무효시점을 애매하게 해석할 수 있게 했으며, 청구권협정에서도 무상 3억 달러 유상 2억 달러라고 하는 정부간 자금 지원을 대가로 '완전히 최종적으로 해결'된다는 문구에 합의함으로써, 식민지 지배로 인한 인적 물적 피해자 개개인에게 일본정부가 전후 처리를 끝낸 것으로 해석하고 있다.[39]

---

38) 개설서④, 488~489쪽.

패전 이후 일본에서는 정치가는 물론 지식인들이나 일반 대중이 과거 전쟁에 대한 피해자 의식에 사로잡혀 아시아에 대해 자신들이 행한 가해의 역사를 직시하는데 소홀히 했다. 60년대에 들어 일부 진보적인 지식인들 사이에 역사반성의 움직임이 일어나기 시작했으며 80년대에 들어 일본의 시민운동가들이 아시아에 대한 가해의식을 표명하기 시작했다. 오늘날 여러 일본 시민단체에서 받아들이고 있는 아시아에 대한 가해의식의 분위기는 90년대에 들어 제기된 '종군위안부' 문제가 그 기폭제가 되었다고 일컬어지고 있다.[40] 이러한 일본의 지식인과 대중의 역사반성 움직임에 영향을 받아 일본의 정치계에서도 90년대에 들어서야 아시아에 대한 사죄 발언을 조심스럽게 내놓기 시작했다.

일본사 사전에 나타난 전후 처리문제에 관한 서술 내용을 보면, 사전㉣를 제외하고 이와 관련한 언급을 찾아보기 힘들다. 사전㉣는 전후 역사를 중심으로 하는 사전으로서 종전 50주년을 맞은 시점에서 일본 정치권에서 제기된 전후 처리문제에 관한 논의를 곳곳에서 소개하고 있다. 아울러 사전㉣는 집필자 姜德相을 명기하면서 다음과 같이 전후 처리와 역사 인식에 관한 현황과 과제를 정리하고 있다.[41]

> 군국 일본의 최대 피해국인 조선 중국은 그 전후 처리에 아무런 발언권을 갖지 못했다. 일본의 전후 민주주의의 허망성의 외적 요인 하나는 그 점에 있었다. … 일본과 북한은 아직 국교를 정상화하고 있지 않다. 전후 처리를 끝내지 않은 일본의 구 식민지는 이 나라 밖에 없다. 속히 관계 회복이 이루어지기를 원한다. 또한 재일한국 조선인의 대우문제, 재한조선인 피폭자문제, 사할린잔류 조선인문제, 전시보상문제 등등, 일본의 과제는 산적해 있다.

---

39) 최영호, 2006, 『한일관계의 흐름 2004~2005』(논형) 116~120쪽.
40) 田中宏 外, 이규수 역, 2000, 『기억과 망각: 독일과 일본, 그 두개의 전후』 (삼인) 30~31쪽.
41) 사전㉣, 150쪽.

이 문제에 관한 일본사 개설서 내용을 살펴보면 다음과 같다. 개설서①에는 전후 한일 국교정상화 교섭과정을 비롯하여 일본의 전후처리 문제에 관한 서술이 전혀 없다. 따라서 일본의 역사교과서 문제나 역사인식 문제에 대해서도 전혀 언급을 하지 않고 있다. 다른 개설서에 비해 비교적 최근에 발행된 역사서임에도 불구하고, 전후에 들어 주변국과의 관계에서 언제나 쟁점이 되어왔던 일본의 역사인식 문제와 전후 처리 문제에 대해, 이를 전혀 언급을 하지 않고 있는 것은 분명히 문제라고 할 수 있다.

개설서②에는 일본이 식민지 조선에 끼친 피해에 대해서는 언급이 전혀 없고 오히려 다음에 인용하는 바와 같이 식민지 조선에 남기고 온 일본의 자산을 언급하는 매우 균형감각을 잃은 서술을 하고 있다. 또한 재외 일본 자산을 두고 온 것이나 한국에 청구권자금을 제공한 것으로 배상 혹은 보상 문제가 끝난 것과 같은 뉘앙스를 전하고 있다. 또한 이러한 자금들이 상품과 서비스를 통해 공여된 사실이 언급되지 않고 있어서 배상 실시와 일본의 해외 상품시장 개척과의 관계를 알 수 없게 하고 있다. 뿐만 아니라 한일기본조약에 관한 서술에서도 1910년 이전에 한일간 맺은 조약의 失效를 양국이 확인한 것을 강조함으로써, 마치 한일간 식민지 지배의 합법성에 관하여 문제시 되지 않은 듯한 뉘앙스를 풍기고 있다.

> 기본적으로 일본이 전전 시기에 소유하고 있던 재외자산(중국지역 153억 달러, 조선 52억 달러, 사할린 4억 달러로 추산되었다)을 현물로 제공한 것이 최대의 배상지불이 되었다. 개별교섭에서는 버마에 2억 달러, 필리핀에 8억 달러, 남부 베트남에 발전소 자금 공여로서 배상금 4천만 달러를 지불했다. 한국에는 연합국이 아니었기 때문에 일본의 식민지 지배에 대한 대일청구권이라는 형태로 무상경제협력 3억 달러, 저리 차관 2억 달러, 민간 차관 3억 달러를 실시했다.[42]

---

42) 개설서②, 480쪽.

1961년 5월 박정희 정권이 성립한 후에는 한국측의 대일 자세에 변화가 일어났으며, 한국측의 일본에 대한 청구권에 대해 무상·유상원조 합쳐서 5억 달러의 경제협력을 일본이 제공하는 선에서 교섭이 진전을 보았다. 사토(佐藤) 내각 아래에서 기본조약이 체결되었으며 1910년 이전 조약들의 실효를 확인하고 일본과 한국의 외교관계를 정식으로 수립할 수가 있었다. 조약에서일본은 한국을 "조선에 있는 유일한 합법적인 정부"라고 위치를 부여했다.[43]

개설서③은 1950년대에 관하여 주로 정계의 변동과 미일동맹의 추이에 대해 언급을 하고 있으며 한일문제에 대해서는 언급을 전혀 하고 있지 않다. 이 책의 초판이 1961년에 발행된 이유도 있어서 그렇겠지만 한일국교정상화 교섭에 대한 언급도 전혀 없다.

개설서④는 앞서 대일 강화회의에 불참한 국가와 관련한 설명에서와 마찬가지로 중일간 국교정상화에 대해서는 "오키나와 반환과 중일 국교정상화" 라고 하는 주제를 설정하여 그런대로 긴 설명을 하고 있는데 반하여, 한일간 국교정상화에 대해서는 "1965년 6월 혁신정당 등의 반대운동을 억누르고 한일기본조약에 조인"[44]이라는 문구만을 기록하고 있다. 한일간 국교정상화 과정에서 발생한 식민지 지배 역사인식을 둘러싼 한일간 공방에 관하여 이 책은 전혀 언급을 하고 있지 않은 것이다. 다만 이 책이 비교적 최근에 발행된 것으로서, 앞선 다른 책과는 차별되게 전후 50년 문제와 관련하여 무라야마(村山) 내각의 역사반성과 이 시기를 전후한 전후보상 요구운동에 대해 비교적 상세하게 언급하고 있다. 이와 함께 다음 인용하는 문장과 같이 일본 정부가 전후보상에 대한 전향적인 해결을 내놓지 못한 것을 비판하고 있다.[45]

이렇게 보면 원래 1995년은 일본이 과거의 침략전쟁과 식민지지배에

---

43) 개설서②, 489쪽.
44) 개설서④, 554쪽.
45) 개설서④, 574쪽.

대한 반성과 사죄에 입각하여 피해자 개인에 대한 보상까지 실행함으로
써 전후처리 문제를 진정으로 매듭짓는 해가 되어야 했다. 8월 15일 무
라야마 수상은 식민지 지배와 침략에 대한 반성과 사죄의 심정을 표명하
고 '독선적 내셔널리즘'의 배제, 핵무기의 궁극적인 폐기, 핵 불확산 체
제의 강화, 국제적 군축의 적극 추진 등을 호소하는 담화문을 발표했다.
그것은 수상 자신의 진심을 토로한 것이긴 했지만, 이러한 생각이 국민
들 사이에 어느 정도나 침투했는지는 불분명했다. 이리하여 전후처리 문
제는 또 다시 애매모호한 형태로 미루어지고, 일본은 어쩌면 마지막이
될지도 모를 절호의 문제 해결의 기회를 놓치고 말았던 것이다.

III. 맺음말

이상으로, 선정된 4권의 일본사 사전과 4권의 일본사 개설서를 통하
여 전후 한반도와 한일관계에 관한 서술에서의 문제점을 검토해 보았다.
구체적인 쟁점별로 역사개설서 내용의 문제점을 정리하면 다음과 같다.

① 식민지 종결을 위한 국제관계에 관한 서술에서, 대부분의 사전과
개설서가 '카이로 선언'은 물론 포츠담선언에 규정되어 있는 식민지 해
방의 내용과 의미에 대해서 서술을 하지 않고 있다. 일부 사전과 개설서
에서 전쟁국면의 악화 상황을 서술하는 가운데 '카이로 선언'을 소개하
고 있으나, 이 경우에도 그 선언문에 규정되어 있는 일본제국의 점령지
및 식민지의 반환과 해방에 관한 내용과 의미에 대해서는 아무런 언급
을 하지 않고 있다.

② 패전에 의한 해외 일본인의 귀환에 관한 서술과 관련하여, 대부분
의 사전과 개설서가 해외 일본인의 일본 귀환에 대해 거의 언급을 하고
있지 않다. 일본제국 신민이 전후 재편되는 국가의 국민으로 어떻게 재편
되어 가는지에 관하여 언급이 없는 것이다. 일부 사전과 개설서가 일본인
의 전쟁 직후 귀환에 대해 부분적으로 혹은 포괄적으로 언급하고 있으나,
이 경우에도 귀환이 부당한 식민지 지배와 침략적인 전쟁의 소산이며 전

후 국제관계의 재편과정의 일환이었다는 것에는 전혀 언급이 없으며, 고난으로 점철된 귀환 과정이라고 하는 점에 초점을 맞추고 있다.

③ 재일조선인의 '잔류'와 외국인 등록에 관한 서술과 관련하여, 전후사를 중점적으로 다루고 있는 사전이 일본 사회의 마이너리티 문제로서 재일조선인에 관한 언급을 다루고 있는데 비하여 여타 사전에는 이 문제에 관한 언급이 나타나 있지 않다. 또한 대부분의 개설서가 국가체제의 변용에 관한 서술에 치중한 나머지, 기껏해야 국가체제를 둘러싼 이념적인 정당의 운동과 노동운동에 대해서 언급했을 뿐 재일조선인에 대해서는 언급을 회피하고 있다. 일부 개설서에 강제연행 노동자의 해방이라는 문구가 있지만, 그들에 대한 정당한 보상과 미불 임금 지급문제에 관한 언급은 없다. 또한 일부 개설서에서는 재일조선인의 일본 '잔류'를 그들이 선택한 것으로 과잉 묘사하는 문구가 발견되기도 한다.

④ 한반도 전쟁에 대한 일본의 관여에 관한 서술에 있어서도, 모든 사전과 개설서가 일본경제의 전쟁특수에 대해서는 비교적 많은 언급을 하고 있는데 비하여, 한반도 전쟁에 대한 일본정부의 태도나 일본사회의 반전 움직임에 대해서는 거의 언급을 하고 있지 않다. 다만 일부 개설서에서 전쟁 발발을 전후하여 점령당국이 반공정책을 추진하고 미국이 대일강화를 서두르는 것과 관련하여, 간접적으로 일본사회의 반전 움직임을 전달하고 있을 뿐이다.

⑤ 샌프란시스코 강화회의에 대한 한국의 불참에 관한 서술에 있어서도, 대부분의 사전과 개설서가 대일 강화회의에 초청되지 않은 국가 가운데, 중국과 중화민국에 대해서는 언급을 하고 있으나, 한국에 대해서는 아예 언급을 하고 있지 않다. 극히 일부 개설서에서 남북한이 강화회의에 참가하지 않았다든지 조인하지 않았다고 하는 표현이 발견되는데, 이 경우 한국이 마치 의도적으로 불참한 듯이 해석되기 쉬운 표현을 사용하고 있다.

⑥ '평화선'문제에 관한 서술에 있어서는 대부분의 사전이 언급을

회피하고 있으며 일부 사전에서 이승만 정부의 반일 성향에 관한 언급 가운데 나타나고 있을 정도이다. 또한 개설서의 경우에도 대부분 이 문제에 대한 언급을 하고 있지 않다. 그와 함께 이승만 정부에 관한 언급이 없어 신생 한국의 고뇌를 이해하기 어렵게 하고 있다. 일부 개설서에서 한일기본조약에 대한 부연 설명에서 '평화선'에 관한 언급이 발견되고 있으나, 이 때에도 이승만 대통령의 철저한 반일 성향을 부각시키는 데 그치고 있다.

⑦ 전후 처리 및 역사인식 외교에 관한 서술에서, 사전의 경우에는 전후사 사전만이 이 문제를 다루고 있다. 이 때에도 진보적인 집필자의 개인적 견해라는 점을 내비치는 것을 전제로 이 문제의 현황과 과제를 다루고 있다. 개설서의 경우에는 다른 쟁점과는 각각의 개설서들이 다양한 견해를 내놓고 있다. 전반적으로는 개설서들이 한일 국교정상화 교섭과정과 일본정부의 전후처리 문제에 관한 언급을 소홀히 하고 있다고 할 수 있다. 그런 가운데, 한편으로 일부 개설서는 식민지 조선에 남기고 온 일본의 자산 문제를 언급하는가 하면, 한일기본조약의 외교적 합의가 마치 양국간 전후처리 문제를 해결한 것으로 해석할 수 있도록 표현하고 있다. 다른 한편에서는 극히 일부 개설서가 일본의 전후 50년 문제를 거론하면서 일본정부가 전향적으로 전후처리를 하지 못한 것에 대해 비판을 가하고 있기도 하다.

결론으로 이미 서론에서 지적한 바와 같이 역사학계에서 지적하고 있는 두 가지 문제점이 검토 대상 사전과 개설서의 서술에서도 역시 나타나고 있다는 점을 확인하게 된다. 첫째는, 다양한 국제관계 묘사에 비해서 일본과 상호관련성이 높은 주변국과의 관계에 대한 서술이 미흡하다는 점이며, 둘째는, 중심국과의 국제관계와 일본 국내의 정치체제 변동에 집중한 나머지, 주변국이나 경계인에 대한 서술이 미흡하며 따라서 식민지와의 전후 재편과정이나 '민족 변동'에 대한 언급이 극히 미약하다는 점이다.

편집후기

1982년부터 매 4년을 주기로 '일본 중학교 역사교과서 왜곡'이 한·일간에 외교문제가 된지가 벌써 26년이나 되었다. 처음 문제가 제기된 이후, 30년이 다 되어가지만 아직도 이렇다 할 개선이 이루어지지 않고, 오히려 점점 더 갈등이 고조되어 가고 있다. 양국 정부에서는 2002년 이후, '한일역사공동연구위원회'를 만들어 노력은 하고 있다지만, 그렇게 희망적이지도 못하다. 참으로 걱정이 된다.

그 이유의 하나는 역본의 역사왜곡이 단순히 중학교 역사교과서에 국한된 것이 아니라, 일본역사서 전반에 기정사실화 되어 있기 때문이다. 이 책은 바로 이러한 문제의식을 가지고, 현재 일본에서 일본인들이 읽고 있는 역사서의 역사왜곡 현상을 심도있게 분석한 결과물이다. 여기서 말하는 역사서란 '중학교 역사교과서'를 비롯하여, 유명출판사의 '일본사개설서', '일본사사전' 등을 말한다. 결국 일본중학교 역사교과서의 왜곡은 '일본사' 전체의 문제이며, 그것을 그대로 중학교 역사교과서에 반영한 결과이다. 문제는 이렇게 심각한 것이며, 그래서 더욱 어렵다.

'한국사연구회'와 '한일관계사학회'에서는 이러한 문제의식을 가지고, '중학교 역사교과서'와 '일반역사서'의 한국사 내지는 한일관계사분야의 왜곡 내용을 심도있게 분석하여, 2005년과 2006년에 학술대회를 개최했다. 그리고 그 결과물을 『한국사연구』 제129집과 『한일관계사연구』 제25집으로 발간했고, 이번에 한권의 단행본으로 출판하게 되었다. 이 책을 통해 일본역사서의 왜곡이 조금이라도 개선되었으면 좋겠다.

이 책의 발간으로 한일관계사학회에서는 12번째의 단행본을 출간하게 되었다. 『한일관계사논저목록』(현음사, 1993)을 비롯하여, 『독도와 대마도』(지성의 샘, 1996),『한일양국의 상호인식』(국학자료원, 1998),『한국과 일본 - 왜곡과 콤플랙스역사 - 』(자작나무, 1998),『교린제성』(국학자료원, 2001),『조선시대 표류민연구』(국학자료원, 2001),『한일관계사연구의 회고와 전망』(국학자료원, 2001),『「조선왕조실록」속의 한국과 일본』(경인문화사, 2003),『한일도자문화의 교류양상』(경인문화사, 2004),『동아시아속의 고구려와 왜』(경인문화사, 2007),『동아시아영토와 민족문제』(경인문화사, 2008)의 뒤를 이은 것이다. 2005년에『한일관계 2천년』(3권)을 제외하고 모두 국제심포지엄의 결과물이다.

　앞으로도 우리 '한일관계사학회'에서는 매년 국제심포지엄을 지속적으로 개최할 것이며, 그 결과물을 '경인한일관계총서'로 발간해 갈 것이다. 한일관계사연구에 관심과 기대를 가진 모든 분들로부터 지도와 편달을 기원한다.

2008. 3

손 승 철

필자소개

허 동 현   경희대학교 수원캠퍼스 교양학부 교수
연 민 수   동북아역사재단 연구위원
박 수 철   전남대학교 사학과 교수
한 철 호   동국대학교 역사교육과 교수
박 찬 승   한양대학교 사학과 교수
이 재 석   동북아역사재단 연구위원
손 승 철   강원대학교 사학과 교수
홍 성 덕   전북대학교 박물관 학예연구사
현 명 철   경기고등학교 교사
김 동 명   국민대학교 정치외교학과 교수
최 영 호   영산대학교 일어학과 교수   *집필순

일본 역사서의 왜곡과 진실

초판 인쇄 ‖ 2008년 4월 20일
초판 발행 ‖ 2008년 4월 30일

엮은이 ‖ 한국사연구회·한일관계사학회
펴낸이 ‖ 한정희
펴낸곳 ‖ 경인문화사
출판등록 ‖ 1973년 11월 8일 제10-18호
편집 ‖ 신학태 김소라 장호희 김경주 김하림 한정주 문영주
영업 ‖ 이화표   관리 ‖ 하재일

주소 ‖ 서울특별시 마포구 마포동 324-3
전화 ‖ 718-4831   팩스 ‖ 703-9711
홈페이지 ‖ www.kyunginp.co.kr / 한국학서적.kr
이메일 ‖ kyunginp@chol.com

ⓒ경인문화사, 2008
ISBN 978-89-499-0556-3   93910
값 17,000원

*잘못된 책은 교환해 드립니다.
*필자와의 협의에 의해 인지를 생략합니다.